지자체장이라면 반드시 알아야 할
세계 60개 도시 이야기

지자체장이라면 반드시 알아야 할
세계 60개 도시 이야기

ⓒ 이창운, 2025

초판 1쇄 발행 2025년 12월 15일

지은이	이창운
펴낸이	이기봉
편집	좋은땅 편집팀
펴낸곳	도서출판 좋은땅
주소	서울특별시 마포구 양화로12길 26 지월드빌딩 (서교동 395-7)
전화	02)374-8616~7
팩스	02)374-8614
이메일	gworldbook@naver.com
홈페이지	www.g-world.co.kr

ISBN 979-11-388-5073-5 (03320)

- 가격은 뒤표지에 있습니다.
- 이 책은 저작권법에 의하여 보호를 받는 저작물이므로 무단 전재와 복제를 금합니다.
- 파본은 구입하신 서점에서 교환해 드립니다.

60개 도시의 실전 데이터를 통해
지역을 살리는 구체적 전략을 설계하다

지자체장이라면 반드시 알아야 할

세계 60개
도시 이야기

"도시의 미래는 우연이 아니라 선택의 결과다."

이창운 지음

도시는 다시
살아날 수 있다
이창운 前 금융
감독원 국장

도시의 부활과
실패를 해부한
실전형 지역경제
전략서

세계 지자체장과
정책 담당자를 위한
최초의 실행형
도시 전략서

좋은땅

서문

지역을 살리는 힘, 정교한 전략에서 시작된다.

나는 이 책을 도시의 지속 가능한 발전을 꿈꾸는 이들, 그리고 지역산업의 쇠퇴와 인구 감소 속에서 도시의 내일을 걱정하는 사람들을 위해 썼다. 한국의 많은 도시가 지금 갈림길에 서 있다. 이제는 지금까지의 방식만으로는 충분하지 않다는 걸 모두가 느끼고 있다. 하지만 어디서부터, 무엇을 어떻게 해야 할지 막막한 것도 사실이다. 이 책은 그들에게 필요한 전략적 지도이자, 시행착오를 줄이기 위한 실무 매뉴얼이다.

도시의 지속 가능한 발전과 지역경제 활성화는 구호만으로 실현되지 않는다. 그 지역만의 진단, 실행조직의 구조설계, 갈등을 돌파할 협력과 제도의 기반, 그리고 지속 가능성을 설계하는 감각이 함께 움직여야 한다. 실제로 수많은 국내외 사례가 말해 준다. 법과 제도가 받쳐 주지 않으면, 좋은 아이디어도 꺾인다. 또 조직은 만들었으나 협업 구조가 부실하면 몇 년 안에 흐지부지된다. 결국 '어떻게'가 성패를 가른다.

이 책은 행정의 언어로만 쓰인 보고서가 아니다. '지역을 살리려면 어떤 순서로 무엇을 준비해야 하는가?'에 대해 치열하게 고민한 결과물이다. 1부에서는 개념과 전략의 뼈대를 세우고, 2~7부에서는 전 세계 도시들의 성공과 실패를 통찰하며, 마지막 8부에서는 당장 실무에서 써먹을 수 있는 추진 가이드를 담았다. 실제로 조직을 구성해야 하는 사람, 현장에서 이해관계자들을 설득해야 하는 사람, 한정된 예산 안에서 지속 가능한 모델을 만들고자 하는 이들에게 꼭 필요한 질문과 해답을 함께 담았다.

나는 이 책이 지역경제를 다시 설계하려는 이들에게 작은 도구가 되길 바란다. 때로는 아이디어가 막힐 때 펴보는 실무의 길잡이로, 때로는 조직의 운영 방식을 검토하는 리더의 참고서로, 또 때로는 정책의 방향을 고민하는 의사결정자의 사고 프레임으로 쓰이기를 바란다.

지역은 한 도시가 아니라 수많은 삶의 집합체다. 지역을 살리고 지속할 수 있게 한다는 건 결국 사람을 살리는 일이다. 그 일을 어떻게 시작할지, 그 물음에 답하고 싶었다.

2025년, 이창운

프롤로그

도시는 다시 움직일 수 있다. 정확한 방향만 안다면.

지금 한국의 많은 지역 도시들이 새로운 갈림길 앞에 서 있다. 산업의 전환, 인구의 감소, 청년의 이탈, 상권의 위축. 겉으론 여전히 분주해 보이지만, 안으로는 '어디서부터 어떻게 바꿔야 할까?'를 두고 수많은 고민이 쌓여가고 있다.

그러나 이는 한국만의 일이 아니다. 프랑스 툴루즈, 핀란드 탐페레, 뉴질랜드 크라이스트처치, 일본 후쿠오카처럼 변화의 시기에 맞서 자신만의 경제 전략을 설계하고 도시의 활력을 되찾은 사례들이 있다. 반대로, 뚜렷한 전략 없이 흐름에 떠밀리다 기회를 놓친 도시들도 있다. 그 차이를 만든 것은 돈도, 인프라도 아닌, 방향과 실행 전략이었다.

이 책은 세계 60개 도시의 경험에서 그 전략을 찾고자 했다. 자치와 제도의 설계, 자본 흐름과 금융의 운영, 법과 추진조직, 그리고 갈등관리와 실행 절차까지. 도시의 지속 가능한 발전은 단순한 선언이 아니라, 수많은 선택과 조율, 전략과 실행의 결과임을 확인할 수 있었다.

중요한 것은 완벽한 계획보다 움직일 수 있는 설계다. 작은 자치도시든, 복합 광역도시든, 핵심은 지역의 여건에 맞는 경제적 구조를 어떻게 만들고, 누가 그것을 운영하며, 어떤 방식으로 지역사회와 협력할 것인가에 있다.

이 책은 도시를 바꾸고 싶은 사람들을 위한 책이다. 지자체장과 실무자, 의원과 연구자, 그리고 더 나은 내일을 고민하는 시민까지. 한 도시가 살아나는 데 필요한 조건과 전략, 그리고 실제로 작동했던 방식을 정리했다.

정체의 시대를 넘어, 실천의 도시로. 이 책을 통해 말하고 싶다.

도시를 다시 움직이는 일은, 이제 가능하다.

그리고 지금이 가장 적절한 시작점이다.

목차

서문 ··· 4
프롤로그 ··· 6

1부
지역경제는 왜 중요한가? 개념, 구조, 전략을 꿰뚫다

1장: 지역경제, 그 이름의 의미 ··· 16
  1. 지역경제란 무엇인가? ··· 16
  2. 지역경제의 주요 기능과 역할 ··· 17
  3. 지역경제 활성화의 필요성과 핵심 전략 구조 ··· 21

2장: 지역경제, 어떻게 자라고 왜 무너지는가? ··· 23
  1. 지역경제 성장 요인 ··· 23
  2. 지역경제 침체 요인 ··· 28
  3. 침체에 빠진 지역의 경고 신호 ··· 31

3장: 돈은 어디로 흐르는가, 자본과 지역의 연결고리 ··· 35
  1. 자본은 도시의 혈액이다 - 흐름의 의미와 영향 ··· 35
  2. 지역 내 자본의 구조와 특징 ··· 36
  3. 자본을 활용한 지역경제 전략 ··· 41

4장: 법적 안정성: 지역경제를 떠받치는 보이지 않는 인프라 ··· 47
  1. 법적 안정성의 구성 요소와 작동 조건 ··· 47
  2. 형사·민사 시스템의 경제적 파급효과와 회복적 사법의 가능성 ··· 50

5장: 지역경제 활성화 추진조직은 무엇으로 강해지는가? ··· 54
   1. 추진조직 설계의 핵심 원칙과 작동 조건 ··· 54
   2. 모델 유형 비교와 전략 선택 ··· 58
   3. 제도화와 장기 운영을 위한 조건 ··· 61

6장: 갈등을 이겨 낸 지역만이 살아남는다 ··· 65
   1. 지역경제에서 발생하는 갈등 유형 ··· 65
   2. 갈등이 경제에 미치는 영향 ··· 68
   3. 갈등을 조정하는 정책과 제도 ··· 71

2부
세계에서 길을 찾다, 해외 지역경제의 명암

1장: 부활에 성공한 5개 도시 ··· 78
   1. 툴루즈(Toulouse, 프랑스): 항공산업클러스터를 통한 경제성장 ··· 78
   2. 트론헤임(Trondheim, 노르웨이): 첨단기술과 연구 중심 경제모델 ··· 86
   3. 후쿠오카(Fukuoka, 일본): 창업지원과 규제 완화로 지역 활성화 ··· 91
   4. 고이아스(Goiás, 브라질): 농업 혁신을 통한 지역 발전 ··· 97
   5. 볼차노(Bolzano, 이탈리아): 자율성을 활용한 지역경제 발전 ··· 102

2장: 무너진 지역경제의 교훈 5선 ··· 110
   1. 데트몰트(Detmold, 독일): 관광 중심 경제 실패와 지역 쇠퇴 ··· 110
   2. 러스틴(Ruston, 미국): 제조업 감소와 인구 유출로 인한 쇠퇴 ··· 115
   3. 살토(Salto, 우루과이): 단일 산업 의존의 위험성 ··· 121
   4. 유즈노우랄스크(Yuzhnouralsk, 러시아): 자원 중심 경제의 한계 ··· 125
   5. 알게로(Alghero, 이탈리아): 부동산 개발 과잉과 경제 불황 ··· 130

3부

금융이 살린 도시, 금융이 망친 도시

1장: 금융혁신이 만든 지역경제 성공 모델 ··· 138
    1. 바르셀로네타(Barceloneta, 푸에르토리코): 금융 활용 경제 회생 ··· 138
    2. 크라이스트처치(Christchurch, 뉴질랜드): 재난 후 금융 재건 ··· 144
    3. 플로리아노폴리스(Florianópolis, 브라질): 핀테크로 경제 활성화 ··· 149
    4. 부쿠레슈티(Bucharest, 루마니아): 금융혁신으로 이룬 경제 혁신 ··· 154
    5. 쿠이아바(Cuiabá, 브라질): 지역 화폐와 공동체가 이룬 금융혁신 ··· 160

2장: 실패한 금융 실험이 남긴 뼈아픈 기록 ··· 166
    1. 템피(Tempe, 미국): 무분별한 신용대출이 초래한 지역 파산 ··· 166
    2. 마나과(Managua, 니카라과): 국제금융 의존 지역경제의 미래는? ··· 171
    3. 푸에르토몬트(Puerto Montt, 칠레): 부동산 과열과 금융위기 최후 ··· 175
    4. 어얼둬쓰(Ordos, 중국): 부채경제로 무너진 도시 ··· 179
    5. 몰도바(Moldova): 사금융시장과 경제 불안이 초래한 금융위기 ··· 182

4부

법적 안정성이 곧 인프라다

1장: 법적 시스템이 뒷받침한 경제 생태계 ··· 190
    1. 싱가포르(Singapore): 부패수사와 국제중재가 만든 글로벌 신뢰 ··· 190
    2. 오사카(도톤보리, 일본): 야간 상권을 지켜 낸 경찰-검찰 협업 ··· 192
    3. 탐페레(Tampere, 핀란드): 치안 플랫폼과 검찰의 조정적 접근 ··· 195
    4. 뮌헨(München, 독일): 경제범죄 특수검찰과 스타트업 보호 ··· 197
    5. 흐로닝언(Groningen, 네덜란드): 폭력 대응과 유흥 + 창업지구 재건 ··· 200

2장: 법적 실패가 초래한 지역경제의 붕괴 ··· 204
    1. 발렌시아(Valencia, 스페인): 인허가 부패와 민사소송 지연 ··· 204

    2. 벨렝(Belém, 브라질): 검찰 부패 방조로 생태 관광·농업 타격 ··· 207
    3. 세부(Cebu, 필리핀): 불법 개발과 검찰 무대응이 부른 관광 몰락 ··· 210
    4. 이스트런던(East London, 남아공): 관광지 치안 부재와 검찰 무력 ··· 214
    5. 로체스터(Rochester, 미국): 공권력 불신으로 도시 외면 ··· 217

5부
추진조직이 흔들리면 경제도 흔들린다

1장: 성공하는 추진조직의 조건과 사례 ··· 224
    1. 오울루(Oulu, 핀란드): ICT 클러스터 구축과 경제 활성화 ··· 224
    2. 스완지(Swansea, 웨일스): 창업 클러스터와 도시재생 성공사례 ··· 229
    3. 마르델플라타(Mar del Plata, 아르헨티나): 수산업 중심 재생 ··· 235
    4. 칼리(Cali, 콜롬비아): 마이크로파이낸스를 활용한 경제회복 ··· 241
    5. 사라예보(Sarajevo, 보스니아 헤르체고비나): 전쟁 이후 경제재건 ··· 247

2장: 실패하는 추진조직은 뭐가 다른가? ··· 253
    1. 티라나(Tirana, 알바니아): 비합리적 경제 개발정책으로 실패 ··· 253
    2. 미슈콜츠(Miskolc, 헝가리): 산업 쇠퇴 후 경제 다변화 실패 ··· 258
    3. 포트오브스페인(Port of Spain, 트리니다드토바고): 공공투자 실패 ··· 264
    4. 하라레(Harare, 짐바브웨): 부패로 인한 지역개발 프로젝트 실패 ··· 269
    5. 마푸투(Maputo, 모잠비크): 불균형한 인프라 개발로 실패 ··· 274

6부
갈등을 다루는 방식이 곧 지역의 성적표다

1장: 갈등 해결로 성장한 도시들 ··· 282
    1. 바르셀로네타(Barceloneta, 스페인): 관광과 지역경제 간 균형 ··· 282
    2. 카이코우라(Kaikoura, 뉴질랜드): 환경보호와 경제성장의 조화 ··· 288
    3. 알프스 지방(Alpes, 프랑스-이탈리아): 농업과 관광산업의 공존 ··· 294

  4. 산미겔 데 아옌데(San Miguel de Allende, 멕시코): 개발 vs. 보존 ··· 299
  5. 타르투(Tartu, 에스토니아): 대학도시 모델을 활용한 경제성장 ··· 305

2장: 갈등 방치로 침체에 빠진 지역들 ··· 311
  1. 라스팔마스(Las Palmas, 스페인): 대규모 개발과 원주민 경제 몰락 ··· 311
  2. 아그리젠토(Agrigento, 이탈리아): 문화유산 보존 vs. 경제개발 ··· 316
  3. 쿠리치바(Curitiba, 브라질): 급속한 도시 팽창과 기반시설 부족 ··· 320
  4. 이레세(Irecê, 브라질): 농업 확장과 환경 파괴 갈등 ··· 327
  5. 모리타니(Mauritania): 천연자원 개발과 지역사회 갈등 ··· 331

7부
현장에서 마주한 갈등, 어떻게 풀 것인가?

1장: 추진 과정에서의 갈등관리 성공사례 ··· 338
  1. 라이프치히(Leipzig, 독일): 산업전환 갈등 해결 ··· 338
  2. 시애틀(Seattle, 미국): 기술산업과 지역사회 간 갈등 해결 ··· 340
  3. 도야마(Toyama, 일본): '콤팩트 시티' 추진 갈등 해결 ··· 342
  4. 코펜하겐(Copenhagen, 덴마크): 개발 vs. 환경보호 갈등 해결 ··· 344
  5. 밴쿠버(Vancouver, 캐나다): 원주민 vs. 도시개발 갈등 해결 ··· 346
  6. 5가지 사례에서 공통으로 발견되는 갈등 해결 원칙 ··· 348

2장: 추진 과정에서의 갈등관리 실패사례 ··· 351
  1. 마르세유(Marseille, 프랑스): 이민자 vs. 지역사회 갈등 ··· 351
  2. 리우데자네이루(Rio de Janeiro, 브라질): 빈민가 재개발 갈등 ··· 353
  3. 뭄바이(Mumbai, 인도): 인프라 개발 vs. 지역 주민 갈등 ··· 354
  4. 요하네스버그(Johannesburg, 남아공): 광산개발 vs. 노동자 갈등 ··· 356
  5. 디트로이트(Detroit, 미국): 자동차산업 쇠퇴 과정 갈등 ··· 358

8부
전략이 없으면 변화도 없다, 실천 방안 가이드

1장: 실행조직은 이렇게 움직인다 - 실무 중심 운영 가이드 ··· 362
    1. 조직 운영의 5가지 실무 과제와 구조 설계의 원칙 ··· 362
    2. 실무진이 빠지기 쉬운 4가지 함정과 실행 저해 요인 ··· 365
    3. 주민·기업 참여를 현실화하는 운영 방식 ··· 367
    4. 성과를 추적하고 조직을 학습시키는 전략 ··· 370

2장: 지역경제 활성화 추진 절차와 단계별 전략 ··· 374
    1. 1단계: 지역 진단 및 현황 분석 ··· 374
    2. 2단계: 발전 목표 및 전략 수립 ··· 385
    3. 3단계: 이해관계자 협력 및 추진조직 구성 ··· 393
    4. 4단계: 세부 실행계획 수립 및 예산 확보 ··· 400
    5. 5단계: 실행과 성과평가 ··· 409
    6. 6단계: 제도화와 지속 가능성 확보 ··· 417

    부록 1. 지역경제 진단 체크리스트 ··· 429
    부록 2. 갈등관리 준비 체크리스트 ··· 439
    부록 3. 추진조직 설계 점검표 ··· 449
    부록 4. 지역경제 활성화 6단계 프로세스(요약) ··· 457
    부록 5. 전략 종합 설계 도구 ··· 461

    에필로그 ··· 464

1부

지역경제는 왜 중요한가?
개념, 구조,
전략을 꿰뚫다

1장
지역경제, 그 이름의 의미

1. 지역경제란 무엇인가?

　지역경제(Local Economy)란 특정 지역, 예를 들어 도시나 도, 군, 구 단위에서 이루어지는 경제활동을 의미하며, 이 안에는 생산, 소비, 투자, 고용, 소득 분배 등 다양한 경제활동이 포함된다. 흔히 국가 단위의 거시경제와 구분되지만, 실제로 대부분의 경제활동은 지역 단위에서 출발하고 운영된다. 예를 들어, 한 도시에서 기업이 성장하게 되면 그 지역 내 고용이 증가하고, 이에 따라 소비가 활발해지며, 지방정부의 세수도 증가해 공공서비스의 질이 높아지는 선순환 구조가 만들어진다.
　지역경제의 주요 특징은 크게 네 가지로 요약할 수 있다.
　첫째, 지역경제는 국가 차원에서의 거시경제나 산업정책과 달리 주민 개개인의 일상과 바로 연결돼 있다는 특징이 있다. 일자리, 상권, 주거, 물가, 교통, 복지 등과 같은 생활문제가 곧 지역경제의 모습이다. 그래서, 지역경제는 숫자보다 체감도가 더 중요하게 작용한다.
　둘째, 어떤 산업이 발달해 있는지, 어떤 사람들이 살고 있는지가 지역경제의 기반을 좌우한다. 제조업 중심인지, 관광도시인지, 농업지역인지에 따라 경제구조가 다르고, 또 젊은 인구가 많은지, 고령화가 심한지도 경제 활력에 영향을 준다.

셋째, 지역경제는 대도시나 국가 경제보다 돈과 자원의 순환 구조가 좁다. 한번 돈이 빠져나가면 다시 들어오기 어렵고, 대기업보다는 중소상공인, 지방기업, 자영업 중심인 경우가 많아 외부 환경 변화에 취약하다.

넷째, 지역경제는 정책 하나, 인프라 하나, 제도 하나가 미치는 영향이 크다. 예산 지원, 규제 완화, 인허가 속도, 행정지원 같은 것들이 곧 경제 환경 그 자체가 된다. 그래서 '행정이 곧 경제'라는 말이 지역경제에서는 훨씬 실감 난다.

2. 지역경제의 주요 기능과 역할

기능·역할	주요 내용	대표 사례
① 지역 내 고용 창출	기업·스타트업 등장으로 일자리 증가, 주민 생활 안정 및 기반산업 중심의 고용 지속성 확보	독일 슈바벤(히든 챔피언 중소기업 클러스터, 높은 고용률 유지)
② 지역 자원의 효율적 활용	자연·인적·산업 기반 자원 활용을 통한 자립적 경제구조 형성, 외부 자본 의존도 축소	핀란드 오울루(노키아 쇠퇴 후 ICT 창업·R&D 중심지로 재도약)
③ 지역 내 소비아 경제 순환	소득이 지역 내에서 재소비되어 순환 구조 형성, 지역기업·상권 안정성 강화	캐나다 퀘벡(협동조합 경제모델로 자본 유출 최소화, 자립성 강화)
④ 지역 발전과 삶의 질 향상	경제 활성화가 교육·의료·문화·교통 인프라 개선으로 이어져 주민 삶의 질 제고	뉴질랜드 크라이스트처치(대지진 후 재건·기업 유치·삶의 질 개선)
⑤ 국가 경제성장의 균형 유지	지역 간 격차 해소를 통한 국가 전체의 안정성과 지속 가능한 발전 확보	스페인 바스크 지방(전통산업 → 첨단 제조·기술산업 전환, 균형발전 기여)

(1) 지역 내 고용 창출

지역경제가 활발해지면 새로운 기업과 스타트업이 등장하게 되고, 이는 자연스럽게 지역 내 일자리 증가로 이어진다. 이러한 고용 증가는 지역 주민의 경제적 안정성을 높이고, 지역 전체의 생활 수준 향상에도 이바지한다. 성공적인 지역경제모델에서는 해당 지역의 기반산업이 중심적인 역할을 한다. 제조업, 관광업, 농업, 서비스업 등 지역 특성을 반영한 산업이 안정적으로 운영되면 고용의 지속성과 안정성을 확보할 수 있다.

대표적인 사례로는 독일의 슈바벤(Schwaben) 지역이 있다. 이 지역은 '히든 챔피언'으로 불리는 세계적 강소기업들이 다수 자리 잡은 곳으로, 자동차와 기계산업을 중심으로 중소기업 클러스터를 형성하고 있다. 이러한 구조는 지역 내 높은 고용률을 유지하는 데 크게 이바지하고 있으며, 지역경제의 자립성과 경쟁력을 보여 주는 대표적인 모델로 평가받고 있다.

(2) 지역 자원의 효율적 활용

각 지역은 자연환경, 인적 자원, 산업기반 등 고유한 자원을 보유하고 있으며, 이를 효과적으로 활용하면 자립적인 경제구조를 구축할 수 있다. 성공적인 지역경제 모델에서는 이러한 지역의 특성을 바탕으로 한 산업이 성장의 중심축이 되며, 이를 통해 외부 자본에 대한 의존도를 줄이고 지속 가능한 발전이 가능해진다.

대표적인 사례로 핀란드의 오울루(Oulu) 지역을 들 수 있다. 한때 노키아(Nokia)의 쇠퇴로 인해 지역경제에 큰 위기가 닥쳤지만, 오울루는 기술기반의 창업 활성화와 연구개발에 대한 집중 투자를 통해 위기를 기회로 바꾸었다. 그 결과, 오울루는 ICT(정보통신기술) 산업의 중심 도시로 거듭났고, 지역경제를 다시 활력 있게 되살리는 데 성공하였다. 이 사례는 지역 특성과 자원을 잘 활용하면 경제위기를 극복하고 자립적인 성장을 이룰 수 있다는 점을 보여 준다.

(3) 지역 내 소비와 경제 순환 구조 형성

지역 내에서 생산된 부가가치가 다시 지역에서 소비되면, 지역경제 내 순환 구조가 활발해지고 이는 지역기업과 상권의 안정성을 높이는 데 중요한 역할을 한다. 지역경제가 활성화되면 지역 주민들이 벌어들인 소득을 다시 지역 내에서 소비하는 비율, 즉 '지역 소득의 지역 내 소비율(Local Retention Rate)'이 높아지며, 이러한 흐름은 장기적으로 지속 가능한 경제성장을 가능하게 한다.

이와 관련한 대표사례로는 캐나다 퀘벡주(Quebec)의 협동조합 경제 모델이 있다. 퀘벡주는 협동조합을 중심으로 한 경제구조를 구축해, 자본이 외부로 유출되는 것을 최소화하고 지역 내에서 자본이 순환하도록 하는 데 성공했다. 이를 통해 지역 주민들의 참여와 소유 기반이 강화되었으며, 지역경제의 자립성과 지속 가능성을 높이는 데 크게 이바지했다.

(4) 지역 발전과 삶의 질 향상

경제가 활성화된 지역에서는 교육, 의료, 문화, 교통 등 공공인프라가 함께 개선되며, 이는 곧 주민들의 삶의 질 향상으로 이어진다. 반면, 지역경제가 침체하면 지방정부의 재정 여력이 줄어들어 공공서비스의 질이 낮아지고, 이로 인해 주민들이 더 나은 환경을 찾아 외부로 이주하는 악순환이 발생하게 된다.

이러한 흐름을 극복한 사례로는 뉴질랜드 크라이스트처치(Christchurch)를 들 수 있다. 2011년 대지진으로 큰 피해를 본 크라이스트처치는 이후 공공인프라 중심의 재건전략을 추진하며 지역경제 회복에 나섰다. 도시 재건과정에서 기업을 유치하고 일자리를 창출함으로써 경제를 활성화했고, 이를 통해 시민들의 삶의 질 또한 크게 개선되었다. 이 사례는 재난 이후에도 지역경제를 회복하고 발전할 수 있다는 점을 잘 보여 준다.

(5) 국가 경제성장의 균형 유지

지역 간의 경제 격차를 해소하는 것은 국가 전체의 경제 안정성과 지속 가능한 발전을 위해 필요한 과제다. 만약 한 국가 내에서 특정 지역만 급격히 성장하고 나머지 지역은 침체해 있다면, 경제적 불균형이 심화하고 이는 사회적 갈등과 정책 실패의 가능성을 높이게 된다. 균형 잡힌 지역 발전은 지방의 문제가 아니라, 국가 경제의 전반적인 안정성을 지키는 핵심적인 전략인 셈이다.

이와 관련된 대표적인 사례로는 스페인의 바스크 지방(Basque

Country)을 들 수 있다. 과거 철강과 조선업 중심의 전통 산업구조를 가졌던 바스크 지방은 시대 변화에 맞춰 첨단 제조업과 기술산업 중심으로 경제구조를 전환하며 성공적으로 지역경제를 재건하였다. 이러한 산업 자립의 성과는 지역의 고용과 소득을 안정시키는 데 큰 역할을 했고, 장기적으로 국가 전체의 균형 있는 성장에도 이바지하고 있다.

3. 지역경제 활성화의 필요성과 핵심 전략 구조

(1) 지역경제가 무너지면 어떤 일이 벌어질까?

지역경제의 붕괴는 단순한 쇠퇴가 아니라, 연쇄적인 붕괴 시나리오를 초래하는 심각한 사안이다. 일자리 감소 → 인구 유출 → 소비 침체 → 기업 도산 → 세수 감소 → 공공서비스 축소 → 삶의 질 저하 → 추가 유출이라는 악순환이 빠르게 반복되며, 지역의 자생력은 물론 국가 경제 전반의 균형까지 흔들리게 된다.

이러한 파급효과를 차단하기 위해서는 지역경제 활성화가 선택이 아니라 필수 전략임을 직시해야 한다.

(2) 지역경제 활성화의 핵심 전략 구조

지역경제를 활성화하기 위한 핵심 전략은 단기적 경기부양을 넘어 자립성과 지속 가능성 확보에 초점을 맞추어야 한다.

우선, 자립 가능한 산업을 육성하는 것이 중요하다. 이는 외부 자본에 지나치게 의존하지 않고, 지역 내 자원과 역량을 기반으로 지속 가능한 산업구조를 구축하는 것을 의미한다. 지역 특화 산업을 발굴하고 육성함으로써 고유한 경쟁력을 확보할 수 있다.

또한, 금융 기반 강화와 투자 유입 촉진이 필요하다. 지역 기반 금융기관과 협동조합 중심의 금융생태계를 조성하면 지역 내 자금 순환을 활성화할 수 있다. 이는 창업과 중소기업 성장의 마중물이 되며, 지역 내 부가가치가 외부로 유출되지 않는 구조를 가능케 한다.

더불어, 지역 소비 촉진과 순환경제 모델도 병행되어야 한다. 예를 들어 지역 화폐, 지역 상생 플랫폼, 로컬푸드 유통망 같은 구조를 통해 지역 내 소비를 유도하고, 생산-소비-재투자의 선순환 구조를 만들 수 있다.

마지막으로, 지속 가능한 개발 전략은 지역경제의 미래를 좌우하는 핵심이다. 환경과 조화를 이루는 산업 생태계를 조성하고, 친환경 기술 및 설계를 활용한 지역 인프라 구축이 필요하다.

성공적인 실천 사례로는 오스트리아 포랄베르그(Vorarlberg) 지역이 있다. 이 지역은 에너지 자립과 친환경 건축기술에 집중하면서 지역 내 고용을 늘리고, 외부 자본에 의존하지 않는 경제구조를 만들어 냈다. 또한, 주민 참여형 거버넌스를 통해 지역경제와 공동체의 균형을 이뤄 내며, 지속 가능한 발전의 대표사례로 평가받고 있다.

2장

지역경제, 어떻게 자라고 왜 무너지는가?

1. 지역경제 성장 요인

성장 요인	주요 내용	대표 사례
① 산업경쟁력 확보	지역 특성·자원 기반 산업 육성, 산업 다변화와 혁신으로 경기변동 대응력 강화	인스브루크(관광+의료산업 융합)
② 인구 유입과 노동력 확보	젊은 층·고급 인재 유입으로 창업·기업활동 촉진, 고용·소득·소비 선순환 구조 형성	워털루(대학 중심 IT 인재 양성·스타트업 성장)
③ 지방정부의 적극적 지원	세제 혜택, 창업지원, 인프라 확충 등 맞춤형 정책으로 기업 유치·일자리 창출	브로츠와프(세제·노동력 정책으로 글로벌 기업 유치)
④ 금융 및 투자환경 개선	원활한 자금조달, 외부 투자 유치로 창업·혁신 촉진 및 글로벌 네트워크 형성	룩셈부르크(외국인 투자·금융산업 육성)
⑤ 지속 가능한 인프라 구축	교통·통신·전력 등 기반시설 확충, 친환경·스마트시티로 장기 경쟁력 확보	싱가포르(AI·IoT 기반 스마트시티 전략)

(1) 산업경쟁력 확보

　산업경쟁력을 확보하는 것은 지역경제의 지속 가능한 성장을 이끌기 위한 중요한 전략이다. 해당 지역의 특성과 자원을 활용하여 특정 산업을 지역 기반산업으로 육성하면 고유한 경제 생태계를 조성할 수 있으며, 이를 통해 안정적인 고용 창출과 소득 증대가 가능해진다. 지역에 적합한 주요 산업이 자리 잡으면 외부 요인에 대한 대응력도 강해지며, 지역경제의 자립성이 높아진다.

　설령 기존 산업이 쇠퇴하더라도, 산업구조의 다변화와 지속적인 혁신이 이루어진 지역은 변화에 유연하게 대응하며 성장을 이어 갈 수 있다. 다양한 산업이 조화를 이루는 구조는 경기변동에 대한 위험성을 분산시키는 동시에, 새로운 기회를 창출하는 기반이 된다.

　이러한 전략을 성공적으로 실현한 대표사례로는 오스트리아 인스브루크(Innsbruck)를 들 수 있다. 인스브루크는 알프스산맥에 있는 지리적 특성을 활용해 사계절 관광산업을 발전시켰을 뿐만 아니라, 첨단 의료기술을 접목하여 의료관광이라는 새로운 산업모델을 구축하였다. 이처럼 관광산업과 첨단 의료산업을 융합한 결과, 인스브루크는 관광지를 넘어 고부가가치산업 중심지로 성장할 수 있었고, 이는 지역경제의 지속 가능성을 높이는 데 중요한 역할을 했다.

(2) 인구 유입과 노동력 확보

　인구 유입과 노동력 확보는 지역경제의 성장 가능성을 결정짓는 중요한 요소 중 하나다. 특히, 젊은 층과 고급인력이 지역으로 유입될 경우, 지역은 더욱 활력을 얻고 미래 성장동력을 확보할 수 있다. 이와 함께 기업 활동과 창업이 늘어나면 자연스럽게 지역 내 일자리도 증가하고, 이는 다시 인구 정착과 지역 활성화로 이어지는 선순환 구조를 만들어 낸다.

양질의 노동력이 지역 내에 안정적으로 머무를 수 있는 환경이 조성되면, 주민들의 소득수준이 향상되고 소비 역시 활발해지면서 지역상권과 기업의 안정성도 높아진다. 인재 유치와 유지 전략은 단기적인 고용효과를 넘어서 장기적인 경제성장의 토대를 형성한다.

이와 같은 전략의 대표사례로는 캐나다 워털루(Waterloo)가 있다. 워털루는 워털루대학교를 중심으로 기술인재 양성에 집중해 왔으며, 대학 차원에서 창업을 적극적으로 지원한 결과, 고급 IT 인력의 유입이 급증하였다. 이로 인해 다양한 기술기업과 스타트업이 자연스럽게 이 지역에 몰려들었고, 워털루는 캐나다 내 대표적인 기술 중심지로 성장할 수 있었다. 이처럼 대학을 중심으로 한 인재 양성 및 창업 지원 전략은 교육, 고용, 소비, 투자로 이어지는 강력한 지역경제 활성화 모델로 주목받고 있다.

(3) 지방정부의 적극적인 경제정책과 지원

지방정부의 적극적인 경제정책과 지원은 지역경제 활성화의 중요한 추진력이다. 지역의 특성과 여건을 반영한 맞춤형 정책은 지속할 수 있고 효과적인 성장을 이끄는 주요 전략으로 작용한다. 지방정부가 세금 감면, 기업 유치, 창업지원 등의 다양한 정책수단을 통해 지역에 활력을 불어넣으면, 새로운 일자리 창출과 인구 유입이 촉진되고, 지역 내 경제활동이 자연스럽게 확장된다.

공공인프라에 대한 투자는 기업 활동과 생활여건을 동시에 개선하는 데 이바지한다. 도로, 철도, 항만, 통신망 등 기반시설이 확충되면 물류와 정보 흐름이 원활해지고, 기업입지로서의 매력도 높아지며, 이는 곧 인구 유입과 지역정착을 유도하는 중요한 요인이 된다.

이러한 정책의 성공사례로는 폴란드의 브로츠와프(Wrocław)를 들 수 있다. 폴란드 정부와 지방정부는 협력하여 브로츠와프 지역에 외국기업을 유치하기 위해 세제 혜택과 양질의 노동력 지원정책을 펼쳤고, 그 결과 글로벌 IT 기업과 제조업체들이 잇따라 이 지역에 진출하였다. 이로써 브로츠와프는 국제적인 산업중심지로 떠오르며 지역경제 성장을 견인하고 있다. 이 사례는 지방정부의 전략적 개입이 지역경제를 어떻게 변화시킬 수 있는지를 잘 보여 준다.

(4) 금융 및 투자환경 개선

금융 및 투자환경의 개선은 지역경제 발전을 위한 조건 중 하나다. 지역 내에서 자금조달이 원활하게 이루어지면 기업은 성장 기반을 확보할 수 있고, 그에 따라 고용 창출과 경제활동도 활발해진다. 특히 지역 금융기관인 지방은행이나 신용조합이 중소기업과 스타트업에 대해 적극적인 자금지원을 제공할 경우, 창업과 혁신이 촉진되며 지역경제의 역동성이 크게 향상된다.

외부 투자, 특히 국외자본 유치를 통해 대규모 개발 프로젝트를 실행하거나 산업클러스터를 조성하는 것도 중요한 전략이다. 이는 단지 자금 공급의 의미를 넘어 첨단기술과 인재, 글로벌 네트워크를 지역으로 끌어들이는 효과를 가져온다.

이와 같은 전략을 성공적으로 실현한 대표사례가 룩셈부르크(Luxembourg)다. 룩셈부르크는 외국인 투자유치와 금융산업 육성에 적극적으로 나서면서 유럽의 주요 금융중심지로 성장하였다. 글로벌 자본이 몰리며 고부가가치 금융서비스 산업이 발달했고, 이는 국가 전체의 경제 경쟁력을 높이는 데 결정적인 역할을 했다. 이 사례는 금융환경의 개선이 경제적 성과를 넘어 국가 혹은 지역의 정체성까지 바꿀 수 있다는 점을 잘 보여 준다.

(5) 지속 가능한 인프라 구축

지속 가능한 인프라 구축은 지역경제 성장을 위한 기반이자, 장기적인 경쟁력을 확보하는 중요한 요소다. 교통, 전력, 인터넷, 상하수도 등 기본적인 도시 인프라가 잘 갖춰져 있어야 기업 활동이 원활하게 이루어지고, 주민들의 생활 수준도 향상된다. 특히, 지역 간 접근성이 개선되면 기업의 입지 매력도가 높아지고, 관광 활성화와 물류 증가로 이어져 다양한 경제적 효과가 발생한다.

이와 함께 최근에는 기본적 인프라 확충에 그치지 않고 친환경 건축이나 스마트시티 기술 등 지속 가능성을 고려한 인프라 투자가 강조되고 있다. 이러한 접근은 탄소 중립과 같은 환경 목표 달성에도 이바지할 뿐만 아니라, 장기적으로는 도시의 경제적 효율성과 삶의 질을 높이는 데 중요한 역할을 한다.

대표적인 사례로는 싱가포르를 들 수 있다. 싱가포르는 도시개발 과정에서 인공지능(AI), 사물인터넷(IoT), 친환경 기술을 도입하여 스마트시티 기반을 구축했고, 이를 통해 경제성장과 지속 가능성을 동시에 달성하는 데 성공하였다. 이처럼 기술과 환경을 아우르는 미래형 인프라 전략은 도시의 지속적인 발전과 국제 경쟁력 확보에 결정적인 역할을 한다.

2. 지역경제 침체 요인

지역경제 침체는 단일한 요인이 아닌, 복합적이고 구조적인 원인이 맞물려 발생한다. 다음은 지역경제를 근본부터 흔들 수 있는 주요 침체 요인들이다.

침체 요인	주요 내용	대표 사례
① 산업구조의 취약성 (단일 산업 의존)	특정 산업 의존 시 외부 충격에 취약, 연쇄적 실업·소비 침체 발생	미국 러스트 벨트(자동차·철강 의존, 대규모 실업·인구 유출)
② 인구구조 변화 (유출·고령화)	청년층 유출 → 노동력 부족·소비 위축·공공서비스 악화, 고령화로 생산성 저하·복지 부담 가중	일본 도야마시(유출+고령화로 침체, 도시 재설계로 회복 시도)
③ 정책 실패와 행정 리스크	중앙정부 주도 개발, 과도한 규제, 비효율 행정 → 기업·인재 유입 차단, 재정 악화·시민 불만 초래	아르헨티나 로사리오(무리한 대형 프로젝트로 재정·민간경제 붕괴)
④ 금융시스템 취약성	금융 자생력 부족, 외부 자본 의존 → 금융위기 시 실물경제 직격탄	아이슬란드(2008년 금융위기 시 은행 연쇄 파산, 국가경제 위기)
⑤ 인프라 낙후 및 환경 리스크	물류·통신·주거 기반 미비, 환경 오염으로 도시 매력 상실·인재 및 기업 유입 실패	중국 란저우(중공업 중심, 심각한 오염으로 장기적 쇠퇴)

(1) 산업구조의 취약성: 단일 산업 의존

지역이 특정 산업에 과도하게 의존하는 경우, 해당 산업이 쇠퇴할 때 지역 전체 경제가 연쇄적으로 흔들릴 위험이 크다. 특히 기술 변화, 시장 재편, 글로벌 경쟁 심화와 같은 외부 충격에 대한 대응력이 떨어진다.

대표사례인 미국 러스트 벨트(Rust Belt)는 자동차와 철강산업에 의존한 채 산업구조를 다변화하지 못해, 자동화와 해외 이전의 물결 속에서 대규모 실업과 소비 침체, 인구 유출이라는 연속적 붕괴 현상을 겪었다. 이 사례는 산업 다변화와 혁신 기반의 내생적 성장전략이 부재할 경우 지역경제가 얼마나 급격히 무너질 수 있는지를 보여 준다.

(2) 인구구조 변화: 유출과 고령화의 이중 압박

생산가능인구의 유출은 지역경제의 가장 뚜렷한 침체 징후다. 청년층이 빠져나갈 경우, 노동력 부족 → 소비 위축 → 기업 경영 악화 → 공공서비스 저하 → 추가 유출로 이어지는 악순환이 발생한다.

이와 함께 고령화가 진행되면, 노동생산성 하락과 복지 수요 급증이라는 이중 부담이 지역 정부에 가해진다. 일본 도야마시(Toyama)는 인구 유출과 고령화가 겹치면서 한때 지역경제가 심각한 침체를 겪었고, 이후 도시 재설계를 통해 가까스로 회복에 성공했다. 이 사례는 인구구조 변화에 대한 선제적 대응이 없으면 지역경제 기반이 빠르게 붕괴할 수 있음을 잘 보여 준다.

(3) 정책 실패와 행정 리스크

지역경제 전략은 적절한 정책 설계와 효율적인 행정 실행 없이는 성과를 내기 어렵다. 지역의 여건과 수요를 고려하지 않은 중앙정부 주도형 개발정책, 과도한 규제, 비효율적인 허가·심사 절차는 기업과 인재의 유입을 막는다.

무리한 개발사업은 재정적 부담과 시민 불만으로 이어져, 오히려 지역의 경제 신뢰도를 해친다. 아르헨티나 로사리오(Rosario)는 중앙정부와 지자체의 비효율적인 대형 프로젝트 추진으로 재정이 악화하며 공공서비스 제공조차 불가능한 상황에 직면했고, 이는 민간경제 위축과 공동체 붕괴로 이어졌다.

(4) 금융시스템의 취약성

지역 내 금융의 자생력과 안정성이 부족할 경우, 자금 흐름이 막히고 투자는 위축된다. 외부 자본에 과도하게 의존하는 구조에서는 금융시장 충격이 곧바로 지역 실물경제에 직격탄이 된다.

2008년 글로벌 금융위기 당시 아이슬란드는 외자 유입에 지나치게 의존한 경제구조로 인해 순식간에 신용경색을 맞았고, 주요 은행이 연쇄 파산하면서 국가 전체가 경제 붕괴 위기를 겪었다. 이는 지역 금융 안정성과 자금 순환 시스템의 내생적 구축이 지역경제 지속성의 핵심 인프라임을 보여 준다.

(5) 인프라 낙후 및 환경 리스크

물류, 정보통신, 주거, 환경 등 인프라가 낙후된 지역은 기업 유입과 경제활동이 모두 제약받는다. 특히 환경오염 문제는 지역 브랜드를 훼손하며, 고학력 인재 유입을 어렵게 만든다.

중국 란저우(Lanzhou)는 중공업 중심의 산업화를 추구했지만, 심각한 대기오염과 수질오염으로 도시 경쟁력을 잃었고, 젊은 층과 외국계 기업의 유입 실패로 인해 장기적 지역 쇠퇴를 겪었다. 이는 인프라와 환경이 지역경제의 지속 가능성을 좌우하는 중요한 조건임을 보여 준다.

3. 침체에 빠진 지역의 경고 신호

지역경제의 붕괴는 어느 날 갑자기 닥치지 않는다. 위기는 서서히 다가오며, 일정한 징후를 통해 사전 경고를 보낸다. 이를 인지하지 못하거나 방치하게 되면, 그 이후에는 손쓸 수 없을 정도로 경제기반이 약화한 상황에서 엄청난 비용을 지급하면서 대응에 나서게 된다. 다음은 많은 도시와 지역에서 반복적으로 나타난 침체 초기의 경고 신호들이다.

경고 신호	주요 내용
① 세수 감소 · 예산 경직화	소득 · 기업 활동 위축 → 세입 감소, 재정 자립도 하락 → 복지 · 교육 · 도시관리 축소, 공공서비스 질 저하
② 빈 점포 증가 · 상권 붕괴	폐업률 증가, 상권 침체 → 소비 · 투자 악순환, 창업 기회 감소, 지역 내 경제 순환 단절

③ 인구 유출·주거 수요 이탈	청년·가구 정착률 저하, 공실·미분양 증가, 학교·병원 폐업 → 생활기반 붕괴 신호	
④ 산업단지 가동률 하락·기업 유출	공장 가동률 저하, 기업 이전·철수 → 중소기업 연쇄 타격, 일자리·세수 기반 약화, 인재 공급망 단절	
⑤ 민심 이반·커뮤니티 약화	주민참여율 하락, 공동체 활동 감소 → 사회적 자본 붕괴, 지역 재생 동력 상실	

(1) 세수 감소와 예산구조의 경직화

지역경제의 쇠퇴는 먼저 지방세 수입의 감소로 나타난다. 주민의 소득이 줄고 기업 활동이 위축되면 취득세, 재산세, 법인세 등 주요 세입이 줄어들게 된다. 자산가치 하락과 소비 부진이 장기화하면, 지자체의 자체 재정 운용 능력은 급격히 떨어지며, 의존재정 구조가 강화된다.

이는 필연적으로 복지·교육·도시관리 예산의 축소, 공공서비스 질 저하로 이어지며, 주민 불만이 누적되고 지역의 거주 매력도는 더 떨어지게 된다.

(2) 빈 점포·폐업률 증가와 중심상권 붕괴

지역경제 침체의 눈에 띄는 현상은 거리 곳곳에 등장하는 빈 점포와 임대 전단지다. 지역 상권이 붕괴하면 골목상권부터 중소기업, 나아가 대형 마트와 산업단지까지 영향을 받으며, 소비지역 감소 → 투자 회피 → 추가 폐업의 악순환이 발생한다.

상권이 무너지면 청년창업, 귀촌 창업 등의 기회도 급감하며, 지역 내 경제 순환이 멈추게 된다.

(3) 인구 유출과 주거 수요의 이탈

인구 유출은 단순한 통계 수치 이상으로, 거주민이 지역의 미래에 대해 신뢰하지 않는다는 신호다. 청년층이 떠나는 동시에 신혼부부·자녀 양육 가구의 정착률이 낮아지고, 미분양 주택·공실률이 빠르게 증가하면 주거지로서의 매력 상실이 구조화된다.

이와 함께 지역 내 초등학교 통폐합, 산부인과·소아과 병원의 폐업은 실질적인 생활기반이 붕괴하고 있음을 보여 주는 직접적 지표다.

(4) 산업단지 내 공장 가동률 하락 및 기업 유출

산업단지나 공업지대의 가동률 저하, 부지 장기 미매각, 기업 이전은 지역산업 생태계가 흔들리고 있다는 신호다. 주력 기업의 이전이나 철수가 가시화될 경우, 협력 중소기업의 연쇄 타격이 발생하면서 지역 일자리와 세수 기반이 동시에 사라지는 위기에 직면하게 된다.

이에 따라 지역대학의 이공계 인재도 수도권이나 외부로 빠져나가며 인재 공급망도 단절된다.

(5) 민심 이반과 커뮤니티 약화

경제와 생활기반의 위기는 지역 공동체의 붕괴로 이어진다. 주민참여율이 떨어지고, 마을 커뮤니티 공간이 사라지며, 자원봉사, 지역행사, 협동조합 등 공동체 기반 활동도 점차 약화한다. 이는 지역사회의 사회적 자본(Social Capital) 붕괴로 연결되며, 지역 재생을 위한 내부 동력마저 상실하게 된다.

3장
돈은 어디로 흐르는가, 자본과 지역의 연결고리

1. 자본은 도시의 혈액이다 - 흐름의 의미와 영향

"돈은 도시의 혈액이다."

이 비유는 지역경제에서 자본의 흐름이 얼마나 중요한지를 보여 준다. 자본이 지역 안에서 원활하게 돌고, 다양한 경제 주체를 거치며 순환할 때 지역은 성장하고 확장할 수 있다. 반대로 자본이 외부로 빠르게 유출되면, 지역경제는 서서히 마비되고 자립 능력을 상실하게 된다.

자본의 흐름은 단순한 금융 거래나 예산 집행을 넘어, 지역의 자생적 성장 기반과 직결된다.

① 기업 활동은 자본 없이는 유지될 수 없다. 지역 내 투자가 이뤄져야 생산이 늘고, 일자리가 생기며, 부가가치가 창출된다.
② 주민 소비는 자본 순환의 중요한 고리다. 소득이 지역 안에서 생성되고 쓰여야 상권이 살아나고, 일상이 유지된다.

③ 공공인프라 역시 자본의 흐름 위에 세워진다. 지방정부는 안정적인 세수를 바탕으로 교통, 교육, 복지 등 삶의 기반을 구축할 수 있다.
④ 마지막으로, 자본의 유출을 막는 구조가 없다면 지역에서 벌어들인 이익은 본사, 외지 플랫폼, 부동산 투자 등으로 빠져나가며 지역경제는 속절없이 약해진다.

중요한 것은 얼마나 많은 돈이 들어오는가가 아니라, 그 돈이 지역 안에서 얼마나 오래 머물고, 어떻게 활용되느냐다.

2. 지역 내 자본의 구조와 특징

자본 구조	주요 구조	특징	대표 사례
선순환 구조 (○)	자본이 지역 내에서 공급 → 생산·고용 → 소득·소비 → 세수·공공투자 → 재투자로 이어짐	경제 복원력· 지속 가능성 강화, 외부 의존도 축소	퀘벡(협동조합 금융), 바덴뷔르템베르크 (Sparkassen-중소기업 연결), 도야마 (도시재생·공공교통 투자)
악순환 구조 (×)	자본이 외부로 유출되어 일자리 감소 → 소비 위축 → 상권 붕괴 → 세수 축소 → 공공서비스 저하	내부 자립 기반 약화, 지역 경제 활력 상실	디트로이트 (대기업 본사 이익 유출), 마나과(국제자금 의존, 내부 생태계 부재)

(1) 지역 내에서 돈이 도는 선순환 구조

자본은 단지 유입되는 것만으로는 충분하지 않다. 진정한 경제의 자생력은 자본이 지역 안에서 머물고, 재투자되며, 다양한 주체 간에 순환될 때 발생한다. 이를 우리는 '지역 내 자본의 선순환 구조'라고 부른다.

이 선순환 구조는 다음과 같은 흐름을 통해 작동한다.

① 자본 공급: 지역 금융기관이 지역기업과 주민에게 자금을 공급한다.
② 생산·고용 창출: 기업은 이 자금으로 생산을 확대하고 고용을 늘린다.
③ 소득과 소비의 확대: 고용된 주민은 소득을 얻고, 그 소득은 다시 지역 내 상권과 서비스에 소비된다.
④ 세수 증가와 공공투자: 소비·생산 증가로 세수가 늘어나고, 이는 지방정부의 인프라 투자로 이어진다.
⑤ 신뢰와 재투자 유도: 인프라와 정주 환경이 개선되면 기업과 인재가 다시 지역에 투자하고 정착한다.

이러한 구조는 자본이 한 번 돌고 끝나는 것이 아니라, 여러 주체 간 순환되며 경제의 복원력과 지속 가능성을 높이는 시스템이다.

이 구조를 현실에서 실현한 대표적인 사례들이 있다.

- 캐나다 퀘벡은 협동조합형 금융기관(Caisse Populaire)을 중심으로,

금융·유통·에너지 등 주요 부문에서 지역 자본이 지역 안에 머물도록 설계했다. 이는 퀘벡이 외부 충격에 강한 내수 기반 경제를 갖게 한 중요한 기반이 되었다.
- 독일 바덴뷔르템베르크주는 지역 저축은행(Sparkassen)과 강소기업(Hidden Champions)의 긴밀한 연결을 통해, 자본이 중앙으로 유출되지 않고 지역 내 중소기업에 집중되도록 유도했다. 그 결과 이 지역은 실업률이 낮고 고부가 산업 중심의 경제구조를 유지하고 있다.
- 일본 도야마시는 인구 감소와 고령화 문제를 '지역 내 경제 순환'으로 대응했다. 도시 중심 재생, 지역 소상공인 보호, 공공교통 투자 등을 연계해 소득과 소비가 지역 안에서 돌아가도록 유도한 것이 주효했다.

지역 내 자본의 선순환 구조란 단순히 '돈이 도는' 문제가 아니라, 그 돈이 어디에서 출발해 누구를 거쳐 어떻게 다시 돌아오는지를 정교하게 설계하는 문제다. 자본이 주민과 기업, 금융기관, 행정 사이에서 선순환 고리를 만들 때, 지역경제는 외부에 의존하지 않고도 살아 있는 구조로 작동할 수 있다.

(2) 자본유출로 인한 악순환 구조

자본이 지역 안에서 순환되지 못하고 지속적으로 외부로 빠져나갈 때, 지역경제는 점차 내부 기반을 잃고 악순환의 고리에 빠지게 된다.

이러한 자본유출은 단기적으로는 드러나지 않지만, 시간이 지날수록 일자리 감소 → 소비 위축 → 상권 붕괴 → 세수 축소 → 공공서비스 저하로 이어지며, 지역의 생명력을 갉아먹는다.

자본유출이 구조화된 지역은 다음과 같은 특징을 보인다.

① 대기업 중심의 외부지향 구조
지역에 생산시설이나 매장을 둔 대기업이 이익을 내더라도, 수익은 지역에 남지 않고 본사로 이전된다. 생산과 소비는 지역에서 발생하지만, 의사결정과 자본 운용은 외부에 집중되는 구조에서는 자본의 재투자가 거의 이뤄지지 않는다.

② 프랜차이즈 소비 중심의 유출 구조
지역 소비의 상당 부분이 대형 프랜차이즈나 외부 플랫폼을 통해 발생하면, 이익은 다시 지역을 떠난다. 지역 소상공인과 자영업자는 경쟁 심화와 수요 위축에 직면하고, 지역 상권은 점점 황폐해진다.

③ 지역 금융 기반의 부재
지역 기반 금융기관이 없거나 영향력이 약하면, 기업과 주민은 중앙 금융기관에 의존할 수밖에 없다. 이는 자금의 흐름, 심사 기준, 투자 방향이 모두 지역 외부에서 결정되는 구조를 낳고, 지역 맞춤형 지원은 이루어지기 어렵다.

이러한 자본유출이 불러온 악순환은 여러 도시의 사례에서 뚜렷하게 나타난다.

- 미국 디트로이트는 자동차산업으로 번영했지만, 대기업 중심의 구조 속에서 지역 이익은 본사로 이전되었고, 지역 재투자가 이루어지지 않았다. 산업구조가 흔들리자 자본은 빠르게 유출되었고, 도시는 붕괴 직전까지 몰렸다.
- 니카라과 마나과는 1990년대 이후 IMF, 세계은행 등 국제 자금에 의존해 일시적 활황을 겪었지만, 자체 산업과 금융생태계를 갖추지 못한 채 외자 유입만 반복되면서, 내부 자립기반 없이 취약한 경제구조에 머물렀다. 결과적으로 국제 자금이 빠져나간 후 지역경제는 빠르게 침체하였다.

　중요한 것은 "돈이 돌고 있는가?"가 아니라 "그 돈이 어디서 와서, 어디로 가고 있는가?"다. 자본이 지역을 거치기만 하고 지역을 떠난다면, 아무리 많은 사업을 벌여도 내부에 쌓이는 자산은 없고, 외부에 의존하는 구조만 강화될 뿐이다. 자본의 유출을 막고 지역 내부에서 순환하게 하는 것은 지속 가능한 지역경제의 출발점이다. 돈이 머무르지 않는 도시에 미래는 없다.

3. 자본을 활용한 지역경제 전략

자본 전략	주요 내용	대표 사례
① 지역 은행·금융 시스템 강화	지방은행·신협·지역 금융센터 활성화, 지역 화폐 도입, 지역 자본 대출 프로그램 운영 → 자본의 지역 내 순환 촉진	후쿠오카(지역 은행 창업 투자), 위트레흐트(지역 화폐 도입)
② 지역 자본 기반 인프라 투자	친환경 에너지·스마트시티·교통망·디지털 인프라에 지역 자본 투입, 공공-금융 협력 투자모델, 해외 자본 유치와 연계	트론헤임(R&D·에너지·AI 투자), 싱가포르(항만·데이터센터 투자로 글로벌 허브 성장)
③ 대기업-중소기업 균형 유지	대기업 이익 환원 정책, 지역 조달제도, 공급망 협력·공동 R&D → 지역 가치사슬 강화	슈투트가르트(대기업+히든 챔피언), 토론토(대기업-스타트업 협업 플랫폼)

(1) 지역 은행과 금융시스템 강화

지역경제가 자생력을 갖추기 위해 중요한 기반 중 하나는 자금조달의 안정성이다. 즉, 지역 내 기업과 개인이 필요할 때 적시에 자금을 확보하고, 그 자본이 다시 지역 내에서 투자와 소비로 이어지는 건강한 금융생태계를 갖추는 것이 중요하다. 이를 위해서는 대형 금융기관에만 의존하지 않고, 지역 기반 금융기관을 중심으로 한 자본 흐름 시스템을 형성하는 것이 필요하다.

첫째, 지역 기반 금융기관의 활성화가 중요하다. 신용협동조합, 지방은행, 지역금융센터 등과 같은 조직은 대형 은행과 달리 지역 실정에 맞는 맞춤형 금융서비스를 제공할 수 있으며, 중소기업과 신생 기업에도 비교적 유연한 조건의 대출과 투자를 제공한다. 이러한 금융기관이 제 역할을 하면, 지역기업들은 자금 부족으로 사업을 포기하지 않고 성장의 기회를 잡을 수 있다.

둘째, 지역 자본을 활용한 대출 프로그램을 운영함으로써, 외부 자본에 대한 의존도를 낮추고, 지역 내에서 자금이 돌 수 있도록 해야 한다. 지역 주민이 저축한 돈이 지역기업에 대출로 제공되고, 이로 인해 일자리가 생기고 소득이 늘어 다시 저축과 소비로 이어지는 선순환 구조를 형성할 필요가 있는 것이다.

셋째, 지역 화폐의 활용도 자본의 지역 내 순환을 촉진하는 데 유효한 전략이다. 지역 화폐는 지역 내에서만 사용할 수 있으므로, 대형 유통 체인이나 외부 본사를 둔 기업으로 자본이 빠져나가는 것을 막고, 소상공인과 자영업자 중심의 지역상권을 보호하는 데 효과적이다. 위기상황에서는 지역 화폐를 통해 소비 진작 효과를 빠르게 끌어낼 수 있다는 장점도 있다.

이러한 전략의 성공사례도 분명하다. 일본 후쿠오카는 지역 은행이 스타트업과 청년 창업기업에 투자하면서 일본에서 가장 빠르게 성장하는 창업 도시로 탈바꿈하였다. 금융기관과 지방정부, 민간 창업생태계가 협력하여 자금을 지역 내에서 순환시키는 구조를 설계한 것이 핵심이다. 네덜란드 위트레흐트는 지역 화폐를 도입해 시민들이 지역 상점에서 소비하도록 유도했고, 그 결과 외부 유출 없이 지역경제 내부에서 소비와 거래가 이어지는 구조를 만들었다.

자본이 외부로 흘러나가지 않고, 지역 안에서 유기적으로 순환하도록 만드는 금융시스템은 지역경제를 지탱하는 기본적인 인프라다.

(2) 지역 자본을 활용한 인프라 투자

지역경제를 지속해서 성장시키기 위해서는 단기적인 소비 진작이나 일회성 지원을 넘어서는, 장기적인 기반시설에 대한 전략적 투자가 필요하다. 지역 자본을 활용해 지속할 수 있고 미래 지향적인 인프라에 투자하는 것은 지역 내 자산을 지키고 키우는 효과적인 방법이다.

중요한 것은, 지역 기반 프로젝트에 대한 우선 투자다. 친환경 에너지, 스마트시티 기술, 도시교통망 개선, 디지털 인프라 구축 등은 미래 산업과 일자리로 직결되는 중요한 분야다. 이러한 분야에 지역 자본을 투입하면 기술기업과 인재를 유치할 수 있고 도시의 경쟁력도 크게 향상된다.

둘째, 지역 정부와 지역 금융기관의 협력을 통한 투자모델 구축이 중요하다. 예를 들어, 지역 정부가 필요한 인프라 사업에 대해 지역 은행과 함께 저금리 대출 프로그램을 운영하면, 중소 건설업체와 기술기업들이 참여할 수 있는 기반이 생긴다. 이런 방식은 공공재정의 부담을 줄이면서도, 민간 자본을 지역경제 안으로 끌어들이는 선순환 효과를 낼 수 있다.

셋째, 국외자본과의 연계 전략도 고려해야 한다. 지역에서 매력적인 인프라 환경을 구축하면, 해외 기업의 투자를 유도해 산업클러스터를 형성할 수 있다. 인프라가 잘 갖춰진 도시는 물류, 생산, 연구개발, 인재 유입 등 다양한 면에서 경쟁력을 가지게 되고, 이는 장기적인 경제성장의 발판이 된다.

이런 전략은 실제 여러 도시에서 성공적으로 적용된 사례가 있다. 노르웨이의 트론헤임은 지역 내 연구개발 인프라를 강화하고 에너지·해양·AI 분야에 집중적으로 투자하면서 글로벌 IT 기업들의 거점 도시로 떠올랐다. 지역대학과 연구기관이 연결된 클러스터 중심으로 지역 내 자본이 고도화된 지식산업에 재투자되었고, 이는 고용 창출과 청년유입으로도 이어졌다.

싱가포르는 국가 차원에서 장기적인 인프라 투자를 통해 외국자본 유치를 극대화한 대표적 사례다. 항만, 공항, 데이터센터, 스마트교통망 등 전략적인 기반시설에 지속해서 투자함으로써, 세계적 기업들이 자본을 집결시키는 아시아의 금융·물류 허브로 성장할 수 있었다.

지역 자본이 제대로 쓰이는 방식은 소비를 통한 단기 순환을 넘어서 인프라라는 실물자산으로 전환되어 장기적 경제기반을 만드는 일이다. 공공과 민간, 지역과 세계가 연결되는 이 투자는 단순한 시설 확충이 아니라 지역의 미래를 설계하는 중요한 전략이다. 자본이 '흘러 들어오고, 머무르고, 성장하는 공간'이 마련되어야 비로소 도시가 지속할 수 있는 방향으로 성장할 수 있다.

(3) 대기업과 중소기업 간의 균형 유지

지역경제가 안정적으로 성장하고, 외부 충격에도 회복력을 가지려면 대기업과 중소기업이 상생할 수 있는 구조가 필요하다. 어느 한쪽에만 경제구조가 편중되면 자본과 기회의 쏠림 현상이 발생하고, 결과적으로 지역 내 불균형이 심화한다. 대기업은 자본과 기술력, 고용 창출에서 큰 역할을 하지만, 중소기업은 지역경제의 뿌리이자 지속 가능성의 근간이다.

무엇보다 필요한 것은 대기업이 지역에서 창출한 이익을 일정 부분 지역에 환원하도록 유도하는 정책이다. 예를 들어, 지방세 혜택을 받은 대기업이 지역 내 공공인프라 사업이나 교육, 창업지원 프로그램에 일정 금액 이상을 기부하거나 투자하게 만드는 제도적 장치가 필요하다. 이를 통해 기업은 지역사회와의 신뢰를 쌓고, 지역은 안정적인 재정을 확보할 수 있다.

지역 중소기업과 신생 기업을 지원하는 공공 조달 프로그램도 중요하다. 지방정부가 물품 구매, 용역 발주 등에서 일정 비율 이상을 지역기업에 할당하면, 지역 내 중소기업의 매출 기반이 확대되고 고용이 늘어난다. 기술기반 신생 기업이나 소상공인을 대상으로 한 맞춤형 조달제도는 지역혁신의 촉진제 역할을 할 수 있다.

여기에 더해, 지역경제권 내 기업 간 협업 구조를 촉진하는 정책도 필요하다. 대기업과 중소기업이 상호보완적인 공급망을 형성하고 공동 R&D, 기술이전, 생산 협력 등을 통해 지역 내 가치사슬을 강화하는 방향이다. 이런 협력구조가 형성되면 지역 내 자본과 기술이 외부로 빠져나가지 않고 내재화되며, 경제 생태계가 탄탄해진다.

이러한 상생 모델은 독일 슈투트가르트에서 잘 드러난다. 벤츠, 포르쉐 등 세계적인 대기업들이 이 지역에 본사를 두고 있으면서도, 수많은 중소 협력업체(히든 챔피언)들과 함께 지역경제를 구성하고 있다. 대기업의 기술과 수요가 중소기업의 생존과 성장으로 연결되고, 중소기업의 유연성과 전문성이 대기업의 혁신역량을 뒷받침하는 구조다.

또 다른 예로, 캐나다 토론토는 대기업이 지역 스타트업 생태계와 협업할 수 있는 플랫폼을 조성하고, 공공기관이 중간에서 이들을 연결하는 시스템을 만들어 냈다. 이로 인해 토론토는 대기업의 기술력과 스타트업의 혁신성이 조화를 이루며 지속 가능한 성장 기반을 마련했다.

중요한 것은 기업 규모의 차이가 아닌, 상호 역할의 조화다. 대기업은 지역경제에 힘을 실어주는 중심축이 되어야 하고, 중소기업은 그 안에서 다양성과 지속 가능성을 제공하는 역할을 해야 한다. 두 축이 함께 돌아갈 때, 비로소 지역은 외부 의존이 아닌 내발적 성장의 길로 나아갈 수 있다.

4장

법적 안정성: 지역경제를 떠받치는 보이지 않는 인프라

1. 법적 안정성의 구성 요소와 작동 조건

지역경제는 물리적 인프라 위에 서 있는 듯 보이지만, 실질적으로는 법적 안정성이라는 보이지 않는 기반 위에 작동한다.

기업과 주민은 자신의 권리가 지켜지고, 분쟁이 합리적으로 해결되며, 범죄가 빠르게 제어된다는 전제가 있어야 자본을 투입하고, 소비하고, 고용을 결정한다.

하지만 법은 단지 문서로 존재한다고 해서 신뢰를 얻지 않는다. 예측가능성, 작동력, 접근성이라는 세 가지 조건이 갖춰져야, 제도는 실질적으로 기능하며 경제에 영향을 미친다.

구성 요소	주요 내용	지역경제와의 연결성
① 예측 가능성	일관된 법 집행·행정조치, 수사기관 협력·결과 공개	제도를 '현실의 질서'로 인식 → 기업·주민 신뢰 축적
② 작동력	사건 발생 후 신속한 수사 → 기소 → 행정조치 연계	피해 확산 차단, 투자자에 '위험 관리 가능' 신호 제공

③ 접근성	법률 취약계층도 이용 가능한 절차(조정센터·무료상담·온라인 민사절차 등)		사회적 비용 절감, 상권 생존 가능성 제고
④ 전문성	경제갈등(창업·임대차·가맹점·재개발 등)을 다룰 수 있는 전문가 풀·조정인단		분쟁 해결 역량 강화, 기업·주민 신뢰 자산 축적

(1) 예측 가능성 - 일관된 법 집행과 규칙의 신뢰

예측 가능성은 법적 안정성의 출발점이다. 동일한 사안에 대해 다른 처분이 내려지지 않도록, 법 집행과 행정조치가 일관되게 유지되어야 한다.

지방정부는 독자적인 수사권이 없지만, 경찰·검찰과의 협력구조를 통해 실질적인 대응력을 갖출 수 있다. 예를 들어, 반복 민원이나 지역 내 특정 유형의 범죄에 대해 수사기관과 정기적인 대응 협의체를 운영하고, 처리 결과를 시민에게 공개하면 법의 신뢰는 축적된다.

또한, 행정기관은 수사·기소 이후의 후속 조치(영업정지, 인허가 취소, 시정명령 등)를 신속히 연계해야 한다. 이 일관성은 법을 '형식'이 아니라 '현실의 질서'로 인식하게 만든다.

(2) 작동력 - 속도와 연결성

작동력은 법이 현실의 문제에 얼마나 즉시 반응할 수 있는가를 의미한다. 수사가 지연되고 분쟁이 방치될수록 피해는 확산하고, 주민과 기업의 불만은 커진다. 소상공인이 반복 피해를 보고도 대응이 되지 않는 구조에서는, 창업과 투자 자체가 억제된다.

반대로, 사건 발생 후 수사 → 기소 → 행정조치까지 연결된 대응체계가 작동하면, 법은 조기 대응 시스템이자 신뢰 자산이 된다.

이는 외부 투자자에게도 '이 도시는 위험을 관리할 수 있다.'라는 신호로 작용한다.

(3) 접근성 – 누구나 제도를 이용할 수 있어야

법은 모든 시민을 위한 것이지만, 실제로는 접근성의 차이가 법의 체감도를 결정한다.

소상공인, 고령자, 외국인 사업자 등 법률 취약계층이 절차에 진입하지 못하면, 분쟁은 음성적으로 해결되거나 방치된다. 이때 공공조정센터, 무료 법률상담, 온라인 민사절차 같은 수단은 제도적 문턱을 낮추는 데 결정적이다.

일부 지자체는 경찰서·상가번영회·마을 법률상담소와 연계해 생활형 분쟁 감시와 대응체계를 구축하고 있다.

이는 단지 분쟁을 줄이는 것을 넘어, 사회적 비용을 줄이고 상권의 생존 가능성을 높이는 제도적 기반이 된다.

(4) 전문성 – 경제갈등을 다룰 수 있는 법적 역량

지역경제에서 발생하는 다수의 분쟁은 단순한 법률 해석을 넘어선다.
창업 투자, 임대차 계약, 가맹점 분쟁, 재개발 소송 등은 법적 판단과 경제적 이해관계를 동시에 고려할 수 있는 전문성이 필요하다.

지자체는 이를 위해 경제·법률 전문가 풀, 분쟁 유형별 조정인단, 케이스 데이터베이스 구축 등 중장기 전략을 가질 수 있다.

이는 지역 법률 시스템의 질적 수준을 끌어올리고, 장기적으로 기업과 주민의 신뢰를 쌓는 자산이 된다.

2. 형사·민사 시스템의 경제적 파급효과와 회복적 사법의 가능성

법적 안정성은 추상적인 가치가 아니라, 실제로 지역경제 전반에 작동하는 현실적인 기초체계다. 형사·민사 제도는 공공의 질서와 민간의 거래가 유지될 수 있도록 해 주며, 이는 소비자 신뢰·상권 유지·투자 유치로 이어진다. 이 절에서는 형사·민사 시스템이 지역경제에 미치는 이중 효과와 회복적 사법이라는 대안을 통해 지역경제를 지키는 방식까지 함께 살펴본다.

구분	주요 내용	지역경제 파급효과
형사 시스템	치안 확보가 관광·상권·소비 신뢰의 조건, 처벌 강도보다 속도·일관성이 중요	안전한 도시 이미지 → 소비 확대·투자 안정성 확보
민사 시스템	계약·임대차·재개발 등 갈등을 신속·공정 처리	소상공인·중소기업의 생존율 유지, 시장 이탈 방지
회복적 사법	피해자·가해자 대화·중재, 기소유예+조정 모델	사회적 비용 절감, 상권 신뢰 회복·범죄 예방
연쇄 구조	형사(치안) → 상권 안정 → 민사(거래질서) → 투자 유입	법적 안정성이 곧 지역경제 성장 인프라로 작동

(1) 형사 시스템: 치안은 상권과 관광의 조건이다

형사 시스템은 범죄 예방과 처벌이라는 직접 기능 외에도, 도시 이미지와 소비자 신뢰를 결정짓는 간접 경제 기능을 수행한다.

관광객은 안전한 거리에서 소비하며, 상인들은 위협 없이 영업을 지속할 수 있어야 한다. 특히 여성·가족 단위 소비자의 야간 이동이 가능할수록, 상권은 시간적으로도 확장되고, 이는 곧 소비 총량의 증가로 이어진다.

여기서 중요한 것은 '처벌의 강도'보다 사건 발생 후의 '속도'와 '일관성'이다. 경찰의 초동 대응과 검찰의 기소가 신속히 이루어지면, 주민과 기업은 "이 도시에서는 법이 작동한다."라는 신호를 받게 된다.

이러한 법적 신뢰는 누적되며, 도시 브랜드와 투자 안정성 인식에도 영향을 미친다.

(2) 민사 시스템: 거래를 뒷받침하는 신뢰의 장치

민사 시스템은 일상적인 경제활동을 구성하는 '분쟁 발생 → 해결'의 공식 절차다. 상가 임대료, 계약 불이행, 프랜차이즈 분쟁, 재개발 협약 문제 등 지역 내 다수의 갈등이 민사적 절차로 다뤄진다.

이 시스템이 잘 작동하지 않으면, 기업은 위험을 회피하거나 비용을 떠안고 시장을 이탈하게 된다. 법률 대응 비용과 절차 부담이 큰 경우, 소상공인이나 중소기업은 권리를 포기하고 경쟁에서 탈락하게 되며, 이는 상권 전반의 생존율을 낮춘다.

따라서 민사분쟁을 신속하고 공정하게 처리할 수 있는 절차(예: 조정제도, 소액소송, 온라인 대응 시스템)는 경제적 활력을 유지하기 위한 기반이다.

(3) 회복적 사법: 법의 실용성과 공동체의 경제회복

전통적 형사 시스템이 처벌 중심이라면, 회복적 사법(Restorative Justice)은 공동체 기반에서 분쟁을 해결하려는 실용적 접근이다.

피해자-가해자 간의 대화, 조정, 합의 과정을 통해 법정 밖에서의 회복과 예방을 추구한다. 예컨대, 소상공인을 상대로 한 절도·기물파손·영업 방해 같은 반복적 경범죄에 대해, 기소유예 + 중재 우선 모델을 적용하면 피해자 회복과 범죄 예방이 동시에 가능하다. 이 과정에서 지방정부는 중재인 역할을 하거나, 경찰·검찰과 함께 '분쟁 조기개입 모델'을 설계할 수 있다.

이러한 시스템은 단지 처벌의 비용을 줄이는 것이 아니라, 지역 상권의 신뢰를 회복하고 사회적 비용을 낮추는 경제적 접근이기도 하다.

(4) 형사-민사-투자 신뢰의 연쇄 구조

형사와 민사 시스템은 각각 다른 방식으로 작동하지만, 경제시스템 안에서는 유기적으로 연결된다. 형사 시스템이 강하면 치안이 확보되고, 시민과 관광객은 안심하고 소비한다. 상권이 안정되면 창업과 투자가 이어지고, 민사 시스템이 이 거래를 안전하게 뒷받침한다. 이 두 시스템이 정교하게 작동하면, 외부 투자자는 "예측 가능한 도시"로 인식하게 된다.

법적 신뢰는 단지 도덕적 가치가 아니라, 지역경제 성장의 경로 그 자체가 된다. 치안 → 상권 → 거래 질서 → 투자라는 흐름은, 바로 법적 안정성을 실질적인 경제성장 인프라로 보여 주는 증거다.

5장
지역경제 활성화 추진조직은 무엇으로 강해지는가?

1. 추진조직 설계의 핵심 원칙과 작동 조건

　지역경제 활성화를 위한 추진조직은 단순한 행정 하위 조직이 아니라, 다양한 이해관계자 간의 자원을 조정하고, 지역경제 기조를 실질적으로 전환할 동력을 만들어 내는 실천 중심 조직이다. 그러나 많은 지역에서 이 조직이 형식적으로만 존재하거나, 권한과 책임이 불분명한 상태로 출범해 실질적 기능을 하지 못하고 사라지는 일이 반복되고 있다. 반면 성공한 도시들의 추진조직은 특별한 자본이나 인재보다, 어떻게 설계되었는가, 어떻게 작동했는가에서 결정적인 차이를 보였다.

　이 절에서는 추진조직이 갖추어야 할 다섯 가지 주요 원칙과 이 원칙들이 작동하지 않을 때 반복되는 구조적 실패 요인을 함께 정리한다. 각 원칙은 성공의 조건이자, 실패를 피하기 위한 최소한의 장치다.

추진조직 설계 원칙	성공 조건(○)	실패 요인(×)
① 명확한 주체성과 거버넌스	총괄-집행-지원의 구분이 명확, 권한·책임 외부에 공개	주도권 불명확, 이중 구조, 책임 회피
② 실물경제 주체와 협업	공공(기획·예산) + 민간(실행·운영)의 조화	민간이 자문 수준에 그치고 행정 주도만 존재
③ 중장기 전략 중심 운영	3~5년 로드맵 기반, 방향성 유지·복원력 내장	단기 예산·행사 위주, 단기성과 집착
④ 실질적 참여 설계	상인회·청년·시민 전문가가 의사결정 과정에 참여	주민참여가 '회의 초청'에 그침, 책임 부여 없음
⑤ 투명성과 피드백 메커니즘	성과 평가·공표, 실패 분석·전략 재설계	성과 축적·학습 부재, 불신 누적

(1) 명확한 주체성과 거버넌스 구조

추진조직의 설계에서 기본이 되는 것은 '누가 중심인가?'에 대한 명확한 정의다. 지자체, 공기업, 상공회의소, 산업단체, 민간 전문가 등 다양한 주체들이 참여할 수 있지만, 총괄 기획자, 실행 책임자, 자문 파트너의 구분이 명확하지 않으면 조직은 출범 초기부터 조정 불능 상태에 빠지기 쉽다.

성공한 조직은 총괄-집행-지원의 기능이 수평적으로 나뉘어 있고, 그 권한과 책임이 외부에서도 쉽게 확인될 수 있도록 설계되어 있다. 갈등이 빈번한 도시일수록, 이 거버넌스 구조의 명료성이 외부 투자자나 지역 주민에게 신뢰의 기반이 된다. 반대로 주도권이 불명확하거나 이중적 구조가 존재하면, 조직 내부는 지휘 혼선과 책임 회피로 소모되고, 외부와의 협력 창구는 무기력해진다.

(2) 실물경제 주체와의 협업 구조

지역경제는 공공만으로 움직이지 않는다. 현실에서 실제 경제를 움직이는 주체들은 상공회의소, 소상공인 연합, 금융기관, 산업단체 같은 실물경제 기반이다. 성공한 추진조직은 공공과 민간이 이원적으로 기능하지 않고, 초기부터 협업을 전제로 한 설계로 출범한다.

지자체는 전략 기획과 예산 조정을 맡고, 민간은 실행과 현장 운영을 담당하는 이중 구조가 조화를 이룰 때, 계획은 빠르게 실행되고 정책의 체감도는 높아진다. 반면 민간이 자문 수준에 머물고, 실행 전 과정이 행정기관 주도로만 이루어지는 구조에서는 시장과 현장의 반응이 따라오지 않는다. 추진조직은 협업의 구조를 '사후 동원'이 아닌 '사전 설계'로 해결해야 한다.

(3) 중장기 전략 중심 운영

많은 추진조직이 단기성과 중심의 구조에 갇혀 있다. 연간 단위 예산, 수치화된 평가지표, 연말 행사 위주의 성과 발표는 조직을 이벤트성 활동의 반복 구조로 빠뜨린다. 그러나 지역경제의 변화는 단발성 사업으로는 이루어지지 않는다.

성공한 추진조직은 최소 3년에서 5년 단위의 로드맵을 갖고 있다. 예산과 사업이 중장기 전략에 따라 연동되고, 중간에 위기가 발생하더라도 방향성과 일관성을 유지할 수 있는 복원력을 내장한다. 단기성과는 설계되지 않아도 자동으로 따라오는 부수효과지만, 중장기 전략은 명시적으로 설계되어야만 작동한다.

(4) 실질적 참여 설계

'주민참여'가 추진조직의 운영원칙에 포함되어 있다고 해서 실제 참여가 이루어지는 것은 아니다. 참여가 실질화하기 위해서는 회의에 초청되는 수준을 넘어, 의사결정과 집행 단계에까지 책임이 부여되어야 한다.

성공한 조직은 상인회 대표, 청년 창업자, 시민 전문가 등 다양한 이해관계자를 정식 위원이나 실무그룹 구성원으로 포함하고, 이들의 의견이 실제 정책 반영 과정에 영향을 미치도록 구조화한다. 단순 의견 수렴이 아니라, 공감과 책임이 통합된 참여 설계가 이뤄져야만 추진조직은 갈등을 줄이고, 자발성과 지속성을 갖출 수 있다.

(5) 투명성과 피드백 메커니즘

추진조직이 지속적인 신뢰를 얻기 위해서는, 결과를 평가하고 그 평가를 정책에 반영하는 체계가 필요하다. 성공한 도시들은 외부 독립기관, 지역대학, 정책지원 조직 등을 통해 추진성과를 주기적으로 평가하고, 그 결과를 공식적으로 공표하며 내부 전략을 조정한다.

중요한 것은 '실패를 드러내는 용기'다. 예상보다 효과가 낮았던 사업에 대해 원인을 분석하고, 그 경험을 기반으로 다음 전략을 재설계하는 문화가 정착되어야 조직은 살아 있는 학습 시스템으로 진화할 수 있다. 피드백 구조는 행정 효율이 아니라, 지역과의 신뢰 축적을 위한 중요한 메커니즘이다.

2. 모델 유형 비교와 전략 선택

지역경제 활성화를 위한 추진조직은 '하나의 정답'이 있는 것이 아니라, 지역의 여건과 정책 목표에 따라 다양한 모델로 구성될 수 있다. 조직 형태는 단순한 구조적 차이 이상의 의미를 지닌다. 조직의 설계 방식에 따라 실행력, 유연성, 지속 가능성이 달라지며, 각 유형은 장단점뿐 아니라 적용 가능한 조건에서도 구분된다.

다음은 대표적인 세 가지 추진조직 유형과, 그에 따른 전략적 선택 기준이다.

구분	① 전담 공공조직형	② 민관 협력 이사회형	③ 거버넌스 연계 네트워크형
주도 세력	지자체 주도의 재단·공공기관	지자체·민간 공동 운영, 이사회 의사결정	다양한 주체의 느슨한 네트워크
장점	예산 확보·행정 연계 용이, 안정성	견제와 균형, 민간 실천력 흡수	다양성·현장 탄력성, 사회적 연대 강화
단점	관료적, 변화 대응 느림, 민간 창의성 부족	이해 충돌 시 결정 지연·책임 혼선	실행 주체 불명확, 위기 시 리더십 공백
적합 조건	행정 기반 강한 중소 도시, 초기 인프라 구축	민간 자율성·협의체 문화가 성숙한 도시	도시재생, 창업, 갈등 조정 분야

(1) 전담 공공조직형

전담 공공조직형은 지자체가 주도적으로 설립한 재단법인이나 공공기관이 지역경제 활성화 사업을 통합적으로 추진하는 방식이다.

장점은 예산 확보와 행정지원이 쉽다는 점이며, 담당 지자체와의 연계가 밀접해 효율적인 조율이 가능하다. 예산 집행과 제도 개선이 필요한 장기 전략에서 안정성을 갖춘 모델로 평가된다. 그러나 지나치게 관료적 구조에 머물 경우, 변화 대응이 느리고 민간의 창의적 참여가 제한될 수 있다는 단점도 존재한다.

행정 기반이 강한 중소도시에서는 초기 인프라 구축에 유리하지만, 민간의 참여 창구를 별도로 설계해야 지속 가능성이 커진다.

(2) 민관 협력 이사회형

민관 협력 이사회형은 민간경제단체와 지자체가 공동으로 운영하는 조직 형태로, 운영 주체가 공동 의사결정기구(이사회)를 통해 사업을 설계하고 실행한다.

공공과 민간이 대등하게 참여함으로써 견제와 균형이 작동하고, 민간의 실천력을 조직 내부에 직접 흡수할 수 있다는 점에서 강점이 크다. 대표적인 예로는 지역 상공회의소, 금융기관, 산업단체 등이 참여하는 구조가 있으며, 창업·유통·관광 분야에 적합하다. 반면 공공과 민간의 이해관계가 상충할 경우 내부 조율이 어려워지고, 결정 지연이나 책임 소재 혼선이 발생할 위험도 있다.

이 모델은 민간 자율성이 높은 지역이나 기존 협의체 문화가 잘 작동하는 도시에서 적합하며, 투명한 갈등 조정 시스템이 동반되어야 한다.

(3) 지역 거버넌스 연계 네트워크형

지역 거버넌스 연계 네트워크형은 추진조직 자체를 하나의 기관으로 고정하기보다는, 지역 내 다양한 주체들이 느슨한 네트워크 형태로 결합해 사업을 공동으로 수행하는 방식이다. 지자체, 주민조직, 전문가 그룹, 정책 실행 지원 파트너 등이 유기적으로 연결되어 공동으로 기획과 실행을 나누며, 사회적 연대와 지역 자율성이 중심이 된다.

이 모델의 강점은 정책이 지역 현장에 뿌리내릴 수 있도록 하는 내재적 탄력성과 다양성이다. 도시재생, 공동체 기반 창업, 복합적 갈등 조정 등에서 효과적이다. 하지만 네트워크형 조직은 실행 주체가 명확하지 않거나, 위기 상황에서 지도력 공백이 발생할 위험이 있다.

따라서 사전에 실행력 있는 '정책 실행 지원 파트너'나 '핵심 추진팀' 등으로 중심을 세우고, 또 네트워크 간 역할을 조정해야 한다.

(4) 전략 선택 시 고려사항

어떤 조직 모델을 선택할지는 이상적인 구조를 따르기보다, 해당 지역의 현실과 정책 과제를 얼마나 반영할 수 있느냐를 기준으로 판단해야 한다.

첫째, 조직의 규모와 예산운영 방식이 얼마나 유연하고 지속 가능한지가 중요하다.

둘째, 사업 성격에 따라 적합한 파트너와 중심 운영 구조를 판단해야 한다. 예를 들어, 산업유치나 투자유치형 사업은 전담 공공조직형이 유리하지만, 창업 육성이나 생활경제 재생은 민관협력형 또는 네트워크형이 더 효과적일 수 있다.

셋째, 지역의 사회적 자본 수준도 중요한 변수이다.

공공과 민간 간의 신뢰 수준, 기존 협의구조의 작동 여부, 시민참여 기반 등이 성숙한 지역일수록 복합형 모델이 잘 작동한다.

3. 제도화와 장기 운영을 위한 조건

추진조직이 일시적인 TF나 단기 공모 대응 조직을 넘어서기 위해서는, 제도적 기반과 지속 가능한 운영체계를 갖출 필요가 있다. 많은 지자체가 초기에 의욕적으로 추진조직을 구성하지만, 일정 기간이 지나면 조직이 유명무실해지거나 해체되는 사례가 반복된다. 이는 대부분 제도화가 부족하고, 재정 구조와 지도력, 조직 학습 시스템이 함께 뒷받침되지 못했기 때문이다.

여기서는 조직을 지속 가능한 지역경제 추진 주체로 발전시키기 위한 다섯 가지 주요 조건을 제시한다. 뒤에서 제시될 성공사례들 또한, 대부분 이 조건 중 세 가지 이상을 제도적으로 확보한 경우였다.

추진조직 장기화 조건	주요 내용	효과
① 법적 근거 마련	조례·법적 정체성 규정	정치 변화에도 존속·신뢰 확보
② 지속 가능한 재정 구조	기금·국비·민간 협찬·금융 협약, 중기 예산	장기 전략·사업 지속성 확보
③ 지도력의 연속성과 전문성	전문경영형 리더십, 성과 기반 계약	정책-민간-시민사회 조정 가능
④ 성과 축적·학습 구조	성과 데이터·평가·사례 축적·아카이빙	지식 순환·조직 역량 유지
⑤ 중앙정부와 연계	국비 매칭, 도시 연합· 벤치마크 협력	외연 확장, 공동 과제 해결

(1) 법적 근거 마련

　추진조직이 정책에 따라 수시로 만들어지고 사라지는 구조에 머문다면, 장기적 전략을 수립하기 어렵다. 이를 방지하기 위해서는 해당 조직의 법적 정체성을 명확히 해 줄 조례나 조항의 제정이 필요하다.

　지방의회 차원에서 추진조직의 구성과 기능, 책임, 평가 구조 등을 규정한 조례를 마련하면, 정치적 환경 변화에도 조직의 존속이 보장되는 안정성을 확보할 수 있다.

　법적 기반이 있을 때만이, 외부 투자자나 지역 주민도 조직에 대해 신뢰할 수 있으며, 이후 공공성과 민간 협력 구조도 제도적으로 뒷받침될 수 있다.

(2) 지속 가능한 재정 구조

제도화 못지않게 중요한 요소는 재정 구조의 다원성과 지속성이다. 지자체 예산에만 의존하면, 해마다 예산 삭감이나 우선순위 변경에 따라 사업이 흔들릴 수 있다. 따라서 기금 조성, 국비 매칭, 민간 협찬, 지역 금융기관과의 협약 등을 통한 다원적 재원 설계가 필요하다.

아울러 단연도 예산구조가 아니라, 3년 또는 5년 단위의 중기 예산 배분 체계를 갖추는 것이 이상적이다. 이러한 안정적인 재정기반은 장기 전략과 조직 지속성을 확보하는 동력으로 작용한다.

(3) 지도력의 연속성과 전문성 확보

조직을 이끄는 리더의 성격에 따라, 조직은 안정적으로 성장할 수도 있고 방향을 잃을 수도 있다. 많은 지자체 추진조직이 실패하는 이유 중 하나는 리더가 정무직으로 임명되어 정치적 변화에 따라 교체되거나 전문성이 부족한 인물이 선임되는 경우다.

이를 방지하기 위해서는 지도력을 계약 기반의 전문경영형 체계로 전환하고, 성과기반 평가와 재계약 혹은 교체가 가능한 유연 구조를 갖춰야 한다. 리더는 관리자 이상의 역할을 하며, 정책-민간-시민사회의 조정자로 기능해야 하므로, 정책적 감각과 현장 실행력 모두를 갖춘 인재가 요구된다.

(4) 성과 축적과 조직 학습 구조

조직이 지속할 수 있게 하려면 단지 예산과 인력만이 아니라, 성과와 지식이 쌓이고 공유되는 학습 구조가 중요하다. 그동안 수행한 사업들의 결과, 지역별 지표 변화, 참여자 평가 등을 데이터로 축적하고, 이를 바탕으로 정책 개선과 전략 조정이 이루어져야 한다. 이러한 성과관리 체계를 위해서는 정기 보고서, 평가 리포트, 외부 전문가 자문단, 사례집 발간 등의 장치를 제도화하는 것이 좋다.

이러한 지식 순환 구조는 아카이빙을 넘어서 조직 내 세대교체나 인력 이탈 시에도 조직 역량이 유지되는 장기적 기반이 된다.

(5) 중앙정부와의 연계 구조설계

지역의 조직이 자생력을 갖추는 것도 중요하지만, 중앙정부와의 전략적 연계도 지역경제 추진의 안정성과 외연 확장에 중요한 역할을 한다. 중앙정부의 정책 기조 및 방향성과의 정합성을 확보함으로써, 관련 공모, 정책 연계사업, 국비 매칭 등을 지속해서 유치할 수 있다.

또한, 중소도시 간 연합 모델을 구성하거나 벤치마크 플랫폼을 통해 조직 간 수평적 학습과 협력구조를 형성하면 개별 도시의 한계를 뛰어넘는 시너지를 만들 수 있다. 같은 산업군이나 유사한 경제적 배경을 가진 도시들끼리의 연계는 지역 단위에서 이루기 어려운 공동 과제를 해결하는 데 효과적이다.

6장
갈등을 이겨 낸 지역만이 살아남는다

1. 지역경제에서 발생하는 갈등 유형

지역경제 활성화는 다양한 이해관계자의 참여와 협력을 전제로 하지만, 그 과정에서 갈등은 거의 불가피하게 발생한다. 이는 단순한 의견 차이를 넘어, 토지와 자원의 분배, 문화적 충돌, 행정과 민간 간의 불신, 개발 방향에 대한 가치 차이까지 포괄하는 복합적인 성격을 지닌다.

갈등이 발생하는 지점은 지역의 경제 전략이 치열하게 작동하는 곳이기도 하다. 따라서 이를 사전에 파악하고, 유형별로 구조화된 이해를 파악하는 것이 곧 갈등 조정의 첫 단계가 된다.

뒤에서 소개될 국내외의 갈등관리 사례에서는 아래 네 가지 유형이 반복적으로 나타나며, 갈등 해결 여부가 사업의 성패를 가른 주요 요인으로 작용했음을 확인할 수 있다.

갈등의 유형	주요 내용	특징
① 이해관계자 간 자원 배분 갈등	재개발·산업단지 유치 등에서 토지 소유자, 임차인, 상인, 투자자 간 충돌	경제적 배분 문제를 넘어 정체성과 권리 충돌로 확대
② 사회적 갈등 (세대·계층·이주민)	청년·고령층, 기존 자영업자·신규 창업자, 이주민 간 이해 차이	비공식적으로 누적되다가 일정 시점에 폭발
③ 공공 vs. 민간 절차 갈등	행정 지연, 규제와 현실 괴리, 형식적 협의체 운영	"협의해도 바뀌지 않는다."는 불신 누적
④ 환경·개발 갈등	산업단지·관광지 개발, 친환경 에너지 사업에서 환경보존 vs. 개발 충돌	주민 생존·재산권과 직결, 장기화 위험 높음

(1) 이해관계자 간 자원 배분 갈등

전형적이고 빈번하게 발생하는 갈등은 지역 내 자원과 공간을 둘러싼 이해관계자 간의 충돌이다. 재개발이나 도시재생, 기반시설 확충 같은 물리적 변화가 수반되는 사업에서는 토지 소유자, 임차인, 인근 상인, 투자자 등 서로 다른 입장을 지닌 주체들이 충돌하게 된다. 특히 산업단지나 물류기지 유치 시에는 기존 지역 상권과의 이익 배분 문제가 표면화되며, 일부는 원주민과 외부 자본 간의 충돌 양상으로 번지기도 한다.

이런 갈등은 경제적 배분 문제를 넘어서 지역 정체성과 권리 의식의 충돌로 비화하는 경우가 많다. 적절한 갈등 조정 메커니즘이 없다면 사업 지연뿐 아니라 장기적인 불신으로 이어질 수 있다.

(2) 사회적 갈등: 세대·계층·이주민 간 갈등

지역경제 전략이 특정 계층에만 집중되거나, 세대 간 이해 차이를 고려하지 않으면 내부 공동체의 균열을 유발할 수 있다. 대표적인 예로, 청년 창업지원 확대 정책에 대하여 고령층이나 기존 자영업자들이 반감을 표출하거나, 고용 우선순위에 대한 불만이 커지는 경우가 있다. 또한, 외부의 이주민 유입은 노동력 확보나 인구 기반 확대 측면에서는 긍정적일 수 있으나, 기존 지역 공동체에는 문화적 긴장감과 정체성 위협으로 작용할 수 있다.

이러한 갈등은 매우 미세하고 비공식적인 방식으로 누적되며, 일정 시점에서 표출되면 대응이 어려워지는 특성이 있다. 따라서 사업 설계 초기부터 세대·계층 간의 균형과 소통 구조를 사전에 마련하는 것이 중요하다.

(3) 공공 vs. 민간의 행정·절차 갈등

사업 추진 과정에서 공공 행정과 민간 사업자, 또는 시민사회 간에 발생하는 절차적 갈등도 자주 목격된다. 행정 절차의 지연, 규제와 현실 간의 괴리, 정보 비대칭은 민간의 불신을 초래하는 주요 원인이다. 민관협의체가 존재하더라도 형식적으로 운영되거나 일방적인 설명만 반복된다면, 오히려 갈등이 확대될 수 있다.

이러한 갈등은 '협의하지 않았다.'기보다, '협의해도 바뀌지 않는다.'는 인식이 누적되면서 발생한다. 지역경제 활성화는 다양한 행정 부서와 법적 절차가 복잡하게 얽힌 영역이므로, 투명하고 반복 가능한 절차를 설계하는 것이 중요하다.

(4) 환경·개발 갈등

마지막으로, 개발과 보존이라는 가치를 둘러싼 갈등은 규모가 큰 사업일수록 비례적으로 커지는 경향이 있다. 산업단지 조성이나 대형 관광지 개발, 물류 인프라 확장 등은 자연환경 훼손 또는 기존 마을 해체와 같은 문제를 동반한다. 풍력, 태양광, 바이오에너지 등 친환경 산업조차 지역 주민과의 합의 없이 추진될 경우 강력한 반발에 직면할 수 있으며, 개발의 친환경성보다 절차의 민주성이 더 중요한 이슈로 부상하는 때도 많다.

이 갈등은 단지 환경보호라는 이상적 가치가 아니라, 주민의 생존과 재산권에 직결되는 문제로 이어지기 때문에 장기화하기 쉽다. 이와 같은 사례들은 뒤에서 구체적으로 살펴볼 예정이며, 갈등관리 성공 여부가 사업의 지속 가능성과 직결되었음을 잘 보여 준다.

2. 갈등이 경제에 미치는 영향

갈등은 단순히 사람들 간의 불화나 일시적 충돌을 의미하지 않는다. 지역경제의 맥락에서는 갈등이 사업의 실행력, 외부 투자자의 신뢰, 지역사회의 응집력을 송두리째 흔들 수 있는 구조적 위험성으로 작용한다. 특히 초기 대응에 실패한 갈등은 시간이 지날수록 비용을 키우고, 지역의 이미지와 미래 전략을 동시에 손상하는 결과로 이어진다.

여기서는 갈등이 지역경제에 끼치는 세 가지 주요 영향을 중심으로 정리하며, 뒤에서 다룰 성공·실패 사례에서 이들 영향이 어떻게 현실화되었는지를 비교 분석할 수 있는 기초를 제시한다.

갈등의 영향	구체적 결과
① 사업 지연과 비용 증가	착공 지연, 설계 변경, 민원 대응 TF 운영 → 추가 비용·투자 신뢰 하락
② 사회적 신뢰 저하	언론·SNS 확산 → 도시 이미지 손상, 외부 투자·청년·기업의 이탈
③ 지속 가능성 훼손	형식적 합의로 강행 시 준공 후에도 반발 지속, 사업 수명 단축·피로감 누적

(1) 사업 지연과 비용 증가

지역경제 사업은 예산, 부지, 행정 절차, 주민 협조 등 여러 조건이 맞물려 작동해야 추진될 수 있다. 이 중 어느 하나라도 갈등으로 인해 충돌이 발생하면, 전체 일정은 점점 지연되고, 이에 따라 예산도 눈덩이처럼 불어난다. 보상 문제로 인한 착공 지연, 갈등 재조정에 따른 설계 변경, 민원 대응을 위한 별도 TF 운영 등은 계획 단계에서는 예상하지 못한 추가 비용과 기회비용을 초래한다.

무엇보다 큰 문제는 행정의 예측 가능성이 무너지는 순간, 외부 투자자들이 해당 지역에 대한 신뢰를 철회하고 유사 사업에 대한 선호도마저 급격히 하락할 수 있다는 것이다. 갈등이 단기 지연을 넘어 장기적 투자 위험성으로 전이되는 지점이다.

(2) 사회적 신뢰의 저하

갈등이 언론 보도나 지역 커뮤니티, 사회관계망(SNS)을 통해 퍼질 경우, 사업 차원의 문제가 아니라 도시 전체의 이미지에 영향을 미친다. '주민 반발로 사업 중단', '보상 갈등으로 법적 분쟁', '민관협의체 무용론' 같은 키워드는 그 도시가 가진 사회적 신뢰를 빠르게 깎아 내린다.

결과적으로 외부 투자자는 물론, 지역 내 청년 창업자, 귀촌 희망자, 중소기업조차 해당 지역을 '불안정한 도시', '갈등 많은 지역'으로 인식하게 된다. 이런 낙인은 단기간에 벗어나기 어렵고, 향후 어떤 전략을 추진하더라도 "그 지역은 잘 안 될 것"이라는 고정관념이 앞서버리는 악순환으로 이어진다.

(3) 지속 가능성의 훼손

갈등을 무시하거나 강행한 사업은 일시적으로는 추진될 수 있지만, 운영 이후에도 끊임없는 분쟁과 불만에 시달리게 된다. 형식적 의견 수렴만으로 강행된 개발사업은 준공 이후 주민 반발에 부딪히고, 정책지원이 끝나자마자 중단되는 사업으로 전락하는 경우가 많다.

이처럼 지역사회의 합의 기반 없이 추진된 사업은 구조적으로 짧은 수명을 가질 수밖에 없다. 더 큰 문제는 이런 경험이 축적될수록, 주민들은 새롭게 제안되는 사업에 대해 근본적인 회의감과 피로감을 느끼게 된다는 점이다. 공동체 내 갈등 경험이 반복될수록 지역 전체의 지속 가능성 자체가 흔들리게 된다.

3. 갈등을 조정하는 정책과 제도

갈등은 자연 발생적인 현상이지만, 그 조정은 제도와 정책의 문제가 된다. 지역경제 활성화와 같은 구조적 개입이 수반되는 과정에서는, 갈등이 발생할 수밖에 없다는 전제하에 제도적 대응장치를 사전에 설계할 필요가 있다.

중재자 한 사람의 역량에 의존하거나, 민원을 받아들이는 형식적인 절차만으로는 근본적 해결이 어렵다.

여기서는 제도 설계 차원에서 갈등을 예방하고 조정하며, 제도화해 나가기 위한 다섯 가지 구조를 정리한다.

갈등 조정 전략	주요 내용
① 갈등 예방형 계획 수립	갈등 영향평가 도입, 이해관계자 · 시나리오 사전 분석
② 민관 협력 조정기구 설치	지자체 · 전문가 · 주민 대표 참여하는 상설 위원회
③ 갈등 전담 인력 · 조직 운영	갈등 코디네이터 · 공공 갈등 관리사 등 전문 인력 배치
④ 소통 플랫폼 정례화	회의 · 간담회 기록 · 축적, 여론 분석 · 갈등지도 활용
⑤ 조정 결과의 실행 구조화	협약서, 조례, TF 설치, 후속 모니터링으로 합의 보장

(1) 갈등 예방형 계획 수립 체계 도입

많은 지역사업은 '공청회'나 '설명회'를 통해 갈등을 해소하려 하지만, 이미 사업 방향이 정해진 후에 이루어지는 경우가 많다. 갈등은 사후에 조정하는 것이 아니라, 사업 초기 구상단계부터 예측하고 설계하는 것이 효과적이다.

이를 위해 필요한 것이 바로 갈등 영향평가 개념이다. 이는 환경영향평가처럼, 예상되는 이해관계자, 민감 지점, 갈등 발생 가능 시나리오 등을 사전에 분석하고 이를 사업 설계에 반영하는 구조다.

이해관계자 분석, 시나리오별 대응 방안, 대체 가능 경로 등을 포함한 예측형 기획은 갈등 발생 자체를 줄이고, 발생 이후의 대응 효율성도 높여 준다.

(2) 민관 협력 기반 조정기구 설치

갈등이 표면화된 이후에는 이를 전문적으로 중재하고 해결할 수 있는 제도적 기구가 필요하다. 이때 일방적인 행정 중심의 조정이 아니라, 지자체·전문가·주민 대표가 함께 참여하는 중립적 조정기구가 효과적이다. 예를 들어, '지역분쟁조정위원회'와 같은 상설기구는, 특정 갈등만을 대상으로 하지 않고, 유형별 사례에 따라 축적된 대응 매뉴얼을 통해 반복적으로 개입할 수 있다.

이러한 조정기구는 일시적인 위원회가 아닌, 지역의 제도적 중재 기관으로 설계되어야 하며, 위기 대응뿐 아니라 갈등 발생 초기의 사전 경고 시스템으로도 작동할 수 있다.

(3) 갈등 조정 전담 인력과 조직 운영

갈등은 기관이 아니라 사람을 통해 조정된다. 지역 단위에서는 정책 실행 지원 파트너나 갈등 조정 전문인력이 행정과 주민 사이의 연결고리로 기능할 수 있다. 이들은 단순한 행정 설명이 아닌, 주민의 언어로 사업을 해석해 주고, 행정에는 현장의 긴장과 요구를 실시간으로 전달할 수 있는 양방향 통역자가 될 수 있다.

최근에는 '갈등 전문 코디네이터', '공공 갈등 관리사' 등의 제도적 자격을 부여하거나, 지역 단위로 배치하는 시범사업도 늘고 있다. 이런 실무 조직은 갈등을 단순 민원 수준에서 전략적 과제로 전환할 수 있는 중요한 수단이 된다.

(4) 소통 플랫폼의 정례화와 기록화

갈등을 제대로 조정하려면 소통을 넘어 지속적이고 추적이 가능한 대화의 구조를 만들어야 한다. 설명회, 간담회, 민관 회의 등은 일회성으로 끝나는 것이 아니라, 기록되고 축적되어야 한다. 의견 분포와 반대 사유 유형, 설명의 쟁점, 변화된 입장 등은 모두 자료화되어 다음 협상과 설계에 반영되어야 하며, 이를 기반으로 실질적인 변화가 감지될 수 있도록 할 때 주민의 신뢰도 높아진다.

나아가 갈등지도(Map), 키워드 기반 여론 분석 등 데이터 기반 소통 전략도 함께 구축할 필요가 있다.

(5) 갈등 조정 결과의 실행 구조화

모든 갈등이 원만히 합의된다고 해도, 그것이 실행되지 않으면 신뢰는 무너진다. 따라서 조정 결과는 공식화되고, 제도화되어야 한다.

협약서 체결, 조례 개정, 후속 TF 설치 등은 합의의 지속성과 책임구조를 보장하는 장치다. 또한, 이행 여부를 점검할 수 있는 후속 모니터링 구조나 평가 시스템이 함께 작동해야 갈등 조정은 실질적인 결과를 낳는다. 그리고, 이러한 시스템은 행정-정치-시민사회 간의 약속을 제도적으로 고정하는 방식이어야 한다.

지자체장이라면 반드시 알아야 할
세계 60개
도시 이야기

2부

세계에서 길을 찾다, 해외 지역경제의 명암

1장
부활에 성공한 5개 도시

1. 툴루즈(Toulouse, 프랑스):
항공산업클러스터를 통한 경제성장
– 와인과 예술의 도시에서 세계 항공산업의 중심지가 되기까지 –

구분	주요 내용
도시 개요	프랑스 남서부 가론강 유역. 중세 건축과 문화유산 보유, 현재는 세계 항공산업 중심지
위기와 전환	20세기 초 농업·상업 기반 약화, 젊은 인구 유출 → 항공우주산업을 새로운 성장동력으로 선택
발전 과정	1960년대 국가 전략산업 지정·투자 → 1970년 에어버스 본사 유치 → 기업·연구기관·대학 집적 확대
산업 생태계	6,000여 개 기업, 12만 개 일자리 창출, 설계-생산-시험-교육까지 통합된 항공 클러스터
성공 요인 (4대 전략)	① 정부·지자체의 장기적 지원 ② 에어버스 및 글로벌 기업 집결 ③ 교육·연구기관의 인재 공급 ④ 글로벌 수출시장 지향
시사점	특정 산업 중심 클러스터 집중, 지역 특성 반영 장기 전략, 기업-교육-정부 협력 구조, 글로벌 시장 연결이 도시 경쟁력 핵심

(1) 툴루즈는 어디인가?

프랑스 남서부, 가론강을 따라 자리한 툴루즈(Toulouse)는 언뜻 보기에는 고즈넉한 중세 도시의 모습을 간직하고 있다. 붉은 벽돌로 지어진 고풍스러운 건축물과 활기 넘치는 카페 거리, 와인 바 등은 프랑스 특유의 낭만적인 분위기를 자아낸다. 그러나 이곳을 단지 문화와 예술의 향기만 가득한 고도(古都)로 여긴다면, 그 진짜 얼굴을 놓치게 된다.

오늘날 툴루즈는 '유럽의 실리콘밸리', 나아가 '세계 항공산업의 심장'이라 불릴 만큼 항공우주 분야에서 독보적인 존재감을 보인다. 에어버스(Airbus) 본사를 비롯해 유럽항공안전청(EASA), 수백 개의 관련 기업과 연구소, 그리고 뛰어난 기술 인재들이 이곳에 밀집해 있다. 세계에서 가장 많은 항공기를 '설계하고 조립하는 도시' 중 하나가 바로 이곳이다.

그렇다면 질문이 생긴다. 어떻게 이 조용한 중세 도시가 세계적인 항공산업의 거점으로 탈바꿈할 수 있었을까?

(2) 위기의 도시, 새로운 성장동력을 찾다

과거 툴루즈는 프랑스 남서부에서 포도주 생산과 교육, 상업으로 번성하던 도시였다. 그러나 20세기 초, 세계 시장의 변화 속에서 산업기반이 흔들리며 큰 전환기를 맞게 된다. 제조업과 농업 중심의 구조는 점차 경쟁력을 잃었고, 국가의 행정과 경제 중심이 파리로 집중되면서 이 지역의 위상 또한 서서히 퇴색했다. 이와 함께 젊은 인구의 유출이 가속화되며 지역경제의 활력도 빠르게 약화하였다.

도시 전반이 구조적 침체에 빠진 가운데, 새로운 활로를 모색해야 할 절박한 상황에 직면한 툴루즈는 과감한 선택을 한다. 해답은 항공우주산업이었다.

"대규모 항공산업 생태계를 조성해 도시를 재편하자."라는 전략 아래, 국가 차원의 산업 육성정책과 지역이 보유한 교육·기술 인프라가 결합하였다. 이는 도시의 정체성과 미래를 완전히 새롭게 쓰는 담대한 도전이었다.

(3) 툴루즈, 항공산업의 메카로 떠오르다

"툴루즈에는 포도주보다 비행기가 많다?" 처음 들으면 우스갯소리처럼 들릴 수 있지만, 오늘날 이 도시의 경제구조를 압축적으로 설명하는 표현이다. 과거에는 포도주와 상업, 교육의 도시로 알려졌던 이곳은 이제 전 세계 항공산업의 심장부로 자리매김했다. 특히, 세계 최대 항공기 제조업체 중 하나인 에어버스(Airbus)의 본사가 이곳에 있으며, 유럽 각지에서 설계된 부품들이 이곳으로 모여 조립된다. 부품 생산지를 넘어, 항공기 한 대가 '완성품'으로 탄생하는 세계적인 제조 거점으로 성장한 것이다.

이러한 위상은 하루아침에 만들어진 것이 아니다. 그 기저에는 정부 차원의 체계적인 전략과 지역의 지속적인 노력이 있었다. 1960년대, 프랑스는 항공우주산업을 국가 전략산업으로 지정하며, 툴루즈를 중심축으로 육성하기 위한 세금 감면, 연구개발 투자, 인프라 확충 등 다양한 정책을 대대적으로 시행했다.

그리고 1970년, 결정적인 전환점이 찾아왔다. 유럽 주요국들이 미국 보잉에 맞서기 위해 공동으로 설립한 에어버스가 툴루즈를 본사로 선택한 것이다.

이후 발전의 주요 요인은 기업과 연구기관의 집적에 있었다. 에어버스를 중심으로 사프란(Safran), 탈레스(Thales), 심지어 경쟁사인 보잉(Boeing)까지도 연구개발(R&D) 센터를 이 지역에 설립하며 항공 생태계는 점차 확장되었다. 여기에 툴루즈 국립항공대학교(ENAC), 툴루즈 대학 등 고등교육기관이 전문 인재를 안정적으로 공급하면서, 산업과 교육 간 시너지가 더욱 강화되었다.

이처럼 정부 정책, 글로벌 기업의 집결, 교육기관의 연계가 맞물린 결과, 툴루즈는 설계·생산·연구·교육이 통합된 글로벌 항공기술 허브로 진화했다. 지금은 '유럽의 실리콘밸리'라 불릴 정도로 고도화된 기술과 인재가 집중된 전략 도시로 국제적 인정을 받고 있다.

(4) 툴루즈 항공산업클러스터: 구조와 생태계 작동 방식

툴루즈의 눈부신 도약은 단지 에어버스 본사를 유치했기 때문만은 아니다. 진정한 경쟁력은 '완성형 항공산업 생태계'를 구축했다는 데에 있다. 이는 단일 대기업 중심의 산업유치가 아닌, 설계부터 생산, 시험, 판매, 사후관리까지 항공기 제조의 전 과정을 한 도시 안에서 수행할 수 있도록 정교하게 설계된 구조다.

이곳은 항공 클러스터의 이상을 실현한 대표사례로 손꼽힌다. 현재 6,000개 이상의 관련 기업이 밀집해 있으며, 이 분야에서만 12만 개가 넘는 일자리가 만들어져 있다. 에어버스를 중심으로 사프란, 탈레스 등 주요 부품업체는 물론, 정밀기계와 ICT, 센서기술, 신소재, 물류, 엔지니어링 서비스까지 다양한 업종이 유기적으로 연결되어 있다. 이들은 물리적으로 모여 있는 수준을 넘어, 실시간 협업과 기술 공유, 공동 프로젝트 수행 등 긴밀한 네트워크를 일상적으로 형성하고 있다.

이런 집적 구조는 항공기 한 대가 완성되기까지의 전 과정을 하나의 지역 내에서 처리할 수 있게 함으로써, 생산성과 혁신의 속도를 모두 끌어올리는 데 결정적 역할을 한다. 예컨대, 연구기관의 기술이 기업으로 신속히 이전되고, 생산 과정 중 발생하는 문제는 조립업체, 품질팀, 부품 공급사가 함께 해결하며 실시간 개선이 이뤄진다. 신소재 기업이 개발한 부품은 곧바로 지역 내 시험기관에서 검증을 거치고, 적합성이 입증되면 전체 조달망에도 반영된다. 이처럼 연결과 협력이 일상화된 생태계는 집단지성을 기반으로 움직이는 산업 시스템으로 기능한다.

툴루즈의 항공 클러스터는 고용과 투자유치를 넘어선 고부가가치를 창출한다. 현재 이 지역은 프랑스 GDP의 10% 이상을 차지하는 경제 거점으로 성장했으며, 항공우주기술 분야에서는 유럽을 대표하는 기술 중심지로 인정받고 있다. 무엇보다 주목할 점은, 특정 기업의 존재만으로 이뤄진 성장이 아니라는 점이다. 이곳은 자생적으로 진화하고 작동하는 산업 생태계를 어떻게 설계하고 정착시켰는지를 보여 주는 대표적인 도시 모델이다.

(5) 툴루즈 클러스터 성공의 4대 전략 요인

툴루즈가 산업 집적지를 넘어, 세계 항공산업의 거점으로 도약할 수 있었던 배경에는 구조적이고 다층적인 전략이 있었다. 클러스터가 아무리 정교하게 설계되어도, 이를 뒷받침하는 정책, 제도, 인재 공급, 글로벌 전략이 유기적으로 작동하지 않으면 장기적인 성장은 어렵다. 이 지역은 바로 그 요소들이 유연하게 결합한 모범적인 사례다.

첫째, 프랑스 중앙정부와 지방 당국의 장기적 비전과 일관된 투자가 결정적인 시작점이었다. 1960년대, 프랑스는 항공우주 분야를 국가 전략산업으로 지정하고, 툴루즈를 중점 육성 지역으로 설정했다. 이에 따라 세제 혜택, 토지 지원, 연구기관 설립 등 실질적인 정책이 동반되었고, 지방정부도 적극적으로 기업 유치와 인프라 확충에 나섰다. 이러한 지속적이고 체계적인 행정지원은 정권 교체나 경기변동에도 흔들리지 않으며 산업 생태계의 기반을 단단히 다졌다.

둘째, 에어버스의 선택과 성장도 이 지역의 위상을 끌어올리는 데 결정적인 역할을 했다. 1970년, 유럽 각국이 미국 보잉에 대응하기 위해 설립한 에어버스가 툴루즈에 본사를 두면서, 전 세계 항공기업들의 관심이 이곳으로 집중되기 시작했다. 이후 사프란, 탈레스, 록히드마틴 등 글로벌 기업들이 차례로 연구 및 생산시설을 구축했고, 심지어 경쟁사인 보잉까지도 기술 협력 센터를 설치했다. 이는 도시의 상징성과 기술적 신뢰도를 동시에 끌어올린 계기가 되었다.

셋째, 지역 내 고등교육기관과 연구기관의 긴밀한 협력도 클러스터 성공의 기반이 되었다. 툴루즈 대학과 국립항공대학교(ENAC)는 항공우주 특화 인재를 지속적으로 양성해 왔으며, 이들은 곧바로 지역기업과 연구소에 흡수되어 현장 중심의 기술 생태계를 형성했다. 학문과 산업의 연결이 일상화되면서, 이곳은 R&D 중심 도시로도 성장하게 되었는데, 이는 연구 기반이 약한 타 도시들과의 차별성을 보여 준다.

넷째, 이 도시는 일찍부터 세계 시장을 겨냥한 전략을 설정했다. 에어버스를 중심으로 한 공급망은 유럽, 미국, 아시아 등 전 세계와 연결되어 있으며, 이곳에서 제작된 항공기의 80% 이상이 해외로 수출된다. 수출 중심 구조는 외화 확보를 넘어, 기술 역량 강화와 고용 안정, 그리고 국가 경제 전반에 긍정적 파급효과를 불러왔다.

툴루즈의 성공은 하나의 기업이나 단일 정책에 의존한 결과가 아니다. 정부의 전략적 지원, 글로벌 기업의 집결, 교육기관과의 유기적 연결, 그리고 국제시장을 겨냥한 수출전략이라는 네 축이 장기적으로 축적되고 맞물리며 만들어 낸 복합적 성과다. 이처럼 상호보완적인 요소들이 촘촘히 연결된 구조야말로, 툴루즈 클러스터가 세계의 주목을 받는 이유이자 진정한 경쟁력의 원천이다.

(6) 툴루즈 모델이 주는 시사점

툴루즈의 사례는 오늘날 많은 도시가 산업 재편과 지역경제 회복을 고민하는 상황에서 중요한 통찰을 제공한다. 이 도시는 단순한 산업유치가 아니라, 장기 전략, 제도적 뒷받침, 협력구조, 글로벌시장 지향이라는 네 가지 축을 어떻게 유기적으로 엮어내는지가 도시의 미래를 바꿀 수 있음을 보여 주었다.

가장 먼저 주목할 점은, 특정 산업을 중심으로 한 전략적 클러스터 구축의 중요성이다. 툴루즈는 항공우주산업이라는 하나의 분야에 집중하되, 설계, 생산, 연구, 교육이 융합된 고도화된 생태계를 조성했다. 이는 단일 기업 중심의 산업유치보다 훨씬 더 지속 가능한 성장 기반을 마련하는 방법임을 입증했다.

둘째, 지역 특성과 자원에 맞춘 장기 육성전략이 필요하다. 툴루즈는 관광이나 소비 중심 산업이 아닌, 인재와 기술이 축적된 도시 구조를 살려 고부가가치 산업에 집중했다. 이러한 접근은 단기 유행이 아닌 구조적 경쟁력을 키워 가는 방식이며, 자원이 제한적인 다른 도시에도 현실적인 방향성을 제시한다.

셋째, 삼각 협력구조의 구축은 지속 가능한 산업 생태계를 만드는 요건이다. 기업 생태계, 교육기관, 정부 간의 긴밀한 협력은 기술 혁신과 인재 양성, 제도적 안정성을 동시에 확보하게 했다. 툴루즈는 구조적 협업이 산업클러스터를 작동할 수 있게 하고, 불확실성 속에서도 시스템이 흔들리지 않도록 뒷받침한다는 점을 보여 준다.

마지막으로, 세계 시장을 겨냥한 수출전략은 지역 기반산업의 지속 가능성을 높이는 중요한 요소다. 툴루즈는 자국 수요에 머무르지 않고 유럽, 미국, 아시아 등과 긴밀히 연결된 공급망을 구축하며 글로벌 항공시장에 적극적으로 진출했다. 이는 지역기업의 기술 수준을 끌어올리고, 도시 자체를 국제 경쟁의 주체로 탈바꿈시키는 결정적 계기가 되었다.

결과적으로 툴루즈 모델은 한 도시가 어떻게 자립적인 산업기반을 갖추고, 글로벌 경제 속에서 생존력을 확보할 수 있는지를 보여 주는 설득력 있는 사례다. 산업 중심의 도시 재편을 고민하는 여러 국가와 지역에 실질적이고 실행 가능한 전략적 방향을 제시하는 하나의 길잡이로 기능할 수 있다.

2. 트론헤임(Trondheim, 노르웨이):
첨단기술과 연구 중심 경제모델
- 작은 바이킹 도시가 유럽의 혁신 허브가 된 이유는? -

구분	주요 내용
도시 개요	노르웨이 북부 항구도시. 과거 바이킹 거점·해양도시 → 현재 첨단기술·연구 중심 도시
위기와 전환	20세기 중반 어업·해운업 쇠퇴, 인구 유출·제조업 위축 → 연구·기술 중심 산업전환 선택
발전 과정	NTNU(노르웨이과학기술대) 중심 연구 생태계 구축 → 정부의 장기적 R&D 투자(연 10억 달러) → 스타트업 허브와 기술기업 집적
산업 생태계	NTNU 졸업생 70%가 지역 정착, SINTEF 연구재단 협업, 스타트업·R&D 연계 시스템 → 인공지능, 에너지, 바이오, 위성데이터 등 신산업 육성
성공 요인	① 연구-산업 연계 구조 ② 창업 촉진 정책(세제 감면·보조금) ③ 친환경·청정에너지 전략 ④ 중앙정부의 장기적 비전·투자
시사점	연구기관 중심 혁신 생태계, 스타트업 촉진, 친환경 다각화, 국가-지역 협력 모델 → 자원 의존에서 기술 기반 도시로 전환한 대표 사례

(1) 트론헤임, 노르웨이의 숨은 혁신 거점

노르웨이의 수도 오슬로가 정치와 금융의 중심이라면, 북부의 항구도시 트론헤임(Trondheim)은 과학과 기술의 실질적인 거점으로 떠오르고 있다. 한때 바이킹들의 본거지였던 이 소도시는, 이제 유럽에서 가장 활력 있는 연구·기술 중심지 중 하나로 주목받는다. 과거에는 웅장한 대성당과 고요한 자연경관으로 기억되던 이곳이, 이제는 디지털 혁신과 에너지 전환, 인공지능, 스마트시티 기술의 선두에서 유럽 도시들의 미래를 견인하고 있다.

"규모도 크지 않은 이 도시가 어떻게 첨단기술과 연구 중심의 경제모델을 완성할 수 있었을까?"

(2) 산업 쇠퇴에서 첨단도시로: 트론헤임의 전환점

이 도시는 오랫동안 어업과 해운업을 기반으로 성장해 온 전형적인 북유럽의 전통 항구였다. 수 세기 동안 해양산업은 지역경제의 주요 동력이었고, 도시 정체성의 근간이 되었다. 그러나 20세기 중반 이후 기술 진보와 글로벌 경제 구조의 변화는 기존 산업기반을 빠르게 약화했다. 해운업의 자동화, 자원 고갈에 따른 어획량 감소, 그리고 국제 경쟁 심화는 지역경제를 뒤흔들었고, 도시 전체는 근본적인 재편의 기로에 서게 되었다.

당시 노르웨이 전체는 석유와 천연자원 산업에 집중하고 있었지만, 이러한 중심 산업은 지역 간 불균형을 심화시켰다. 트론헤임 역시 자원 중심 성장의 흐름에서 비켜나 있었고, 이로 인해 경제 다각화의 필요성이 강하게 제기되었다. 동시에 제조업의 위축, 인구 감소, 청년층의 대도시 유출은 지속 가능한 미래에 대한 경고 신호로 작용했다.

이러한 상황에서 트론헤임은 과거의 산업기반에 집착하기보다는, 기술과 연구를 중심에 둔 새로운 산업 전략으로의 전환을 택했다. 이는 단순한 산업유치를 넘어 도시의 정체성을 전환하는 수준의 결단이었다. 교육기관과 연구 인프라를 중심축으로 고급 기술산업과 창업생태계를 육성한 결과, 트론헤임은 노르웨이에서 가장 활기찬 혁신도시로 탈바꿈했다. 이 변화는 도시 경제를 재구성하는 데 그치지 않고, 노르웨이 전체가 자원 의존형 산업구조에서 기술 중심 경제로 이동하는 데 기여한 선도적 사례로 평가받고 있다.

(3) 트론헤임의 성공 비결: 연구 기반 혁신 생태계의 설계

트론헤임의 성장은 기존 산업의 대체를 넘어, 도시 구조 전반을 과학기술 중심으로 재편한 데에 그 진정한 의미가 있다. 단순히 낡은 산업을 교체한 것이 아니라, 지식과 연구를 축으로 한 새로운 경제모델을 설계했고, 이를 통해 유럽에서 가장 활기찬 혁신도시 중 하나로 부상할 수 있었다. 이 변화를 이끈 것은 정부, 대학, 기업, 연구기관이 유기적으로 협력하며 구축한 '연구 기반 혁신 생태계'였다.

그 중심에는 노르웨이과학기술대학교(NTNU)가 자리한다. 에너지, 해양기술, 바이오테크, 인공지능 등 다양한 분야에서 세계적인 연구력을 인정받는 이 대학은, 교육기관을 넘어 지역산업과 직결된 실질적 경제엔진으로 기능하고 있다. NTNU 졸업생의 약 70%가 지역 내에서 취업하거나 창업에 나서는 구조는, 이곳의 고등교육과 산업 간 연계성이 얼마나 견고한지를 보여 준다. 특히 이 대학의 기술성과는 빠르게 민간기업으로 이전되어, '연구-산업 연계 시스템'이 자연스럽게 작동한다는 점에서 미국 실리콘밸리의 스탠퍼드 대학, 독일 뮌헨공대와의 관계를 떠올리게 한다.

또한, 기술 창업을 촉진하는 스타트업 전략 역시 도시의 역동성을 강화하는 주축이 되었다. NTNU를 거점으로 형성된 창업 허브에서는 연구성과가 창업으로 곧장 이어지는 흐름이 자리를 잡았다. 정부는 세제 혜택과 연구개발 보조금 등을 통해 이를 제도적으로 뒷받침했고, 노르웨이 기술연구재단(SINTEF)과의 협업을 통해 신기술이 신속히 시장에 안착하도록 지원하고 있다. 이 생태계 속에서 탄생한 대표 기업들, 예를 들어 인공위성 데이터 분석기업 KSAT, 3D 비전 기술을 개발한 Zivid, 해양생물 기반 바이오 기업 Biotech North 등은 연구실 기술이 지역경제를 움직이는 실질적 비즈니스로 이어진다는 점을 분명하게 보여 준다.

이와 같은 구조가 가능했던 근본적 배경에는 중앙정부의 장기적 전략과 과감한 투자가 있었다. 노르웨이 정부는 트론헤임을 '기술기반 성장의 실험장'으로 삼고, 연간 10억 달러 이상을 연구개발(R&D)에 투입하고 있다. 기술 특화 기업에는 법인세 감면과 투자보조금이 제공되며, 특히 신기술 실험을 허용하는 규제 샌드박스 제도는 기업들이 더욱 자유롭게 제품을 실험하고 상용화할 수 있는 기반을 마련해 주었다. 이와 같은 정책적 환경은 트론헤임이 스톡홀름, 코펜하겐 등 북유럽의 주요 혁신도시들과 어깨를 나란히 하는 데 결정적인 밑거름이 되었다.

트론헤임의 사례는 도시재생을 넘어선다. 그것은 연구기관 주도의 클러스터, 정부의 전략적 투자, 창업생태계의 유기적 작동이 어떻게 한 지역을 국제 경쟁력을 갖춘 기술 도시로 탈바꿈시킬 수 있는지를 보여 주는 하나의 모범 모델이다.

(4) 트론헤임 모델이 주는 시사점

트론헤임의 사례는 기술기반 도시를 지향하는 수많은 지역에 실질적이고 적용 가능한 전략 방향을 제시한다. 특히 산업구조 전환기를 겪고 있는 중소도시들에, 지속 가능한 성장의 기반을 어떻게 설계하고 실현할 수 있는지를 보여 주는 구체적인 이정표가 된다.

무엇보다 중요한 첫 번째 교훈은, 강력한 연구기관과 연계된 혁신 생태계가 지역경제를 견인하는 축이라는 점이다. 트론헤임의 성공은 노르웨이과학기술대학교(NTNU)와 같은 세계 수준의 학술기관이 중심에 서서, 연구성과를 민간기업으로 원활히 이전하는 구조를 정착시킨 데 있다. 이러한 '연구-산업 연계 모델'은 새로운 일자리와 산업군을 창출하며, 지역의 경쟁력을 구조적으로 끌어올리는 토대가 된다.

두 번째로, 창업을 촉진하는 전략은 장기적인 경제 체질 개선의 관점에서 매우 중요하다. 이 도시는 대학과 연구기관을 중심으로 스타트업 허브를 조성하고, 기술 창업이 자연스럽게 이어지도록 제도적 환경을 정비해 왔다. 정부의 세제 감면, 연구개발 보조금 등 실질적인 지원도 뒷받침되면서, 고용 확대를 넘어 자생적 경제구조를 형성할 수 있었다.

셋째, 트론헤임은 친환경 기술을 중심으로 한 산업 다각화에 성공함으로써, 지속 가능성과 성장 가능성을 동시에 확보한 사례로 주목받는다. 기존의 석유·가스 중심 경제구조에서 벗어나, 해상풍력, 수소에너지, 탄소 포집 기술 등 청정에너지 분야를 전략적으로 육성한 점은 자원 의존적 국가와 지역에 매우 유의미한 메시지를 전달한다. 이는 환경 위기 대응과 미래산업 확보라는 두 과제를 동시에 해결한 전환전략의 좋은 예다.

마지막으로, 이러한 구조가 가능했던 결정적 배경에는 중앙정부의 일관된 정책 방향과 투자 의지가 있었다. 트론헤임의 도약은 지역 자체의 노력만으로는 불가능했으며, 국가 차원의 장기 비전, 규제 유연화, 세제

지원, 연구개발 투자 등이 유기적으로 결합하였기 때문에 가능한 일이었다. 이는 지역이 고립된 채로 성장하는 것이 아니라, 국가적 지원과 전략 안에서 조화를 이루며 발전해야 한다는 점을 보여 준다.

트론헤임 모델은 단지 한 도시의 성공담이 아니라, 미래를 준비하는 지역이 어떤 선택을 해야 하는지를 보여 주는 살아 있는 참고서다.

3. 후쿠오카(Fukuoka, 일본): 창업지원과 규제 완화로 지역 활성화
- 일본에서 기업을 경영하기 가장 좋은 도시, 후쿠오카 -

구분	주요 내용
도시 개요	일본 규슈의 중심 항만도시. 과거 수도권 인구 유출·산업 쇠퇴 → 최근 기업 친화적 도시로 급부상
위기와 전환	무역·조선업 쇠퇴, 청년 유출, 성장 둔화 → 창업지원·규제 완화로 구조 전환
발전 과정	일본 최초 '창업 규제 완화 특구(Startup City)' 지정 → 세제 감면·행정 간소화·외국인 창업 비자 → 'Startup Café', 'Fukuoka Growth Next' 운영
산업 생태계	외국인 창업자·스타트업 급증, IT·AI·핀테크·로봇기술 분야 성장 → Goodpatch·Base 등 대표 기업 배출
성공 요인	① 규제 혁신과 행정 간소화 ② 실행력 있는 지방정부 리더십 ③ 국제 개방·외국인 창업 환대 전략 ④ 대학·기술기업 연계
성과	일본 내 신규 투자유치 1위, 기업 존속률 최고, 실업률 최저 (2022년 기준)
시사점	규제 완화·지방정부 실행력·국제 개방성·산학 협력이 결합될 때, 수도권 의존을 넘어 지역 자생적 혁신 생태계 형성 가능

(1) 후쿠오카, 일본의 비즈니스 허브로 떠오르다

일본의 대표 도시로 도쿄, 오사카, 교토를 떠올리는 경우가 많지만, 최근 일본 내에서 가장 기업 친화적인 도시로 급부상한 곳은 의외로 규슈의 중심 도시 후쿠오카(Fukuoka)다. 이 항만도시는 한때 경기침체와 수도권으로의 인구 유출이라는 이중의 위기에 직면해 있었지만, 오히려 그 위기를 전환점으로 삼아 도시 운영 방식 자체를 바꾸기 시작했다.

민간기업의 유입을 유도하고, 창의적인 도전을 장려하는 환경을 조성하면서 후쿠오카는 전통적 도시 모델에서 벗어나 일본 내 혁신의 실험실로 부상했다.

"어떻게 이 지방 도시는 도쿄보다 도전하기 좋은 환경을 만들었을까?" 이 물음은 후쿠오카를 바라보는 새로운 시선을 대변한다.

(2) 위기의 도시, 역동성 회복에 성공하다

후쿠오카는 오랫동안 서일본의 경제 거점이었지만, 일본의 수도권 중심 구조가 고착되면서 성장의 속도를 잃어 갔다. 대기업 본사가 집중된 도쿄·오사카에 비교해 상대적으로 기회가 줄어들었고, 청년 인구는 더 나은 미래를 찾아 도시를 떠났다. 여기에 주력 산업이던 무역과 조선업의 쇠퇴가 겹치며 신규 고용 창출마저 둔화하자, 도시 전반의 활력은 빠르게 위축되었다.

하지만 후쿠오카는 그 상황을 받아들이기보다, 도시 자체의 경쟁 조건을 근본적으로 바꾸는 전략을 택했다. 기업 설립과 활동을 가로막는 규제를 정비하고, 외국인 사업가에게 문턱을 낮추었으며, 첨단기술 인재 유치를 위한 정책도 마련했다. 기존 산업에 의존하지 않고, 새로운 경제 주체들이 모일 수 있도록 제도를 전환한 것이다. 그 결과, 이 도시는 일본 내에서 가장 역동적이고 유연한 비즈니스 기반을 갖춘 지역으로 주목받게 되었고, 한때 침체의 상징이던 지역은 이제 국내외 기업가들이 주목하는 가능성의 무대로 떠올랐다.

(3) 후쿠오카의 성공 비결: 민첩한 제도 혁신과 개방 전략

"규제를 줄이고, 도전을 돕는 것이 지역경제를 살리는 가장 빠른 방법이다."

이 단순한 원칙은 후쿠오카가 정체된 경제구조를 전환하는 데 있어 강력한 무기가 되었다. 기업 설립과 활동이 수월한 환경을 만드는 데 주력한 결과, 이 도시는 일본에서도 손꼽히는 민간 활력 중심지로 자리매김했다. 그 성공의 배경에는 네 가지 구조적 혁신이 있었다.

우선, 후쿠오카는 일본 최초로 '창업 규제 완화 특별 구역(Startup City)' 지정을 받아 제도 개편의 물꼬를 텄다. 법인세 감면, 행정 절차 단축, 자금 유치 촉진 등, 사업 전반에 걸친 실질적 조치가 단계적으로 적용되었고, 특히 외국인 창업자를 대상으로 비자 요건과 법인 설립절차를 대폭 간소화해 진입장벽을 낮췄다. 복잡한 제도와 언어 장벽으로 인해 도쿄 등 대도시에서 사업을 시작하기 어려웠던 이들에게, 후쿠오카는 실용적 대안으로 부상했다. 이 같은 전략은 한국의 판교 테크노밸리처럼 특정 기능에 집중된 지역 모델로 주목받는 계기가 되었다.

둘째, 지방정부의 직접 개입이 주효했다. 후쿠오카 시장은 기획자에 머무르지 않고 실행자로 나섰고, 제도 설계뿐 아니라 현장 집행에까지 적극적으로 관여했다. 시 예산을 통해 초기자금 지원, 세제 혜택, 공간 임대 보조가 이루어졌으며, 대기업과의 연결 기회를 제공하는 매칭 프로그램도 운영되었다. 외국인 창업자 지원을 위한 'Startup Café'는 정보 제공부터 네트워킹까지 원스톱으로 지원하는 공간으로 기능하고 있으며, 공공과 민간이 함께 운영하는 'Fukuoka Growth Next'는 지역의 혁신 거점으로 자리 잡았다.

셋째, 국경을 넘는 개방 전략도 성과를 냈다. 영국, 미국, 대만, 한국 등 다양한 국적의 기업가들이 후쿠오카에서 법인을 설립하고 사업을 확장하고 있으며, 'Startup Visa' 제도를 통해 외국인 기업인의 정착과 활동을 제도적으로 뒷받침하고 있다. 'Fukuoka Startup Summit'과 같은 국제 행사는 이들에게 네트워크와 협업 기회를 제공하며, 후쿠오카가 갖는 개방성과 접근성을 상징적으로 보여 준다. 일본어 중심의 폐쇄적 분위기가 여전히 남아 있는 도쿄에 비해, 후쿠오카는 다언어 기반의 국제도시라는 이미지로 확실히 차별화되었다.

넷째, 지역 기반의 인재와 기술을 연결해 새로운 산업기반을 형성한 점도 눈에 띈다. 지역대학과 연구기관은 실무 중심의 기업가 양성 프로그램을 운영하며, 정보기술, 인공지능, 핀테크, 로봇기술 등 신산업 분야에서 혁신적인 초기 기업들을 적극적으로 지원했다. 이 과정에서 행정기관, 민간 투자자, 연구기관, 창업자 간의 협업 구조가 정착되었고, 외부 자본에 의존하지 않는 지속 가능한 혁신 구조가 갖춰졌다.

이러한 전방위적 접근은 지표로도 입증된다. 후쿠오카는 2022년 기준, 일본에서 신규 투자유치 규모 1위, 기업 존속률 전국 최고, 실업률 최저라는 성과를 동시에 달성했다. 대표사례로는 사용자 경험(UX: User Experience)과 사용자 인터페이스(UI: User Interface) 디자인 전문기업 Goodpatch, 전자상거래 플랫폼 Base 등이 있으며, 이들은 일본 전역은 물론 아시아 시장에서도 활발한 확장을 이어 가고 있다.

(4) 후쿠오카 모델이 주는 시사점

후쿠오카는 일본의 지방 도시라는 한계를 뛰어넘어, 제도 혁신과 전략적 정책 집행을 통해 새로운 성장동력을 만들어 냈다. 이 사례는 성공담을 넘어, 수도권 중심의 경제구조를 벗어나려는 다른 지역들에 실질적인 방향성을 제공한다.

무엇보다 중요한 교훈은 규제 혁신의 효과다. 후쿠오카는 중앙정부와의 협의를 통해 전국 최초로 '규제 완화 특구' 지정을 이끌어 냈고, 이를 통해 기업 설립과 운영 과정에서의 불필요한 절차를 제거했다. 세제 혜택, 투자 연계 지원, 행정 간소화는 기업 수 증가에 그치지 않고, 지역 전반에 민간 활력을 불어넣는 계기가 되었다. 높은 진입장벽을 제거하는 것만으로도 외부 인력과 자본이 유입될 수 있음을 보여 준 사례다.

두 번째 교훈은 실행력 있는 지방정부의 존재다. 후쿠오카는 중앙의 지원을 기다리기보다, 시장과 행정조직이 앞장서서 전략을 수립하고 사업을 추진했다. 공공기관 주도의 육성센터 설립, 기업-대학-투자자 간 연결 프로그램 운영 등은 지역 실정에 맞는 자율적 대응의 모범이라 할 수 있다. 이러한 지역 주도형 정책은 외부 자금이나 일률적 제도에 의존하지 않고도, 내발적 성장을 가능케 한다는 점에서 주목된다.

세 번째는 국제 개방성과 환대 전략이다. 후쿠오카는 외국인 창업자에게 비자, 법인 설립, 행정지원 등 다양한 진입 지원을 제공했으며, 영어 기반의 안내 시스템과 글로벌 네트워킹 행사를 꾸준히 운영해 도시의 국제 이미지를 강화했다. 일본 내에서도 보수적이라는 평가를 받는 환경 속에서, 이런 개방적 접근은 지역의 정체성을 글로벌 수준으로 재설계하는 데 기여했다.

마지막으로, 지역 내 교육기관과 기술기반 기업 간의 연계 구조가 중요한 지속 가능성 요소로 작동했다. 후쿠오카는 대학을 지역 산업 발전의 동반자로 설정했고, 기술 중심의 유망 분야를 중심으로 공동 연구, 인력 배출, 창업 연계가 하나의 구조로 결합하도록 설계했다. 이를 통해 지역에 머무는 인재를 지역 안에서 활용하는 선순환 구조가 자리 잡았고, 외부에 의존하지 않는 자생력이 높아졌다.

결과적으로 후쿠오카는 기업 유치에만 머무르지 않고, 도시의 제도·문화·조직 전반을 새롭게 재구성하는 데 성공했다. 이 모델은 창조적 전환을 꾀하는 도시들이 '무엇을 바꿀 것인가?'보다 '어떻게 실현할 것인가'에 집중해야 함을 시사한다. 제도의 유연성, 리더십의 실행력, 글로벌 감각, 지역 협력이라는 네 가지 요소가 복합적으로 작동했을 때, 도시의 미래는 구조적으로 재설계될 수 있다는 사실을 보여 주는 사례다.

4. 고이아스(Goiás, 브라질): 농업 혁신을 통한 지역 발전
- 브라질 내륙에서 농업 혁신을 일으킨 고이아스 이야기 -

구분	주요 내용
도시 개요	브라질 중서부 내륙 지역, 과거 커피·사탕수수·축산업 중심의 전통 산업도시
위기와 전환	기후변화·가뭄·산업 의존으로 생산성 저하, 고용 불안정 심화 → 기술·데이터·지속가능성을 동력으로 전환
발전 과정	드론·위성 분석·AI 기반 정밀 농업, 자동화 급수 시스템, 기후 적응형 알고리즘 도입 → 생산성·품질 동시 향상
산업 생태계	Embrapa Cerrados 연구소, AgroSmart·Creditas Agro 등 디지털 금융 및 데이터 플랫폼이 농업 혁신 주도
핵심 전략	① 정밀기술 기반 생산체계 ② 디지털 금융 확산으로 중소농가 참여 확대 ③ ESG·탄소중립 등 환경 전략 ④ 수출구조 고도화(가공·프리미엄 농산물)
성과	내륙 한계 극복, 고부가가치 수출 확대, 금융·기술 융합형 산업 구조 구축, 브라질 농업혁신의 중심지로 부상
시사점	① 기술은 산업구조 전환의 기준 ② 디지털 금융은 산업 포용성 확대의 열쇠 ③ 환경전략은 규제가 아닌 기회 ④ 수출 고도화는 지역경제 글로벌화의 축

(1) 고이아스는 어디인가?

브라질에서 상파울루나 리우데자네이루 같은 도시가 먼저 떠오르지만, 최근 국가 경제의 또 다른 주역으로 부상한 내륙 지역이 있다. 바로 중서부에 위치한 고이아스(Goiás)다. 이곳은 오랫동안 커피와 사탕수수, 축산업에 기반한 전통산업 중심지로만 인식되어 왔지만, 지금은 완전히 다른 모습으로 세계의 주목을 받고 있다. 첨단기술을 바탕으로 한 생산 시스템과 자원 관리 전략이 결합하면서, 고이아스는 더 '과거의 방식'에 머무는 지역이 아니다.

이제는 "브라질 내륙에서 어떻게 가장 역동적인 경제 전환을 실현할 수 있었을까?"라는 질문의 모범 답안으로 자리 잡고 있다.

(2) 단일 산업 의존에서 복합 구조로 전환하다

20세기 후반까지 고이아스는 브라질 내륙 특유의 산업구조를 갖고 있었다. 커피·사탕수수 재배와 목축업 같은 1차 생산 활동에 크게 의존했고, 생산방식도 전통적인 형태에 머물러 있어 외부 변수에 취약했다. 특히 기후변화에 따른 불규칙한 강우, 잦은 가뭄은 지역 전반의 생산성을 위협했고, 기술 도입의 지체는 국제 경쟁력을 떨어뜨리는 요인이 되었다. 산업구조 자체가 한쪽에 치우쳐 있었기에 일자리 창출도 제한적이었고, 지역 내 고용 안정성은 점점 악화하였다.

이런 한계를 직시한 고이아스는 생존을 위한 전환 대신 도약을 위한 재설계를 택했다. 전통산업을 유지하되, 기술과 데이터, 지속 가능성을 동력으로 삼는 새로운 시스템을 도입하려고 했다. 농업 생산 현장에는 드론과 위성 기반의 정밀 분석 도구가 도입되었고, 자동화된 급수 설비와 작물별 기후 적응 알고리즘이 운영되기 시작했다. 단순한 생산 중심의 구조가 아니라, 스마트한 관리와 통합적 판단이 가능한 체계로 진화한 것이다.

이러한 전환은 단순히 기술의 도입을 의미하지 않는다. 고이아스는 '기술을 활용해 산업의 구조를 바꾸는' 방향으로 움직였다. 결과적으로 생산성은 상승했고, 지역에서 생산된 품목은 고부가가치 시장으로 수출되었다. 내륙이라는 지리적 한계, 단일 산업에 대한 의존, 기술 채택 지연이라는 삼중 구조의 제약을 돌파한 고이아스는, 이제 브라질 경제 혁신의 새로운 축으로 당당히 자리매김하고 있다.

(3) 기술이 산업의 경계를 다시 그리다

"전통적인 작물 중심의 도시에서 세계적인 고부가 산업 거점으로의 전환!"

고이아스의 변화는 수확량이 늘어난 수준에서 끝나지 않는다. 이 지역의 진정한 도약은 기술, 데이터, 금융, 환경 전략이 유기적으로 결합한 새로운 산업구조를 만들어 냈다는 데 있다. 한때 1차 산업에 머물던 시스템은 이제 복합적인 가치사슬을 지닌 첨단산업 생태계로 진화했다.

첫째, 정밀 기술기반의 생산 체계가 성과를 이끌었다. 드론과 위성 데이터로 토양 상태를 실시간 감지하고, 스마트 센서를 통해 작물별로 최적의 영양·수분을 조절하는 시스템이 구축됐다. 여기에 AI 분석이 더해져 수확량 예측과 맞춤형 경작 전략이 가능해지면서 생산 효율과 품질이 동시에 향상되었다. 이 전환의 중심에는 Embrapa Cerrados(브라질 농업연구소)가 있었고, 이들은 기후 적응형 기술과 데이터 응용 모델을 현장에 밀착 적용함으로써 구조적 전환을 뒷받침했다.

둘째, 금융 접근성의 혁신은 산업의 진입장벽을 낮추었다. 기존에는 대형 농장과 기업만이 활용 가능했던 금융서비스가, 모바일 플랫폼과 블록체인 기반의 스마트 계약 도입으로 중소 생산자에게도 열렸다. Creditas Agro는 디지털 담보 대출을 통해 자금 흐름을 유연하게 만들었고, AgroSmart는 AI 기반 데이터 분석으로 농민에게 의사결정 도구를 제공하며 정보 비대칭을 해소했다. 이로 인해 수익 분배 구조가 개선되고, 지역 내 다양한 규모의 생산자들이 세계 시장에 참가할 수 있게 되었다.

셋째, 지속 가능성을 중심에 둔 전략도 눈에 띈다. 고이아스는 친환경 구호를 넘어서, 실제 온실가스 저감과 에너지 효율을 산업에 내재화하는 방식으로 나아갔다. 탄소 중립 목장 운영, 바이오 기반 사료의 도입, 재생 농업 실험 등이 그 예다. 특히 JBS Green 프로젝트는 ESG 사례를 넘어, 지역의 기업들이 글로벌 기준에 맞는 경쟁력을 확보할 수 있음을 보여 준 모범이 되었다.

넷째, 수출 구조의 고도화는 지역경제에 실질적인 활력을 불어넣었다. 과거 원자재 위주의 수출에 의존했던 고이아스는, 가공식품, 프리미엄 농산물, 기능성 식품 등 고부가 제품 중심으로 수출 방향을 바꾸며 차별화된 경쟁력을 갖췄다. 이를 뒷받침하는 물류 인프라로는 Goiás Agro Export Hub가 큰 역할을 수행하며, 중남미를 넘어 유럽과 아시아까지 시장을 넓혀가고 있다.

고이아스는 기술, 금융, 환경, 물류가 유기적으로 작동하는 융합형 산업기반 모델을 구현했다. 이 모델은 단지 한 지역의 성공이 아니라, 기후위기 시대에 실용적이고 지속 가능한 산업 전략이 어떻게 실현될 수 있는지를 보여 주는 국제적 사례로 주목받고 있다.

(4) 고이아스 모델이 남긴 교훈

고이아스의 사례는 전통산업이 기술과 융합할 때 얼마나 큰 구조적 전환을 이룰 수 있는지를 잘 보여 준다. 이 모델은 산업기반 전체를 재설계함으로써 지속 가능성과 경쟁력을 동시에 확보한 드문 사례로 평가된다.

첫째, 기술이 곧 생산성을 결정한다는 원칙이 입증되었다. 고이아스는 정밀 기술과 데이터 분석을 적극적으로 현장에 접목해, 작물별 생육 정보와 기후 변수를 실시간으로 반영한 경작이 가능하게 했다. 이로써 단순 생산 중심의 구조를 탈피하고, 고효율·고품질 중심의 체계로 전환할 수 있었다. 기술이 보조수단이 아니라, 전체 산업구조의 방향을 결정하는 기준이 된 셈이다.

둘째, 디지털 금융의 접목은 산업의 문턱을 낮추는 열쇠였다. 고이아스는 모바일 기반 대출과 스마트 계약을 통해 중소 규모 농가에도 자금과 정보가 원활히 흐르도록 구조를 개선했다. 농산물시장 정보 접근, 실시간 거래, 디지털 신용평가 시스템 등은 기존 대형 기업 중심의 산업구조를 수평적으로 바꾸는 데 기여했다. 이는 지역경제의 포용성과 회복력을 높인 주요 요인 중 하나였다.

셋째, 환경 전략은 규제가 아닌 기회로 작동할 수 있다는 점도 보여 줬다. 메탄 배출 저감, 탄소 중립 인증, 바이오 기반 전환 등은 이미지 개선을 넘어서서, 수출 확대와 브랜드 가치 향상으로 직접 이어졌다. 고이아스는 친환경이란 가치를 시장의 언어로 번역함으로써, 지속 가능성과 경제성이 충돌하지 않는 해법을 제시했다.

넷째, 수출전략의 재편이 지역경제를 글로벌화하는 주요 축이 되었다.

고이아스는 가공식품·기능성 제품·지속 가능 인증 상품 중심으로 수출 구조를 바꾸며 부가가치를 극대화했다. 이 변화는 지역 일자리, 유통망, 물류 인프라 등 전반적인 산업구조에 긍정적인 영향을 미쳤다.

이처럼 고이아스는 단일 산업에 집중하면서도, 그것을 기술·금융·환경·무역이라는 다른 축과 입체적으로 연결함으로써 복합적인 혁신 구조를 만들었다. 이 사례는 농업에 머무르지 않고, 모든 전통산업이 맞닥뜨린 구조 전환의 시대에 무엇이 필요한가에 대한 강력한 해답을 제시하고 있다.

5. 볼차노(Bolzano, 이탈리아):
자율성을 활용한 지역경제 발전
- 독일도, 이탈리아도 아닌 볼차노, 경제적 자립을 이룬 특별한 지역

구분	주요 내용
도시 개요	알프스 산악지대, 독일·이탈리아 문화 혼합, 남티롤 특별자치주 중심 도시
위기와 전환	제1차 세계대전 후 이탈리아 병합, 무솔리니 정권의 이탈리아화 정책, 분리주의 운동 격화 → 자치권 확대와 경제 독립 모델 구축
발전 과정	세금 90% 지역 환원, 독자적 경제정책 운영, 이중언어 체계 유지, 문화·정체성 보장
산업 생태계	알프스 관광·리조트·와이너리, 친환경 건축 중심 첨단 제조업, 고급 농업·와인 산업, 지역 은행 중심 자금 순환
성공 요인	자율적 세제와 재정 운영, 지역 금융·정책 시스템, 산업 다각화 전략, 사회통합 기반 거버넌스
시사점	자치권 기반 지역경제 자립, 지리적 제약을 기회로 전환, 관광·산업·교육의 삼각 축 모델, 민관협치와 신뢰 기반 운영

(1) 볼차노는 어디인가?

이탈리아 북부 알프스산맥에 둘러싸인 도시 볼차노(Bolzano)는 아주 특별한 곳이다. 이곳을 처음 찾는 사람들은 "여기가 정말 이탈리아인가?"라는 의문을 품게 된다. 거리에는 독일어 간판이 가득하고, 레스토랑에서는 슈니첼과 맥주가 자연스럽게 제공된다. 행정적으로는 이탈리아에 속하지만, 문화적으로는 독일과 오스트리아의 영향을 깊이 받은 이곳은 남티롤 자치주이며, 언어·교육·세제 등 여러 분야에서 광범위한 자율적 운영 권한을 가진 특별한 지역이다.

하지만 볼차노가 주목받는 진짜 이유는 문화적 이질성 때문이 아니다. 이곳은 이탈리아 전역에서도 가장 부유한 지역 중 하나이며, 실업률이 가장 낮고 경제자립도가 매우 높은 곳으로 평가받는다. 볼차노의 1인당 GDP는 전국 평균을 훨씬 웃돌고, 사회복지·교육·환경 등 여러 분야에서 선진적인 모델로 거론된다.

그렇다면, 이 소도시는 어떻게 자율적 운영권을 바탕으로 경제적 번영과 자립을 이뤄 낼 수 있었을까?

(2) 분쟁의 땅에서 경제적 독립 모델로

가. 역사적 배경: 독일과 이탈리아 사이의 충돌

볼차노가 속한 남티롤(South Tyrol) 지역은 지리적 경계의 충돌지점일 뿐만 아니라, 격동의 유럽사 속에서 문화와 정체성이 충돌한 대표적인 공간이기도 했다. 이 지역은 원래 오스트리아-헝가리 제국의 영토였으나, 제1차 세계대전 이후 1919년 생제르맹 조약을 통해 이탈리아로 병합되었다. 전쟁의 승전국이었던 이탈리아는 국경을 북쪽으로 확장했고, 알프스산맥 너머의 독일어권 지역까지 자국 영토로 포함한 것이다.

그러나 병합 이후, 남티롤은 문화적·정치적 혼란에 휘말리게 된다. 1920~1930년대 무솔리니 정권 아래에서 강력한 이탈리아화 정책이 추진되면서, 독일어 사용이 공식적으로 금지되고, 이탈리아어 교육이 강제로 도입되었다. 독일계 주민들은 공직에서 배제되었고, 대규모로 이탈리아인들이 남티롤로 이주하면서 인구구조도 변하였다. 이러한 문화적 억압은 지역 주민들의 정체성과 공동체 의식을 위협하는 결과를 낳았다.

제2차 세계대전 이후, 남티롤 문제는 다시 국제적 이슈로 부상했다. 오스트리아는 이 지역의 반환을 요구했지만, 이탈리아는 이를 거부했고, 남티롤은 여전히 이탈리아 영토로 남게 되었다. 이에 반발한 지역 주민들은 1950~1970년대 사이 수차례 시위와 무장투쟁, 테러공격을 벌이며 독립을 요구했다. 남티롤 분리주의 운동은 유럽 내에서 보기 드문 민족 갈등 사례로 주목받았고, 오랜 갈등은 이탈리아 정부에 큰 부담으로 작용했다.

나. 강력한 자치권과 경제적 독립 보장

남티롤 지역의 오랜 갈등을 해결하기 위해 이탈리아 정부가 선택한 핵심 전략은 강력한 지역 자율성과 경제적 독립의 보장이었다. 볼차노를 포함한 이 지역은 행정자치 수준을 넘어 실질적인 정책 결정권과 재정 자율성을 가진 특별자치지역으로 지정되었다. 이러한 자치 모델은 정치적 안정을 넘어 지역경제의 비약적인 성장으로 이어졌고, 오늘날 전 세계가 주목하는 성공사례로 자리매김했다.

볼차노 자율적 운영시스템은 크게 세 가지 요소로 구성된다. 먼저, 세금 자율권이 있다. 이탈리아 대부분 지역은 지방세의 약 90%를 중앙정부에 내야 하지만, 볼차노는 예외적으로 자체적으로 벌어들인 세금의 90%를 지역 내에 남길 수 있다. 이러한 재정적 자율성은 교육, 복지, 인프라 등 지역 주민의 삶의 질을 높이는 데 직접 활용되고 있다.

두 번째는 경제정책 결정권이다. 볼차노는 중앙정부의 획일적인 규제에서 벗어나, 기업 유치, 산업 지원, 금융정책 등을 독자적으로 결정할 수 있다. 이를 통해 지역 특성에 맞는 유연한 정책을 시행하며, 중소기업 육성, 지속 가능한 관광 및 농업, 재생에너지 산업 등에서 눈에 띄는 성과를 거두고 있다.

마지막으로 중요한 요소는 이중언어 교육과 문화 보호다. 남티롤 지역에서는 독일어와 이탈리아어가 모두 공용어로 인정되며, 학교 교육부터 공공기관 행정에 이르기까지 완전한 이중언어 체계가 유지되고 있다. 이는 지역 주민의 문화적 정체성과 공동체 자긍심을 보장하는 역할을 하며, 유럽 내에서도 가장 안정적인 다문화 공존지역이라는 평가를 받고 있다.

이처럼 볼차노는 법적으로는 이탈리아 일부이지만, 실질적으로는 독립적인 경제시스템과 문화 자율권을 갖춘 하나의 성공적인 자치 모델로, 지역 갈등을 해소하고 지속 가능한 발전을 이룬 대표적인 사례로 꼽힌다.

(3) 볼차노의 경제모델: 어떻게 성공했나?

가. 지역 맞춤형 산업육성: 알프스를 활용한 경제모델

볼차노는 알프스산맥에 둘러싸인 지리적 특성을 잘 활용하여 지역에 적합한 맞춤형 산업을 중심으로 경제를 발전시켜왔다. 한 분야에 의존하지 않고, 관광, 첨단 제조업, 고급 농업을 균형 있게 육성하며 다각화된 경제구조를 구축한 것이 특징이다.

우선 고부가가치 관광산업은 볼차노 경제의 주요 동력 중 하나다. 알프스의 아름다운 자연경관과 고급 리조트를 기반으로 한 스키 관광은 겨울철 주력 산업이며, 여름에는 하이킹, 와인 투어 등 계절별 관광 특화전략을 통해 연중 관광객을 유치하고 있다. 여기에 문화유산과 고급 와이너리를 결합한 초호화 관광모델을 도입함으로써, 볼차노는 이탈리아 관광지 중에서도 1인당 관광객 소비액이 가장 높은 지역 중 하나로 평가받고 있다.

첨단기술 제조업 분야에서도 볼차노는 두각을 나타낸다. 에너지 효율이 높은 건축자재와 친환경 기술을 중심으로 첨단 제조업을 육성해 왔으며, 이는 유럽 전역에서 주목받는 분야로 성장했다. 지역 내 대학과 기업 간의 긴밀한 연구개발(R&D) 협력을 통해 유럽 최고 수준의 친환경 건축 기술을 보유하게 되었고, 이는 지역경제의 기술경쟁력을 한층 높이는 기반이 되었다.

고급 농업 및 와인 산업 역시 볼차노 경제에서 중요한 역할을 한다. 이 지역에서 생산되는 포도주는 유럽 프리미엄 와인 시장에서 높은 평가를 받고 있으며, 유기농 농업과 지속 가능한 농업모델을 도입함으로써 환경적 지속 가능성과 품질 경쟁력을 동시에 확보하고 있다.

이처럼 볼차노는 지역의 자연환경과 문화자산을 기반으로 각 산업의 강점을 극대화하는 전략을 통해 안정적이면서도 고부가가치 중심의 경제모델을 완성해 가고 있다.

나. 경제적 자립을 위한 금융·정책 시스템 구축

볼차노는 자치권에 의존하는 것이 아니라, 경제적 자립을 위한 체계적인 금융·정책 시스템을 구축함으로써 안정적이고 지속 가능한 지역경제를 실현해 왔다. 이 시스템은 자금 흐름의 조절, 세금의 자율적 운용, 그리고 고용 안정이라는 세 축을 중심으로 구성되어 있다.

우선, 지역 은행 중심의 자금 운용시스템은 볼차노 경제자립의 중요한 기반이다. 중앙은행에 대한 의존도가 낮고, 지역 기반 금융기관인 남티롤 지방은행(Südtiroler Volksbank)이 중심이 되어 지역 내 자금을 순환시키고 있다. 지방정부와 금융기관 간의 협력체계를 통해 중소기업과 스타트업에 대한 대출, 투자, 보조금 제공이 활발하게 이루어지고 있으며, 이는 지역 내 기업 생태계의 지속적인 성장을 뒷받침하는 요소로 작용하고 있다.

두 번째로, 자립적인 세금 운영 모델도 주목할 만하다. 볼차노는 이탈리아 내에서도 특례적으로, 거둬들인 세금의 약 90%를 지역 내에서 자체적으로 운용할 수 있는 권한을 갖고 있다. 이 덕분에 지방정부는 교육, 복지, 인프라 등 필요한 분야에 재정을 신속하고 유연하게 투입할 수 있으며, 실제로 볼차노는 공공인프라 투자 규모 면에서 이탈리아 최고 수준을 자랑하는 지역 중 하나다.

고용 안정성 확보 측면에서도 볼차노는 전국적으로 돋보이는 성과를 내고 있다. 이 지역의 실업률은 이탈리아 평균보다 50% 이상 낮으며, 이는 지역 내 기업환경의 안정성과 높은 생활 수준을 반영한다. 더불어 독일과 오스트리아의 기업들과 긴밀한 협력을 이어 가며, 볼차노는 국제적인 경제 네트워크를 형성하고 있고, 이를 통해 고용과 기술, 자본이 지속해서 유입되는 선순환 구조를 만들어 내고 있다.

(4) 볼차노 모델이 주는 시사점

볼차노 모델이 주는 시사점은 '경제적 독립이 곧 지역경제 활성화로 이어진다.'라는 사실을 명확하게 보여 준다. 이탈리아 북부의 작은 자율지역인 볼차노는 독립적 운영 권한과 경제정책의 유연한 운영을 통해, 문화적 갈등을 넘어서 안정적인 번영을 이룬 대표적인 사례다. 그 성공은 단지 한 지역의 특수한 사례에 그치지 않고, 전 세계 지역경제 발전전략에 유의미한 교훈을 제공한다.

첫 번째 교훈은, 지리적 불리함을 극복한 지역 정책의 완성도에 있다. 볼차노는 알프스 산악지대라는 교통·물류의 한계를 지닌 지역이지만, 이를 관광·산업·교육 정책으로 전환했다는 점에서, 입지 조건이 나쁘다고 낙심하는 지역에 '조건을 바꿀 수 없다면 전략을 바꿔야 한다.'는 교훈을 준다.

둘째는, 자율적 권한의 확대가 곧 지역 역량 강화로 이어지지는 않는다는 것이다. 볼차노는 이탈리아 내에서도 특별자치권을 가진 지역이지만, 그것이 자동으로 성공으로 이어진 것은 아니다. 제도적 자율성 위에 정책 기획 능력과 합의적 거버넌스, 조직 운영 전략이 쌓였을 때 비로소 효과가 발휘된다는 점을 보여 준다.

셋째는, '관광 + 산업 + 교육'의 삼각 축 통합모델의 가치에 있다. 볼차노는 단일 산업에 의존하지 않고 고부가가치 관광, 첨단 제조업, 응용연구 기반 대학을 조화롭게 결합한 점에서, 산업구조 전환이 필요한 한국의 중소도시들에 실용적 모델이 될 수 있다.

넷째는, 지역 정체성과 사회통합의 상호작용이다. 독일어·이탈리아어의 이중언어권이라는 문화적 특수성을 가진 볼차노는 갈등의 잠재력이 높았음에도 언어와 문화의 차이를 자산화하고, 정책적 다양성을 수용하면서 사회통합을 이루어냈다. 이는 이주민 갈등이나 지역 내 분열을 겪고 있는 도시들에 시사점이 크다.

다섯째, 공공과 민간의 신뢰 기반 행정이다. 볼차노는 지역 의회, 공공기관, 민간기업, 시민사회 간 협의구조가 잘 작동하며, 신뢰가 지역 정책 실행의 동력으로 작동한다. 이는 민관협치의 이상이 아니라 실현 가능한 운영 모델이라는 점에서 참고할 만하다.

2장
무너진 지역경제의 교훈 5선

1. 데트몰트(Detmold, 독일):
관광 중심 경제 실패와 지역 쇠퇴
– 관광에 몰방한 독일 명품 도시의 쇠퇴 –

구분	주요 내용
도시 개요	독일 NRW주 소도시, 중세 건축·야외 박물관·헤르만 기념상 등으로 유명, 한때 '작은 명품 관광도시'
위기 직면	1990년대 관광 중심 경제 전략, 제조업·IT산업 외면 → 관광 트렌드 변화와 대도시 집중으로 위기
발전 한계	관광산업 편중, 체험형·테마형 관광 부상에 대응 실패, 청년층·기업 이탈, 지방정부의 단기 마케팅 위주 정책
침체 결과	관광객 30% 감소, 호텔·레스토랑·상점 폐업, 실업률 상승(4.2% → 7.8%), 청년층 유출·고령화 가속, 도심 공실률 증가
실패 요인	산업 다변화 부재, 콘텐츠 혁신 부족, 창업·기업 유치 실패, 지방정부 정책 대응력 부족
시사점	관광만으로 지속 성장 불가, 산업 다변화 필요, 관광 콘텐츠 혁신 필수, 장기적 경제전략 수립 필요

(1) 데트몰트, 독일의 '작은 명품 도시'

독일 서부 노르트라인-베스트팔렌(NRW) 주에 있는 데트몰트(Detmold)는 한때 독일에서 가장 매력적인 소도시 중 하나로 꼽혔다. 이 도시는 중세시대의 아름다운 건축물, 유럽 최대 규모의 야외 박물관인 Detmold Open-air Museum(LWL-Freilichtmuseum Detmold, 프라이리히트박물관은 야외 전시장 형태의 민속박물관을 지칭), 그리고 독일 민족주의 상징으로 알려진 헤르만 기념상(Hermannsdenkmal)으로 널리 알려졌고, 작지만 강한 관광도시로 성장하며 국내외 많은 관광객을 유치했다.

그러나 이 도시의 영광은 오래가지 못했다. 그 이유는 관광객 감소가 아니라, 데트몰트가 관광 외의 대체산업을 마련하지 못한 데서 비롯되었다. 데트몰트는 구조적 대응 없이 관광수입에 지나치게 의존했고, 결과적으로 지역경제의 회복 탄력성을 상실하게 되었다.

데트몰트의 사례는 관광산업만으로 도시의 지속 가능성을 담보할 수 없다는 점을 보여 준다.

(2) 관광산업에 '올인'한 도시의 한계

1990년대부터 데트몰트는 지역경제의 중심축을 관광산업에 두는 전략을 택했다. 아름다운 자연경관과 중세 도시의 매력을 살려 호텔과 레스토랑, 기념품 상점 등 관광 관련 인프라에 집중적인 투자가 이루어졌고, 관광객 유치를 위한 대규모 캠페인과 이벤트도 활발히 추진되었다. 그러나 관광업 외 산업은 상대적으로 외면받았고, 제조업과 첨단 서비스업,

창업생태계에 대한 투자는 부족했다. 관광업 하나에 지나치게 의존한 구조는 곧 도시 경제의 불안정성을 낳는 요인으로 작용하게 된다.

2000년대 중반 들어 유럽의 관광 트렌드가 변화하면서 데트몰트는 점차 위기를 맞게 된다. 베를린, 뮌헨, 함부르크와 같은 대형 도시로 여행 수요가 쏠리기 시작했고, 저가항공 노선이 확장되면서 스페인, 포르투갈, 동유럽 등으로 관광객들이 이동하는 현상이 나타났다. 전통적 역사관광보다 체험형, 테마형 여행을 선호하는 추세가 부상하면서 데트몰트와 같은 중소도시는 경쟁력을 잃기 시작했다. 실제로 2010년 이후 방문객 수는 약 30% 이상 감소했고, 이에 따라 주요 관광업체와 숙박업소가 문을 닫는 사례도 늘어났다. 관광산업만으로 유지되던 지역경제는 빠르게 침체기에 접어들었다.

이러한 상황 속에서도 데트몰트는 제조업이나 IT산업 등의 대체산업을 유치하지 못했다. 창업 인프라나 기업 친화적 환경이 부족했기 때문에 새롭게 떠오르는 산업도 인근 도시로 빠르게 이동했고, 젊은 인재 역시 베를린, 프랑크푸르트 등 대도시로 이탈했다. 한편, 같은 주에 있는 빌레펠트는 제조업과 교육산업을 결합해 도시재생에 성공했지만, 데트몰트는 관광 이외의 선택지를 준비하지 못한 채, 산업구조의 편중에서 벗어나지 못했다.

문제는 여기에 그치지 않았다. 지방정부의 정책 실패도 상황을 악화시켰다. 관광객 감소가 가시화된 이후에도 지방정부는 방향 전환보다는 '더 많은 관광객을 유치하자.'는 단편적 대응에 머물렀다. 기존 콘텐츠를 개선하기보다 마케팅 비용만 늘렸고, 기업 유치나 창업지원 같은 실질적 경제정책은 뒤처졌다. 관광수입이 줄어들면서 세수 부족이 발생했고, 이는 공공서비스의 축소로 이어지며 도시환경 악화와 생활 수준 하락이라는 악순환을 초래했다. 관광의 매력도도 떨어졌고, 관광객 감소라는 부정적 피드백 루프에까지 빠지게 되었다.

(3) 데트몰트 경제침체의 결과

데트몰트 경제침체의 결과는 2015년 이후 본격적으로 가시화되었다. 관광산업이 흔들리자 도시 전반의 기반이 빠르게 무너졌다. 먼저, 관광객 감소의 여파로 주요 호텔의 약 30%가 폐업했고, 도심 곳곳에 자리했던 소규모 레스토랑과 기념품 상점들도 줄줄이 문을 닫았다. 관광객을 상대로 수익을 내던 상업구조가 몰락하면서 일자리는 줄었고, 그 결과 실업률은 2005년 4.2%에서 2020년 7.8%로 크게 상승했다.

고용 악화는 인구 이동으로 이어졌다. 청년층이 취업기회를 찾아 베를린이나 프랑크푸르트 등 대도시로 떠나면서 데트몰트는 빠르게 고령화 사회로 접어들었다. 고령화는 소비 여력 약화로 이어졌고, 이는 다시 지역 내 소매업과 서비스업의 침체를 불러왔다. 도심 내 상업공간 공실률이 높아지면서 중심 시가지의 활력도 눈에 띄게 저하되었다.

데트몰트는 한때 번성했던 관광도시에서 소비도 없고 활기도 없는 텅 빈 도시로 변해갔다. 관광산업에 지나치게 의존하고 산업구조 다변화를 이루지 못했던 대가가 시간이 흐를수록 뚜렷하게 드러난 것이다.

(4) 데트몰트의 실패가 주는 시사점

데트몰트의 실패가 주는 시사점은 관광산업이 도시 성장의 유효한 전략일 수는 있지만, 그것만으로는 지속 가능한 지역경제를 유지하기 어렵다는 점을 분명하게 보여 준다.

첫째, 관광업만으로는 안정적인 지역경제를 구축할 수 없다. 관광은 경기변동, 팬데믹, 기후변화 등 외부 변수에 크게 영향을 받는 산업이다. 따라서 관광산업이 잘될 때일수록 제조업, 서비스업, 스타트업 등 다양한 산업을 동시에 육성해 균형 잡힌 경제구조를 마련해야 한다.

둘째, 관광 콘텐츠는 시대 변화에 맞춰 끊임없이 혁신되어야 한다. 전통적인 역사관광만으로는 더 관광객의 관심을 끌기 어렵다. 체험형, 테마형, 디지털 기반의 관광 콘텐츠로 전환하고, 스마트 관광 기술을 도입해야 지속적인 수요를 유지할 수 있다.

셋째, 지역경제의 다변화는 선택이 아닌 필수다. 관광 외에도 기술산업, 창업지원, 문화와 예술 산업 등 다양한 분야를 활성화해야 도시의 경제기반이 튼튼해질 수 있다. 청년층의 인구 유출을 막기 위해서는 창업이 가능한 환경과 일자리를 제공하는 기업 유치 전략이 병행되어야 한다.

넷째, 지방정부는 단기적인 마케팅 중심 정책에서 벗어나 장기적인 경제 전략을 수립해야 한다. 관광객 수가 줄었다고 해서 단기 홍보예산을 늘리는 것은 근본적인 해결책이 될 수 없다. 오히려 중장기적인 관점에서 산업기반을 재정비하고, 도시의 경쟁력을 끌어올릴 수 있는 정책적 다변화가 요구된다.

데트몰트의 사례는 한때 성공한 관광도시가 왜 무너졌는지, 그리고 앞으로 어떤 도시가 살아남을 수 있는지를 보여 주는 살아 있는 교훈이다.

2. 러스틴(Ruston, 미국):
제조업 감소와 인구 유출로 인한 쇠퇴
- 한때 번영했던 산업도시는 왜 유령도시로 변했을까? -

구분	주요 내용
도시 개요	미국 루이지애나주 내륙도시, 한때 철도·제조업 중심지, 남부 산업도시의 성공 모델
위기 직면	1990년대 이후 제조업 해외 이전·자동화 확산, 철도 물류 중요성 약화 → 일자리 감소·인구 유출
발전 한계	산업 다변화 전략 부재, 첨단산업·창업 유치 실패, 교육기관 연계 부족, 지방정부 정책 공백
침체 결과	제조업 공장 폐쇄, 실업률 상승(3.5% → 9.2%), 인구 10% 이상 감소, 청년층 대도시 유출, 부동산 가격 30% 이상 하락·도심 슬럼화
실패 요인	제조업 과의존, 청년층 정착 기반 부족, 대체산업 부재, 교통·통신·주거 등 도시 경쟁력 약화
시사점	제조업 편중 위험, 청년층 유지 중요, 신산업·창업 기반 필요, 부동산·도시환경 개선 병행 필수

(1) 루이지애나의 숨겨진 보석, 러스틴

미국 남부 루이지애나주(Louisiana)의 러스틴(Ruston)은 한때 제조업과 철도 산업의 중심지로 번성했던 도시였다. 20세기 초반부터 중반까지는 철도 물류의 요충지로 성장했고, 1960년대에서 1980년대에 이르기까지는 농업 기계와 중소 제조업을 중심으로 지역경제가 활기를 띠었다. 러스틴은 남부 내륙 산업도시의 전형적인 성공 모델로 평가받았으며, 일자리와 인구 유입으로 도시 전체에 활력이 넘쳤다.

그러나 1990년대 이후, 러스틴의 경제는 점차 침체하기 시작했다. 자동화 기술의 발전과 글로벌 제조업의 재편으로 인해 지역 제조업 기반이 흔들렸고, 철도 물류 산업도 전국적 물류 구조 개편의 영향으로 중요성이 줄어들었다. 이와 같은 산업기반 약화는 곧 지역 내 일자리 감소로 이어졌고, 안정적인 일자리를 찾기 어려워진 젊은 층은 휴스턴, 애틀랜타, 댈러스 등 대도시로 빠르게 이동했다.

이와 함께 러스틴은 신산업 유치나 경제 다변화를 위한 장기 전략 부재로 인해 새로운 돌파구를 마련하지 못했다. 기술 스타트업이나 첨단산업에 대한 투자와 인프라 구축이 뒤처졌고, 고등 교육기관과의 연계도 충분히 이루어지지 않았다. 그 결과, 실업률은 점점 높아졌으며, 지역 소비시장도 위축되었다. 도심 상권은 침체하고, 빈 상가가 늘어나면서 도시의 활력은 눈에 띄게 줄어들었다.

러스틴의 쇠퇴는 단지 산업구조의 변화 때문만이 아니라, 변화에 적극적으로 대응하지 못한 정책적 공백과 전략 부재 때문이었다. 즉, 번영했던 과거에 안주한 채 새로운 시대에 맞는 경제 전환에 실패하면서, 러스틴은 점차 인구 유출과 경제침체의 늪에 빠지게 된 것이다. 이 사례는 전통 산업도시에 주어진 시대적 전환의 과제를 어떻게 풀어내느냐에 따라 도시의 미래가 완전히 달라질 수 있음을 보여 준다.

(2) 러스틴의 경제 붕괴 과정

러스틴은 20세기 중반까지 미국 남부의 산업 성장 중심지로 기능했다. 철도 물류를 기반으로 한 운송 산업, 그리고 자동차 부품, 건축 자재,

농업 기계 등 다양한 제조업체들이 이 도시에 뿌리내리고 있었고, 지역 주민 대다수가 이들 산업에 종사하며 안정적인 삶을 이어 갔다. 하지만 1990년대에 접어들면서 미국 제조업 전반에 구조조정이 시작되었고, 이는 러스틴에도 치명적인 타격을 안겼다.

첫 번째 전환점은 제조업에 대한 과도한 의존에서 비롯되었다. 미국 내 제조기업들이 인건비 절감을 위해 생산기지를 중국, 멕시코, 동남아시아 등 해외로 옮기면서 러스틴의 공장들도 하나둘씩 문을 닫기 시작했다. 동시에 자동화 기술이 급속히 확산하며 이전까지 인간이 하던 단순 조립·가공 작업이 기계로 대체되었다. 이중 타격을 받은 러스틴은 주요 공장 세 곳이 폐쇄되고, 실업률이 10년 사이 두 배 이상으로 상승했다. 1995년 3.5%이었던 실업률은 2005년에는 9.2%에 달했고, 일자리를 잃은 주민들이 도시를 떠나면서 인구도 10% 이상 줄어들었다. 도시 경제의 기반이었던 제조업이 흔들리자 지역경제 전체가 동시에 무너지는 결과로 이어졌다.

두 번째 문제는 인구구조의 변화였다. 제조업 쇠퇴로 인해 러스틴에서는 더 안정적인 일자리를 찾기 어려워졌고, 고등교육기관이 부족하다는 한계까지 겹치면서 젊은 층이 도시에 남을 이유를 찾지 못했다. 고등학교를 졸업한 청년들은 더 나은 교육과 취업기회를 찾아 댈러스, 애틀랜타, 오스틴 등 대도시로 빠르게 이동했고, 남은 인구는 대부분 고령층과 저소득층이었다. 2000년 이후 20대에서 40대 사이의 주요 경제활동 인구는 약 15%나 감소했고, 이는 소비시장 축소로 직결되었다. 쇼핑몰, 식당, 지역 기반 서비스업이 매출 하락에 시달렸고, 도시 내 자본이 선순환되지 못하는 구조가 굳어졌다.

이 시점에 러스틴이 택할 수 있었던 대응 전략은 산업 다변화였다. 하지만 러스틴은 제조업 외의 새로운 성장동력을 확보하는 데 실패했다. 정보기술, 친환경 산업, 바이오테크, 창업생태계 등의 신산업 유치나 스타트업 지원 인프라를 마련하지 못했고, 이는 대도시와의 경쟁에서 완전히 밀리는 결과를 낳았다. 무엇보다 러스틴은 교통 인프라, 통신망, 주거환경 등 기본적인 도시 경쟁력을 강화하지 못했다. 지방정부는 재정 부족으로 인해 대규모 인프라 개발사업을 추진하지 못했고, 민간기업들 역시 러스틴을 투자대상으로 보지 않게 되었다. 이는 신규 기업 유치 실패로 이어졌고, 일자리가 생기지 않자 지역 내 경제 순환은 멈춰 섰다. 교육, 의료, 교통 등 주요 공공서비스의 질도 하락하면서 도시 전체가 점차 침체의 늪으로 빠져들었다.

마지막으로 나타난 현상은 부동산시장의 붕괴와 도시 슬럼화였다. 인구가 줄고 일자리가 사라지자 주택 수요는 급감했고, 이는 주택가격의 급속한 하락으로 이어졌다. 2000년대 이후 러스틴의 평균 주택가격은 30% 이상 떨어졌고, 공실률이 급증한 도심에는 빈 건물과 폐가가 늘어났다. 상업지구의 공실률도 높아졌고, 거리에 활력이 사라지면서 도시 이미지 자체가 나빠졌다. 러스트 벨트의 쇠퇴한 도시들과 유사한 패턴을 보인 러스틴은 중산층을 유치할 수 없는 도시, 기업도 외면하는 도시, 청년이 떠나는 도시가 되었다. 반면 같은 위기를 겪었던 오하이오주의 콜럼버스는 정보기술과 교육산업에 적극적으로 투자하면서 부동산시장을 회복시키고 도시 이미지를 개선하는 데 성공했다. 러스틴은 이처럼 위기를 기회로 전환하지 못한 대표적 사례가 되었다.

러스틴의 몰락은 제조업의 쇠퇴 때문만은 아니었다. 산업구조 변화에 제대로 대응하지 못한 지방정부의 전략 부재, 청년층 유출을 막기 위한 교육과 창업 인프라의 부족, 그리고 도시 전반의 경쟁력 약화가 복합적으로 작용하며 장기적인 침체로 이어졌다.

(3) 러스틴의 실패가 주는 시사점

러스틴의 쇠퇴는 산업구조 변화 이상의 의미가 있다. 이는 중소도시가 겪을 수 있는 전형적인 쇠퇴경로를 보여 주는 사례이며, 다음과 같은 중요한 교훈을 남긴다.

첫째, 제조업 의존형 경제모델은 매우 위험하다. 러스틴은 수십 년간 제조업에 기반을 둔 지역경제를 유지해 왔지만, 글로벌 생산망의 재편과 기술 발전으로 제조업 기반이 약화하자 도시 전체가 휘청이게 되었다. 제조업 중심 도시는 경제 다변화를 위한 장기적인 계획을 세워야 하며, 새로운 성장동력을 지속해서 모색해야 한다. 에너지, 정보기술, 친환경 산업, 창업생태계 등 다양한 분야에 대한 분산된 투자가 도시의 회복 탄력성을 높일 수 있다.

둘째, 젊은 층이 떠나는 도시는 미래가 없다. 러스틴의 인구 유출 중 치명적인 부분은 20대에서 40대 사이의 생산가능인구 감소였다. 이는 지역의 소비 감소, 출산율 하락, 기술 인력 부족, 스타트업 부재 등으로 이어졌고 도시의 생명력을 급격히 떨어뜨렸다. 따라서 도시는 교육, 기술, 서비스 산업을 육성하고, 젊은 세대가 머물고 정착할 수 있는 일자리와 주거환경을 제공해야 한다. 대학과의 협력, 창업지원센터 운영, 문화 인프라 확충과 같은 정책들이 함께 추진되어야 한다.

셋째, 기존 산업이 사실상 몰락했을 때 대체산업 없이 버티는 것은 불가능하다. 러스틴은 제조업이 무너진 이후에도 적극적인 신산업 유치나 전환전략을 마련하지 못했다. 기업 유치를 위한 교통, 통신, 에너지 인프라가 부족했고, 정책적 지원도 미흡했다. 반면 유사한 위기를 겪었던 도시들이 첨단산업이나 교육 중심지로 전환에 성공한 사례들을 보면, 산업구조의 다변화와 그에 걸맞은 도시 기반 조성이 얼마나 중요한지를 알 수 있다.

넷째, 부동산시장이 무너지면 도시재생은 더욱 어려워진다. 러스틴은 인구 감소와 일자리 축소로 인해 주택 수요가 줄고, 부동산 가격이 하락했으며, 도심은 공실과 슬럼화 현상으로 이미지가 추락했다. 이런 상황에서 기업이나 중산층 가구가 도시로 돌아오는 것은 더더욱 어려워진다. 부동산시장이 지역경제 회복의 후반부를 결정짓는 만큼, 초기에 주거 안정과 도시환경 개선을 위한 계획이 함께 진행되어야 한다.

러스틴의 실패는 단지 하나의 도시 사례가 아니라, 산업 변화 속에서 방향을 잃은 수많은 지역의 미래를 비추는 거울이다. 한 산업에만 기댄 성장, 젊은 인재의 이탈, 대체산업 부재, 그리고 무너진 도시환경은 결코 동시에 회복되기 쉽지 않다. 중요한 것은 위기 이전의 준비, 변화에 대한 민감한 대응, 그리고 도시의 중요 자산을 유지하려는 전략적 사고다.

3. 살토(Salto, 우루과이): 단일 산업 의존의 위험성
- 오렌지가 익을 때까지 기다린 도시, 하지만 수확할 것이 없다 -

구분	주요 내용
도시 개요	우루과이 북서부 국경 도시, 한때 '감귤 수도'로 불리며 농업·온천 관광으로 번영
위기 직면	감귤류 생산·수출에 과도 의존, 관광업 계절성 한계, 코로나19 팬데믹 직격탄
발전 한계	오렌지 수출 70% 이상 의존, 이상기후·가격하락으로 수확량 급감, 관광업 콘텐츠 혁신 부족, 신산업·외부자본 유치 실패
침체 결과	농가 3분의 1 폐업, 인구 10년간 8% 감소, 실업률 두 배 증가, 청년층 대도시·해외 유출, 도시 활력 상실
실패 요인	단일 산업 의존, 기후변화 취약성, 산업 다각화 부재, 청년 정주 기반 부족, 관광업 혁신 지체
시사점	산업 편중 위험성, 농업+연관 산업 융합 필요, 청년층 유출 방지 위한 교육·창업·문화 인프라 중요, 관광은 장기적 주력산업이 되기 어려움

(1) 살토, 한때 '우루과이의 오렌지 수도'

우루과이 북서부 국경지대에 위치한 살토는 한때 "우루과이의 감귤 수도"로 불리며, 전국에서 가장 부유한 도시 중 하나로 꼽혔다. 연중 온화한 기후와 비옥한 평야 지형은 과일 재배에 최적이었고, 특히 오렌지를 비롯한 감귤류 작물은 국내 소비는 물론 수출에서도 중요한 품목으로 자리 잡았다. 이와 함께 온천자원을 기반으로 한 휴양 인프라도 확대되며, 도시는 농산물 생산과 관광자원이라는 두 축을 통해 균형 잡힌 경제구조를 갖춘 것처럼 보였다.

하지만 이러한 구조는 시간이 지나며 한계를 드러냈다. 농작물 재배는 기후변화와 국제 가격의 영향을 크게 받았고, 관광업 또한 계절적 한계와 외부 변수에 취약한 속성을 지녔다. 여기에 코로나19 팬데믹이라는 외부 충격이 겹치면서, 여행 수요가 급감하고 지역 일자리도 함께 사라지기 시작했다.

살토는 한정된 산업에 의존한 결과, 외부 충격에 속수무책으로 흔들리게 되었다. 산업구조의 다각화 없이 특정 분야의 성장에만 기대었던 전략은 장기적인 회복 탄력성을 갖추지 못했고, 그 결과 도시 전체가 빠르게 쇠퇴의 길로 접어들게 된 것이다.

살토는 한때 기회의 도시였지만, 미래를 준비하지 않은 성공이 얼마나 덧없을 수 있는지를 보여 주는 생생한 사례로 남게 되었다.

(2) 성장의 그늘, 살토의 경제 쇠퇴 경로

살토는 한때 감귤류 재배와 온천 리조트를 중심으로 한 관광업을 양대 축으로 삼아, 안정적인 경제기반을 갖춘 도시로 평가받았다. 그러나 두 산업에 과도하게 의존한 구조는 외부 충격 앞에서 놀랄 만큼 쉽게 무너졌다.

가장 큰 문제는 생산 품목의 편중이었다. 살토는 전국 감귤 생산량의 절반 이상을 차지하며, 오렌지 수출만으로 지역 총생산의 70% 이상을 담당했지만, 세계 시장의 가격 하락과 이상기후로 인한 수확량 감소가 동시에 닥치면서 경제기반이 급격히 흔들렸다. 자동화가 일부 생산성을 높였으나, 그만큼 일자리를 대체했고, 지역 농가의 3분의 1 이상이 문을 닫는 결과로 이어졌다.

여기에 2015년 이후 가뭄, 고온, 강우 부족 등 이상기후가 반복되며 살토는 더욱 큰 타격을 입었다. 감귤류 산업에만 집중된 구조는 환경 변화에 대한 완충력을 거의 갖추지 못했고, 주요 경쟁국인 브라질이나 미국과 달리 생산 다변화나 유통 혁신도 이루어지지 못했다. 살토는 세계 시장에서 경쟁력을 잃었고, 수출물량은 급감했다.

관광업 또한 마찬가지였다. 지역 내 온천자원을 기반으로 한 리조트 개발은 단기적 효과를 가져왔지만, 장기적 투자와 콘텐츠 강화가 이뤄지지 않아 경쟁력이 약화하였다. 특히 코로나19 팬데믹으로 인한 관광수요 감소는 결정적인 타격이 되었고, 산업 전체가 급속도로 위축되었다. 더 큰 문제는 이 두 산업 외에 대체할 만한 신성장 산업이 없었다는 점이다. 살토는 첨단 제조업, 정보통신, 기술기반 창업 등을 유치할 만한 인프라나 전문인력, 전략적 연계체계를 갖추지 못했고, 외부 자본 역시 유입되지 않았다.

이러한 구조적 약점은 인구 문제로도 이어졌다. 일자리를 잃고 미래를 기대할 수 없게 된 청년층이 대거 수도 몬테비데오나 아르헨티나 등지로 이주하면서, 살토는 고령화와 소비 위축이라는 이중의 악순환에 빠졌다. 지난 10년간 인구는 8% 이상 줄었고, 실업률은 두 배로 증가했으며, 도시는 점점 더 활력을 잃어 갔다.

살토의 쇠퇴는 기축 산업의 부진이 아니라, 하나의 산업에 전적으로 의존하고 미래 전략 없이 단기 성장에 안주한 결과였다. 이 사례는 기후변화, 글로벌 경쟁, 산업구조 변화라는 복합 요인에 대비하지 못한 도시가 어떤 과정을 통해 급격히 쇠퇴하는지를 보여 주는 대표적 사례로 남게 되었다.

(3) 살토의 실패가 주는 시사점

살토의 몰락은 감귤류 산업과 온천 관광업이 흔들린 결과처럼 보이지만, 이면에는 구조적 취약성과 미래 전략의 부재가 있었다. 이는 전통산업에 의존하는 도시가 장기적으로 어떤 위험에 처할 수 있는지를 보여주는 대표사례다.

무엇보다 산업 편중의 위험성이 크다. 살토는 감귤류 수출이 활황일 때 대체산업을 육성하지 않았고, 그 결과 오렌지 수확량이 감소하고 가격이 하락하자 도시 전체의 경제가 동시에 위축되었다. 어떤 산업도 영원히 안정적일 수 없으므로, 복수의 산업기반을 미리 확보하고 균형 있게 발전시키는 것이 도시의 지속 가능성을 높이는 데 중요하다.

또한, 농업 기반의 경제구조는 기후변화에 매우 취약하다. 살토는 가뭄, 이상기온, 자연재해 등 외부 충격에 반복적으로 노출되었고, 이에 대비한 기술 혁신이나 작물 다변화 전략이 부족했다. 농업을 주요 산업으로 유지하더라도, 이를 중심으로 가공, 물류, 유통 등 연관 산업을 육성하거나 정보기술과 융합하는 노력이 필요하다.

청년층의 이탈 역시 도시 쇠퇴의 직접적인 계기가 되었다. 일자리가 줄어들자 살토의 젊은 인구는 수도권이나 인접국 도시로 이동했고, 도시는 고령화와 소비력 약화라는 이중의 문제를 떠안게 되었다. 이들이 지역에 머무를 수 있도록 하기 위해서는 고등교육, 창업지원, 문화와 생활 인프라 등 정주 여건 전반을 함께 고려한 전략이 필요하다.

마지막으로, 관광업은 일정 기간 지역경제에 활력을 줄 수 있지만, 이를 장기적인 경제기반으로 삼기엔 불안정한 요소가 많다. 살토는 온천 리조트를 중심으로 관광산업을 확대하려 했지만, 콘텐츠 개발, 서비스 품질 향상, 디지털화 등에서 뒤처지며 경쟁력을 상실했다. 관광은 제조업, 농업, 기술 등 다른 산업과의 융합을 통해 시너지를 낼 때 비로소 도시를 지탱하는 힘이 될 수 있다.

　살토는 준비되지 않은 성공이 얼마나 빠르게 위기로 전환될 수 있는지를 잘 보여 준다. 도시가 장기적으로 살아남기 위해서는 위기를 견딜 수 있는 산업 구조와 미래를 내다본 전략적 투자와 준비가 필요하다. 살토는 그 준비를 하지 못했고, 대가는 고스란히 시민들에게 돌아갔다.

4. 유즈노우랄스크(Yuzhnouralsk, 러시아):
자원 중심 경제의 한계

　- 땅속에 부가 잠겨 있지만, 그 부는 사람들을 떠나게 했다 -

구분	주요 내용
도시 개요	러시아 우랄산맥 남쪽 자원 도시, 니켈·석탄·철광석 채굴로 '우랄의 블랙 골드'라 불리며 성장
위기 직면	원자재 가격 하락·매장량 감소로 주력 산업 붕괴, 자원 의존 구조의 한계 노출
발전 한계	자원 외 대체산업 부재, 민영화 이후 투자 회피, 신산업·외자 유치 실패, 교육·창업 인프라 부족
침체 결과	대규모 실업·청년층 유출, 고령·저소득 인구만 잔존, 서비스·상권 침체, 환경오염(토양·수질·대기) 심각
실패 요인	자원산업 단일 의존, 경제 다변화 실패, 인적 자본 붕괴, 환경 회복 지체
시사점	자원은 유한하고 가격 변동에 취약, 경제 다변화 필수, 인재 유지 위한 교육·정주 기반 필요, 환경 복원 없는 자원 도시는 미래 없음

(1) 유즈노우랄스크, 풍요의 땅에서 인구 이탈지로

러시아 우랄산맥 남쪽에 위치한 유즈노우랄스크는 한때 니켈, 석탄, 철광석 등 자원의 보고로 불리며 '우랄의 블랙 골드'라는 별칭까지 얻었다. 소련 시기에는 국가 주도로 대규모 산업단지가 건설되고 채굴 및 수출이 활발하게 이루어졌으며, 이로 인해 도시는 빠르게 성장했다. 산업 인프라와 고용이 자원 중심으로 집중되면서 지역은 한동안 활황을 누렸다.

하지만 이러한 성장 기반은 지나치게 한쪽에 기댄 구조였다. 세계 원자재 가격이 하락하자, 주력 기업들은 타격을 입고 구조조정에 나섰으며, 이로 인해 대규모 실업 사태와 함께 도시 전반의 활력이 급속히 약화되었다. 동시에, 수십 년간 누적된 채굴로 인한 환경 훼손은 수질과 대기를 오염시켰고, 생활 조건이 악화하면서 젊은 세대는 점차 도시를 떠났.

지방정부는 변화에 신속히 대응하지 못했다. 대체산업 발굴이나 미래 성장 기반 구축은 뒷전이었고, 여전히 기존 구조에 의존한 정책만 반복되었다. 유즈노우랄스크는 경제 침체, 인구 유출, 환경문제라는 삼중 위기를 동시에 맞이하게 되었다. 이 도시는 자원이 풍부하다는 이유로 성공을 이룬 만큼, 그 자원에만 기대어 미래를 준비하지 못한 결과가 어떤 후과를 낳는지를 보여 주는 사례가 되었다.

(2) 유즈노우랄스크는 어떻게 무너졌는가?

유즈노우랄스크는 한때 러시아 남부 우랄 지역의 주요 산업도시로 기능했다. 풍부한 니켈, 석탄, 철광석을 바탕으로 소련 시절 집중적인 투자가 이뤄졌고, 자원 채굴과 가공 산업이 도시 경제의 전부라 해도 과언이 아니었다. 그러나 번영은 오로지 자원에 기반을 둔 것이었고, 이 구조는 치명적인 약점을 품고 있었다.

가장 먼저 문제를 일으킨 것은 자원 의존의 구조적 한계였다. 도시의 산업 생태계는 광업을 중심으로 고착되어 있었고, 모든 일자리와 기반시설이 이 흐름에 종속돼 있었다. 1990년대에 접어들면서 원자재 가격이 급락했고, 주요 자원의 매장량이 감소하며 채산성도 떨어졌다. 하지만 이 시점에도 도시는 기존 산업 외에 대안을 마련하지 못했다. 첨단소재 수요 증가, 신에너지 기술 등 새로운 흐름에 대응하지 못한 채 과거의 모델만 반복한 결과, 경제 전반이 한순간에 무너졌다.

이어진 것은 투자 기피와 산업 재편 실패였다. 구(舊)소련의 붕괴와 함께 국영기업들이 민영화되면서, 지방정부는 이제 산업의 중심이 될 수 없었고 민간 자본이 그 자리를 대신해야 했다. 그러나 유즈노우랄스크는 높은 생산비용, 낙후된 설비, 만성적 오염 문제 등으로 투자자에게 매력적인 환경이 아니었다. 외국기업은 물론 국내 기업들도 도시를 외면했고, 자연스럽게 새로운 산업기반이 형성될 여지도 사라졌다. 카자흐스탄의 카라간다처럼 IT산업이나 제조업으로 산업전환에 성공한 도시와는 극명한 대조를 이룬다.

세 번째로 도시를 무너뜨린 요인은 인구 유출과 인적 자본의 붕괴였다. 산업기반이 무너지자 먼저 도시를 떠난 것은 청년과 전문인력이었다. 그들은 수도권이나 외국으로 이주했고, 도시에 남은 것은 고령자와 저소득층 중심의 인구였다. 교육기관, 연구소, 창업지원 시스템이 미비했던 탓에 새로운 인재를 길러낼 수 있는 구조도 없었다. 이는 다시 지역

상권과 서비스 산업의 침체로 이어졌고, 도시는 점점 활력을 잃어 갔다.

마지막으로, 유즈노우랄스크를 회복 불가능한 상태로 만든 것은 환경오염의 심각성이었다. 수십 년간의 무분별한 채굴과 중금속 배출은 토양, 수질, 공기를 모두 오염시켰고, 이로 인한 건강 피해는 주민들을 도시 밖으로 내몰았다. 문제는 광산이 폐쇄된 이후에도 복원 시도가 거의 없었다는 점이다. 다른 도시들이 친환경 산업이나 재생 에너지로의 전환을 모색하던 동안, 이곳은 여전히 과거의 유산 속에 머물러 있었다. 기업들도, 가계도, 행정도 더 이상 여기에 미래를 기대하지 않게 되었다.

유즈노우랄스크는 자원만으로 이룬 번영이 얼마나 허약한지를 보여 주는 도시가 되었다. 변화에 적응하지 못하고, 미래를 위한 준비를 게을리한 결과는 경제 붕괴와 인구 감소, 환경 파괴가 동시에 일어나는 복합적 쇠퇴였다.

(3) 유즈노우랄스크의 실패가 주는 시사점

유즈노우랄스크는 한때 번영했던 자원도시가 어떻게 구조적 위기에 무너질 수 있는지를 보여 주는 대표적 사례다. 이 도시는 자원 고갈, 산업 단일화, 인재 유출, 환경오염이라는 네 가지 복합 위기를 동시에 겪었고, 각 위기는 서로를 증폭시키며 회복 불가능한 상태로 이끌었다. 이 과정에서 드러난 교훈은 다음과 같이 정리할 수 있다.

첫째, 자원산업은 본질적으로 유한하며, 영속적인 번영을 보장하지 않는다. 광물이나 석유 같은 자원은 채굴이 진행될수록 고갈 속도는 빨라지고, 생산비용은 증가하며, 수익성은 낮아진다. 게다가 국제 자원 가격은 지정학적 리스크와 수요 구조 변화에 따라 민감하게 요동치기 때문에, 도시 전체가 이러한 변수에 종속될 경우 경제 불안정성이 상시화된다. 유즈노우랄스크는 자원 위기 초기에 이를 인지하지 못했고, 준비 없는 충격에 그대로 노출되었다.

둘째, 경제 다변화는 생존 전략이다. 유즈노우랄스크는 장기간 자원산업 외의 대체산업을 육성하지 않았고, 자원 기반이 흔들리자 도시 전체가 기능을 상실했다. 반면, 비슷한 위기를 맞았던 도시 중 일부는 기술산업이나 서비스 산업, 혹은 친환경 산업으로 빠르게 전환해 지속 가능한 경제기반을 마련한 사례도 있다. 한 산업에 전적으로 의존하는 구조는 단기 효율성은 있을지 몰라도, 외부 충격에 대한 복원력은 극도로 취약하다.

셋째, 도시의 활력은 사람에서 나온다. 인구, 특히 청년과 전문인력의 지속적 유출은 도시의 노동력과 소비력을 동시에 갉아먹는다. 유즈노우랄스크는 일자리 부족과 열악한 정주 여건으로 인해 인구 유출을 막지 못했고, 이로 인해 산업 재편의 동력조차 상실했다. 장기적으로 지속 가능한 도시를 만들기 위해서는 고등교육기관, 창업지원 인프라, 문화·생활 자산이 함께 구축되어야 하며, 이러한 기반이 있어야 인재가 머무를 이유도 생긴다.

넷째, 환경 회복 없는 산업노시는 미래가 없다. 광산업의 유산인 토양오염, 수질오염, 대기오염은 경제적 손실을 넘어 도시의 존속 자체를 위협한다. 유즈노우랄스크는 광산개발이 끝난 이후에도 생태계 복구에 거의 투자하지 않았고, 결과적으로 건강 문제와 삶의 질 저하가 인구 이탈과 투자 회피로 이어졌다. 일부 유럽 도시들은 산업 유산을 재생 자산으로 바꾸는 데 성공했지만, 유즈노우랄스크는 오히려 과거의 유산에 갇혀 미래를 잃었다.

유즈노우랄스크는 도시가 스스로의 구조적 한계를 인지하지 못하고, 변화에 대한 전략적 대응을 늦추면 어떻게 몰락하는지를 보여 주는 경고다. 과거의 성공 방식은 미래의 해답이 될 수 없으며, 도시는 끊임없이 스스로를 점검하고 새롭게 설계하지 않으면 생존조차 보장받을 수 없다.

5. 알게로(Alghero, 이탈리아):
부동산 개발 과잉과 경제 불황
– 지중해의 진주에서 빈집의 도시로 –

구분	주요 내용
도시 개요	이탈리아 사르데냐섬 서해안 도시, '지중해의 진주'로 불리며 관광·부동산 개발 붐으로 성장
위기 직면	관광수요 감소와 글로벌 금융위기 이후 부동산 거품 붕괴. 공실률 급증, 경제 기반 흔들림
발전 한계	관광업 의존과 계절성 불균형. 제조·기술·창업 기반 부재. 지방정부는 세수 확보 중심으로 단기 부동산 개발에 집중
침체 결과	부동산 공실률 25% 이상, 실업률 증가, 서비스업·상권 침체, 청년층 인구 12% 감소, 도시 활력 상실
실패 요인	부동산 과잉 공급, 관광 편중, 재정 구조 취약, 청년 정착 기반 부재
시사점	부동산 개발은 수요·산업 구조 고려한 전략 필요, 관광은 보조 산업에 불과, 재정·세수 다변화 필요, 청년층 정주 환경과 일자리 기반 확보 중요

(1) 알게로, 사르데냐의 숨겨진 보석

이탈리아 사르데냐섬 서쪽 해안의 알게로는 '지중해의 진주'로 불리며 유럽 각국 관광객들의 사랑을 받던 도시였다. 관광수요가 급증하자 부동산 투자 붐이 일었고, 해안가 아파트, 호텔, 리조트가 빠르게 개발되었다. 알게로는 관광과 부동산 중심의 경제구조 덕분에 한동안 안정적인 성장을 이어 갔지만, 문제는 이 구조가 너무 한쪽에 치우쳐 있었다는 점이었다.

관광객 수가 줄어들자 단기 임대시장은 위축되었고, 부동산은 공실률 급증과 함께 가격이 하락했다. 동시에 자영업자와 서비스업 종사자들의 생계도 흔들리며 실업률이 급증했고, 젊은 층의 이탈이 가속화되었다. 알게로는 관광 외에 다른 산업기반이 거의 없었기에 회복 여력도 부족했다.

알게로의 사례는 외부 수요와 단기 투자에 지나치게 의존한 도시가 어떻게 쉽게 위기에 빠질 수 있는지를 보여 준다. 균형 잡힌 산업구조 없이 성장을 지속하기는 어렵다는 사실을 다시금 일깨워 준다.

(2) 알게로의 경제 쇠락 과정

알세로는 한때 유럽 전역에서 관광객을 끌어모은 인기 휴양지였다. 중세풍의 아름다운 구시가지, 에메랄드빛 바다, 비교적 저렴한 물가 등 덕분에 많은 이들이 이곳을 '이탈리아 속의 숨겨진 보석'으로 여겼고, 관광붐과 함께 부동산 개발이 폭발적으로 증가했다. 그러나 알게로의 급속한 발전은 균형을 잃은 성장모델 위에 세워졌고, 결과적으로 이 도시의 경제는 무너졌다. 그 배경에는 네 가지 주요 요인이 존재한다.

첫 번째는 부동산 개발 과잉과 그에 따른 거품 붕괴였다. 1990년대부터 2000년대 초반까지 유럽의 경제성장과 저가항공의 확산으로 관광객이 급증하면서, 알게로에서는 고급 아파트, 해안 리조트, 호텔 등이 무분별하게 건설되었다. 지방정부와 개발업자들은 외지인의 부동산 수요에만 집중했고, 현지 주민들의 주거 수요와 소득수준은 고려하지 않았다. 결과적으로 부동산 가격은 급등했지만, 실수요와 괴리된 과잉 공급은 시장 와해로 이어졌다. 특히 2008년 글로벌 금융위기 이후 투자심리가 위축되며 미분양 리조트와 호텔이 대거 생겨났고, 2010년대 들어 도시 내 공실률이 25% 이상 기록할 정도로 부동산시장은 침체에 빠졌다. 공실은 도심 공동화를 낳았고, 이는 지역경제 전반에 악영향을 미쳤다.

두 번째 문제는 관광업에 대한 과도한 의존과 계절적 불균형이다. 알게로의 경제는 사실상 여름 성수기 관광에 전적으로 의존하는 구조였고, 비수기인 겨울이 되면 관광객은 급감하고 지역경제 활동도 거의 정지 수준으로 떨어졌다. 이런 계절성은 고용의 불안정성과 수입의 격차를 낳았으며, 소규모 상점과 자영업자들의 생계를 불안하게 만들었다. 저가항공 노선이 다른 지역으로 확산하면서 알게로의 매력은 상대적으로 감소하였고, 유럽 내 새로운 휴양지가 부상하면서 관광객 유입은 점차 줄어들었다. 반면, 스페인 발렌시아처럼 관광과 IT산업을 병행하여 연중 경제활동을 유지한 도시와는 대비되는 모습이었다. 다만, 발렌시아는 부패 등 또 다른 문제점이 있다.

세 번째로, 지방정부의 재정 운영과 정책 실패가 도시의 위기를 더욱 심화시켰다. 부동산 붐 당시 지방정부는 세수 확보를 위해 관광시설과 주거시설 확장에 집중했지만, 정작 제조업, 기술산업, 창업 인프라 등의 기반산업 육성은 거의 이루어지지 않았다. 부동산시장이 무너지자 세입이 급감했고, 그 여파로 공공서비스 예산이 줄어들면서 도시 전반의 기반시설 유지가 어려워졌다. 도로 정비, 환경 개선, 도시재생 프로젝트는 줄줄이 중단되었고, 이는 주민들의 삶의 질 저하로 이어졌다. 포르투갈 포르투처럼 문화·예술 산업을 병행하여 장기적인 지역 발전을 도모한 사례와 달리, 알게로는 단기적 세수에 의존한 결과 위기를 버텨 내지 못했다.

마지막으로, 청년층 유출과 도시 공동화 현상도 알게로 경제 쇠퇴의 주요 원인이었다. 높은 부동산 가격과 관광업 중심의 불안정한 경제구조는 젊은 세대가 이 도시에 뿌리내리기 어렵게 만들었다. 알게로에는 대학이나 연구소, 첨단산업이 거의 없어 청년들이 머물거나 성장할 기반이 부족했고, 많은 이들이 본토 대도시나 해외로 떠났다. 2015년 이후 25~40세 인구가 12% 감소했고, 청년층의 이탈은 지역 창업률 저하와 도시 활력 상실로 직결되었다. 빈집이 늘어나며 부동산 가격은 추가 하락했고, 도시 내 상권도 점점 쇠퇴해갔다. 스웨덴의 말뫼처럼 청년층을 중심으로 스타트업 생태계를 형성해 도시를 재생시킨 사례와는 정반대의 길을 가게 된 것이다.

(3) 알게로의 실패가 주는 시사점

알게로의 실패가 주는 시사점은 이러하다.

첫째, 부동산 개발은 단기적 성장을 이끌 수는 있지만, 경제성장의 만능 해법은 될 수 없다. 알게로는 관광수요 증가에만 의존해 주택과 리조트를 무분별하게 개발했지만, 수요보다 공급이 과도했고 거품으로 이어졌다. 공급 과잉과 투자 과열은 시장 와해로 직결되었고, 부동산시장의 침체는 도시 전체 경제를 뒤흔들었다. 부동산 개발은 수요 예측, 인구 변화, 지역 산업구조 등을 종합적으로 고려한 정교한 전략 아래에서만 효과를 발휘할 수 있다.

둘째, 관광업에만 의존하는 경제구조는 지속 가능하지 않다. 관광은 계절성과 외부 요인에 따라 크게 변동할 수 있으며, 비수기에는 지역경제 전체가 정체되기 쉽다. 알게로는 관광 외의 산업기반이 부족해 여름철 외에는 경제활동이 거의 멈추었고, 이는 지역민의 삶과 고용 안정성에도 악영향을 미쳤다. 도시 경제가 안정적으로 유지되기 위해서는 IT, 창업, 문화산업 등 연중 운영 가능한 산업이 병행되어야 한다.

셋째, 공공재정 운영은 균형과 다변화를 고려해야 한다. 알게로는 부동산 개발에 의존한 세수로 단기 재정을 충당했지만, 시장이 침체하게 되자 급격한 세입 감소와 함께 공공서비스 축소, 도시 인프라 악화라는 악순환에 빠졌다. 재정의 기반은 특정 산업에만 집중되어선 안 되며, 다양한 산업에서 고르게 세수를 확보할 수 있는 구조가 마련되어야 한다. 장기적인 도시 운영을 위해서는 자립 가능한 경제 생태계와 투자 전략이 뒷받침되어야 한다.

넷째, 청년층이 정착할 수 있는 도시를 만드는 것은 도시의 지속 가능성을 결정짓는 데 있어 중요한 요소이다. 알게로는 높은 부동산 가격, 관광 중심의 비정규직 일자리, 교육 및 기술산업의 부재로 인해 젊은 세대가 미래를 설계할 수 없는 환경이었다. 이는 인구 유출과 노동력 부족,

도시 공동화로 이어졌고, 궁극적으로 지역경제의 활력까지 잃게 했다. 청년층을 붙잡기 위해서는 주거 안정, 창업생태계 조성, 교육과 일자리의 다양성 확보 등 다각적인 전략이 필요하다.

알게로의 사례는 단기적인 수요와 외부 자본에만 의존한 도시개발이 얼마나 쉽게 무너질 수 있는지를 보여 준다. 도시가 살아남기 위해서는 균형 잡힌 산업구조, 장기적인 정책 비전, 그리고 인재가 떠나지 않는 환경 조성이 뒷받침되어야 한다.

3부

금융이 살린 도시, 금융이 망친 도시

1장
금융혁신이 만든 지역경제 성공 모델

1. 바르셀로네타(Barceloneta, 푸에르토리코): 금융 활용 경제 회생
- 작은 도시 바르셀로네타의 금융혁신 이야기 -

구분	주요 내용
도시 개요	푸에르토리코 북부 해안 도시, 1950~80년대 미국 제약사들이 '섹션 936' 세제 감면 덕분에 제조업 중심지로 번영
위기 직면	1996년 미국 정부가 세제 감면(섹션 936)을 종료 → 2000년대 기업 철수, 일자리 40% 감소, 경제 침체
발전 한계	대기업 철수 후 자영업·창업 기반 취약, 금융기관은 담보 부족으로 소상공인 대출 회피 → 금융 접근성 악화
회복 전략	① 신용조합(Cooperativa) 중심 소액대출, 유연 상환 제공, ② 창업자금·교육·협동조합 지원, 금융교육·공공보증제도 도입
성과	창업률 30% 증가, 생존율 60% 상승, 지역 내 자본 순환 정착 → 주민·소상공인 중심 자생적 경제 생태계 형성
시사점	① 지역 금융은 회복의 핵심 인프라 ② 소상공인은 지역경제의 뿌리 ③ 금융 접근성 확대는 창업·고용 촉진 ④ 금융교육과 리스크 관리가 지속성의 열쇠

(1) 바르셀로네타, '푸에르토리코의 공장 지대'에서 쇠퇴한 도시로

푸에르토리코 북부 해안에 위치한 바르셀로네타는 한때 '푸에르토리코의 공장 지대'라 불릴 만큼 제조업 중심지로 번성했던 도시였다. 특히 1950년대부터 1980년대까지 미국 제약회사들이 세금 감면 혜택을 노리고 이 지역에 대규모 공장을 설립하면서, 도시 경제는 비약적으로 성장했다. 그러나 2000년대 들어 세금 감면 혜택이 종료되고, 글로벌 제조업 구조가 재편되면서 다국적 기업들이 하나둘씩 철수했다.

그 여파는 심각했다. 수천 개의 일자리가 사라졌고, 지역 상권은 급격히 위축되었으며, 많은 주민이 다른 지역으로 떠났다. 도시는 빠르게 침체되었고, 바르셀로네타는 '기업이 떠난 폐공장 도시'라는 오명을 안게 되었다.

그러나 이 도시는 무너진 경제를 지역 자본과 공동체 중심의 금융시스템으로 재구성하는 실험에 나섰고, 놀라운 회복의 계기를 만들어 냈다.

(2) 바르셀로네타의 경제위기와 금융혁신의 필요성

바르셀로네타는 과거 미국 제약회사들이 세금 감면제도인 '섹션 936(Section 936)'을 활용하기 위해 몰려들며 빠르게 산업화한 도시였다. 이 제도는 푸에르토리코를 비롯한 미국 자치령에서 발생한 기업 소득에 대해 연방 법인세를 감면해 주는 혜택으로, 수십 년 동안 외국자본을 끌어들이는 데 중요한 역할을 했다. 바르셀로네타 역시 이 혜택 덕분에 제약과 제조업 중심의 활발한 경제를 유지할 수 있었다. 그러나 1996년 미국

의회가 해당 제도의 폐지를 결정하면서 상황은 급변했다.

 세금 혜택이 사라지자 기업들은 빠르게 철수했고, 2000년대 들어 바르셀로네타는 급격한 경제침체에 빠졌다. 도시 내 일자리의 40% 이상이 사라졌고, 지역경제를 떠받치던 산업기반도 무너졌다. 무엇보다도 대기업 중심의 경제구조가 얼마나 취약한지를 여실히 드러냈다. 대기업이 떠난 뒤 남은 것은 공장 부지만이었고, 주민들은 독립적으로 생계를 유지할 수 있는 준비가 되어 있지 않았다.

 공장이 닫힌 이후 자영업과 소규모 비즈니스가 새로운 대안이 될 수 있었지만, 금융시스템은 여전히 대기업 중심의 구조를 유지하고 있었다. 기존 상업은행들은 담보나 신용이 부족한 소상공인이나 창업자에게 자금을 빌려주기를 꺼렸고, 그 결과 많은 주민들이 새로운 사업을 시작하지 못했다.

 바르셀로네타의 경제위기는 일자리가 부족해서가 아니라, 금융 접근성 부족과 지역 자본의 순환 단절이라는 구조적인 문제에서 비롯되었다. 이 도시에 필요한 것은 외부 투자를 기다리는 것이 아니라, 지역 내부에서 자본이 돌 수 있는 구조, 즉 소상공인을 위한 맞춤형 금융지원 시스템을 구축하는 것이었다.

(3) 지역 금융모델을 활용한 경제 재건전략

 바르셀로네타가 주목받는 이유는 극심한 경제위기 속에서도 실효성 있는 해법을 스스로 찾아냈다는 점이다. 이 도시는 외부 자본 유입에만 의존하지 않고, 지역 내부의 자본을 선순환시키는 방식으로 경제회복을 시도했다. 이는 소상공인과 지역 주민을 중심에 둔 풀뿌리 회복 전략이자, 공동체 기반의 금융 재설계 모델이었다.

첫 번째 전략은 지역 금융기관의 역할을 재정립하는 것이었다. 바르셀로네타는 지역 은행과 신용조합의 기능을 강화하여, 이들이 금융서비스 제공자를 넘어 지역경제 회복의 주체가 되도록 했다. 기존 상업은행들은 수익성과 리스크 회피에 기반한 대출 구조로 인해, 소규모 자영업자나 예비 창업자에게 자금지원을 꺼리는 경향이 강했다. 이에 따라 바르셀로네타는 'Cooperativa de Ahorro y Crédito Barceloneta'와 같은 지역 신용조합을 중심으로 금융 접근성을 높이는 정책을 추진했다.

이 신용조합은 주민의 자본을 모아 다시 주민에게 대출하는 구조로 운영되었으며, 음식점, 미용실, 정비소, 소형 유통업체 등 소규모 사업에 필요한 초기자금을 소액 대출 방식으로 제공했다. 기존 은행보다 낮은 금리와 유연한 상환 조건을 제시해 대출자의 부담을 줄였고, 그 결과 대출 상환율은 90%를 넘겼다. 금융에 대한 신뢰가 높아지자 예금과 투자가 늘었고, 이는 지역 내 자본 순환을 안정적으로 정착시키는 기반이 되었다. 자금이 외부로 유출되지 않고 지역 안에서 돌면서, 바르셀로네타는 경제의 '혈액순환'을 회복할 수 있었다.

두 번째 전략은 소상공인과 스타트업을 위한 실질적인 지원체계를 구축하는 것이었다. 자금공급에 그치지 않고, 창업과 성장의 전 과정을 지원하는 구조를 마련한 것이다. 신용조합은 청년 창업자나 여성 창업자에게 우선적으로 자금을 배정했고, 창업교육 프로그램도 병행했다. 이를 통해 가게를 여는 것뿐만 아니라, 창업자가 지역경제의 지속적 구성원이 될 수 있도록 지원했다.

대표적인 성공사례는 '마을가게(La Tienda del Pueblo)' 프로젝트였다. 이는 지역 소상공인들이 협동조합을 구성해 공동 마케팅과 유통시스템을 구축한 사업으로, 개별 상인이 갖기 어려운 홍보력과 유통역량을 협업을 통해 확보함으로써 경쟁력 있는 지역 브랜드를 만들어 냈다. 이 공동체 기반 모델은 창업률뿐 아니라 창업 후 3년 이상 생존율을 높이는 데도 크게 기여했다. 실제로 해당 프로젝트가 추진된 5년 동안 지역 내 신규 창업률은 30% 이상 증가했고, 생존율도 60%를 넘기며 미국 평균을 크게 웃돌았다. 늘어난 창업은 더 많은 일자리로 이어졌고, 이는 다시 지역 소비와 소득 증가로 연결되며 선순환 구조를 만들어 냈다.

세 번째 전략은 금융교육과 리스크 관리를 병행한 것이다. 자금을 지원하는 것만큼 중요한 것은 그 자금을 어떻게 쓰고 유지하느냐는 점이었다. 이에 따라 신용조합은 지역 주민을 대상으로 재무관리, 예산 계획, 마케팅 전략, 경영 운영 등 실질적인 교육 프로그램을 제공했다. 'Emprende Barceloneta'라는 이름의 이 프로그램은 지역사회에서 높은 참여율을 기록했고, 수료자들의 대출상환 실패율은 일반 평균보다 현저히 낮았다.

또한, 지방정부와 협력하여 대출 리스크를 줄이기 위한 공공 보증제도도 도입했다. 이는 신용등급이 낮거나 자산이 부족한 예비 창업자들에게 큰 도움이 되었고, 사업 실패 시에도 신용불량 상태로 전락하지 않도록 일정 부분을 보장해 주는 안전망 역할을 했다. 유연한 상환 계획, 거치 기간 확대, 상환 조건 조정 등의 조치 역시 함께 제공되어, 실패에 대한 두려움이 창업을 가로막지 않도록 설계되었다.

그 결과 바르셀로네타는 대기업 철수로 무너진 경제를 지역 금융시스템의 재구성을 통해 다시 일으켜 세우는 데 성공했다. 주민들의 자본이 다시 주민에게 돌아가는 구조 속에서, 신용조합, 소상공인, 스타트업, 지방정부가 긴밀하게 협력하며 자생적인 경제 생태계를 만들어 낸 것이다.

(4) 바르셀로네타 모델이 주는 시사점

바르셀로네타 사례는 지역 금융이 경제 회복과 자립을 이끄는 주요 인프라가 될 수 있음을 보여 준다. 이 모델이 주는 시사점은 다음과 같다.

첫째, 지역 금융시스템의 활성화는 경제 회복의 중심축이 될 수 있다. 대기업 유치에 의존하는 경제모델은 외부 변수에 취약하지만, 금융의 중심을 지역 내로 옮기면 보다 안정적이고 지속 가능한 경제구조를 만들 수 있다. 바르셀로네타는 신용조합과 지역 은행을 통해 소상공인에게 실질적인 금융 접근성을 제공했고, 외부 자본 없이도 지역경제를 되살리는 데 성공했다.

둘째, 소상공인은 지역경제의 뿌리다. 대형 공장이 철수한 뒤에도 식당, 상점, 자영업자들이 생존하면서 소비를 유지하고, 주민 간 경제적 연결망을 지탱했다. 이들이 버텨 준 덕분에 지역경제 전체가 붕괴되는 것을 막을 수 있었다. 즉, 소상공인의 회복력은 곧 지역사회의 회복력이다.

셋째, 금융 접근성이 확대되면 창업과 고용이 자연스럽게 증가한다. 기존 금융권에서 외면받던 소규모 사업자, 청년 창업가, 여성 창업자에게 맞춤형 대출과 유연한 조건이 제공되면서 수많은 신규 창업이 이루어졌고, 이는 지역 일자리 창출과 소비 활성화로 이어졌다. 바르셀로네타는 이러한 자본의 '풀뿌리 흐름'을 성공적으로 설계했다.

넷째, 금융교육과 리스크 관리는 지역경제 활성화의 지속성을 좌우한다. 단순히 자금을 제공하는 것에 그치지 않고, 자금을 어떻게 운용하고 위험을 최소화할 것인지에 대한 실질적인 교육과 관리가 병행되어야 한다. 바르셀로네타는 대출자들의 경영 역량 강화를 위한 체계적인 교육을 제공했고, 이는 부실률을 낮추고 금융시스템에 대한 신뢰를 높이는 데 기여했다.

이 사례는 외부 투자 없이도 지역 내부의 자본과 협력구조만으로 경제 회복이 가능하다는 점을 보여 준다.

중요한 것은 '누가 투자를 해 주느냐?'보다 '어떻게, 누구와 함께 자본을 순환시키느냐?'는 구조적 설계다.

바르셀로네타의 선택은 외부 의존을 줄이고 지역 자산을 주체적으로 활용하는 방식이었으며, 이는 경제위기에 처한 많은 도시들이 참고할 수 있는 실질적이고 지속 가능한 지역 재생의 모델이 될 수 있다.

2. 크라이스트처치(Christchurch, 뉴질랜드): 재난 후 금융 재건

– 도시가 무너졌지만, 금융시스템이 다시 세웠다 –

구분	주요 내용
도시 개요	뉴질랜드 남섬 중심 도시, '가든 시티'로 불렸으나 2010·2011년 강진으로 도심이 붕괴
위기 직면	지진으로 금융·경제 활동이 멈춤. 은행 대출 중단, 보험금 지급 지연, 부동산 가격 급락
발전 한계	금융·보험 불신 확산, 기업·자영업자 자금난, 투자 위축 → 소비·고용 동반 침체

회복 전략	① 재난복구 금융기금: 저리대출·보조금·상환유예로 6개월 내 중소기업 2천 곳 재개 ② 공공보험(EQC) 개편: 재건 프로젝트 보증제도 마련 ③ 캔터베리 복구기금: 무담보 대출·금융교육·운영자금 지원 ④ 공공-민간 협력(PPP): 스마트시티·친환경에너지·연구단지 조성
성과	3년 내 중소기업 70% 회복, 부동산 안정화. 2020년까지 재건사업 60% 이상 민간자본 유치, 지속 가능한 투자 생태계 형성
시사점	① 긴급 금융지원이 회복의 출발점 ② 중소기업 회복이 지역경제 재가동의 핵심 ③ 장기적으로는 민간자본과 공공 협력이 지속성 보장

(1) 크라이스트처치, 뉴질랜드의 아름다운 도시에서 재난의 중심으로

뉴질랜드 남섬의 중심 도시 크라이스트처치는 한때 '가든 시티(Garden City)'로 불릴 만큼 아름다운 자연환경과 안정된 생활환경을 자랑하던 곳이었다. 그러나 2010년과 2011년, 연이어 발생한 강진으로 도시는 순식간에 재난의 중심이 되었다. 도심 건물 대부분이 붕괴하거나 붕괴 위험에 놓였고, 185명이 목숨을 잃었으며 수천 명이 상처를 입었다. 피해 규모는 약 400억 뉴질랜드달러, 우리 돈으로 약 30조 원에 달하는 막대한 손실이었다.

이러한 물리적 피해는 금융시스템 전반의 마비로 이어졌다. 지역기업과 상점들은 문을 닫았고, 상업 활동은 중단됐다. 도시 경제는 사실상 정지 상태에 빠졌다.

그러나 크라이스트처치는 절망적인 상황에서도 주저앉지 않았다. 인프라 복구를 넘어, 금융과 정책을 적극적으로 활용한 체계적인 재건전략을 세워 경제를 다시 움직이기 시작했다. 핵심은 지역 회복 목표에 맞게 금융시스템을 재설계하고, 공공과 민간 자본이 함께 작동하는 새로운 구조를 만드는 것이었다.

(2) 재난 이후 크라이스트처치의 경제위기와 해결책

크라이스트처치의 회복 과정은 자연재해가 지역경제에 미치는 충격과, 그에 대응하는 금융시스템의 중요성을 여실히 보여 준다.

2010년과 2011년의 지진은 물리적 피해와 함께, 도시 전체의 경제기반을 무너뜨렸다. 대형 은행과 보험사들은 건물 붕괴와 불확실성을 이유로 신규 대출을 중단했고, 기업과 자영업자는 운영자금 확보에 어려움을 겪었다. 보험금 지급은 지연되거나 조건이 붙었으며, 부동산 가격은 급락해 지역 자산가치가 빠르게 소멸하였다. 이로 인해 투자와 소비가 동시에 위축되며, 지진은 곧바로 심각한 경제위기로 이어졌다.

하지만 크라이스트처치는 무너지지 않았다. 이 도시의 회복은 금융시스템을 중심으로 한 협력적 전략 덕분에 가능했다.

첫 번째 대응은 '재난복구 금융기금(EQ Recovery Fund)'의 조성이었다. 뉴질랜드 정부는 주요 금융기관들과 협력해 긴급자금을 마련하고, 소상공인과 중소기업을 신속하게 지원했다. 이 기금은 정부 보증을 기반으로 저리 대출, 보조금, 상환 유예 프로그램 등으로 구성되었으며, 지진 발생 6개월 이내에 2,000개 이상의 중소기업이 다시 영업을 재개할 수 있게 했다. ANZ은행, BNZ은행 등 주요 시중은행의 참여는 자금공급 역할과 함께, 경제회복에 대한 신뢰를 금융시장에 전달하는 상징적 의미로 작용했다.

두 번째 전략은 보험 시스템의 구조 개편이다. 민간 보험사만으로는 대규모 재해에 대응하기 어려웠으므로, 뉴질랜드 정부는 지진위원회(EQC)와 함께 공공보험 체계를 보완했다. 정부는 건설업체와 부동산 개발자에게 재건 프로젝트에 대한 보증 프로그램을 제공했고, 이를 기반으로 약 300억 뉴질랜드달러 규모의 도시 재건이 추진될 수 있었다.

세 번째 대응은 지역 금융기관을 통한 중소기업 지원 강화였다. 캔터베리 비즈니스 복구기금(Canterbury Business Recovery Trust) 등은 무담보 긴급 대출, 운영자금 지원, 금융교육 프로그램을 함께 제공했다. 기존 금융시스템 밖에 있던 소규모 기업들이 이 프로그램을 통해 생존할 수 있었고, 이는 지역 고용 유지와 실업률 상승 억제에 기여했다. 실제로 지진 3년 후, 중소기업의 70% 이상이 회복되었고 이는 소비 증가와 세수 안정으로도 이어졌다.

마지막으로, 장기 전략으로는 공공-민간 협력(PPP)을 기반으로 한 도시 재건 모델이 추진되었다. 지방정부는 물리적 복구에 그치지 않고, 스마트시티 기술, 친환경 에너지 인프라, 교육 및 연구단지 조성 등 미래산업 기반 마련에 민간 자본을 적극적으로 유치했다. 2020년까지 전체 재건사업의 약 60%가 민간 자본을 통해 진행되었으며, 이는 공공재정의 부담을 줄이면서도 지속 가능한 투자 생태계를 형성하는 데 큰 역할을 했다.

(3) 크라이스트처치 모델이 주는 시사점

크라이스트처치의 재건 사례는 재난 이후 경제회복에서 금융이 얼마나 중요한 역할을 하는지를 분명하게 보여 준다.

첫째, 긴급 금융지원은 도시 회복의 출발점이다. 지진 직후 신속히 조성된 재난복구 금융기금과 저리 대출은 수많은 기업이 다시 문을 열고, 일자리를 회복하며, 지역 소비를 되살리는 데 결정적인 역할을 했다. 만약 이러한 신속한 자금 투입이 지연되었다면, 도시 전체가 장기적인 불황에 빠졌을 가능성이 크다.

둘째, 보험과 금융시스템의 신뢰는 자산가치를 지키는 중요한 조건이다. 크라이스트처치는 공공 주도의 재난보험 제도를 개혁하고, 금융기관과 협력하여 무너지는 부동산시장을 지탱했다. 금융시스템이 제 기능을 하지 못했다면 외부 자본 유입은 물론, 지역 내 투자마저 급격히 위축되었을 것이다.

셋째, 중소기업에 대한 지원은 경제 순환의 재시작을 의미한다. 대기업보다 지역 내 자영업자와 소규모 사업자들이 먼저 회복되었을 때 상권이 살아나고, 지역 일자리도 되살아났다. 정부와 금융기관이 공동으로 보증제도와 금융 프로그램을 마련했기 때문에 이들이 생존할 수 있었다.

마지막으로, 지속 가능한 회복은 민간 자본과의 협력을 전제로 한다. 정부의 직접 지원만으로는 장기적인 경제 안정성을 유지하기 어렵다. 크라이스트처치는 재건과정에서 민간 자본을 유치해 스마트 인프라, 친환경 에너지, 미래산업 기반 등을 구축하며 '복구'를 넘어 '재설계'로 나아갔다. 신뢰 기반의 공공 주도하에 민간이 참여하는 방식은 지속 가능한 성장모델을 가능케 했다.

이 모델은 재난이나 위기를 겪는 지역들에 중요한 질문을 던진다. 단기적 복구에 머물 것인가, 아니면 위기를 기회 삼아 구조적 혁신으로 나아갈 것인가. 크라이스트처치의 선택은 후자였으며, 그 결과는 전 세계적으로 회복 전략의 대표사례로 주목받고 있다.

3. 플로리아노폴리스(Florianópolis, 브라질):
핀테크로 경제 활성화
− 관광도시에서 핀테크 허브로, 디지털 금융이 바꾼 플로리아노폴리스 −

구분	주요 내용
도시 개요	브라질 남부 해안 도시. 관광업에 의존했으나 계절성 한계와 금융 접근성 부족으로 청년층 유출 심각
위기 직면	관광 비수기마다 침체. 은행 담보 중심 대출로 소상공인·창업자 자금난 심화, 대기업 부재로 산업 기반 취약
발전 한계	관광 의존 구조 지속 불가. 투자·자금조달 환경 약해 인재와 청년층이 대도시로 이탈
회복 전략	① 핀테크 대출 확산: AI 신용평가·Nubank 협력으로 대출 승인율 40%↑, 창업률 50%↑ ② QR결제 'FloripaPay'·지역 암호화폐: 자금 순환 강화, 관광소비 확대 ③ 핀테크 스타트업 허브(ACATE): 5년간 스타트업 200%↑, 글로벌 투자 유치 활발 ④ 스마트시티 연계: 교통·행정·공공요금 결제 디지털화 → 행정비용 20%↓, 관광수익 30%↑
성과	창업·투자 활성화, 청년 고용 증가, 도시 브랜드를 '핀테크 허브'로 전환 성공
시사점	① 핀테크는 지역 회복·혁신의 촉매 ② 디지털 결제는 자본 흐름 가속 ③ 스타트업 육성은 도시 정체성 전환의 핵심 ④ 스마트시티 결합은 지속 성장 기반

(1) 플로리아노폴리스, 브라질의 숨겨진 경제 실험실

브라질 남부의 해안 도시 플로리아노폴리스는 아름다운 해변과 관광업으로만 알려진 도시였다. 하지만 관광업 중심의 경제구조는 계절에 따라 큰 변동을 겪었고, 대기업이 거의 없는 환경 속에서 청년층은 일자리를 찾아 다른 지역으로 빠져나갔다. 금융 접근성도 낮아 지역 소상공인과 스타트업이 제대로 성장하기 어려운 구조였다.

이러한 한계를 극복하기 위해 플로리아노폴리스는 디지털 금융, 특히 핀테크를 적극적으로 도입했다. 지역 스타트업과 협업해 모바일 결제, 소액 대출, 디지털 대출 플랫폼을 구축했고, 동시에 지방정부도 규제 완화와 창업 지원정책을 통해 핀테크 생태계를 뒷받침했다.

그 결과 플로리아노폴리스는 관광에만 의존하던 도시에서 디지털 경제 중심지로 빠르게 전환되었고, 스타트업 투자유치와 일자리 증가로 이어지며 브라질 내에서 가장 활기찬 도시 중 하나로 부상했다. 이 도시는 핀테크를 통해 지역경제 체질을 바꾸고, 지속 가능한 성장모델을 만든 대표적인 성공사례가 되었다.

(2) 플로리아노폴리스의 경제 문제와 핀테크를 활용한 지역경제 활성화 전략

플로리아노폴리스는 오랫동안 관광업에 의존해 왔지만, 계절에 따라 극심한 수익 격차가 발생하며 도시의 경제 안정성을 위협했다. 여름철에는 관광객으로 북적였지만, 겨울철에는 일자리와 소비가 급격히 줄어들면서 많은 젊은이가 안정적인 삶을 위해 상파울루나 리우데자네이루 등 대도시로 떠났다. 관광업 이외의 산업기반이 부족했고, 신생 기업이나 소상공인이 필요한 자금을 조달하기가 매우 어려운 환경이었다. 기존 은행들은 담보가 부족하거나 신용등급이 낮은 고객에게 보수적인 태도를 보였고, 이로 인해 지역 내 경제 주체들이 성장할 수 있는 여지가 매우 제한되었다. 이러한 구조에서는 장기적인 경제성장이 불가능했다.

이런 구조적 한계를 인식한 플로리아노폴리스는 완전히 새로운 방식의 해법을 선택했다. 바로 핀테크(Fintech)를 중심으로 한 금융혁신이었다. 이는 단순한 디지털화가 아니라 자금 흐름과 금융 인프라 자체를 지역 중심으로 재편하는 전략이었다. 이를 통해 도시는 금융 접근성을 확대하고, 지역경제를 더욱 활발하게 만들기 위하여 여러 단계의 전략을 실행했다.

먼저, 플로리아노폴리스는 핀테크 기반 금융서비스의 확장에 주력했다. 많은 신생 기업과 소상공인들이 창업하려고 해도 초기자금을 구하지 못해 포기하는 경우가 많았다. 기존 금융기관들은 담보 중심의 대출 심사를 고수했기 때문이다. 이에 따라 도시는 디지털 금융플랫폼과 협력해 신속한 소액 대출이 가능한 시스템을 도입했다. 예를 들어, 인공지능 기반 신용평가시스템을 도입해 기존 은행에서 외면했던 고객에게도 대출 기회를 제공할 수 있었다. 실제로 Nubank와 같은 브라질의 대표적 디지털 은행과 지역 신생 기업들이 협력하여 모바일 대출 및 결제시스템을 대중화했고, 그 결과 지역 내 중소기업의 대출 승인율은 3년 사이 40% 이상 상승했다. 동시에 창업비용 부담이 줄어들면서 창업률은 50% 이상 늘어났다.

두 번째로, 디지털 결제시스템과 지역 암호화폐를 도입하면서 지역 내 자금 순환 구조가 획기적으로 개선되었다. 관광객이 많은 도시라는 특성상 디지털 결제에 대한 수요가 있었고, 이에 플로리아노폴리스는

'FloripaPay'라는 QR 기반 간편 결제시스템을 도입했다. 소상공인들은 이 시스템을 통해 낮은 수수료로 빠른 거래가 가능했고, 현금 없는 경제 환경이 조성되었다. 덕분에 지역 내 소비 속도가 증가하고, 자금이 외부로 빠져나가는 것이 아니라 지역 안에서 더 오래 머무를 수 있는 구조가 마련되었다. 관광객 역시 외국 카드나 환전 없이도 간편하게 소비할 수 있는 환경이 되면서 지역 내 소비 유입 효과도 함께 증가했다.

세 번째 전략은 핀테크 스타트업의 육성과 금융혁신 허브 조성이었다. 지방정부는 핀테크와 IT 스타트업을 위해 세금 감면, 사무공간 제공, 초기투자 연결 등의 적극적인 지원책을 마련했다. 브라질 산타카타리나주의 기술혁신협회인 ACATE(Associação Catarinense de Tecnologia)가 주도한 이 스타트업 허브는 플로리아노폴리스를 브라질 핀테크의 중심지 중 하나로 변모시키는 데 큰 역할을 했다. 단 5년 만에 핀테크 스타트업 수는 200% 이상 증가했으며, 국내외 벤처 자본이 이 지역에 주목하게 되면서 글로벌 투자유치가 활발해졌다. 이러한 기업들이 다시 지역 내 청년 고용과 고부가가치산업 확산을 이끄는 선순환 구조가 형성되었다.

마지막으로, 플로리아노폴리스는 핀테크를 활용한 스마트시티 모델과 연계하여 공공서비스의 효율성까지 끌어올렸다. 금융의 디지털화에 이어 교통·에너지·행정 등 도시 전반의 운영시스템과 핀테크 기술을 결합했다. 스마트 교통카드, 공공요금 모바일 결제, 행정 절차 자동화 등의 시스템은 시민들의 삶의 질을 향상했고, 동시에 도시행정비용은 20% 이상 절감되는 효과를 거두었다. 특히 관광산업과 디지털 결제 인프라의 결합은 플로리아노폴리스의 연간 관광수익을 30% 이상 증가시키는 결과를 낳았다.

(3) 플로리아노폴리스 모델이 주는 시사점

플로리아노폴리스 모델이 주는 시사점은 핀테크를 도시 경제의 전략적 도구로 활용하면 지역의 구조적 한계를 근본적으로 극복할 수 있다는 데에 있다.

첫째, 핀테크는 전통 금융의 장벽을 무너뜨릴 수 있는 강력한 수단이다. 기존의 은행시스템에서 대출이 어려웠던 소상공인, 창업자, 프리랜서들이 디지털 금융플랫폼을 통해 빠르고 유연한 자금조달이 가능해졌고, 이는 곧 지역 내 자영업과 창업생태계의 활성화로 이어졌다.

둘째, 디지털 결제시스템의 도입은 지역 내 자본 흐름의 속도를 획기적으로 높였다. QR 기반 결제, 모바일 지갑, 지역 암호화폐 등과 같은 시스템은 소비자와 판매자 간의 거래를 단순화했으며, 결과적으로 지역 내 소비 활성화와 소득 순환을 촉진했다. 이는 편의성을 높였을 뿐 아니라 지역경제의 회전율을 높이는 인프라로 작용했다.

셋째, 핀테크 스타트업 육성은 도시의 경제 정체성을 변화시킬 수 있다. 단기간 내 수백 개의 스타트업이 탄생하고, 외부 투자자들이 이 지역을 기술금융의 성장지로 인식하게 되면서, 플로리아노폴리스는 '휴양지'에서 '핀테크 허브'로 변모했다. 이러한 변화는 기업 수 증가와 함께 도시 전체의 브랜드와 기능을 전환하는 과정이었다.

넷째, 스마트시티 전략과의 결합은 핀테크를 도시 전체의 운영체계에 연결하는 진화를 가능하게 했다. 디지털 결제기술이 교통요금, 공공요금, 에너지 사용료 등과 통합되면서, 도시행정과 소비 활동의 효율성이 향상되었고, 이는 다시 지역의 경쟁력을 높이는 구조로 이어졌다. 핀테크가 도시의 구조 자체를 똑똑하게 만드는 도구로 기능한 것이다.

플로리아노폴리스 모델은 디지털 금융기술이 지역경제의 회복뿐 아니라 구조적 변화를 이끄는 촉매가 될 수 있음을 보여 준다. 이는 관광, 제조업, 농업 등 특정 산업에 의존하거나, 전통 금융에 갇힌 도시들이 지속가능한 발전을 모색할 때 참고할 수 있는 전략적 해법이 될 수 있다.

4. 부쿠레슈티(Bucharest, 루마니아): 금융혁신으로 이룬 경제 혁신
- 부쿠레슈티가 스타트업 허브로 성장한 비결 -

구분	주요 내용
도시 개요	루마니아 수도. EU 가입 후 성장했지만 불평등·금융소외 심화, 전통 은행은 청년·소규모 창업자 배제
위기 직면	성장 혜택이 고소득층에 집중, 청년 해외 이탈·소비 위축. 금융 포용 부족이 사회 불안정 초래
발전 한계	은행은 담보·수익성 위주로 사회적기업·스타트업 지원 부족. 성장 잠재력은 있으나 포용적 금융 부재
회복 전략	① 사회적 금융기관(FINS): 청년·사회적기업 저리대출, 멘토링·재무 교육 ② 스타트업 인큐베이터(Techcelerator): 공간·멘토링·투자 연결 → 투자유치 200%↑ ③ 크라우드펀딩·블록체인(SeedBlink): 스타트업 100곳에 2억 유로 조달 ④ ESG 금융: 친환경·사회적기업 우대 → 5년간 친환경 스타트업 3배 증가
성과	사회적기업·스타트업 300곳 이상 성장, 글로벌 VC 투자 유입. 투자 다각화·금융 민주화 기반 형성
시사점	① 사회적 금융은 금융소외층 포용의 핵심 ② 스타트업 지원은 산업혁신 촉매 ③ 크라우드펀딩·블록체인은 자본 민주화 촉진 ④ ESG 금융은 지속가능성·글로벌 신뢰 확보 전략

(1) 부쿠레슈티, 동유럽의 금융혁신도시로 떠오르다

루마니아의 수도 부쿠레슈티는 한때 '동유럽의 파리'로 불릴 만큼 아름답고 번성한 도시였지만, 냉전 이후 공산주의 체제에서 자본주의로의 급격한 전환 과정에서 경제적 불안정과 사회적 불평등에 직면했다. 2007년 EU 가입 이후 경제는 성장했지만, 그 혜택은 일부 계층에만 집중되었고, 청년층과 저소득층, 사회적 약자들은 여전히 금융 접근의 어려움을 겪었다.

이를 해결하기 위해 부쿠레슈티는 2010년대부터 사회적 금융과 스타트업 지원 생태계를 결합한 새로운 경제 전략을 도입했다. 그 결과 부쿠레슈티는 소비 도시에서 벗어나, 포용적이고 지속 가능한 금융 도시로 탈바꿈하고 있다. 이 모델은 경제성장의 열매를 더 많은 시민과 나누고, 사회적 약자를 위한 금융시스템을 만드는 데 중요한 시사점을 제공한다.

(2) 부쿠레슈티의 경제 문제와 사회적 금융의 필요성

부쿠레슈티는 루마니아 경제성장의 중심지로, EU 가입 이후 빠른 속도로 성장해 왔지만 그 이면에는 심각한 격차가 존재한다. 대기업 중심의 성장은 일부 고소득층에게만 집중되었고, 청년층이나 저소득층, 소상공인은 여전히 금융시스템에서 소외되어 있다. 전통적인 은행은 신용이 낮거나 수익성이 불확실한 소규모 창업자와 사회적기업에 대출을 꺼리는 경향이 강했다.

이러한 구조에서는 경제가 성장해도 기회는 특정 계층에만 머무르게 되고, 장기적으로는 사회적 불안정과 소비 위축, 청년층의 해외 이탈로 이어질 수 있다. 이에, 부쿠레슈티는 경제성장의 속도를 유지하면서도, 그 혜택이 모든 시민에게 골고루 돌아갈 수 있는 금융구조를 마련할 필요에 직면했다. 바로 이 지점에서 '사회적 금융'이 해법으로 떠오른 것이다.

(3) 사회적 금융과 스타트업 지원을 활용한 부쿠레슈티 모델

부쿠레슈티는 경제성장과 함께 포용성과 지속 가능성을 기반으로 한 새로운 금융모델을 실험하고 있다. 이 도시가 선택한 전략은 바로 사회적 금융과 스타트업 지원을 결합한 구조다. 이는 기존 금융시스템이 외면했던 소규모 창업자, 사회적기업, 청년층 등 금융 소외계층에게 실질적인 성장 기회를 제공하는 접근방식이다.

첫 번째 전략은 사회적 금융시스템의 구축이다. 기존의 상업은행들은 수익성과 안정성 위주로 판단하는 경향이 있어, 사회적기업이나 초기 단계의 스타트업에는 대출을 꺼린다. 이에 따라 부쿠레슈티는 정부 주도와 민간 협력으로 사회적 금융기관들을 육성했다. 대표적인 예가 'FINS' 등의 프로그램으로, 이는 청년 창업자와 학생, 사회적 기업가를 대상으로 저리 대출을 제공하고, 상환 부담을 최소화하는 방식으로 운영된다. 그리고, 이 프로그램은 금융지원에 그치지 않고 재무 교육, 경영 컨설팅, 멘토링까지 포함하는 포괄적 지원 시스템을 지향하고 있다. 덕분에 300개 이상의 사회적기업과 스타트업이 사회적 금융을 통해 실질적인 사업기회를 얻게 되었으며, 이 중 다수는 기존 금융시스템으로는 창업 자체가 불가능했던 사례였다.

두 번째 전략은 스타트업 인큐베이터 및 액셀러레이터 프로그램 운영이다. 부쿠레슈티는 'Techcelerator Bucharest'와 같은 기관을 통해 초기 창업자들에게 사무공간, 멘토링, 네트워크, 법률 및 회계 지원, 그리고 초기자금 유치 채널을 제공한다. 이 시스템은 스타트업이 사업 아이디어만 가지고 있더라도 빠르게 시장에 진입하고, 성장할 수 있도록 하는 발판이 된다. 이처럼 공공과 민간이 함께 참여하는 창업보육 구조는 투자자의 신뢰도를 높이며, 글로벌 벤처캐피털이 루마니아 시장에 관심을 두도록 유도하는 데 큰 역할을 했다. 그 결과, 불과 몇 년 사이에 부쿠레슈티 스타트업들의 투자유치 금액은 200% 이상 증가했으며, IT와 핀테크를 중심으로 세계적 기업의 진출도 확대되었다.

세 번째 전략은 크라우드펀딩과 블록체인 기반의 대체금융 활성화다. 전통 금융권의 진입장벽을 넘지 못하는 창업자들을 위해 부쿠레슈티는 디지털 금융기술을 기반으로 한 크라우드펀딩 플랫폼을 도입했다. 'SeedBlink'는 그 대표적 사례로, 동유럽 최대 규모의 스타트업 크라우드펀딩 플랫폼으로 성장했다. 블록체인 기술을 기반으로 함으로써 자금조달의 투명성과 속도, 접근성을 높였고, 개인 투자자들이 소액으로도 참여할 수 있는 구조를 마련함으로써 투자 대중화를 실현했다. 이 시스템 덕분에 3년 만에 100개 이상의 스타트업이 총 2억 유로 이상의 투자를 유치했다. 이 구조는 청년 창업자들이 직접 시장의 평가를 받아 자금을 모을 수 있게 만들었고, 동시에 지역의 금융 접근성 문제를 해결하는 데 큰 역할을 했다.

마지막으로 부쿠레슈티는 ESG 금융과 사회적 금융을 결합한 지속 가능한 경제모델을 추구하고 있다. 단기적 수익보다는 장기적인 가치와 지속 가능성을 중시하는 ESG 기반의 금융은 사회적 금융과 자연스럽게 연결되며 친환경 스타트업, 지역 기반 재생기업, 공공가치 창출 기업들에 우선적인 금융지원을 제공한다. 정부는 'Bucharest Green Finance Initiative'와 같은 프로그램을 통해 ESG 기준을 충족하는 기업에 세금 혜택과 투자유인을 제공하고 있으며, 이에 따라 친환경 산업과 사회적기업의 수는 빠르게 증가하고 있다. 실제로 루마니아 내 친환경 스타트업 수는 5년 만에 3배 이상 증가했으며, ESG 중심 금융구조 덕분에 유럽 투자자들의 신뢰도도 높아졌다.

(4) 부쿠레슈티 모델이 주는 시사점

부쿠레슈티 모델이 주는 시사점은 이 도시의 시도가 한 도시의 금융정책을 넘어 오늘날 지역경제가 안고 있는 구조적 문제에 대한 해법을 제시한다는 것이다.

첫째, 금융이 진정으로 모든 계층을 포용하려면 사회적 금융시스템의 도입이 필요하다. 기존의 금융기관은 대출 심사 기준이 높고 수익성 중심으로 운영되어 신생 기업이나 사회적기업, 저신용 청년층 등은 자금조달에서 자연스럽게 배제된다. 이러한 현실에서 사회적 금융은 금융 접근성을 획기적으로 개선해 준다. 사회적 가치와 혁신 가능성을 기준으로 금융을 제공함으로써, 다양한 계층이 경제활동에 참여할 수 있도록 만든다. 포용적 금융이 실현되어야만 진정한 지역경제 성장도 가능해진다.

둘째, 스타트업에 대한 지원은 지역경제를 단기간에 성장시킬 수 있는 가장 효과적인 전략이다. 스타트업은 일자리 창출뿐 아니라, 지역경제의 산업구조 자체를 바꾸는 혁신의 촉매 역할을 한다. 부쿠레슈티는 민간·공공 부문이 함께 나서 스타트업 창업보육과 자금지원을 체계적으로 연결함으로써, 창업생태계를 지속 가능한 성장동력으로 전환하는 데 성공했다.

셋째, 블록체인 기술과 크라우드펀딩 플랫폼 등과 같은 대체금융시스템은 투자 접근성을 크게 넓히는 수단이 된다. 이는 단순히 새로운 금융방식의 도입을 의미하는 것이 아니라, 투자자와 창업자를 직접 연결하는 투명하고 탈중앙화된 구조를 통해, 전통 금융기관의 한계를 넘어설 수 있도록 만든다. 특히, 소액 투자자들도 직접 스타트업에 참여할 수 있게 됨으로써, '자본의 민주화'가 가능해진다는 점에서 그 의미가 크다. 대체금융은 자금조달의 경로를 넓히고, 창업의 진입장벽을 낮춰 더 많은 혁신기업을 지역에 정착시킬 수 있는 기반이 된다.

마지막으로, ESG 금융은 단기적인 성장보다 지속 가능한 발전을 추구하는 데 있어 중요한 전략이다. 환경보호, 사회적 책임, 투명한 거버넌스를 충족하는 기업에 우선적인 금융 혜택을 제공하는 정책은, 지역경제를 '수익 중심'에서 '미래가치 중심'으로 전환하는 데 결정적인 역할을 한다. 이는 일순간의 추세가 아니라 장기적인 투자 안정성과 글로벌 자본 유치를 위한 기준이 되어가고 있다. 부쿠레슈티가 ESG 금융을 도입한 배경에는, 경제와 환경, 공동체 모두가 지속 가능한 방식으로 연결되어야 한다는 도시의 전략적 사고가 깔려있다.

부쿠레슈티의 사례는 지역경제가 성장률만을 좇을 것이 아니라, 그 속에서 생활하는 사람들과 기업들이 얼마나 지속할 수 있게 금융을 활용하고 있는지, 그리고 그 금융이 사회 전반에 어떤 가치를 환원하고 있는지를 고민해야 한다는 점을 보여 준다.

5. 쿠이아바(Cuiabá, 브라질):
지역 화폐와 공동체가 이룬 금융혁신
- 지역 내에서 돈을 돌려라! 쿠이아바의 지역 화폐 실험 -

구분	주요 내용
도시 개요	브라질 중서부 도시. 지리적 고립·금융 접근성 부족으로 소상공인 침체, 자본 유출 심각
위기 직면	글로벌 할인점·온라인 플랫폼 소비 확산 → 지역 상권 침체, 은행 대출 기피로 자금난
발전 한계	자본 순환 단절, 중소기업 성장 정체, 취약계층 경제활동 위축
회복 전략	① 지역 화폐 'Pantanal' 도입 → 지역 소비 촉진, 매출 25%↑ ② 공동체 금융·신용조합 → 저리대출, 매출 40%↑ ③ 로컬 투자펀드 → 주민·기업 직접 투자 ④ 디지털 결제 'Pantanal Pay' → 모바일·블록체인 기반 투명성 강화
성과	자본 순환 회복, 소상공인·고용 증가, 금융취약계층 참여 확대
시사점	① 지역 화폐는 경제 안전망 ② 공동체 금융은 포용성 강화 ③ 로컬 투자로 자립 성장 ④ 디지털 기술은 신뢰·효율 강화

(1) 쿠이아바, 브라질 중서부의 숨은 경제모델

브라질 중서부의 도시 쿠이아바는 오랜 시간 동안 지리적 고립과 금융 접근성의 한계로 인해 경제성장에 큰 제약을 받아 왔다. 글로벌 자본의 유입은 제한적이었고, 대도시로부터 멀리 떨어진 위치는 중소기업과 소상공인들에게 특히 불리하게 작용했다. 전통적인 금융시스템은 소규모 사업자들의 신용을 제대로 평가하지 못했고, 자금조달의 문턱은 높기만 했다. 이런 구조 속에서 대기업과 지역 소상공인 간의 경제적 격차는 점점 심화하였고, 빈곤 문제도 좀처럼 개선되지 않았다.

이러한 위기를 극복하기 위해 쿠이아바는 지역 화폐와 공동체 기반 금융모델이라는 독창적인 해법을 선택했다.

이 사례는 지역 내 자본 순환이 얼마나 중요한지를 보여 주는 대표적인 성공 모델로, 비슷한 문제를 겪는 다른 도시들에도 중요한 시사점을 제공한다.

(2) 쿠이아바의 경제 문제와 지역 화폐의 필요성

쿠이아바의 경제가 한때 침체에 빠진 큰 원인 중 하나는 지역 내 자본의 유출이었다. 많은 주민이 글로벌 대형할인점이나 온라인 쇼핑 플랫폼을 이용하면서 지역상권의 소비가 점차 줄어들었다. 소비자로서는 편리하고 저렴한 서비스를 선택한 것이지만, 이로 인해 지역에서 벌어들인 돈이 지역 밖으로 빠져나가는 구조가 굳어졌다.

문제는 여기서 그치지 않았다. 쿠이아바의 경제는 점점 대기업 중심의 구조로 재편되었고, 지역 소상공인과 중소기업들은 가격 경쟁력에서 점차 밀려났다. 이는 자연스럽게 지역 내 일자리 감소와 경제 활력 저하로 이어졌다. 전통적인 은행들은 신용도가 낮거나 담보가 부족한 소규모 기업들에 대출을 꺼렸고, 이는 사업 확장이나 혁신의 기회를 원천 차단하는 결과를 낳았다.

지역에서 발생한 자본은 다시 지역경제로 돌아오지 못한 채 외부로 유출됐고, 지역 내 소비는 줄고 기업은 성장하지 못하며 일자리는 줄어드는 악순환이 반복됐다. 쿠이아바의 사례는 이처럼 지역 내 자본 순환이 무너질 경우, 전체 지역경제가 어떻게 쇠퇴할 수 있는지를 보여 주는 경고이기도 하다.

(3) 지역 화폐와 공동체 경제모델을 활용한 쿠이아바의 전략

쿠이아바는 한때 지역경제 침체와 소득 불균형, 자본유출 문제로 어려움을 겪었지만, 지역 화폐와 공동체 경제모델을 중심으로 한 전략적 개입을 통해 이를 극복하고 회복의 길을 열었다. 이 도시의 전환점은 '자본이 지역 안에서 순환해야 한다.'는 단순하면서도 강력한 원칙에서 시작했다. 쿠이아바는 자본이 외부로 유출되는 구조를 막고, 지역 내부에서 자금을 돌게 하려고 지역 화폐 'Pantanal'과 공동체 금융시스템을 도입했다.

눈에 띄는 전략은 지역 화폐 'Pantanal'의 발행이었다. 결제수단의 기능 외에도 지역 상점과 소비자를 연결하는 금융플랫폼으로 설계된 이 화폐는 '지역 내 소비 촉진'을 유도했다. 주민들이 Pantanal을 사용하면 다양한 할인과 포인트 혜택을 받을 수 있었고, 이는 자연스럽게 대형할인점 대신 지역 상점과 시장에서 소비를 유도하는 구조를 만들었다. 디지털 결제시스템과 연동된 'Pantanal Card'는 사용의 편의성을 높였고, 도입 3년 만에 지역 화폐 사용률은 60%를 넘겼다. 그 결과, 지역 소상공인의 매출은 평균 25% 이상 증가했고, 지역경제의 순환 구조가 탄탄해졌다.

여기에 그치지 않고 쿠이아바는 공동체 경제(Cooperative Economy) 모델을 도입했다. 대형 은행과 멀어진 주민들을 위해 지역 기반의 신용조합과 협동조합이 활성화되었고, 'Banco Comunitário de Cuiabá' 등 공동체 은행은 소상공인과 저소득층을 대상으로 저금리 마이크로 대출을 제공했다. 기존 상업은행보다 약 30% 낮은 이자율은 금융 접근성이 낮은 계층에게 큰 기회를 제공했고, 협동조합에 참여한 중소기업들의 매출은 평균 40%까지 증가했다. 무엇보다 금융 취약계층의 경제활동이 촉진되어, 지역사회 전반의 경제 참여 기반이 넓어졌다.

쿠이아바의 전략은 또한 단기적인 금융지원에 머무르지 않았고, 장기적인 지역 내 자본축적과 투자를 위한 로컬 투자모델(Local Investment Model)로 확장되었다. 'Cuiabá Community Investment Fund'는 지역 주민과 기업이 직접 재생에너지, 친환경 농업, 사회적기업 등에 투자할 수 있도록 설계된 펀드로, 공공-민간 동반관계를 통해 운영된다. 투자자들은 이익을 얻는 동시에 해당 수익을 다시 지역 내에서 소비하거나 재투자하는 순환 구조를 형성했다. 이 모델은 지역경제 자립의 기반을 강화하는 데 중요한 역할을 했다.

이 모든 전략의 중심에는 디지털기술의 결합이 있었다. 쿠이아바는 지역 화폐와 디지털 결제시스템을 통합하여 'Pantanal Pay'를 개발했다. QR코드 기반의 결제방식과 모바일 앱을 통해 지역 화폐의 접근성과 편의성을 극대화했고, 블록체인 기술을 활용하여 거래의 투명성과 보안을 확보했다. 핀테크 스타트업과 협력한 POS 시스템 연동은 소상공인들의 운영 효율성을 높였고, 결과적으로 금융 인프라의 현대화와 지역 내 경제활동의 가속화를 동시에 이뤄냈다.

이처럼 쿠이아바의 모델은, 지역 화폐나 새로운 금융기술을 도입한 차원이 아니라, 지역 안에서 자본이 어떻게 머무르고 움직이며 성장하는지를 정교하게 설계한 금융생태계 재구축 전략이라고 의미를 부여할 수 있다. 이 전략은 지역 화폐가 지불수단을 넘어 공동체 금융, 로컬 투자, 디지털 금융을 아우르는 지역경제 혁신 플랫폼이 될 수 있음을 입증한 사례로 평가받는다. 쿠이아바의 경험은 자본 순환이 단절된 도시들에 어떻게 지역 내부의 자산과 사람을 연결해 경제를 다시 움직일 수 있는지를 보여 주는 강력한 메시지를 전하고 있다.

(4) 쿠이아바 모델이 주는 시사점

쿠이아바 모델이 주는 시사점은 지역경제 회복과 성장의 새로운 방향을 보여 준다.

첫째, 지역 화폐는 결제수단을 넘어 지역경제의 안전망 역할을 할 수 있다. 외부로 유출되는 자본을 막고, 지역 내 소비를 촉진함으로써 지역경제의 자립성과 지속 가능성을 높이는 데 중요한 도구가 된다.

둘째, 협동조합과 공동체 금융은 기존의 대형 금융기관이 외면하는 소상공인과 저소득층에게 실질적인 대안을 제공한다. 이러한 공동체 기반 금융은 경제적 포용성과 접근성을 강화해 지역 주민의 경제활동을 확대한다.

셋째, 지역 투자모델은 경제 순환을 촉진하는 중요한 전략이다. 주민과 기업이 직접 지역 프로젝트에 투자함으로써, 지역 내부에서 자본이 순환되고 축적되는 구조를 만들 수 있다. 이는 외부 자본에만 의존하지 않고, 지역 스스로 성장 기반을 마련하는 방식이다.

마지막으로, 디지털기술은 이러한 지역 금융시스템을 더욱 강력하게 만든다. 모바일 결제, 블록체인, 디지털 통합 플랫폼 등은 지역 화폐의 활용도를 높이고 거래의 투명성과 신뢰를 높여 준다.

쿠이아바의 사례는 지역경제 회복을 위한 금융혁신이 기술과 공동체 기반 시스템을 바탕으로 실현 가능하다는 점을 보여 준다.

2장
실패한 금융 실험이 남긴 뼈아픈 기록

1. 템피(Tempe, 미국):
무분별한 신용대출이 초래한 지역 파산
- 대출 붐이 몰고 온 도시 경제 와해 -

구분	주요 내용
도시 개요	미국 애리조나주 도시. 2000년대 초반 부동산 호황·신용대출 확대 → '경제 허브'로 성장했으나 2008년 금융위기로 붕괴
위기 직면	부동산 가격 폭락, 주택담보대출 상환 불능, 주민·기업 파산 급증. 지역 은행 부실화, 신규대출 중단, 소비·고용 급격히 위축
발전 한계	신용·대출 의존 구조, 실물산업 부재로 대체 성장동력 없음. 금융시스템 와해 → 장기 침체
회복 전략	뚜렷한 회복 전략 부재. 일부 지역은 기술·관광산업으로 돌파했지만, 템피는 산업 포트폴리오 부족으로 극복 어려움
결과	2010년까지 파산 건수 5배 증가, 중소기업 30% 폐업, 부동산 가격 40%↓, 실업률 10%↑ → 지역경제 장기 불황
시사점	① 무분별한 신용대출은 단기 소비·자산 거품만 키움 ② 대출은 산업·일자리 육성 기반이 되어야 함 ③ 금융기관의 리스크 관리가 핵심 ④ 금융 의존 경제는 침체 시 피해 극심 → 산업 다양화와 건전한 금융 필요

(1) 템피, 경제성장의 착각에서 금융위기로

미국 애리조나주의 템피는 한때 빠른 도시 성장과 부동산 개발로 '애리조나의 경제 허브'라는 명성을 얻었다. 2000년대 초반, 템피의 경제는 부동산시장의 활황과 함께 금융기관들의 공격적인 신용대출 정책에 의해 빠르게 확장되었다.

그러나 2008년 금융위기를 기점으로 전국적인 경기침체가 본격화되면서 템피 역시 심각한 타격을 받았다. 부동산 가격은 급락했고, 주택담보대출상환이 어려워진 주민들은 파산을 신청하거나 주택을 잃게 되었다.

결과적으로, 금융이 지역경제를 순환시키는 긍정적인 기능을 할 수도 있지만, 그 기반이 과도한 부채와 신용에 기대면 경제는 오히려 더 쉽게 무너질 수 있다는 교훈을 남겼다.

(2) 템피의 경제성장과 신용대출 남용의 시작

템피의 경제성장은 외형적으로는 눈부셨지만, 그 이면에는 신용대출 남용이라는 불안정한 기반이 있었다. 2000년대 초반, 템피는 애리조나 내에서 가장 빠르게 성장하는 도시 중 하나로 떠올랐고, 이 시기 금융기관들은 '성장'이라는 이름 아래 대출 문턱을 대폭 낮췄다. 소득이 낮거나 신용도가 낮은 주민들조차도 주택담보대출, 자동차 대출, 개인 신용대출 등을 손쉽게 받을 수 있었고, 카드사들은 고금리 단기대출상품을 적극적으로 권유했다. 돈이 풀리면서 소비는 폭발적으로 늘었고, 부동산 가격도 급등했다.

대출이 늘면서 주택을 포함한 부동산시장도 과열되었고, 투자수요까지 유입되며 '투기 붐'이 본격화되었다. 이와 같은 현상은 당시 미국의 라스베이거스, 마이애미 등 부동산 중심 성장도시에서도 비슷하게 나타났다. 하지만 실물경제기반 없이 자산가치만 높아진 상황은 곧 한계를 드러낸다.

　2007년에서 2008년 사이 미국 전역을 강타한 비우량 주택담보대출 사태가 발생하자 템피의 부동산 가격도 순식간에 폭락했고, 주택담보대출을 갚지 못한 가구들은 파산상태에 이르렀다.

(3) 금융 와해와 지역경제 침체의 시작

　템피는 미국 내 다른 도시들과 마찬가지로 금융시스템의 과도한 신용확대가 불러온 파괴적인 후폭풍을 피하지 못했다. 2000년대 중반까지는 신용대출이 활발하게 이루어졌고, 많은 가구와 사업체들은 대출에 의존해 소비와 운영을 이어갔다. 하지만 금융위기가 시작되자 이 모든 구조는 순식간에 무너졌다.

　첫 번째 문제는 개인과 기업의 연쇄 파산이었다. 신용카드, 주택담보대출, 자동차 할부에 이르기까지 여러 형태의 채무를 떠안은 주민들은 경제가 침체하자 높은 이자와 상환압박을 견디지 못하고 파산신청에 몰렸다. 지역 금융기관들은 급격히 증가한 연체율을 감당하지 못했고, 대출상환 불이행은 곧 지역 은행의 부실로 이어졌다. 중소기업 역시 매출 감소와 함께 대출상환이 불가능해졌고, 지역상권은 연쇄 폐업으로 무너졌다. 템피의 파산신청 건수는 2010년까지 약 5배 증가했으며, 중소기업의 30% 이상이 문을 닫았다. 부동산 가격은 40% 이상 하락하면서 지역 주민들의 자산가치는 무너졌다. 이는 2008년 금융위기 당시 디트로이트와 클리블랜드가 겪은 전형적인 와해경로와 유사했다.

두 번째 위기는 금융기관과 신용시스템의 붕괴였다. 대출 남발과 연체가 심화하면서 템피의 지역 금융기관과 신용조합들은 자산 건전성을 잃었다. 이로 인해 신규 대출은 거의 중단되었고, 이는 지역경제의 활력을 급격히 떨어뜨렸다. 신용등급이 하락한 주민들은 은행에서 돈을 빌릴 수 없는 상태에 놓였고, 금융의 기본 기능인 자금 순환이 완전히 멈췄다. 일부 도시는 기술산업이나 관광 등으로 위기를 극복했지만, 템피는 대체산업이 부재한 상황에서 장기 침체에 빠질 수밖에 없었다.

세 번째는 소비 위축과 실업 증가였다. 사람들은 더는 신용으로 소비할 수 없었고, 지역경제는 순식간에 얼어붙었다. 소매업과 서비스업은 매출 감소로 감원에 나섰고, 특히 부동산 관련 산업은 치명적인 타격을 입었다. 대형 쇼핑몰과 프랜차이즈 점포들은 문을 닫거나 공실 상태로 남았고, 템피의 실업률은 10%를 넘기며 지역경제 전체가 장기 불황의 늪에 빠졌다.

무분별한 대출 정책은 단기적인 소비와 성장만을 가져왔을 뿐, 도시 전체를 빚의 덫에 빠뜨리는 결과를 낳았다. 대출이 쉬웠던 시대가 끝나자, 템피의 경제는 신용시스템 와해와 함께 무너졌고, 많은 시민은 금융시스템에서 배제된 채 새로운 기회를 찾을 방법조차 잃어버렸다.

(4) 템피 모델이 주는 시사점

템피 사례는 금융시스템이 지역경제와 어떻게 맞물려 작동하는지를 보여 주는 대표적인 교훈이다.

첫째, 신용대출이 과도하게 확장되면 단기적인 소비 증가와 부동산 경기 과열의 영향으로 일시적인 활력을 얻을 수 있지만, 그 이면에는 거품과 위험성이 쌓인다. 템피는 대출이 너무 쉽게 이뤄진 결과, 신용도가 낮은 사람들까지 빚을 감당하지 못해 연쇄적인 파산에 이르렀다. 무분별한 신용대출은 경제를 장기적으로 불안정하게 만든다.

둘째, 대출은 소비를 부추기기 위한 수단이 아니라, 지속 가능한 산업을 육성하는 기반이 되어야 한다. 템피의 경우, 제조업이나 기술산업 등의 실물경제 기반 없이 소비 중심의 경제로 흐르면서 위기에 취약해졌다. 기업 성장과 일자리 창출을 위한 전략적 금융정책이 뒷받침되어야만 지역경제가 장기적으로 자생력을 갖는다.

셋째, 금융기관이 책임감 있게 대출 위험성을 관리하는 시스템을 갖추는 것은 지역경제의 안정을 위한 주요 조건이다. 지역 은행과 신용조합이 단기 수익에만 몰두하면, 부실대출이 누적되면서 금융시스템 자체가 무너질 수 있다. 템피는 이러한 위험성 관리 부재로 인해 금융기관 다수가 도산했고, 전체 지역경제에 충격을 주었다.

마지막으로, 지역경제가 신용과 대출에 과도하게 의존하는 구조에서는 경기침체가 발생할 때 피해가 더욱 극심해질 수밖에 없다. 따라서 금융 중심의 경제가 아닌, 다양한 산업 포트폴리오를 갖춘 균형 잡힌 경제 구조를 만들고, 그 기반 위에 건전한 금융시스템이 작동하도록 설계하는 것이 중요하다.

템피의 실패는 '대출은 수단이지 목적이 아니라는 점'과 금융이 지속 가능한 실물경제 위에서 돌아가야 한다는 원칙을 강조해 주는 중요한 교훈이다.

2. 마나과(Managua, 니카라과):
국제금융 의존 지역경제의 미래는?
- 국제금융에 의존한 마나과의 경제 쇠퇴 이야기 -

구분	주요 내용
도시 개요	니카라과 수도. 1990년대 IMF·세계은행 자금 유입으로 인프라 개선·외형 성장
위기 직면	국제금융 의존 심화 → 지역 금융·산업 자립 기반 미약. 2018년 이후 원조 감소로 투자 급감, 실업·빈곤 확대
발전 한계	외부 차관은 단기 인프라 확충에 그침, 제조업·기술산업 등 지속 산업 육성 실패. 내부 금융 순환 부재
결과	국제자본 철수 후 성장 동력 상실, 지역기업 위축, 청년층 해외 유출, 경제기반 약화
시사점	① 외부 자금 의존은 단기 효과에 그칠 뿐 자립 못함 ② 산업구조 변화·내부 자본 순환 없이는 지속성 확보 불가 ③ 지역 금융시스템 강화가 경제 안정성의 핵심 ④ 성장 기반은 외부 투자가 아닌 내부 자생력에서 나와야 함

(1) 마나과, 국제금융의 희망에서 경제위기로

니카라과의 수도 마나과는 한때 중미에서 가장 주목받는 경제 중심지로 떠오를 가능성이 컸던 도시였다. 1990년대 이후 IMF와 세계은행 등 국제금융기구의 개발자금이 집중적으로 유입되면서 도시 전반에 걸쳐 인프라 개선이 이루어졌다. 당시 정부는 이러한 국제 차관과 원조를 기반으로 국가 재건과 성장전략을 추진했으며, 외형상으로는 명확한 발전이 이루어지는 것처럼 보였다.

그러나 2010년대에 들어서면서 마나과 경제는 국제금융에 대한 지나친 의존으로 인해 자립기반을 갖추지 못한 채 점점 취약해졌다.

국제금융이 마나과를 성장시킬 수 있다는 믿음은 지역경제가 스스로 서는 능력을 키우지 못하게 만든 한계로 드러났다. 외부 자본은 전환점일 수 있지만, 지속 가능한 경제를 위해서는 내부 자립성과 순환 구조가 중요하다는 사실을 이 도시는 보여 주고 있다.

(2) 국제금융 의존이 마나과 경제를 약화한 과정

1990년대 이후 마나과는 국제금융기구의 자금유입을 기반으로 경제성장을 추진했다. 당시 니카라과 정부는 IMF, 세계은행 등으로부터 대규모 개발자금을 유치하며 국가 인프라 개선에 나섰고, 병원과 도로, 전력설비 등 공공사업이 활발히 진행되었다. 초기에는 이러한 대외 차관이 일자리 창출과 경기부양에 일정한 효과를 보였지만, 문제는 점차 국가 경제 전반이 외부 자본에 지나치게 의존하게 되었다는 점이었다. 차관으로 추진된 대형 프로젝트들은 일시적인 성장에는 이바지했지만, 실질적인 경제자립 구조를 만드는 데는 실패했다. 게다가 금융원조가 정치적 목적과 결합하면서 자금이 비효율적으로 집행되는 사례도 많아졌고, 이는 경제시스템 전반의 불균형을 키우는 결과로 이어졌다.

더 큰 문제는 이러한 성장전략이 경제의 토대를 다지는 산업기반 확충으로 이어지지 않았다는 점이다. 외부 자금은 대부분 도로나 전력설비 등 단기적 인프라 구축에 집중되었고, 제조업이나 기술산업, 지역 서비스업 등과 같은 지속 가능한 산업의 육성에는 거의 연결되지 못했다. 차관으로 세워진 프로젝트는 종료 후 지역경제에 실질적인 자산이나 수익 구조를 남기지 못했고, 경제는 다시 침체를 겪었다. 비슷한 시기 코스타리카가 국제 자금을 기반으로 IT·서비스업 중심의 자립 경제모델을 구축한 것과는 대조적인 행보였다.

 이러한 상황에서 마나과의 금융시스템 자체도 점점 불안정해졌다. 지역 내 자본의 순환보다 국제금융에 의존하는 구조가 강화되면서, 지역은행과 금융기관은 자금공급에서 소외되었고, 결과적으로 내부 자본축적이 거의 이뤄지지 않았다. 대출과 투자가 외부 자금 흐름에만 의존하다 보니 금융위기나 국제적 지원이 중단될 때마다 지역경제는 직접적인 충격을 받게 되었다. 칠레가 내부 금융개혁을 통해 독자적인 금융 신뢰 구조를 구축한 것과 달리, 마나과는 이러한 대응 능력을 갖추지 못해 신용기반도 흔들리게 되었다.

 결정적으로, 2018년 이후 국제 원조와 차관이 감소하면서 마나과의 경제는 급속도로 위축되었다. 외국자본이 철수하자 투자가 줄어들었고, 경제성장률은 둔화하였으며, 실업률과 빈곤율은 빠르게 상승했다. 정부는 증가하는 부채 상환 부담에 직면했고, 지역경제 내에서는 기업 활동이 위축되면서 자생적 성장 가능성마저 작아졌다. 젊은 사람들은 일자리와 삶의 기회를 찾아 점점 해외로 이주했고, 마나과는 점차 경제기반이 약화한 도시로 변해 갔다.

(3) 마나과의 실패가 주는 시사점

 마나과의 실패는 외부 자본에 지나치게 의존한 지역경제 모델이 얼마나 취약할 수 있는지를 보여 준다. 국제금융기구의 자금이 단기적으로는 인프라 확장과 일자리 창출 등의 긍정적인 효과를 가져올 수 있지만, 그것이 지역 내부의 자생적 경제구조로 이어지지 않는다면 지속할 수 없다. 외부 자금이 멈추는 순간, 경제는 함께 멈출 수밖에 없다.

중요한 것은 장기적인 경제자립 모델의 부재다. 외부에서 유입된 자금이 일시적인 건설프로젝트나 단발성 개발에만 머물 경우, 산업구조 자체가 바뀌지 않는다. 마나과는 제조업이나 기술산업, 지역 중소기업 등 지속 가능한 산업기반을 함께 육성하지 못했고, 그 결과로 외부지원이 줄자 곧바로 성장의 동력이 사라졌다. 경제가 특정 프로젝트에만 의존할 경우, 외부 조건에 따라 좌우되기 쉽다는 점을 확인할 수 있다.

내부 금융시스템 역시 중요한 문제다. 마나과는 지역 금융기관의 역량을 키우기보다 해외 차관에만 의존하면서, 지역 내 자본 순환 구조를 만들어 내지 못했다. 결과적으로 지역기업들은 안정적인 금융서비스를 받기 어려웠고, 주민들도 신뢰할 수 있는 금융 기반이 없는 상황에 부닥쳤다. 금융시스템이 불안정하면 경제 주체들이 미래를 설계하기 어려워지고, 이는 곧 지역경제 전반의 활력을 떨어뜨리게 된다.

무엇보다 중요한 교훈은, 외부 투자가 끝난 이후에도 성장을 지속할 수 있는 기반을 지역 내부에서 만들어야 한다는 점이다. 차관과 원조는 초기 성장의 촉매제일 수는 있지만, 그것이 경제구조 자체를 변화시키지는 않는다. 지역 자본이 지역 안에서 순환하고, 지역 주민과 기업들이 주체적으로 경제를 이끌 수 있어야만 진정한 자립이 가능하다.

3. 푸에르토몬트(Puerto Montt, 칠레):
부동산 과열과 금융위기 최후
- 부동산 붐이 몰고 온 푸에르토몬트의 금융위기 -

구분	주요 내용
도시 개요	칠레 남부 도시. 수산업·산림업·관광업 기반 성장, 2000년대 부동산 붐으로 경제 활기
위기 직면	금융기관 대출 완화 → 부동산 과열. 2010년대 중반 수산업 부진·경기 둔화로 부동산 가격 하락, 소비·고용 급격히 위축
발전 한계	부동산 중심 차입경제 구조. 전통 산업 강화 부족, 자본 순환 구조 미비 → 외부 충격에 취약
결과	연체율 급증, 금융기관 부실·파산 위기. 건설업 붕괴, 실업률 상승, 자영업·상권 침체, 청년층 대도시 이탈
시사점	① 부동산 급등은 성장 신호가 아닌 위기의 전조일 수 있음 ② 금융기관은 경기와 무관하게 대출 심사 엄격 유지 필요 ③ 특정 산업(특히 부동산) 의존은 도시 전체를 위험에 빠뜨림

(1) 푸에르토몬트, 칠레 남부의 경제 허브에서 금융위기의 중심으로

 푸에르토몬트는 한때 칠레 남부의 떠오르는 경제 중심지로 주목받았다. 풍부한 수산자원과 울창한 삼림, 아름다운 해안선을 바탕으로 수산업과 산림업이 발달했고, 이와 함께 관광업까지 성장하면서 2000년대 초반 도시 전반이 활기를 띠었다.
 문제는 이 성장의 흐름이 점차 부동산 투기 때문에 과열되었다는 점이다. 금융기관들은 높은 수익을 기대하며 대출 심사를 완화했고, 주택담보대출이나 상업용 부동산 대출에 공격적으로 자금을 풀었다.

하지만 2010년대 중반, 외부 경기 둔화와 수산물 수출 감소 등 복합적인 요인이 겹치면서 부동산 가격이 내림세로 돌아섰다. 그 결과, 도시 전반의 소비가 위축되고 소상공인들도 어려움을 겪게 되었다.

푸에르토몬트의 사례는 지역경제의 기초가 되는 산업(수산업, 관광업 등)이 충분히 강화되지 않은 채, 부동산과 금융에 지나치게 의존하게 되면 외부 충격이나 수요 둔화에 매우 취약해질 수 있다는 것을 보여 준다.

(2) 부동산 과열과 금융위기의 시작

푸에르토몬트(Puerto Montt)는 한때 칠레에서 가장 역동적으로 성장하는 지역으로 주목받았다. 이 도시는 산림업, 해양 수산업, 관광업이라는 전통산업에 기반을 두고 있었으며, 이러한 산업들은 지역 고용과 수출의 주요한 축을 담당해 왔다. 2000년대 초반, 칠레 전체의 경제가 빠르게 성장하면서 푸에르토몬트 역시 그 흐름에 올라타게 되었다. 인구는 점차 증가했고, 도시화가 진행되면서 주거 및 상업시설에 대한 수요가 높아졌다. 그에 따라 부동산시장에 본격적으로 투자가 쏠렸고, 이는 지역경제 전체에 중대한 변화를 가져왔다.

외지 투자자들과 부동산 개발업자들까지 이 도시를 주목하면서, 주택 및 상업용 부동산의 공급이 급격하게 증가했다. 바닷가를 따라 고급 주거단지와 호텔, 쇼핑몰이 줄줄이 들어섰고, 도시 외곽에도 중산층을 겨냥한 아파트 단지들이 우후죽순으로 개발되었다. 부동산 가격은 몇 년 사이에 두 배 이상 오르는 지역도 있었고, 사람들은 부동산 투자만으로도 안정적인 이익을 얻을 수 있다는 믿음을 갖게 되었다. 이러한 심리는 부동산시장에 '소유'보다는 '투자' 목적으로 뛰어드는 이들을 양산했고, 자연히 거품 형성이 시작되었다.

이 시기에 금융기관들은 이런 추세에 발맞춰 부동산 관련 대출을 공격적으로 확대했다. 주택담보대출은 물론이고, 상업용 부동산 개발자금, 중소 건설업체에 대한 운영자금 대출 등이 잇달아 승인되었다. 문제는 그 심사 기준이 과도하게 완화되었다는 점이다. 소득이 낮은 가구에도 높은 비율의 담보 대출이 승인되었고, 자산보다 부채가 많은 상태에서도 신용카드나 추가 대출을 받는 것이 어렵지 않았다. 금융기관은 '주택가격은 계속 오를 것이며, 담보가 부실을 막아 줄 것'이라는 논리에 편성해 위험을 간과했다. 그 결과, 도시 전체가 부동산을 중심으로 한 차입투자 경제의 굴레에 갇히게 되었다.

이 상황에서 2010년대 중반에 세계 경제의 불확실성과 함께 칠레 내 경기 둔화가 진행되면서 푸에르토몬트의 부동산시장도 차갑게 식어 갔다. 부동산 가격 상승이 둔화하자 투자자들이 시장을 빠르게 이탈했고, 주택과 상업시설의 거래량이 급감했다. 동시에 과도하게 공급된 부동산은 미분양 상태로 남았고, 건설 중인 프로젝트들도 자금난으로 멈춰섰다. 신규 분양이 거의 이루어지지 않게 되자 건설업체들은 구조조정에 들어갔고, 하청업체와 협력업체들까지 영향을 받으며 고용시장 전반에 충격이 번졌다.

먼저 흔들린 것은 금융기관이었다. 자산 대부분이 부동산 관련 대출에 집중되어 있었던 지역 은행과 금융사들은 연체율 급증으로 타격을 입었다. 금리가 오르고 실물경제가 위축되면서 대출상환이 어려워진 가구가 속출했고, 신용불량자가 급증했다. 금융기관들은 부실채권을 정리하기 위해 대출 회수에 나섰지만 이미 시장에는 수요가 줄어든 상태였고, 담보자산을 처분하더라도 손실을 메울 수 없었다. 일부 금융기관은 파산 위기에 놓였고, 다른 은행들도 신규 대출을 사실상 중단하면서 지역 내 자금 순환이 막히는 상황이 벌어졌다.

도시 전반으로는 경제의 위축이 현실화되었다. 건설업에서 일하던 노동자들이 일자리를 잃었고, 실업률은 급격히 상승했다. 소비심리 또한 위축되면서 지역상권은 매출 급감을 겪었고, 프랜차이즈와 소매업, 외식업 등 일상 소비를 기반으로 하던 자영업자들이 연쇄적으로 문을 닫았다. 젊은 층을 중심으로는 더는 이 도시에서 미래를 기대하기 어렵다는 인식이 퍼졌고, 구직과 더 나은 삶을 위해 대도시로 떠나는 현상이 심화하였다.

푸에르토몬트는 '빠르게 성장한 도시'에서 '빠르게 무너진 도시'로 변해 갔다. 부동산 개발과 금융의 결합은 단기간에 외형적 성장을 가져왔지만, 실질적인 산업기반 강화나 지역경제의 내생적 순환 구조를 만들어 내는 데는 실패했다.

(3) 푸에르토몬트의 실패가 주는 시사점

푸에르토몬트의 사례는 부동산 중심의 경제성장이 얼마나 빠르게 금융위기로 전환될 수 있는지를 보여 준다.

첫 번째 시사점은, 부동산 가격의 급등이 긍정적인 경제 신호는 아니라는 점이다. 외견상으로는 도시가 성장하고 있는 것처럼 보일 수 있지만, 실제로는 투기 심리가 주도하고 있는 경우가 많으며, 이는 오히려 위기의 전조일 수 있다. 가격이 소득수준과 괴리되기 시작할 때는 이미 시장 내부에서 불균형이 작동하고 있음을 경고하는 신호로 받아들여야 한다.

두 번째로, 금융기관의 대출 심사 기준은 어떠한 성장기에도 완화되어서는 안 된다. 특히, 주택담보대출의 담보인정비율(LTV)이 지나치게 높아지면, 부동산 가격 하락 시 금융기관이 감당해야 할 위험성은 기하급수적으로 커지게 된다.

마지막으로, 지역경제가 특정 산업, 특히 부동산 하나에 지나치게 의존할 경우, 그 산업이 흔들리는 순간 도시 전체가 무너질 수 있다.

푸에르토몬트는 이 세 가지 요소에서 균형을 잃었기에, 단기적 번영 이후 빠르게 위기를 맞았다. 도시의 성장은 건물의 수가 아니라, 그 안에서 일하고 살아가는 사람들의 기반에서 비롯되어야 한다.

4. 어얼둬쓰(Ordos, 중국): 부채경제로 무너진 도시
- 부채 중심 성장의 위험성과 도시 전략의 실종 -

구분	주요 내용
도시 개요	중국 내몽골 지역 도시. 석탄·가스 자원 호황으로 급성장, 캉바시 신도시 건설 → '중국의 유령도시' 상징
위기 직면	지방정부 융자플랫폼(LGFV) 통한 과잉 차입 → 대규모 도시개발 집중. 2012년 석탄가격 폭락으로 세수 급감, 부채 상환 불능
발전 한계	실거주 수요 부족, 공실률 급증. 산업 다변화 정책 부재, 자원·부동산 의존 구조 고착
결과	LGFV 부채 상환 불가 → 신용도 추락, 공무원 급여 지연, 건설·자재 업체 줄도산, 투자 철회·소비 위축
시사점	① 금융도구(LGFV) 남용은 재정 자율성 붕괴 ② 단일 자원산업 의존은 시장 변동에 취약 ③ 실수요 고려 없는 개발은 부채만 남김 ④ 산업 전환·다변화 전략 부재가 도시 지속성 훼손

(1) 어얼둬쓰, 자원 호황이 낳은 환상

중국 내몽골 자치구에 있는 어얼둬쓰는 한때 '중국에서 가장 부유한 도시' 가운데 하나로 불렸다. 석탄, 천연가스 등 풍부한 지하자원을 바탕으로 지역 세수는 급격히 늘었고, 2000년대 중반부터 도시 정부는 이를 기반으로 대규모 도시 개발과 신도시 건설에 착수했다.

대표적인 사례는 캉바시 신도시로, 100만 명 이상이 거주할 수 있는 대규모로 설계되었다. 하지만 이 계획은 현실을 고려하지 않은 과잉투자였고, '중국의 유령도시'라는 오명을 남기게 된다.

(2) 도시개발에 매몰된 재정 운용

어얼둬쓰의 개발은 대부분 지방정부 융자플랫폼(LGFV: Local Government Financing Vehicle)를 통해 추진됐다. 이는 지방정부가 직접 대출을 받을 수 없다는 법적 제한을 피하고자 만든 우회적 재정조달 수단이다. 어얼둬쓰시는 수십 개에 이르는 LGFV를 설립하고, 이를 통해 수조 위안 규모의 채권과 대출로 자금을 조달했다. 이러한 자금은 거의 전부가 도시 기반시설, 공공건물, 고급 주택, 문화센터 등에 투입되었으며, 민간경제나 지역산업 다변화에는 거의 투자되지 않았다.

문제는 자원 가격의 하락이었다. 2012년 이후 석탄 가격이 급락하면서 지방의 세수는 급격히 줄었고, 그에 따라 LGFV를 통한 부채에 대한 상환이 어렵게 되었다. 게다가 캉바시 신도시는 실거주 수요가 거의 없어, 투자 대비 수익은 전혀 없는 상태였다. 실제로 2013년 기준, 캉바시에 입주한 인구는 계획 대비 10% 미만에 그쳤고, 완공된 아파트 수천 채가 공실로 남았다.

(3) 상실된 재정 신뢰와 경제활동의 마비

어얼둬쓰시는 LGFV를 통해 조달한 부채의 이자조차 감당하지 못하게 되며 지방정부 신용도는 급격히 추락했다. 시 당국은 공공서비스 예산을 줄이고, 일시적으로 공무원 급여나 연금을 지연하여 지급하기도 했다. 도시건설 프로젝트 대부분이 중단되었고, 자산 유동화에 실패한 상태에서 채무불이행 위기까지 거론되었다.

그 여파는 민간경제로도 퍼졌다. 도시 내 수많은 건설 하도급업체, 자재 납품업체, 소상공인들이 대금을 받지 못해 줄도산했고, 지역 내 소비는 위축되었다. 심지어 일부 기업들은 어얼둬쓰 지방정부의 지급불능 위험을 이유로 투자를 철회하거나 외부로 이전하기도 했다.

이 시기에 어얼둬쓰는 중국 부동산시장의 경고 사례로 널리 보도되었다.

(4) 어얼둬쓰의 실패가 주는 시사점

어얼둬쓰 사례는 단지 재정 실패를 넘어 도시의 무리한 금융전략이 어떻게 지역 전체를 위기로 몰아넣을 수 있는지를 보여 준다. 그리고, 이 도시는 다음의 문제점을 동시에 드러냈다.

첫째, 금융의 잘못된 도구화다. LGFV는 본래 정책보완 수단임에도 이를 중요 수단으로 과도하게 활용하면서 지방정부의 재정 자율성이 무너졌다.

둘째, 단일 산업 의존의 취약성이다. 석탄 등 자원산업 중심의 경제구조는 시장 변동성에 취약했고, 수익이 줄자 도시 전체가 타격을 받았다.

셋째, 투자와 수요의 괴리다. 실거주나 실사용에 대한 정밀한 고려 없이 이뤄진 대규모 인프라 투자는 수익을 낼 수 없고, 부채로 남는다.

마지막으로, 산업 전환전략의 부재다. 자원을 기반으로 한 일시적 성장에 매몰되어 창업, 디지털, 소상공업 등 지역경제의 다변화를 위한 정책은 사실상 없었다.

어얼둬쓰는 단기적 성과에 집착한 도시개발이 어떤 결과를 낳는지를 보여 주는 교훈이자, 재정 및 금융에 대한 정밀한 전략 없이 이뤄지는 개발이 어떻게 도시를 지속 불가능하게 만들 수 있는지를 경고한 사례다.

5. 몰도바(Moldova):
사금융시장과 경제 불안이 초래한 금융위기
- 몰도바의 사금융시장과 경제 쇠퇴 이야기 -

구분	주요 내용
도시 개요	소련 해체 후 제도 불안정 속 금융 인프라 취약, 공식 금융 접근성 낮아 사금융 확산
위기 직면	고금리·불투명 사금융에 의존, 가계·기업 부채 악순환. 2014년 '10억 달러 실종 사건'으로 은행시스템 신뢰 붕괴
발전 한계	공식 금융 부실, 규제·보호장치 부재. 자금조달 경로 차단 → 기업 투자·생산·고용 위축, 청년층 대량 해외 유출
결과	은행 예금 인출 사태, 통화가치 급락·인플레이션, 기업 폐업·내수 축소. 경제 전반 장기 불안정 고착
시사점	① 금융시스템은 신뢰 기반, 붕괴 시 경제 전체 흔들림 ② 사금융 확산은 단기 생존 수단이나 장기적 파괴 요인 ③ 부패·감시 부재는 국가경제를 무너뜨리는 핵심 위험

(1) 몰도바, 동유럽 최빈국에서 금융위기의 중심으로

몰도바는 소련 해체 이후 시장경제 체제로 전환하면서도 제도적으로 불안정한 금융환경에 직면했다. 특히, 1990년대와 2000년대를 지나며 공식 금융기관의 접근성이 낮고 신뢰도도 떨어지자 사금융(私金融)이 빠르게 확산했다. 은행대출이 까다롭고 느렸지만, 사금융은 담보나 신용 검토 없이 빠르게 돈을 빌려주는 방식으로 작동함에 따라 많은 국민, 특히 농촌과 저소득층이 이 경로를 택했다.

그러나 이런 구조는 매우 취약했다. 고금리와 불투명한 계약 조건, 법적 보호장치의 부재로 인해 많은 사람이 빚의 악순환에 빠졌고, 국가 전체의 금융 질서도 점차 흔들렸다. 결정적으로 2014년에 몰도바 최대 은행 3곳에서 대형 금융스캔들이 발생하며 금융시스템에 대한 국민의 신뢰까지 완전히 상실했다.

궁극적으로, 공식 금융의 와해는 사금융의 확산을 가속했고, 이는 다시 금융시스템의 회복을 더욱 어렵게 만드는 악순환으로 이어졌다. 몰도바의 사례는 금융시스템이 제 기능을 하지 못할 때 사회 전체가 어떻게 구조적 불안에 빠질 수 있는지를 보여 준다.

(2) 사금융시장이 경제를 무너뜨린 과정

몰도바의 금융 실패사례는 단지 하나의 나라에서 발생한 금융시스템의 와해가 아니라 제도적 취약성과 신뢰 상실이 어떻게 전체 국가 경제를 마비시킬 수 있는가를 보여 주는 복합적 경로였다. 소비에트 연방 해체 이후 몰도바는 중앙계획경제에서 자본주의 경제체제로 급격히 전환하면서, 금융 인프라 구축보다는 개방과 자유화에 먼저 초점을 맞췄다. 그러나 문제는 경제를 뒷받침할 탄탄한 금융구조 없이 외부 자본과 투자 유치에만 의존했던 점이다. 1990~2000년대 동안 몰도바의 은행시스템은 매우 제한적인 기능만 수행했으며, 중소기업이나 일반 시민들이 금융서비스를 안정적으로 이용하기에는 접근성이나 절차 모두에서 장벽이 높았다.

이처럼 공식 금융시스템이 구조적으로 미비한 상황에서 시민들이 선택할 수 있는 경로는 하나였다. 사금융시장, 즉 은행 밖의 대출 경로에 의존하게 된 것이다. 고금리의 개인 대부업, 등록되지 않은 소규모 대출업체, 음성 금융네트워크는 이 시기에 빠르게 성장했고, 농민, 자영업자, 심지어 일부 중소기업들까지도 이러한 경로를 통해 자금을 조달하게 되었다. 하지만 이 사금융은 아무런 규제도 보호장치도 없었으며, 과도한 이자율과 상환압박으로 인해 수많은 가계와 소규모 기업들이 '부채의 덫'에 빠져들었다.

상황을 악화시킨 결정적인 전환점은 2014년에 발생한 '10억 달러 실종 사건'이다. 몰도바의 3개 주요 은행을 통해 국가 GDP의 12%에 해당하는 금액이 사라졌고, 이는 일반적 금융사고가 아닌 조직적 부패와 정치적 개입이 결합한 대형 금융스캔들이었다. 이 사건은 몰도바 국민에게 공식 금융시스템에 대한 마지막 신뢰마저 무너뜨리는 결과를 낳았으며, 이후 은행에서는 대규모 예금 인출사태가 발생하고, 금융시스템은 실질적으로 마비 상태에 빠졌다. 화폐인 '몰도바 레우(Leu)'의 가치는 급락했고, 극심한 인플레이션이 발생해 생필품 가격이 치솟았으며, 실제 구매력은 급격히 낮아졌다. 중앙은행은 통화가치를 방어할 능력이 없었고, 외화 의존도는 갈수록 심화하였다.

이러한 공식 금융의 소멸은 단지 금융권에 그치지 않고, 곧바로 실물경제 전반으로 파급되었다. 대출이 중단되면서 기업 투자도 줄었고, 그로 인해 생산과 고용이 급감했다. 소비는 위축되었으며, 유통과 서비스 산업 역시 차례로 침체하였다. 한때 성장 잠재력을 보였던 농업 및 중소 제조업 역시 자금조달 경로가 막히면서 경쟁력을 잃었고, 많은 기업이 폐업했다. 더욱 심각한 문제는 몰도바 청년층의 대량 이탈이었다. 경제 불안과 일자리 부족, 미래에 대한 불확실성은 젊은 인구를 유럽 각국으로 내몰았고, 현재 몰도바의 생산가능인구 약 30%가 해외에서 경제활동을 하고 있다. 이로 인해 내수시장은 더욱 축소되었고, 경제회복의 기반 자체가 약화하였다.

몰도바 정부는 이 상황에 대응하기 위해 외국 원조와 IMF의 개입을 통해 금융시스템 개혁을 시도했지만, 이미 신뢰가 무너진 시스템을 되살리는 데는 한계가 있었다. 특히 사금융이 너무 넓게 퍼진 상황에서는 정부 정책이 실효를 거두기 어렵고, 그로 인해 통화정책 자체의 효과도 약화하였다. 금리를 조정해도 공식 금융시스템을 이용하는 이들이 적고, 유통되는 자금이 은행시스템 밖에서 돌고 있으니 정책의 파급력 자체가 제한될 수밖에 없다.

(3) 몰도바의 실패가 주는 시사점

몰도바 사례는 우리에게 다음과 같은 점을 시사한다. 금융시스템은 단순한 돈의 흐름이 아니라, 경제 전체를 떠받치는 신뢰의 기반이라는 것이다. 만약 이 기반이 무너지면 사람들은 공식 시스템에서 이탈하여 더 위험한 경로를 택하게 되고, 이는 경제 전반의 불안정성을 심화시킨다. 정부와 금융기관이 결탁한 부패, 감시 없는 금융시스템 운영 등은 국가 경제를 무너뜨리는 원인으로 작용할 수 있다.

몰도바는 '금융이 없는 경제는 없다.'라는 냉혹한 현실을 보여 준다. 사금융은 단기적으로 생존의 수단이 될 수 있지만, 장기적으로는 경제를 파괴하는 도구로 변할 수 있다.

지자체장이라면 반드시 알아야 할
세계 60개
도시 이야기

4부

법적 안정성이
곧 인프라다

1장
법적 시스템이 뒷받침한 경제 생태계

1. 싱가포르(Singapore):
부패수사와 국제중재가 만든 글로벌 신뢰
- '법치'를 전략으로 만든 도시,
  제도적 신뢰가 경제의 기반이 된 사례 -

구분	주요 내용
도시 개요	자원·영토 한계에도 불구하고 '법치'를 전략자산으로 삼아 국제금융 중심지로 성장한 도시국가
주요 전략	① 부패방지국(CPIB)을 총리실 직속 독립기구로 두고 고위층까지 단호하게 수사·처벌 → 권력·기업 유착 차단, 제도적 신뢰 구축 ② 국제중재센터(SIAC) 설립 → 글로벌 계약에서 'Singapore law'·'Singapore seat' 선호 확산
성과/결과	법적 안정성과 집행력으로 외국기업·자본 유입, 아시아 최대 법무·중재 허브 형성. 매년 1,000개 이상 글로벌 계약이 싱가포르 등록
시사점	① 법적 신뢰는 인프라·세제보다 강력한 투자 유인 ② 중소도시·지역거점도 수사·기소·중재 체계를 갖추면 기업 유치 가능 ③ "법적 안정성 자체가 도시의 브랜드가 될 수 있다."는 대표적 사례

(1) 싱가포르, 법적 안정성을 국력으로 만든 도시

한 도시가 국제금융 중심지로 도약하기 위해 우선하여 갖춰야 할 것은 무엇일까? 싱가포르는 도로도, 땅도, 인구도 부족한 도시국가였지만, '법을 지킨다는 믿음'을 강력한 성장 자산으로 만들었다. 1960년대부터 부패방지국(CPIB)을 총리실 직속의 독립기구로 두고, 공무원의 부패를 단호하게 처벌하며 '권력과 기업이 야합하지 않는 나라'라는 신뢰를 구축했다. 실제로 재계 고위층과 정부 인사들이 수사 대상이 되었고, 이 같은 단호한 대응은 도시 전체의 신뢰도를 급격히 끌어올리는 계기가 되었다.

(2) 경제 전략으로 기능한 형사·민사 제도

싱가포르의 형사 제도는 처벌 수단이 아니라, 공공질서와 기업 신뢰를 유지하는 경제 인프라였다. 동시에 민사제도에서도 선제 전략이 마련되었다. 국제중재센터(SIAC)는 다국적 기업 간 분쟁을 빠르고 저렴하게 해결할 수 있는 통로가 되었으며, 수많은 글로벌 계약서가 'Singapore law'와 'Singapore seat'를 명시하도록 유도했다. 이는 외국기업들이 싱가포르를 '법적 위험성이 가장 낮은 도시'로 인식하게 했고, 자연스럽게 무역·투자·본사 이전의 최우선 선택지가 되었다.

(3) 국외자본을 끌어들인 제도적 환경

법률 시스템의 투명성과 집행력은 자본의 흐름을 바꿨다. 싱가포르는 세금 혜택이나 인프라보다, '법이 약속을 지켜 주는 곳'이라는 평판으로 외국기업과 자본을 끌어들였다. 다국적 기업들은 현지 투자에 있어 우려하는 부분이 부패, 비효율, 소송지연인데, 싱가포르는 이 세 가지 요소에서 '예측 가능한 시스템'을 제공했다. 실제로 아시아 최대 규모의 법무법인과 중재 기관들이 몰려들었고, 전 세계 1,000개 이상의 글로벌 계약이 매년 이 도시에 등록된다. '법적 안정성'은 하나의 도시가 경쟁국을 넘어서는 브랜드가 될 수 있음을 보여 준 대표사례다.

(4) 싱가포르 사례가 주는 시사점

싱가포르 사례는 도시가 발전하기 위해선 도로나 산업단지도 필요하지만, 그 기반에 깔려야 할 것은 바로 법적 신뢰라는 것을 보여 주었다. 특히 중소도시나 지역 거점의 경우, 단기적인 인프라 유치보다 수사-기소-중재의 유기적 구조를 어떻게 만들고, 민간의 법적 위험성을 얼마나 줄여 주는가가 기업 유치의 결정적 변수로 작용할 수 있다.

2. 오사카(도톤보리, 일본):
야간 상권을 지켜 낸 경찰-검찰 협업
- 치안 인프라가 상권을 살리고, 법적 대응력이 지역 브랜드를 보호 -

구분	주요 내용
도시 개요	일본 오사카의 대표 상권 도톤보리. 연간 3,000만 명 이상 방문하는 야간 관광·소비 중심지

주요 전략	① 경찰·검찰·시청이 공동으로 '도톤보리 안전추진협의체' 운영 ② 경찰은 순찰·신고 시스템 강화, 검찰은 신속 기소 전담팀 운영 ③ 다언어 피해 지원체계 구축으로 외국인 관광객 보호
성과/결과	불법 호객·사기·폭력 사건 감소, 외국인 관광객 만족도 및 재방문율 증가, 상권 브랜드가 '안전한 도시'로 전환
시사점	야간경제·관광산업은 홍보보다 치안·법적 대응력이 핵심 경쟁력. 경찰 단속뿐 아니라 검찰·행정 협력, 피해자 보호 체계까지 종합 대응 시 상권의 장기적 신뢰 확보 가능

(1) 도톤보리, 밤의 도시를 지킨 제도적 기반

오사카의 상징적 상권인 도톤보리는 단순한 관광지가 아니다. 연간 3,000만 명이 넘는 방문객이 찾는 이 지역은 음식·유흥·쇼핑이 결합한 복합경제지대이며, 그만큼 야간 치안과 사회적 갈등 대응이 도시의 신뢰도와도 직결되는 곳이다. 그러나, 2000년대 초반만 해도 이 지역은 폭력단 개입, 무허가 영업, 관광객 대상 사기 등으로 인해 '불안한 밤거리'라는 오명을 썼다. 오사카시는 도톤보리의 치안을 지켜 내지 못하면 관광과 소비경제 전반이 흔들린다는 위기의식 아래, 경찰·검찰과의 협업 체계를 정비해 나갔다.

(2) 야간 범죄 대응 시스템의 구조화

도톤보리 모델의 핵심은 단속이 아니라 사전 예방과 법적 대응의 연계다. 경찰은 상권 내 순찰을 강화하고, 신고접수의 자동화와 스마트폰 연계 신고 앱을 도입했다. 동시에 검찰은 야간 사건에 대한 신속기소 전담

팀을 운영해, 대수롭지 않은 사건도 빠르게 형사 처리하거나 경고 조치할 수 있도록 했다. 특히 경찰·검찰·시청이 공동 운영한 '도톤보리 안전추진협의체'는 실무자 중심의 사건 정보공유 및 현장 대응 프로토콜을 만들어 냈고, 이 협의체는 현재도 매월 정례 회의체로 운영되고 있다.

(3) 상권 보호를 위한 법률 대응 전략

오사카시는 공무집행과 법률 대응을 통해 상인과 관광객의 신뢰를 보호하는 것을 하나의 경제 전략으로 인식했다. 불법 호객, 가격 사기, 도난사건에 대해 신속한 처리 체계를 갖추자 외국인 관광객의 만족도와 재방문율이 급상승했다. 특히 경찰-검찰-시청이 함께 만든 '다언어 범죄 피해 지원체계'는 외국인 피해자가 법적 보호를 받을 수 있다는 인식을 심어 주었고, 이는 오사카의 글로벌 관광 경쟁력 강화로 이어졌다.

(4) 오사카(도톤보리)가 주는 시사점

도톤보리 사례는 야간경제와 관광산업이 발달한 도시일수록, 일반적 홍보보다 법적 안정성과 대응력이 중요하다는 점을 보여 준다. 경찰의 손에만 맡기는 것이 아니라, 검찰의 빠른 기소, 행정기관의 협력, 피해자 보호 체계까지 유기적으로 작동할 때, 상권은 장기적 신뢰를 얻게 된다. 특히 범죄 피해에 대한 신속한 대응은 상인과 시민의 체감 신뢰도를 높이고, 결과적으로 이는 '안전한 도시'라는 지역 브랜드를 형성하게 된다.

3. 탐페레(Tampere, 핀란드):
치안 플랫폼과 검찰의 조정적 접근
– 조기 갈등개입과 회복적 사법이 만든 신뢰 기반 도시 모델 –

구분	주요 내용
도시 개요	핀란드 제3의 도시, 인구 약 25만. 산업·교육·문화 중심지, 삶의 질과 사회적 신뢰 지수 높음
주요 전략	① 디지털 시민 치안 플랫폼 SafeTampere 구축 → 경찰·학교·복지기관·주민이 참여하는 조기 경고·중재 시스템 ② 검찰의 공공조정팀 운영 → 형사기소 전 조정·중재를 통한 회복적 사법 적용
성과/결과	청소년 재범률 40% 감소, 상권 범죄 민원 절반 축소, 외국인 안전 체감도 향상, 청년층 정착률 및 창업 환경 개선
시사점	형벌 중심 사법을 넘어 사건 발생 이전 단계 개입과 사회적 갈등의 제도적 흡수가 도시 신뢰·경제활력을 동시에 높임. 치안·사법 시스템을 경제 인프라로 활용한 대표적 사례

(1) 핀란드 탐페레, '조용한 혁신도시'의 치안 전략

핀란드 제3의 도시인 탐페레는 인구 25만 명 규모의 산업·교육·문화 중심 도시로, 유럽 내에서도 삶의 질이 높고 사회적 신뢰 지수가 높은 도시로 손꼽힌다. 하지만 2010년대 중반부터 청년층 범죄 증가, 다문화 갈등, 도심 내 노숙인 문제가 복합적으로 등장하면서 도시의 질서 유지 시스템이 시험대에 올랐다. 형사사건과 민사분쟁이 초기 대응 없이 확산하는 사례들이 늘어나자, 탐페레는 전통적인 법 집행을 넘어 시민 기반 플랫폼과 조정 중심의 검찰 대응이라는 독특한 모델을 채택하게 되었다.

(2) 시민 치안 플랫폼 'SafeTampere'의 운영

탐페레시는 경찰과 공동으로 지역 주민, 청소년, 학교, 복지기관이 참여하는 디지털 치안 플랫폼 'SafeTampere'를 구축했다. 이 플랫폼은 실시간으로 사건·징후·민원 정보를 공유하고, 경찰뿐 아니라 커뮤니티 리더와 학교 상담교사, 복지 담당자 등 다양한 이해관계자가 개입할 수 있도록 설계되었다. '조기 경고시스템'으로서의 역할을 하며, 갈등이 형사사건으로 확대되기 전에 조정과 중재로 문제를 해결하였다.

(3) 조정 중심 검찰 시스템의 병행

탐페레 검찰청은 형사사건의 공식기소 전에 '공공조정팀'을 개입시켜 피해자와 가해자 간의 사전 대화와 중재를 유도하는 회복적 사법 모델을 적용하고 있다. 이는 처벌을 목표로 하지 않고, 피해 보상과 관계 복원에 초점을 맞추며 재범률을 낮추는 데 큰 효과를 보였다. 특히 청소년 범죄, 가벼운 폭력사건, 이웃 간 분쟁 등에 있어 이 시스템은 형사 절차와 민사 절차의 경계선에서 작동하는 제도적 완충지대로 기능하고 있다.

(4) 지역경제와 도시 이미지에 미친 영향

SafeTampere와 검찰 조정팀의 협업은 탐페레 도심의 상권 안정성, 외국인 거주자의 안전 체감도, 청년층의 도시 정착률에 긍정적 영향을 주었다. 실제로 탐페레시는 이 프로그램 도입 후 3년 만에 청소년 재범률이 40% 감소했고, 커뮤니티 기반 상권의 범죄 민원 접수 건수도 절반 가까이 줄었다. 이는 곧 도시의 사회적 신뢰 자산으로 연결되었고, 중소기업과 사회적기업의 창업 환경 개선에도 이바지했다.

(5) 탐페레 사례가 주는 시사점

탐페레의 모델은 형사·민사 시스템을 통합적으로 사고하고, 사건 발생 '이전' 단계에서 개입할 수 있는 제도 설계가 지역의 법적 안정성과 경제적 지속 가능성에 매우 중요함을 보여 준다. 형벌 중심의 사법체계를 넘어서 사회적 갈등을 제도적으로 흡수하고 회복시키는 시스템이 도시의 신뢰도와 경제활력을 동시에 끌어올릴 수 있다는 사실이 증명된 것이다.

4. 뮌헨(München, 독일) : 경제범죄 특수검찰과 스타트업 보호
― 법적 위험성에 강한 도시가 혁신 생태계를 키운다 ―

구분	주요 내용
도시 개요	독일 바이에른주 수도, 대기업 본사 소재, 최근 기술 스타트업 허브로 성장
주요 전략	① 경제범죄 특수검찰부 운영 → 투자 사기·회계 조작 등 전문 대응 ② 'MUC Law Incubator' 운영 → 계약·특허·투자검토·파산지원 등 스타트업 법률 지원 ③ 검찰-인큐베이터 협력 → 사기 투자자 고의파산 선제 대응
성과/결과	스타트업 분쟁 해결 평균 2.4개월(독일 평균 대비 40% 단축), VC 투자 지속 증가, 해외 투자자들이 '법률 위험 대응'을 투자 결정 요인으로 인식
시사점	창업은 법적 인프라 위에서만 지속 가능. 계약 집행·사기 처벌·분쟁 신속 해결 구조가 신뢰와 자본 유입의 핵심

(1) 뮌헨, 기술 창업 도시가 되기 위한 전제조건

독일 바이에른주의 수도 뮌헨은 BMW, 지멘스 등 굴지의 대기업 본사가 위치한 산업도시이자, 최근에는 유럽 내 기술 스타트업의 허브로 부상하고 있다. 하지만 빠른 창업 증가와 자본 유입은 동시에 지식재산권 침해, 사기성 투자, 불공정계약, 고의파산 등 법적 위험성을 확대하고 있다. 이에 뮌헨시는 경제범죄 대응 특수검찰과 스타트업 보호 시스템을 동시에 구축하는 방식으로 대응했다.

(2) 경제범죄 특수검찰의 전담 시스템

뮌헨 검찰청은 기술 관련 경제범죄에 특화된 경제범죄전담부를 운영 중이다. 이 부서는 사기 투자, 회계 조작, 자금세탁, 내부자 거래 등 기업 관련 범죄에 대해 전문화된 수사·기소 체계를 구축하고 있으며, 스타트업 관련 분쟁에도 민감하게 반응한다. 기업의 설립 단계에서부터 법적 위험성 진단 요청이 가능하도록 열려 있는 구조로 되어 있으며, 수사 이후에도 기소 전 조정을 선택지로 남겨두는 유연한 운영이 특징이다.

(3) 법률지원 + 기술 보호 패키지: 'MUC Law Incubator'

스타트업이 초기부터 법적 위험성을 방지하고, 기술과 계약을 보호받을 수 있도록 뮌헨시는 'MUC Law Incubator'라는 공공-민간 공동 법률지원 플랫폼을 운영하고 있다. 이 프로그램은 창업자들에게 계약서 점검, 특허 등록, 투자 계약 사전 검토, 파산 대응 절차 등을 무료 또는 저비용으로 제공하며, 스타트업의 법적 생존력을 강화하는 데 초점을 맞추고 있다.

특히 경제범죄 특수검찰과 이 인큐베이터가 정보를 교류할 수 있는 공식 채널이 있다는 점이 주목된다. 실제로, 사기 투자자를 선제적으로 감시하거나 반복적 고의파산 사례에 대응할 수 있는 민-형사 협력 프로토콜이 마련되어 있다.

(4) 창업생태계 신뢰 확보와 투자자 유치 효과

이러한 법적 인프라 덕분에 뮌헨의 창업생태계는 '신뢰 가능성 큰 시장'으로 자리 잡고 있다. 실제로, 2021년~2023년 사이 뮌헨에서 발생한 창업기업 분쟁의 평균 해결 기간은 2.4개월, 독일 평균보다 40% 가까이 짧다. 벤처캐피털 투자 건수와 유치금액도 3년 연속 증가하고 있으며, 해외 투자자들의 설문조사에서도 '법률 위험성 대응 시스템'이 뮌헨 투자 결정의 주요 요소 중 하나로 꼽혔다.

(5) 뮌헨 사례가 주는 시사점

뮌헨의 사례는 법적 안정성과 스타트업 생태계 간의 직접적 상관관계를 보여 주는 전형적인 모델이다. 혁신과 창업은 아이디어만으로 성립되지 않는다. 계약이 지켜지고, 사기가 처벌되며, 분쟁이 신속히 해결되는 구조가 있을 때 시장은 신뢰를 형성하고 자본은 흐르게 된다.

이처럼 '법'은 창업생태계의 보이지 않는 인프라이다. 뮌헨은 그 인프라를 기술과 정책, 사람 사이의 연결로 구체화한 도시이며, 이는 다른 도시가 참고할 수 있는 실질적인 모델이 된다.

5. 흐로닝언(Groningen, 네덜란드):
폭력 대응과 유흥 + 창업지구 재건
– 제도가 무너지면 상권도 무너진다, 작은 도시의 법적 회복 실험 –

구분	주요 내용
도시 개요	네덜란드 북부 대학도시. 청년층 중심, 유흥·창업이 결합된 거리문화로 유명하나 코로나 이후 청년범죄·폭력 급증, 상권·창업지구 위축
주요 전략	① 경찰·검찰 협약 → 청년 사건 '3일 이내 신속기소' ② 야간 전담 수사반·폭력 대응 매뉴얼·사업주 핫라인 구축 ③ 회복적 사법 제도화 → 가해자가 봉사·복구비용 부담 시 기소유예
성과/결과	2021~2023년 청년 범죄 30% 감소, 야간 영업 중단 건수 50% 이상 축소, 창업공간 공실률 절반 이하로 감소. 국제기관에서 도시-법제-경제 연계 성공사례로 인정
시사점	법은 단순 처벌이 아니라 경제 회복의 인프라. 신속 대응과 회복적 사법이 결합할 때 상권과 창업생태계가 함께 살아남음. 작은 도시도 법적 시스템 설계로 글로벌 주목 가능

(1) 청년 도시 흐로닝언의 이면: 밤마다 무너지는 상권

네덜란드 북부의 대학도시 흐로닝언은 젊고 활기찬 분위기와 저렴한 물가 덕분에 유럽 각지의 청년들이 몰리는 도시였다. 시내 중심가는 유흥과 음악, 창업 공간이 혼재된 독특한 거리로 유명했다. 그러나 코로나

19 이후 청년 실업률이 급증하면서 술집 주변에서의 폭력, 기물파손, 마약 연루 사건이 늘어났다. 그 결과 창업자들은 불안을 이유로 빠져나가고, 관광객 유입도 급감했다. 이 변화는 단지 치안의 문제를 넘어, 도시 이미지, 상권 회복력, 창업생태계 전반을 흔드는 위기로 이어졌다.

(2) 유흥·창업 혼재 지역을 지탱할 법적 기반 마련

흐로닝언시는 이를 단순한 치안 문제로 보지 않았다. '청년이 많은 도시'의 정체성을 유지하기 위해서는 법적 통제와 사회적 개입을 동시에 설계해야 한다는 태도에서 접근했다. 먼저, 시 경찰은 지역 검찰과 협약을 맺고 경범죄 및 집단폭력 사건에 대한 신속기소 협약제를 도입했다. 18~29세 청년 대상 사건에 대해서는 '3일 이내 사건처리'를 원칙으로 하여 가벼운 범죄가 도시 질서를 장기적으로 파괴하지 않도록 예방 효과를 극대화했다.

또한, 창업과 문화 활동이 집중된 중심가에 대해서는 야간 전담 수사반과 함께 음주폭력 대응 매뉴얼을 도입했다. 이 매뉴얼에는 피해자 보호, 사업주 대처 요령, 경찰-검찰-상공회 핫라인 체계 등이 포함되며, 법률 교육과 예방 프로그램도 병행된다.

(3) 회복적 사법과 창업지구 지원의 결합

흥미로운 점은 흐로닝언이 처벌에 머물지 않고, 회복적 사법(Restorative Justice)을 도시 전략과 결합했다는 것이다. 가해자와 피해자가 일정 조건에 공동 조정위원회 또는 상가협회 중재 하에 합의를 이루면, 검찰이 기소유예 처분을 내릴 수 있도록 한 것이다. 예를 들어, 폭력사건 가해 청년이 피해 매장에 일정 시간 자원봉사를 하거나, 창업 공간 파손 시 복구비용을 일정 기간 나눠서 내면서 조정기구 활동에 참여하는 구조다.

이 제도는 청년층의 사회적 낙인을 방지하면서도, 상가와 창업생태계에 즉각적이고 실질적인 회복 기회를 제공한다. 회복 프로그램은 지역 검찰과 상공회의소, 경찰, 청년 창업지원 기관이 공동 운영하며, 가해자와 피해자 양측의 만족도 조사 결과 1년 만에 80% 이상이 '긍정적' 평가를 보였다.

(4) 제도적 회복이 경제를 다시 일으키다

2021~2023년 사이 흐로닝언 중심가의 청년 범죄 발생 건수는 30% 감소, 유흥 매장의 야간 운영 중단 건수는 50% 이상 줄어들었으며, 무엇보다 청년 창업 공간의 평균 공실률이 절반 이하로 감소했다. 유럽청년스타트업재단(YES-Delft)의 분석에 따르면, '법적 시스템이 스타트업 클러스터를 직접 지탱한 사례'로 평가되었으며, 국제기관의 유스 포럼(Youth Justice Initiative)에서도 도시-법제-경제의 연계 성공사례로 선정되었다.

(5) 흐로닝언 사례의 시사점

흐로닝언의 사례는 경제회복과 법적 시스템의 복원이 어떻게 맞물려야 하는지를 보여 주는 전형적인 모델이다. 청년폭력을 막는 것에 그치는 것이 아니라, 창업과 문화 활동이 교차하는 공간에서 '법과 경제'가 어떻게 공존할 수 있는지를 제도화했다는 점에서 의의가 크다.

중요한 교훈은 법이 신속하고 회복적으로 작동할 때 도시의 활력은 유지될 수 있다는 것이다. 처벌만으로는 시민의 신뢰를 얻을 수 없고, 방치만으로는 창업생태계가 살아남을 수 없다. 도시 전략의 한 축으로서 법을 다시 바라봐야 한다는 점에서 흐로닝언은 작지만 강한 울림을 준다.

2장
법적 실패가 초래한 지역경제의 붕괴

1. 발렌시아(Valencia, 스페인):
인허가 부패와 민사소송 지연
- 느린 정의, 무너진 상권,
  제도의 정체가 도시를 어떻게 침체시켰는가? -

구분	주요 내용
도시 개요	스페인 대표 항구도시. 관광·문화·스포츠로 성장했으나, 인허가 부패·민사 지연으로 신뢰 기반 약화
주요 문제	① 인허가·입찰 비리(2003~2013) → 특정 기업 특혜, 예산 초과, 불법 부지 전용 ② '과학예술 도시' 등 대형 프로젝트에서 부패 의혹 반복 ③ 민사소송 장기화(3~5년), 판결 불일관 → 피해 보상 지연, 투자 불신 확대
결과	상가 폐점·재개발 지역 불신 확산, 투자자 이탈·공실 증가, 기업 본사 이전, 관광객 감소. 도시 경쟁력 순위 하락
시사점	부패보다 제도적 대응 지연이 더 큰 위험 요인, 민사제도의 신속성과 일관성이 상권 회복과 투자 신뢰의 핵심, 행정·사법 절차가 불투명하면 지역경제 기반이 취약해짐

(1) 도시의 성장 뒤에 숨겨진 시스템 리스크

스페인의 대표적 항구도시 발렌시아는 관광, 문화, 스포츠 산업으로 눈부신 성장을 이뤄 낸 도시다. 2000년대 초반부터 유럽문화수도로 부상하며 대규모 도시 개발과 관광 인프라 투자, 세계적인 건축 프로젝트가 쏟아졌다. 하지만, 급격한 성장 과정에서 투명하지 못한 인허가 행정, 민간계약 특혜, 그리고 법적 대응의 지연이 복합적으로 작용하면서 도시 전체의 신뢰 기반이 서서히 무너졌다.

발렌시아의 사례는 도시 경제의 외형만 확대되고 제도적 뒷받침이 미흡할 경우 경제 외피가 사회 갈등과 불신 때문에 쉽게 붕괴할 수 있다는 사실을 경고한다.

(2) 인허가와 입찰 부패가 도시계획을 왜곡하다

발렌시아는 2003~2013년 사이 다수의 건설프로젝트와 문화시설 투자 사업에서 시 당국과 민간 건설사 간 유착 및 입찰 담합 의혹이 연달아 제기되었다. 문제는 인허가 절차가 정해진 기준 없이 특정 기업에 유리하게 조정되었다는 점이었다.

대표적인 사례는 해안지구 재개발사업과 'Ciudad de las Artes y las Ciencias(과학예술 도시)' 프로젝트로, 예산 초과, 입찰 비리, 공공부지 불법 전용 등의 문제가 반복되었다. 이후 수차례의 수사와 재판이 이어졌으나, 처벌은 극히 일부에 그쳤고, 다수 민사소송은 수년간 계류되었다.

(3) 민사소송 지연과 상권 침체의 연결고리

개발에 따른 토지 강제수용, 상가 폐업, 투자금 회수 불이행 등으로 피해를 본 수백 명의 지역 주민과 중소상공인들은 피해 보상을 위한 민사소송을 제기했지만, 평균 소송 기간은 3~5년에 달했다. 그 결과, 상가 폐점은 늘고, 재개발 지역에 대한 불신은 투자자에게까지 번졌다.

투자자들과 분양계약 분쟁, 입주 지연 관련 소송 등에서 법원이 일관된 기준을 세우지 못하고 판결이 엇갈리는 사례가 많았고, 이는 계약의 신뢰성과 시장의 예측 가능성을 크게 떨어뜨리는 요인이 되었다. 이처럼 지연된 민사 시스템은 피해를 복구하지 못할 뿐 아니라, 상권 자체를 내버려 두고 소멸로 이끄는 배경이 되었다.

(4) 제도 신뢰의 상실이 불러온 장기적 파장

투자자 이탈, 개발지구 공실화, 자영업 몰락, 청년 이주 등 다양한 경제적 여파가 누적되면서, 발렌시아는 2010년대 중반 이후 스페인 도시 경쟁력 순위에서 지속해서 하락했다. 주요 기업 본사 이전, 국외자본 철수, 관광객 감소 등은 모두 '불안정한 행정시스템'과 '느린 법제도'가 원인으로 지목됐다.

스페인 옴부즈만 보고서(2019)는 발렌시아 사례를 언급하며 '지방정부와 사법부의 복합적 지연이 시민 경제활동에 장기적 타격을 준 대표적 사례'라고 평가했다.

(5) 발렌시아 사례의 시사점

발렌시아의 사례는 단지 부패가 문제가 아니라, 부패를 해결할 수 없는 제도적 구조의 취약성이 경제침체를 초래했다는 점에서 깊은 교훈을 준다. 법적 시스템이 늦고 불투명하게 작동할 경우 시민은 정당한 절차를 포기하게 되고, 이는 비공식경제·탈법적인 거래 확산, 지역경제의 왜곡 등으로 이어진다.

또한, 민사제도는 분쟁 해결 수단만이 아니라 투자 신뢰와 상권 복구의 최후 보루라는 점에서, 절차적 정의가 곧 경제시스템의 기반이 됨을 보여 준다. 발렌시아는 빠른 성장보다 제도의 속도와 정직함이 우선되어야 한다는 점을 뼈아프게 증명한 도시다.

2. 벨렝(Belém, 브라질):
검찰 부패 방조로 생태 관광·농업 타격
– 정의의 침묵, 아마존 관문 도시의 신뢰 추락 –

구분	주요 내용
도시 개요	'아마존의 관문'으로 불리며 생태 관광·농업 중심 성장 가능성이 컸으나, 불법 개발과 제도 부재로 신뢰 상실
주요 문제	무허가 벌채·**불법** 매립·보호구역 개발 허가, 검찰의 소극적 수사와 방조, 민사소송 장기화(평균 5년)로 농민·소상공인 피해 누적
결과	관광객 30% 감소, 농산물 수출 20% 이상 축소, 국제 투자자·여행객 외면, 도시 경쟁력 급락 및 정책적 우선순위에서 배제
시사점	공공 제도의 책임 부재는 도시경제를 구조적으로 약화, 검찰의 견제와 집행력은 시민 권리·생태계 보호의 핵심, 신뢰 기반 산업(생태관광·친환경 농업)에서는 제도 신뢰가 곧 경쟁력

(1) 아마존 관문 도시의 기회와 불안정성

브라질 북부의 벨렝(Belém)은 '아마존의 관문'이라 불리며 생태 관광과 친환경 농업을 중심으로 성장 가능성이 컸던 도시다. 열대우림과 인근 강을 중심으로 한 관광, 농산물 수출, 수공예품 산업은 지역경제의 주요 축이었다. 브라질 연방정부가 지속 가능한 개발 전략(Sustainable Amazon Initiative)을 추진한 이후 벨렝은 국제적 투자와 NGO, 연구기관의 관심을 끌며 글로벌 녹색 도시 모델로 주목받았다.

그러나 불법 개발, 환경 파괴, 검찰의 소극적 대응이 반복되면서 제도적 신뢰는 빠르게 무너졌고, 지역경제 기반도 심각하게 훼손되었다.

(2) 불법 개발과 환경 파괴에 대한 검찰의 묵인

2010년대 중반부터 벨렝 일대에서는 무허가 삼림 벌채, 강 유역 불법 매립, 관광 개발 명목의 생태계 파괴 등이 잇따랐다. 일부 지역에서는 생태보전지구로 지정된 지역조차 민간 건설업자들과 결탁한 공무원들에 의해 개발 허가가 이뤄졌다.

문제는 이러한 사안들이 언론과 시민단체에 의해 수차례 고발되었음에도, 지역 검찰은 수사에 소극적이거나 사건을 종결 처리하는 경우가 많았다는 점이다. 일각에서는 개발업자들이 검찰 내 인사들과 유착 관계를 맺고 있었으며, 공익고발 자체를 기각하거나 오랜 시간 계류시키는 방식으로 '방조성 침묵'을 이어 갔다는 비판도 제기됐다.

(3) 민사 대응 지연과 지역 자영업자 · 농민의 피해

　불법 개발로 인해 농경지 침수, 소규모 농민의 강제 이주, 생태계 교란에 따른 생계 기반 붕괴가 이어졌지만, 피해 주민이 제기한 민사소송은 평균 5년 이상 지연되었다. 이로 인해 지역 농업협동조합과 영세 상인들은 재산권 보호를 기대할 수 없는 상태에 내몰렸고, 많은 농가와 관광 운영자들이 생업을 포기하거나 도시를 떠나는 상황까지 발생했다.
　지역 호텔, 가이드, 수공예 소상공인들은 생태 관광 붐이 꺼진 이후 매출이 반 토막 이상 줄었고, 해당 지역은 점차 "불법과 무책임으로 방치되는 도시"라는 이미지로 국제 투자자와 여행객의 외면을 받게 되었다.

(4) 경제 생태계의 붕괴와 도시 경쟁력의 급락

　벨렝은 2017년 이후 5년간 관광객 수는 30% 감소, 농산물 수출량도 약 20% 이상 줄어들었으며, 지역 내 국외자본 유입도 급감했다. 무엇보다 생태환경을 기반으로 하는 경제구조 특성상, 회복이 쉽지 않다는 점에서 더욱 심각한 타격을 받았다.
　세계은행과 UNDP 보고서에서도 벨렝은 '환경 법치 부재로 인한 지역 경제 파탄 사례'로 언급되었고, 브라질 연방정부의 아마존 보호 전략에서도 벨렝은 뒷순위로 밀려났다. 이로 인해 중장기적으로도 개발 우선순위에서 배제되며 정책적 관심을 잃는 이중 손실을 보게 되었다.

(5) 벨렝이 주는 시사점

벨렝의 실패는 단지 범죄를 단속하지 않았다는 문제가 아니라, 공공제도의 책임이 부재할 경우 도시 경제가 구조적으로 무너질 수 있다는 현실을 보여 준다. 검찰은 행정의 견제자이자 법의 정의를 실현하는 주요 기능 기관으로, 이 기능이 작동하지 않으면 시민의 권리 보호와 지역 생태계 보호 모두가 무력화된다는 것도 보여 주었다. 생태 관광이나 친환경 산업처럼 신뢰를 기반으로 작동하는 산업구조에서는 법적 제도와 집행력에 대한 신뢰가 곧 경쟁력이 된다.

벨렝 사례는 '법의 공백'이 시장의 공백으로 이어지는 연결고리를 극명하게 보여 주며, 지역 검찰 및 행정기관의 투명성과 대응력이 도시 발전의 중요한 인프라임을 증명한다.

3. 세부(Cebu, 필리핀):
불법 개발과 검찰 무대응이 부른 관광 몰락
– 규제 부재와 사법 침묵이 무너뜨린 관광도시의 경쟁력 –

구분	주요 내용
도시 개요	필리핀 대표 관광·항만도시, '필리핀의 보석'으로 불리며 해안·문화유산·영어연수 중심지로 성장
주요 문제	무분별한 해안 개발과 환경 훼손, 지방정부와 건설사 유착에 따른 인허가 비리, 검찰의 미온적 대응으로 불법 개발 방치
결과	주민·어민 피해 보상 부재, 민사·행정 소송 지연, 외국인 관광객 25% 감소, 여행사 판매 축소, 연계산업 전반 침체 및 청년 고용 악화

| 시사점 | 관광산업은 물리적 자산보다 환경·신뢰·법적 인프라에 좌우. 법 집행이 부재하면 도시 신뢰 상실과 구조적 손실이 발생하고, 회복에는 장기간 소요됨 |

(1) '필리핀의 보석'이라 불리던 세부의 기회

세부(Cebu)는 필리핀에서 오래된 도시이자 대표적인 관광·항만도시로, 아름다운 해안선과 풍부한 문화유산을 바탕으로 수십 년간 관광산업의 중심지로 성장해 왔다. 일본, 한국, 대만 등 동아시아 국가의 여행객에게 인기가 높았고, 영어연수 중심지로도 유명해 외화 수입의 주요 거점 역할을 해 왔다. 필리핀 정부 역시 세부를 "국가 전략 관광지"로 지정해 인프라 개발과 국제 홍보에 집중적으로 투자해 왔다.

하지만 2010년대 중반 이후 무분별한 해안개발과 공공기관의 관리 부재, 검찰의 형식적 대응이 누적되면서 세부의 관광 경쟁력은 급격히 추락하게 된다.

(2) 무분별한 불법 개발과 인허가 비리

세부는 해안선 중심의 관광지를 무분별하게 개발하면서 환경 훼손과 도시계획 무시가 심각한 수준에 이르렀다. 수많은 리조트가 환경영향평가 없이 인허가를 받아 들어섰고, 일부 지역에서는 보존구역 내 불법 매립과 산호초 파괴가 자행되었다.

이 과정에서 지방정부 공무원들이 건설사·리조트 운영업체와 유착해 부정 인허가를 제공한 정황이 반복적으로 포착됐지만, 지역 검찰은 관련 수사에 거의 손을 대지 않았다. 고발이 접수되더라도 조사가 지연되거나 수사가 개시되지 않은 채 종결되는 경우가 많았고, 그 결과 무분별한 개발이 계속 허용되었다.

(3) 검찰 무대응으로 인한 민사·행정 소송의 악순환

환경 파괴로 인해 수산업과 소규모 관광업에 종사하던 주민들이 집단 민원을 제기했지만, 이들 소송은 법원에 계류되거나 기각되는 경우가 많았다. 불법 개발에 따른 피해를 본 어민들과 토지주들은 보상을 받기 어려웠고, 지역 NGO의 법률 대응도 검찰의 미온적 태도로 인해 번번이 막혔다.

행정기관은 검찰이 나서지 않자 적극적인 조치를 하지 않았고, 그 결과 피해자는 고립되고 가해자는 처벌받지 않는 구조가 고착되었다. 이는 법적 무기력과 공공불신으로 이어졌고, 점차 시민들의 자구적 분쟁과 갈등이 증가하는 악순환을 초래했다.

(4) 관광지 이미지 추락과 지역경제의 하강 곡선

환경 훼손과 함께 도시 이미지도 크게 손상되었다. 2017년 이후 한국과 일본의 주요 여행사는 '세부 해양환경의 악화와 안전 우려'를 이유로 패키지 판매를 중단하거나 비중을 축소했다. 이후 3년간 외국인 관광객 수는 약 25% 감소했고, 영어연수 학생 수와 체류형 소비자 역시 급격히 줄어들었다.

　이로 인해 숙박업, 음식점, 현지 가이드, 교통업계 등 관광 연계산업 전반에 심각한 타격이 발생했고, 중소상인과 지역 청년층의 고용도 감소했다. 한때 '동남아 영어교육과 관광의 허브'로 평가받던 세부는 2020년대 초반 들어 "무분별한 개발과 행정 부패가 만든 몰락의 도시"라는 오명을 피할 수 없게 되었다.

(5) 세부가 주는 시사점

　세부의 사례는 지역경제에서 관광산업이 '자산 기반산업'이자 동시에 '신뢰 기반산업'임을 잘 보여 준다. 도시 이미지와 환경, 공공서비스의 질은 눈에 보이지 않지만, 관광객과 투자자에게는 중요한 판단요소다.

　이러한 산업에 있어 검찰과 법집행기관이 제 기능을 하지 않을 때, 불법적 이익만 축적되고 지역 주민은 피해자로 남게 된다. 또한, 법적 대응력이 부재한 도시에는 장기적인 투자도 이뤄지지 않으며, 한번 무너진 신뢰는 회복하는 데 수년의 시간이 걸린다.

　세부는 관광도시의 주요 자산인 환경·안전·공정성을 제대로 챙기지 못한 대가로 수익 이상의 구조적 손실을 경험한 대표적 사례로 남게 되었다. 도시가 성장하더라도, 이를 지탱할 '법적 인프라'가 없다면 유지될 수 없다는 교훈을 남긴 것이다.

4. 이스트런던(East London, 남아공): 관광지 치안 부재와 검찰 무력
- 범죄에 무너진 해양관광도시의 공공신뢰 -

구분	주요 내용
도시 개요	남아공 동부 항만도시, 해양관광·야생동물 자원으로 성장했으나 2015년 이후 치안 악화로 관광산업 급락
주요 문제	해변·도심 강력범죄 증가, 외국인 관광객 대상 범죄 다발, 경찰 인력·장비 부족, 검찰의 기소 지연·유예 남발·증거불충분 판결 반복
결과	국제 여행 경고 등급 상승, 관광수입·호텔 예약률·항공 이용률 급감, 외국계 투자 철수, 청년 실업률 40% 근접, '경제위기-범죄-사법 무력화' 악순환
시사점	관광산업은 물리적 인프라보다 법적 보호와 신뢰가 핵심, 사법 대응력 부재는 범죄 억제와 피해자 보호 모두를 약화, 치안·법적 안정성은 관광도시의 지속 성장 조건

(1) 해양관광지로 부상하던 도시, 갑작스러운 몰락

이스트런던(East London)은 남아프리카공화국 동부에 있는 항만도시로, 인도양과 접한 아름다운 해안선, 온화한 기후, 야생동물 관광 등으로 한때 '남아공의 숨은 관광 보석'으로 주목받았다. 주변 주요 도시인 포트엘리자베스와 다반 사이에 위치한 전략적 입지로 인해 유럽과 아시아 관광객의 관심도 높아졌으며, 정부는 2010년 FIFA 월드컵을 계기로 해당 지역을 중점 개발대상으로 지정하고 인프라 확충에 나섰다.

그러나 2015년 이후부터 지역의 치안이 급격히 악화하고, 연이은 강력범죄와 사법 대응력 부재가 맞물리면서 관광 중심 도시로서의 입지는 빠르게 추락했다.

(2) 범죄 증가와 공공질서의 붕괴

이스트런던의 주요 해변과 중심 상업지구에서 강도, 절도, 성범죄 사건이 급증했고, 특히 외국인 관광객을 대상으로 한 범죄가 빈번하게 발생하면서 국제 여행 경고 등급이 상승했다. 지역 경찰은 인력과 장비 부족으로 즉각적인 대응에 어려움을 겪었고, 범죄 발생 후 수사가 장기화하거나 중단되는 경우가 잦았다.

상점이나 숙박시설을 대상으로 한 조직범죄도 증가하면서 소상공인의 상권 이탈과 상업지역 공동화 현상이 나타났다. 주요 상권인 벨그레비아와 퀴니 지역은 야간 통행이 거의 끊기고, 지역 주민조차도 "도심이 더는 안전하지 않다."라고 응답하는 상황에 이르렀다.

(3) 검찰의 무력화와 법적 대응 실패

경찰력이 취약해진 가운데 검찰마저 범죄 대응에 있어 실질적인 역할을 하지 못했다. 남아공 사법부는 구조적으로 검찰의 독립성이 낮고, 지역 정치 및 관료 집단과의 유착문제도 지속해서 제기되어 왔다. 이스트런던도 범죄 피의자에 대해 기소 지연, 기소유예 남발, 증거불충분 판결 증가 등으로 인해 피해자 보호와 가해자 처벌이 제대로 이뤄지지 않았다.

이 같은 사법 시스템의 무력화는 시민의 불신을 불러왔고, 범죄 신고율 자체가 급감하게 된다. 주민들은 "신고해도 소용없다."라고 인식하게 되었고, 법 대신 자구적 방어나 사설 경비에 의존하게 되었다. 이는 공공 사법시스템의 정당성을 근본적으로 약화하는 결과로 이어졌다.

(4) 관광산업 붕괴와 도시 경제의 연쇄 피해

치안과 사법 신뢰가 무너지자 관광산업도 빠르게 무너졌다. 영국, 독일, 일본 등에서 여행사들이 이스트런던을 포함한 동부 연안 도시를 제외하는 경우가 늘었고, 호텔 예약률과 항공 노선 이용률이 급감했다. 일부 외국계 투자기업은 법적 보호 불안과 치안 위험성을 이유로 이탈했으며, 대형 관광 프로젝트(예: 해양리조트 개발)도 연기되거나 철회되었다.

관광수입 감소는 지역 내 음식점, 교통, 소상공인에게 연쇄적으로 타격을 주었고, 청년층 실업률은 40%에 육박했다. 고용 불안과 불균형 심화는 다시 범죄율 증가로 이어지면서, '경제위기-범죄-사법 무력화'라는 악순환 구조가 고착되었다.

(5) 이스트런던의 시사점

이스트런던의 사례는 법적 인프라의 부재가 관광 중심 도시를 어떻게 무너뜨릴 수 있는지를 보여 준다. 관광산업은 눈에 보이는 자연 자산이나 문화유산 외에도 눈에 보이지 않는 제도와 신뢰, 안전 인프라 위에 구축되는 산업이다.

아무리 물리적 인프라가 갖춰져 있어도 법적 보호 체계가 작동하지 않는 도시에서는 외국인 방문객뿐 아니라 지역 주민조차 도시 경제에서 이탈하게 된다. 검찰과 법원의 대응력이 부족한 도시에서는 범죄자가 벌을 받지 않고, 피해자는 보호받지 못한다. 이런 불균형은 단기적 수익뿐 아니라 도시 전체의 이미지와 브랜드를 훼손한다.

이스트런던의 실패는 관광산업이 지속하기 위해서는 법치 기반의 신뢰 시스템이 뒷받침되어야 한다는 점을 경고한다. 이는 특히 관광이나 서비스업에 집중된 지역에서 더욱 절실한 과제가 될 수 있다.

5. 로체스터(Rochester, 미국): 공권력 불신으로 도시 외면
 - 지역경제를 흔든 공권력 신뢰 위기 -

구분	주요 내용
도시 개요	뉴욕주의 중소도시, 제조업 쇠퇴 후 서비스 경제로 전환했으나 2020년 이후 경찰 폭력 사건과 검찰 대응 실패로 신뢰 위기
주요 문제	대니얼 프루드 사건(2020) → 경찰 과잉진압·보디캠 은폐, 검찰의 기소 회피, 민사소송 지연, 피해 보상 불충분
결과	대규모 시위와 폭동, 상점 피해·투자자 이탈, 도시가 공권력 불신의 상징으로 낙인, 도심 상권 침체·유동인구 급감, 기업 투자 보류
시사점	경찰은 치안의 물리적 기반, 검찰은 그 정당성을 책임, 두 축의 신뢰 붕괴 시 시민·기업 모두 도시를 외면, 법적 신뢰는 지역경제의 핵심 인프라이며 복구에는 장기간과 높은 비용이 필요

(1) 산업도시에서 서비스 경제 도시로의 전환기

 로체스터는 뉴욕주에 있는 중소도시로, 한때 코닥(Kodak), 제록스(Xerox), 바우쉬 앤 롬(Bausch & Lomb) 등의 본사가 위치한 제조 중심지였다. 그러나 2000년대 이후 전통산업의 쇠퇴와 함께 도시 구조는 빠르게 변화했고, 헬스케어, 교육, 관광, 로컬 소매업 등 서비스 산업 위주의 경제로 재편되었다. 특히 도심 재개발과 중산층 주거지 확장 등으로 활기를 되찾는 듯했으나, 2020년 이후 경찰 폭력사건과 검찰의 소극적 대응이 도시의 신뢰를 뒤흔들었다.

(2) 대니얼 프루드 사건과 경찰에 대한 시민 불신

2020년, 정신질환을 앓던 흑인 남성 대니얼 프루드(Daniel Prude)가 경찰에 의해 체포되는 과정에서 질식사한 사건이 발생하며, 전국적인 주목을 받았다. 이 사건은 사건 직후 공개되지 않았고, 약 6개월 후 경찰의 보디캠 영상이 공개되면서 전국적 항의 시위로 번졌다. 시민들은 경찰이 과도한 물리력을 사용했음에도 검찰이 기소를 회피했다는 점에 분노했고, 이는 치안 이슈를 넘어 공권력 전체에 대한 신뢰 문제로 확대되었다.

지역 비즈니스와 상권은 곧바로 타격을 입었다. 시위와 폭동으로 인한 상점 피해뿐 아니라, 로체스터라는 도시 전체가 인종차별과 공권력 불신의 상징으로 낙인찍히면서 외부 방문객, 투자자, 기업의 이탈이 가속화되었다.

(3) 검찰의 소극적 대응과 제도적 무력감

사건 발생 이후에도 로체스터 검찰은 경찰에 대한 기소를 유보하거나 무혐의 처리하는 결정을 반복했고, 시민단체와 피해자 가족들은 "법은 누구를 위한 것이냐?"고 강하게 반발했다. 이와 같은 기소 기피는 사법 시스템의 공정성에 대한 근본적인 의문을 제기하게 했고, 법률이 공공선을 보장하지 못한다는 인식이 퍼졌다.

민사소송 절차에서는 시 정부의 책임 회피와 보험사 중심의 협상 지연이 겹치면서, 피해 보상도 제대로 이뤄지지 않았다. 피해자 가족뿐 아니라, 일반 시민들도 자신이 피해를 봤을 때 보호받지 못할 것이라는 불안감을 느끼게 되었고, 법에 의존하는 대신 자기방어 또는 도시 이탈을 선택하는 기류가 나타났다.

(4) 지역경제 전반에 퍼진 불신의 그림자

로체스터는 경찰 폭력의 잇따른 발생과 검찰의 대응 실패로 인해, 지역 브랜드 가치가 급격히 하락했다. 소매업, 카페, 예술 공간, 관광 관련 업종이 밀집된 도심 지역은 유동인구 급감과 소비 위축으로 어려움을 겪었으며, 일부 사업자는 '안전하지 않은 도시라는 낙인' 때문에 외부 고객 유치에 어려움을 호소했다.

또한, 대학이나 의료기관 중심의 고급 일자리 유입도 정체되었고, 기업들은 로체스터를 '사회 갈등 위험성이 높은 지역'으로 분류하며 투자를 보류하거나 철수했다. 이는 단기 피해에 그치지 않고, 도시의 중장기 발전전략 자체를 흔드는 구조적 문제로 이어지고 있다.

(5) 로체스터의 시사점

로체스터의 사례는 법 집행기관과 사법 시스템이 지역경제에 어떤 영향을 미치는지를 보여 주는 대표적인 사례다. 경찰은 물리적 치안을, 검찰은 그 치안의 정당성을 책임진다. 그러나 이 두 축이 동시에 신뢰를 잃으면, 시민과 기업은 도시라는 공간 자체에 대한 기대를 접게 된다.

　법이 특정 집단에만 유리하거나, 범죄를 제어하지 못하거나, 피해를 보호하지 못하는 구조가 되면 그 경제적 여파는 광범위하다. 투자자들은 법적 위험성을 먼저 검토하며, 소비자는 일상적 안전이 확보되지 않는 지역에서는 돈을 쓰지 않는다. 이처럼 법적 신뢰는 지역경제의 '심리적 인프라'이며, 무너졌을 때 그 복구에는 오랜 시간과 공공비용이 소요된다.

지자체장이라면 반드시 알아야 할
세계 60개
도시 이야기

5부

추진조직이 흔들리면 경제도 흔들린다

1장

성공하는 추진조직의
조건과 사례

1. 오울루(Oulu, 핀란드):
ICT 클러스터 구축과 경제 활성화
– 작은 북유럽 도시가 어떻게 세계적 ICT 혁신 허브가 되었을까? –

구분	주요 내용
도시 개요	핀란드 북부 제조업 중심 도시였으나 1980~90년대 제조업 쇠퇴로 심각한 타격, ICT 산업 전환을 선택
추진조직	'오울루 ICT 혁신 추진단' 출범, 지방정부·대학·기업·연구기관 협력, 산학연 모델로 ICT 중심 도시재생 추진
주요 전략	ICT 클러스터 구축과 글로벌 기업 유치(노키아 중심), 스타트업·창업생태계 조성, 오울루대학 연계 인재 양성, 스마트시티 개발(5G 테스트베드, 친환경 인프라)
성과	300개 이상 ICT 스타트업 설립, 핀란드 최고 ICT 인재양성 도시로 부상, 유럽 대표 5G·스마트시티 실험도시로 자리매김
교훈	ICT 클러스터는 산업전환의 동력, 세계적 기업 협력은 경쟁력 핵심, 인재양성과 창업지원은 지속성장의 기반, 스마트시티 개발은 도시를 혁신 허브로 전환

(1) 오울루, 퇴락한 산업도시에서 ICT 혁신 허브로

핀란드 북부에 있는 오울루(Oulu)는 한때 목재·제지산업과 철강업을 중심으로 성장한 전통적인 제조업 도시였다. 그러나 1980년대부터 1990년대에 걸쳐 글로벌 제조업 침체가 본격화되면서 오울루의 경제는 큰 타격을 입었다. 기존 산업의 쇠퇴로 인해 실업률은 급격히 상승했고, 젊은 인구의 대규모 유출이 이어지면서 도시의 활력마저 점차 사라졌다.

이처럼 경제기반이 쇠퇴한 상황에서 오울루는 단순한 회복이 아닌 근본적인 전환을 택했다. 바로 ICT(정보통신기술) 산업에 미래를 걸고 혁신전략을 통해 새로운 성장동력을 만들어 낸 것이다.

오울루는 지역대학, 연구기관, 기업, 지방정부가 협력하는 '오울루 추진단'을 중심으로 ICT 클러스터를 구축했고, 이를 통해 전통 제조업 도시에서 세계적인 기술 중심지로 거듭나는 데 성공했다.

"어떻게 쇠퇴한 제조업 도시가 ICT 혁신의 중심지가 될 수 있었을까?"

(2) 경제 활성화를 위한 추진조직 구성

오울루는 제조업 침체 이후 경제회복을 넘어서 첨단기술 중심 도시로의 전환을 이루기 위해, '오울루 ICT 혁신 추진단(Oulu ICT & Innovation Council)'을 출범시켰다. 이 추진단은 지방정부를 중심으로 오울루대학, 글로벌 기술기업, 스타트업, 연구기관 등이 함께 참여해 ICT 기반산업의 재편과 도시재생을 목표로 삼았다.

추진 전략의 핵심은 산학연 협력모델에 있었다. 대학과 연구소는 기술

개발의 중심이 되었고, 여기에 기업이 협력하여 실제 제품과 서비스로의 전환을 이끌었다. 이와 동시에 기술 클러스터를 형성해 ICT 분야의 연구개발(R&D)과 사업화를 집중적으로 지원했고, 이를 통해 지역 내에 기술혁신의 생태계를 구축했다.

오울루는 핀란드 국내시장을 넘어서는 글로벌 기술시장 진출을 명확한 목표로 설정했다. 이는 도시가 지역 기반의 생존 전략에서 탈피하여 세계적 수준의 경쟁력을 갖춘 기술 허브로 성장하기 위한 방향 설정이었다.

이러한 전략은 세 가지 중요한 질문에 대한 답을 찾는 과정이었다.

첫째, 제조업 중심의 낡은 경제구조를 ICT 중심 산업으로 전환하기 위해 어떤 구체적인 시스템과 지원이 필요한가?

둘째, 젊은 인재들이 떠나지 않고, 오히려 첨단기술 분야에서 활동할 수 있게 하려면 어떤 환경을 조성해야 하는가?

셋째, 세계적 기업들과 협력해 지속 가능한 경제모델을 만들기 위해 어떤 조건과 네트워크가 필요한가?

(3) 오울루 ICT 클러스터 구축과 경제 활성화 성공전략과 성과

오울루는 전통적인 제조업 도시에서 첨단 ICT 산업중심지로 전환하기 위해 네 가지 전략적 축을 중심으로 도시혁신을 추진했다.

첫째는, ICT 클러스터 구축과 세계적 기업 유치였다. '기술 중심의 산업 생태계를 만들어야 한다.'는 명확한 비전 아래, 오울루는 'Oulu Tech Hub'를 조성해 무선통신, AI, 5G, 헬스케어 ICT 분야의 연구개발을 집중적으로 지원했다. 이 과정에서 큰 역할을 한 것이 노키아(Nokia)였다. 1990년대 초반 노키아가 오울루에 대규모 연구·개발 시설을 설립하면서 지역 대학과 연구소는 무선통신 및 모바일기술 개발에 적극적으로 참여하게 되었고, 이는 오울루가 핀란드 내 5G, AI, IoT 기술의 혁신 중심지로 위상을 갖추는 데 결정적이었다. 기술 클러스터가 강력히 형성되자 세계적 기업들도 자연스럽게 오울루에 연구개발센터를 세우며 집결했다.

둘째는, 스타트업과 창업생태계 조성이다. '지역경제를 활성화하려면 창업생태계를 조성해야 한다.'는 전략 아래, 오울루는 지방정부와 민간이 공동으로 벤처캐피털 펀드를 운용하고, AI, 핀테크, 헬스테크 분야의 스타트업에 초기자금을 지원했다. 창업지원을 위한 주요 공간으로 'Oulu Innovation Hub'를 설립해 스타트업과 중소기업이 연구개발에 집중할 수 있는 환경을 제공했고, 세계적 기업과 공동 프로젝트도 적극적으로 추진했다. 그 결과, 2000년 이후 300개 이상의 ICT 스타트업이 오울루에서 설립되었으며, AI, 5G, 스마트 헬스케어 분야에서 핀란드 최고의 창업 허브로 부상했다.

셋째는, 오울루대학과 연계한 인재 양성 프로그램도 도시전환에서 중요한 역할을 했다. '기술 혁신을 지속하려면 인재가 필요하다.'라는 원칙에 따라, 오울루는 산학연 협력 교육모델을 도입해 대학과 기업이 함께 무선통신, AI, 로봇공학, 데이터 사이언스 특화 과정을 운영했다. 대학생들은 실제 연구·개발 프로젝트에 참여할 기회를 얻었고, 기존 제조업 종사자들을 위한 재훈련 프로그램도 마련해 ICT 산업으로의 전환을 유도했다. 5G 및 AI 기술기반 신산업으로의 취업 연계 또한 강화되어, 오울루는 핀란드 내 최고 수준의 ICT 전문가 양성 도시로 성장했다.

넷째는, 지속 가능한 스마트시티 개발도 병행되었다. '도시 자체가 혁신을 촉진하는 공간이 되어야 한다.'는 목표로, 오울루는 핀란드 최초의 5G 테스트베드(Testbed) 도시로 지정되었고, 이를 바탕으로 스마트 교통, 원격 의료, AI 기반 행정시스템 등 다양한 실증 프로젝트를 실행했다. 동시에 친환경 에너지(풍력, 태양광) 기반의 전력 시스템을 도입하고, 전기차 및 자율주행 시스템의 연구개발도 진행했다. 이러한 도시 전환전략은 오울루를 유럽 내 가장 스마트한 도시 중 하나로 만들었고, 5G 및 스마트시티 기술을 실현하는 실험도시로서의 위상을 확고히 했다.

이처럼 오울루는 기술 클러스터, 창업지원, 인재 양성, 스마트시티 개발이라는 네 개의 축을 유기적으로 결합해 전통산업기반 도시에서 미래 기술 중심 도시로 탈바꿈하는 데 성공했다. 이는 "첨단기술이 실험될 수 있는 환경을 제공하면, 자연스럽게 혁신이 일어난다."라는 사실을 입증한 사례다.

(4) 오울루의 경제 활성화 모델이 주는 교훈

오울루의 경제 활성화 모델은 산업구조가 무너진 도시도 전략적 혁신과 협력체계를 통해 다시 성장할 수 있다는 다음과 같은 중요한 메시지를 전한다.

첫째, ICT 클러스터 조성은 산업전환의 동력이 될 수 있다. 오울루는 무선통신과 AI, 5G 등 첨단기술 분야에 집중하면서 전통 제조업에서 기술 기반산업구조로 성공적으로 전환했다.

둘째, 세계적 기업과의 협력은 기술 중심 경제모델 구축에 있어 중요한 조건이다. 노키아를 비롯한 세계적 기업과의 협력은 연구·개발 인프라 강화, 지역 기술 생태계 성장, 세계 시장 진출로 이어졌고, 이는 도시 전체의 경쟁력을 끌어올리는 데 결정적인 역할을 했다.

셋째, 인재 양성과 창업지원은 지속 가능한 경제성장을 위한 기반이다. 대학과 기업이 함께하는 산학 협력 교육모델, 스타트업 지원 프로그램, 재직자 재교육시스템은 지역 내 기술 인력을 늘리고, 청년층 유출을 막는 효과적인 해법이 되었다.

넷째, 스마트시티 개발과 첨단기술의 융합은 도시 자체를 혁신 허브로 만드는 전략이 될 수 있다. 오울루는 도시 공간을 5G 기반의 실증 무대로 전환하고, 스마트 교통·의료·행정을 도입함으로써 유럽 내에서도 손꼽히는 미래형 도시로 떠올랐다.

오울루는 "산업 쇠퇴 이후에도 혁신적인 전략이 있다면 경제를 다시 살릴 수 있다."라는 사실을 입증한 도시다.

2. 스완지(Swansea, 웨일스): 창업 클러스터와 도시재생 성공사례
― 쇠퇴한 항구도시가 혁신과 창업의 중심지로 변신할 수 있을까? ―

구분	주요 내용
도시 개요	영국 웨일스 남서부 항구도시, 20세기 후반 산업 쇠퇴로 침체, 2000년대 이후 도시재생·창업생태계 전략 추진
추진조직	'스완지 혁신 및 도시재생 추진단' 설립, 지방정부·대학·민간기업·창업지원기관 협력, PPP 구조로 도시재생·창업 병행
주요 전략	창업 클러스터와 혁신 생태계 구축(핀테크·AI 중심), 스마트도시 기반 도시재생(스마트 인프라·해안 개발), 정부·EU 기금 통한 스타트업 지원·투자유치, 대학 연계 인재 양성·채용 프로그램

성과	10년간 100개 이상 기술 스타트업 설립, 스타트업 수 연평균 20% 증가, 청년 실업률 30% 이상 감소, 관광객 연평균 15% 증가, 평균 소득 상승 및 경제 불균형 완화
시사점	창업 클러스터는 경제성장의 동력, 도시재생과 경제 활성화의 병행 효과, 기업 유치와 인재 양성의 균형 필요, 공공-민간 협력과 장기적 지원이 변화의 지속성 확보

(1) 스완지, 산업 쇠퇴에서 혁신 허브로

웨일스 남서부에 있는 스완지(Swansea)는 영국 산업혁명 시기에 중요한 역할을 했던 항구도시였다. 19세기부터 20세기 초반까지 금속산업과 조선업의 중심지로 번성했던 스완지는 산업화시대의 상징적인 도시 중 하나였다. 그러나 20세기 후반에 접어들면서 산업구조 변화와 글로벌 경쟁 심화로 인해 주요 산업이 급속히 쇠퇴했고, 이로 인해 지역경제는 심각한 침체를 겪게 되었다.

2000년대 초반에는 실업률이 상승하고 젊은 인구가 지역을 떠나면서 도시의 활력은 점점 사라졌다. 과거의 산업 유산은 쇠락한 흔적만을 남긴 채 스완지는 영국 내에서도 대표적인 쇠퇴도시로 꼽히기에 이르렀다.

그러나 스완지는 이러한 위기를 기회로 바꾸기 위해 과감한 도시재생 프로젝트에 나섰고, 창업 클러스터 육성과 혁신 생태계 조성이라는 새로운 전략을 통해 부활을 꿈꿨다.

쇠퇴한 공업 도시가 어떻게 창업과 혁신의 중심지로 변신할 수 있었을까?

(2) 경제 활성화를 위한 추진조직 구성

스완지는 산업 쇠퇴의 위기를 극복하기 위해 '스완지 혁신 및 도시재생 추진단(Swansea Regeneration & Innovation Board)'을 설립하였다. 이 추진단은 지방정부를 중심으로 지역대학, 민간기업, 창업 지원기관 등이 협력하여 구성되었는데, 도시재생과 창업생태계 구축을 동시에 추진하는 이중 전략을 채택하였다.

운영 전략은 세 가지 원칙에 기반을 뒀다. 첫째, 공공과 민간이 함께 투자하고 협력하는 공공-민간 동반관계(PPP) 구조를 통해 다양한 이해관계자가 함께 도시 재건을 이끈다. 둘째, 기존 산업구조에 의존하는 대신 스타트업 중심의 경제모델로 전환해 지역경제를 활성화하고 고용을 창출한다. 셋째, 기술과 환경을 고려한 지속 가능한 스마트도시 개발 전략을 도입해 장기적인 성장 기반을 마련한다.

스완지가 마주한 질문은 이러하다. 쇠퇴한 산업기반을 어떻게 혁신산업으로 바꿀 수 있을까? 젊은 인재의 유출을 막고, 창업을 촉진하기 위해선 어떤 환경을 조성해야 할까? 도시재생과 경제 활성화를 병행하는 전략은 어떻게 가능할까?

(3) 스완지 창업 클러스터와 도시재생 성공전략

스완지는 쇠퇴한 공업 도시에서 혁신과 창업의 중심지로 변모하기 위해 네 가지 주요 전략을 중심으로 도시재생과 경제회복을 동시에 추진했다.

첫째, 창업 클러스터 조성과 혁신 생태계 구축이었다. 지역경제를 살리려면, 새로운 비즈니스가 필요하다는 인식 아래, 스완지는 '스완지 테크 허브(Swansea Tech Hub)'를 중심으로 핀테크, 인공지능(AI), 스마트 기술 등 첨단산업 분야의 기업을 유치했다. 스타트업을 위한 전용 사무실, 연구소, 공동 작업 공간을 마련하고, 스완지대학과 연계해 연구진과 학생들이 창업에 참여할 수 있도록 인큐베이터를 운영했다. 기술기반 창업에 필요한 초기자금은 '스타트업 지원펀드'를 통해 뒷받침했다. 그 결과, 2000년대 이후 창업기업 수가 많이 증가했고, 젊은 인재들이 다시 스완지로 유입되면서 지역경제에 활력이 돌았다. 이는 "창업생태계를 구축하면, 새로운 산업이 자연스럽게 성장할 수 있다."라는 전략의 효과를 보여 준다.

둘째, 스마트도시 기반의 도시재생 프로젝트를 본격화했다. '도시 자체가 매력적이지 않으면, 기업도 사람도 머물지 않는다.'는 문제의식에서 출발해, 스완지는 도심에 스마트 빌딩과 복합 업무공간을 신설하고, 전기버스와 자전거 도로 등과 같은 친환경 교통시스템을 도입했다. 공공 와이파이와 5G 인프라를 도시 전역에 구축해 디지털 친화적 환경을 조성했다. 해양도시라는 특성을 살려 해안가를 재개발하고, 스마트 워터프론트와 친환경 주거단지를 조성했으며, 문화와 예술 공간을 스타트업 활동과 결합해 도시의 창의성과 정체성을 동시에 살렸다. 그 결과, 도시 미관이 개선되고 기업 유치율이 상승했으며, 관광객 유입 증가와 함께 서비스 산업도 활기를 되찾았다. 이는 "도시환경이 개선되면, 경제활동도 더욱 활발해진다."라는 점을 입증하는 사례였다.

셋째, 정부 주도의 스타트업 지원과 투자유치 전략도 병행되었다. '기업들이 정착할 수 있는 환경을 만들어야 한다.'는 목표 아래, 스타트업에 법인세 감면, 초기자금 지원 등의 다양한 성과보수를 제공했다. 기술기반 창업을 대상으로는 맞춤형 자금지원 프로그램을 운영했으며, 대형 벤처캐피털 및 세계적 기업들과 전략적 동반관계를 맺고 공동 투자 및 창업보육 프로그램을 가동했다. 영국 정부와 EU 기금을 활용한 장기 재정지원도 창업생태계 조성에 크게 이바지했다. 그 결과, 스완지에는 스타트업이 꾸준히 늘어났고, 해외 기업과 투자자들이 유입되며 장기적인 경제성장의 기반이 마련되었다. "자본과 지원이 뒷받침되지 않으면, 창업생태계는 성장할 수 없다."라는 교훈을 현실에서 구현한 셈이다.

넷째, 지역 교육과 인재 양성 시스템을 정비해 지속 가능한 성장을 도모했다. 스완지대학은 IT, AI, 바이오테크 등 산업의 수요에 맞춘 교육과정을 개설하고, 졸업생들에게는 창업지원과 멘토링 프로그램을 제공했다. 청년 인재의 유출을 막기 위해 지역 스타트업과 연계한 채용 우선 프로그램도 운영했으며, 원격근무와 디지털 노마드 지원체계를 갖추어 세계적 기업과의 협업 기회를 확장했다. 그 결과, 지역 내 기술 인력이 증가하고 기업 유치 경쟁력이 높아졌으며, 청년층의 유출은 감소하고 새로운 일자리가 생겨났다. 이는 "기술인재가 있어야 혁신산업이 성장할 수 있다."라는 원칙을 실천한 사례였다.

(4) 스완지 경제 활성화 추진단 운영성과

스완지는 쇠퇴한 공업 도시에서 창업과 혁신의 중심지로 탈바꿈하며 도시재생의 모범사례로 떠올랐다. 그 중심에는 창업 클러스터의 성공과 기술산업의 성장이 있었다. 스타트업 수는 연평균 20% 이상 증가했으며, 10년 만에 100개가 넘는 기술기반 스타트업이 설립되었다. 이는 지역경제에 새로운 동력을 불어넣었고, 청년층의 창의적 활동과 고용 확대를 동시에 끌어냈다.

또한, 도시재생을 통한 관광 및 서비스 산업의 활성화도 눈에 띄는 성과를 냈다. 스마트 인프라와 해양도시 특성을 살린 친환경 개발, 문화예술 공간 확충 등으로 연평균 관광객 유입이 15% 이상 증가했고, 해양산업과 결합한 지속 가능한 도시 모델이 구축되었다.

이러한 변화는 고용 창출과 지역경제 성장으로 이어졌다. 창업 활성화 덕분에 청년 실업률은 10년 동안 30% 이상 감소했고, 지역 내 평균 소득이 상승하면서 경제적 불균형도 점차 완화되었다.

(5) 스완지의 경제 활성화 모델이 주는 교훈

스완지의 경제 활성화 모델은 쇠퇴한 공업 도시도 창업과 혁신을 기반으로 다시 살아날 수 있다는 중요한 교훈을 제공한다.

첫째, 창업 클러스터 조성이 새로운 경제성장을 견인할 수 있다는 점이다. 기술 중심의 스타트업 생태계를 조성함으로써, 스완지는 기존의 낡은 산업구조를 탈피하고 미래 지향적인 경제구조로 전환할 수 있었다.

둘째, 도시재생과 경제 활성화를 동시에 추진하는 전략이 효과적이었다. 도시의 물리적 환경을 개선하면서도 창업과 관광, 서비스 산업을 병행해 활성화함으로써 사람과 기업이 머물고 싶은 도시를 만드는 데 성공했다.

셋째, 기업 유치와 인재 양성이 균형을 이루어야 지속 가능한 발전이 가능하다는 점이다. 기업들이 안착할 수 있도록 인프라와 정책을 지원하는 동시에, 지역대학과 연계한 인재 양성 시스템을 통해 장기적인 산업 경쟁력을 확보했다.

넷째, 공공-민간 협력은 필요하며, 단기성과에 그치지 않고 장기적 지원이 병행되어야 한다는 사실도 분명해졌다. 정부와 기업, 지역사회가 함께하는 구조 속에서 정책의 일관성과 실행력이 담보될 때 변화는 실질적인 효과를 낼 수 있다.

스완지 사례는 "쇠퇴한 공업 도시도 창업과 혁신 생태계 조성을 통해 다시 살아날 수 있다."라는 강력한 메시지를 남긴다.

3. 마르델플라타(Mar del Plata, 아르헨티나): 수산업 중심 재생

– 침체한 항구도시가 어떻게 수산업 중심 경제로 성장할 수 있었을까? –

구분	주요 내용
도시 개요	아르헨티나 동부 해안 항구도시, 한때 수산업·관광 중심지였으나 1990년대 남획·해양오염·국제가격 변동으로 경제 침체
추진조직	'마르델플라타 해양경제 재생 추진단' 설립, 지방정부·어업협회·연구소·국제환경단체·민간기업 협력, 지속 가능한 수산업과 지역경제 활성화 공동 목표
주요 전략	해양자원 보호·친환경 어업 전환(금어기·어획량 제한, 스마트 어선·IoT 도입), 해산물 가공산업 고도화·글로벌 수출 확대, 수산업+관광 결합(체험·미식·생태관광), 인재 양성·기술혁신(스마트 어업·양식기술·창업 지원)

성과	어선당 생산량 약 20% 증가, 지역 일자리 15% 확대, 해양관광객 연평균 25% 증가, 해양·수산업 창업 비율 30% 이상 증가, 국제 수출시장 확대·지속가능 어업 인증 확보
시사점	지속 가능한 어업정책은 경제회복의 핵심 수단, 해산물 가공 고도화와 글로벌 수출은 산업가치 제고, 수산업과 관광업의 결합은 경제 다각화 촉진, 기술 혁신과 인재 양성은 장기적 성장 기반

(1) 마르델플라타, 번영에서 위기로

아르헨티나 동부 해안에 있는 마르델플라타(Mar del Plata)는 한때 남미 최대의 어업과 관광산업의 중심지로 명성을 떨쳤다. 해산물 가공업을 중심으로 한 수산업은 도시 경제의 주요 동력이었고, 아름다운 해변과 리조트는 국내외 관광객들을 끌어들이는 중요한 자산이었다.

그러나, 1990년대 후반부터 마르델플라타는 심각한 경제위기를 겪게 된다. 남획과 해양오염, 그리고 국제 수산물 가격의 급격한 변동이 맞물리면서 수산업이 해체위기에 처했고, 관광업마저 침체를 겪으며 도시 전체의 경제기반이 흔들렸다. 이로 인해 실업률이 상승하고, 청년층의 이탈이 가속화되었으며, 많은 소규모 어업 종사자들이 생계를 위협받는 상황에 놓였다.

하지만, 마르델플라타는 위기를 기회로 바꾸는 전환점을 마련했다. 지속 가능한 수산업 혁신과 경제구조 개편을 중심으로 도시 재건에 나선 것이다.

"어떻게 무너진 지역경제를 다시 활성화할 수 있었을까?"

그 중심에는 바로 '마르델플라타 추진단'의 전략적 접근이 있었다.

(2) 경제 활성화를 위한 추진조직 구성

마르델플라타는 심각한 경제침체 속에서도 과감한 전환을 선택했다. '마르델플라타 해양경제 재생 추진단(Mar del Plata Marine Economic Revitalization Committee)'의 설립은 그 첫걸음이었다. 이 추진단은 지방정부를 중심으로 어업협회, 해양연구소, 국제 환경단체, 민간기업이 함께 참여하는 협의체로, 지속 가능한 수산업 개발, 해양생태계 보호, 지역경제 활성화를 공동 목표로 설정했다.

추진단의 운영은 세 가지 원칙에 따라 진행되었다.

첫째는, 해양자원 보호와 친환경 수산업으로의 전환이다. 마르델플라타는 남획 문제 해결을 위해 어획량 제한, 금어기 강화, 어종 회복 프로그램을 도입했고, 어민들에게는 친환경 어업방식을 교육하고 보조금을 지원함으로써 수산업의 지속 가능성을 확보했다.

둘째는, 수산업과 관광업의 연계를 통한 지역경제모델 구축이다. 해산물을 채취하고 가공하는 데서 그치지 않고, 해양생태 관광, 로컬 해산물 체험마켓, 어촌마을 문화체험 등을 통해 어업과 관광이 시너지를 낼 수 있는 구조를 만들었다.

셋째는, 산업 다각화와 스마트 어업 도입이었다. 전통 어업에 디지털 기술을 접목해 위성 기반 어장관리, 실시간 어획 데이터 분석, 스마트선박 운영시스템 등을 도입했고, 이를 통해 어업의 생산성과 환경 관리 효율성을 동시에 높였다.

(3) 마르델플라타 경제 활성화 추진단의 성공전략과 운영성과

마르델플라타는 무너진 수산업 기반을 회복하고 지역경제를 되살리기 위해 네 가지 전략을 중심으로 혁신을 추진했다.

첫째는, 지속 가능한 수산업 모델 구축이었다. '남획을 줄이면서도 어업 생산성을 높일 방법이 필요했다.'라는 인식에 따라, 마르델플라타는 스마트 어선과 IoT 기반 해양생태계 감시시스템을 도입하고, 정부 차원에서 어획량 제한과 조업 금지 구역을 설정하는 등 철저한 자원 관리에 나섰다. 동시에 자연산 어획에 대한 의존도를 줄이기 위해 친환경 양식업을 확대하고, 지역대학 및 연구소와 협력해 지속 가능한 양식기술을 개발했다. 그 결과, 해양생태계가 회복되었고, 어선당 생산량은 약 20% 증가하면서 비용 절감 효과도 함께 나타났다. 이는 환경보호와 경제성장의 균형이 가능하다는 점을 증명한 사례다.

둘째는, 해산물 가공 산업육성과 글로벌 수출시장 확대전략이었다. 지역경제를 다시 일으키기 위해 마르델플라타는 기존의 원물 판매방식에서 벗어나 고부가가치 해산물 가공 산업을 본격적으로 육성했다. 냉동, 즉석조리, 특수가공 등 다양한 방식의 제품을 개발하고, 프리미엄 해산물 브랜드를 구축함으로써 수출 경쟁력을 높였다. EU, 아시아, 북미 등 세계 시장을 표적으로 고품질 수산물 수출을 확대했으며, 국제 해양기구와 협력해 지속 가능한 어업인증도 확보했다. 이러한 전략은 지역 내 일자리 증가(약 15%)로 이어졌고, 수출 확대에 따라 유럽과 아시아 시장에서의 판매량도 눈에 띄게 증가했다.

셋째는, 어촌 및 해양관광과의 연계 개발이다. 마르델플라타는 수산업과 관광업을 결합해 산업구조를 다각화하고, 새로운 지역 브랜드를 구축하는 데 성공했다. 관광객들은 어촌체험 프로그램을 통해 실제 어업 활동에 참여할 수 있었고, 고래 관찰, 스쿠버 다이빙, 친환경 크루즈 등 다양한 해양생태 관광프로그램도 마련되었다. 더불어, 로컬 해산물을 활용한 미식 관광도 활성화되어 해산물 전문 레스토랑과 연계된 '미식 투어'가 큰 인기를 끌었고, 국제 요리 축제 및 해산물 박람회를 통해 마르델플라타는 '해양과 식문화를 결합한 관광도시'로 자리 잡았다. 그 결과, 해양 관광객 수는 연평균 25% 증가했고, 소상공인과 지역 서비스업 전반에 활기를 불어넣었다.

넷째는, 수산업 전문 인재 양성과 기술 혁신이 있었다. 어업의 현대화와 지속 가능한 혁신을 위해 마르델플라타는 지역대학, 해양연구소와 협력해 스마트 어업, 친환경 양식기술, 해양생태계 복원 등과 관련된 연구개발을 강화했다. 또한, 기존 어업 종사자들을 위한 디지털 어업 기술교육 프로그램을 마련해 전통 어업인들의 기술 전환을 유도했고, 청년층을 대상으로는 어업과 관광을 연계한 창업 프로그램과 비즈니스 모델을 지원했다. 이로써 해양관광 및 수산물 관련 창업 비율이 30% 이상 증가했으며, 지속 가능한 어업 기술의 확산으로 해양오염과 남획 문제도 완화되었다.

이러한 변화는 기술과 인재, 환경과 경제의 조화를 통해 가능했다. 마르델플라타는 "기존 어업 모델을 개선하고, 산업을 다각화해야 한다."는 원칙을 실천에 옮긴 도시로, 환경 보전과 지역경제 회복을 동시에 이룬 대표적인 해양도시 혁신 사례로 주목받고 있다.

(4) 마르델플라타의 경제 활성화 모델이 주는 교훈

마르델플라타의 경제 재생 모델은 전통산업의 위기를 기회로 전환하고, 지속 가능한 성장 기반을 마련한 대표사례로써 많은 지역에 시사점을 제공한다.

첫째, 지속 가능한 어업정책은 지역경제를 살릴 수 있는 강력한 수단이 된다. 무분별한 남획을 억제하고 해양생태계를 복원하면서도 어업 생산성을 높이는 전략은 환경보호와 경제성장의 균형을 이룬 성공적 사례였다.

둘째, 해산물 가공 산업의 고도화와 글로벌 수출전략은 수산업의 가치를 한 단계 끌어올리는 열쇠였다. 채취 중심의 산업구조에서 벗어나 고부가가치 제품을 개발하고, 이를 세계 시장에 브랜드화하여 수출함으로써 지역경제의 외연을 넓혔다.

셋째, 수산업과 관광업의 연계는 지역경제를 다각화하고 새로운 기회를 창출하는 효과적인 접근이었다. 해양체험 관광과 미식 산업은 어업에 문화와 경험을 더해 지역 브랜드를 형성하고, 소상공인과 서비스 산업 전반의 활성화를 이끌었다.

넷째, 기술 혁신과 인재 양성은 장기적인 성장의 토대였다. 스마트 어업, 친환경 양식, 해양생태 복원 등 다양한 분야에서 연구와 교육이 병행되며 산업의 지속 가능성과 경쟁력이 동시에 강화되었다.

마르델플라타의 사례는, "전통적인 어업도 현대화와 혁신을 통해 경제성장을 견인하는 산업으로 발전할 수 있다."라는 사실을 보여 주었다.

4. 칼리(Cali, 콜롬비아): 마이크로파이낸스를 활용한 경제회복

– 살사댄스의 수도 칼리,
Microfinance가 빈곤을 해결할 수 있을까? –

구분	주요 내용
도시 개요	콜롬비아 서부 도시, 제조업·상업 중심지였으나 1990~2000년대 마약전쟁·폭력·경제 불안으로 침체, 실업·빈곤 심화
추진조직	'칼리 마이크로파이낸스 & 지역경제 활성화 추진단' 설립, 지방정부·지역 금융기관·국제 NGO·민간기업·시민단체 협력, 목표는 금융 접근성 확대·창업지원·빈곤층 자립
주요 전략	소액대출·공동체 기반 대출(Group Lending) 도입, 창업 컨설팅·멘토링·네트워크 지원, 금융리터러시 교육 강화·상환관리 시스템 도입, 여성·사회적 약자 대상 맞춤형 금융서비스 제공
성과	5년 내 1만 명 이상 소상공인 대출 지원, 창업생존율 30% 이상 증가, 대출 회수율 95% 초과, 금융 접근성 개선(소외계층 60% 이상 대출·저축 가능), 여성 창업자 비율 40% 이상 확대
시사점	포용적 금융은 경제 활성화의 핵심 전략, 단순 대출이 아닌 창업지원·교육·멘토링이 병행돼야 효과, 공동체 기반 대출은 신뢰·책임 강화 및 상환률 제고, 여성·사회적 약자의 경제 참여 확대는 지속 성장 촉매

(1) 칼리, 경제위기에서 재기의 길을 찾다

콜롬비아 서부에 있는 칼리(Cali)는 한때 제조업과 상업의 중심지로 번영을 누렸다. 그러나 1990~2000년대에 이르러 칼리는 마약 카르텔과의 전쟁, 극심한 폭력 문제, 경제 불안정의 삼중고에 직면했고, 그 결과 지역경제는 심각하게 파괴되었다.

실업률은 급증했고 저소득층은 경제시스템에서 점차 소외되었으며, 수많은 중소기업이 문을 닫았다. 금융 접근성이 낮은 서민층과 소규모 자영업자들은 은행의 대출 문턱조차 넘지 못해 생계유지조차 어려운 상황에 몰렸다. 이러한 구조적 문제는 칼리 내부의 경제적 불평등을 더욱 심화시켰다.

그러나, 절망의 도시는 다시 일어섰다. 칼리는 기존 금융시스템의 사각지대를 해결하기 위해 마이크로파이낸스(Microfinance)를 도입했고, 이를 통해 소외된 계층에게 금융의 문을 열어 주며 지속 가능한 지역경제 재건 모델을 구축해 나갔다.

"어떻게 소액 금융이 빈곤 해결과 경제 활성화의 도구가 될 수 있었을까?" 그 해답은 바로 '칼리 추진단'의 전략적 접근과 포용적 금융구조의 설계에 있었다.

(2) 경제 활성화를 위한 추진조직 구성

칼리는 무너진 지역경제를 되살리기 위해 '칼리 마이크로파이낸스 & 지역경제 활성화 추진단(Cali Microfinance & Local Economic Development Committee)'을 설립했다. 이 추진단은 지방정부를 중심으로 지역 금융기관, 국제 NGO, 민간기업, 시민단체가 협력하여 구성되었으며, 주요 목표는 금융 접근성 확대, 창업 및 소규모 비즈니스 지원, 그리고 빈곤층의 경제적 자립이었다.

운영원칙은 세 가지 축을 중심으로 구성되었다. 첫째, 기존의 은행시스템에 접근할 수 없었던 저소득층과 소규모 사업자를 위한 포용적 금융 지원이다. 칼리는 담보가 없어도 일정한 신용교육과 사회적 연계를 기반으로 한 소액 대출시스템을 마련하였고, 이를 통해 서민층이 안정적인 경제활동을 시작할 수 있도록 도왔다.

둘째, 소액 대출을 활용한 창업지원과 지역경제 활성화였다. 생계형 대출이 아니라, 소규모 자영업이나 창업 아이템에 실질적인 자금이 투입되도록 설계하여 자영업자와 중소기업이 자생할 수 있는 기반을 마련하였다.

셋째, 금융 리터러시(Financial Literacy) 교육 강화를 통해 대출 이후의 성공 가능성을 높이는 데 집중했다. 대출을 받은 시민들에게는 기본적으로 회계, 지출 관리, 마케팅, 경영 관리 등을 포함한 실무교육이 제공되었고, 이는 단기적인 자금지원에 그치지 않고 장기적인 경제자립으로 이어지도록 설계되었다.

(3) 마이크로파이낸스를 활용한 경제회복 성공전략

칼리는 경제 붕괴와 사회 불안정 속에서도 마이크로파이낸스를 중심으로 한 포용적 금융전략을 통해 지역경제 회복에 성공했다. 이 과정에서 칼리는 네 가지 주요 축을 중심으로 실질적인 변화와 성과를 끌어냈다.

첫째, 금융 접근성 확대와 포용적 대출시스템 구축이다. '전통적인 은행시스템에 접근하지 못하는 계층을 위한 금융서비스가 필요했다.'라는 문제의식에서 출발해, 칼리는 신용정보가 없더라도 대출이 가능한 소액금융(Microcredit) 프로그램을 운영했다. 대출금액을 소액으로 설정해

상환 부담을 최소화했고, 의료비, 교육비, 소규모 창업자금 등 다양한 용도로 활용이 가능하도록 했다. 개인 신용평가가 어려운 경우에는 공동체 기반 대출시스템, 즉 공동책임 대출모델(Group Lending)을 도입해, 마을 단위나 소규모 협동조합 단위에서 대출에 대해 집단으로 상환책임을 지도록 하는 구조를 마련했다. 이에 따라 수천 명의 소상공인이 창업의 기회를 얻었으며, 비정규 노동자와 여성 사업가, 농업 종사자들 또한 안정적인 금융지원을 받을 수 있었다.

둘째, 창업 및 소상공인 지원 프로그램 운영이다. '단순 대출이 아니라, 성공적인 사업운영을 위한 지원이 필요하다.'라는 인식 아래, 칼리는 창업 컨설팅과 멘토링 프로그램을 마련했다. 지역의 기업가들과 전문가들이 대출자에게 자문을 제공하고, 저소득층 여성과 청년층을 위한 맞춤형 창업지원이 함께 이뤄졌다. 또한, 마이크로파이낸스를 통해 창업한 사업자들끼리 협동조합을 구성하거나 지역 비즈니스 네트워크를 형성하여 공동구매와 물류시스템을 활용함으로써 운영비용을 절감하고 시너지를 낼 수 있도록 했다. 이러한 지원으로 창업생존율은 기존 대비 30% 이상 증가했고, 소규모 사업체 증가와 고용 창출이 지역 내 경제 순환을 촉진하는 긍정적 효과로 이어졌다.

셋째, 금융교육 및 상환관리 시스템을 강화하는 것이다. '대출을 받은 사람들이 성공적으로 돈을 갚고, 지속해서 성장할 수 있어야 한다.'는 원칙에 따라, 칼리는 대출 과정에서 반드시 금융 리터러시(Financial Literacy) 교육을 받도록 하였다. 대출금 운용, 사업계획 수립, 저축 관리 등의 실질적인 내용으로 구성된 이 교육은 실패율을 낮추는 데 큰 도움이 되었고, 유연한 상환 조건과 이자율 조정, 조기 경고시스템을 통한 연체 방지 전략을 함께 도입하면서 대출금 회수율이 95%를 초과하는 성과를 기록했다. 이는 마이크로파이낸스가 일회성 자금지원이 아닌 지속 가능한 시스템으로 자리 잡을 수 있었던 중요한 기반이 되었다.

넷째, 여성과 소외계층의 경제적 자립 지원도 중요한 전략 중 하나였다. 칼리는 여성 창업자들을 위한 우대 대출과 전문 창업 컨설팅, 지역 여성 협동조합과의 연계 프로그램을 통해 여성의 경제 참여를 확대했고, 노점상, 일용직 종사자, 이민자 등 정규화되지 않은 경제 분야에 종사하는 계층에게도 맞춤형 금융서비스를 제공했다. 이를 위해 모바일 뱅킹과 디지털 금융시스템을 도입해 접근성을 개선했고, 현장 중심의 서비스를 통해 사각지대를 최소화했다. 그 결과, 여성 창업자의 수와 경제 참여율이 눈에 띄게 증가했으며, 그들이 지역경제에 미치는 영향력도 점차 커졌다.

(4) 칼리 마이크로파이낸스 추진단 운영성과

칼리는 마이크로파이낸스를 전략적으로 활용하여 와해한 지역경제를 회복하고, 포용적 성장모델을 구축한 대표적인 도시 사례로 떠올랐다.

우선, 마이크로파이낸스를 통한 경제회복이 눈에 띄는 성과를 거두었다. 도입 후 5년 이내에 1만 명 이상의 소상공인이 소액 대출을 지원받았으며, 이로 인해 창업생존율이 높아지고 지역 내 자영업 중심의 경제 순환이 강화되었다. 마이크로 대출이 생계형 자금이 아닌 지속 가능한 자립기반으로 작용했다는 점에서 의미가 크다.

또한, 금융 접근성 개선과 빈곤 완화 역시 중요한 결과였다. 기존 금융시스템에서 완전히 소외되어 있던 시민 중 60% 이상이 대출 및 저축 서비스를 이용할 수 있게 되었고, 이는 실질적인 생활 안정과 소비 여력의 향상으로 이어져 지역경제 전반에 긍정적인 파급효과를 만들어 냈다. 실업률 역시 점차 감소하며 경제적 활력 회복의 흐름을 뒷받침했다.

여성과 사회적 약자의 경제적 자립 지원은 주목할 만하다. 여성 창업자 비율이 40% 이상 증가했고, 이들을 위한 맞춤형 금융상품과 컨설팅, 협동조합 연계 전략이 작동하면서 성공적인 자립사례들이 다수 등장했다. 이는 단순 지원으로 끝나지 않고 사회구조 안에서의 실질적인 경제 참여 확대로 이어졌다.

포용적 금융과 지역 중심의 협력구조는 오늘날 사회적 불평등과 경제적 취약성을 해결하려는 많은 도시에 중요한 시사점을 주고 있다.

(5) 칼리의 마이크로파이낸스 모델이 주는 교훈

칼리의 마이크로파이낸스 모델은 경제적 자립과 지역 재생을 동시에 실현한 혁신적 사례로 주목받고 있다.

칼리 모델이 주는 교훈은 다음과 같다.

첫째, 포용적 금융시스템은 경제 활성화의 주요 전략이 될 수 있다. 기존 금융시스템의 문턱을 넘지 못했던 저소득층과 소외계층에게 마이크로파이낸스는 실질적인 경제 참여의 기회를 제공했다. 금융 접근성이 확대되면서 소상공인과 자영업자의 창업이 늘어나고 지역경제 전체에 활력이 되살아났다.

둘째, 대출만으로는 충분하지 않다. 창업 컨설팅, 멘토링, 재정 교육 등 종합적인 지원 시스템이 함께 제공되어야 비로소 대출이 자립으로 이어질 수 있다. 칼리는 창업 준비부터 운영, 상환관리까지 전 과정에 실질적인 지원을 병행하면서 창업생존율을 높이는 데 성공했다.

셋째, 공동체 기반의 대출모델은 신뢰와 책임을 강화하고, 상환 성공률을 높이는 효과적인 방법이 될 수 있다. 개인 신용이 낮거나 보증이 어려운 이들에게는 마을 단위, 협동조합 단위의 집단대출과 상환 책임구조가 대안이 되며, 이는 동시에 지역사회의 유대와 협력을 강화하는 계기가 되었다.

넷째, 여성과 사회적 약자의 경제 참여 확대는 형식적인 복지를 넘어 전체 경제성장의 촉매 역할을 한다. 칼리에서는 여성 창업 비율이 많이 증가했으며, 이들이 지역경제 내에서 활발히 활동하게 되면서 새로운 일자리 창출과 서비스 산업 확장이 동반되었다. 소외된 계층이 주체로 전환될 때 경제는 더욱 견고해진다.

5. 사라예보(Sarajevo, 보스니아 헤르체고비나) : 전쟁 이후 경제재건

– 전쟁 후 폐허가 된 도시에서 경제를 다시 일으킬 수 있을까? –

구분	주요 내용
도시 개요	보스니아 헤르체고비나 수노, 1992~1996년 전쟁으로 인프라·산업·금융 붕괴, 인구 유출·투자 위축으로 경제 침체
추진조직	'사라예보 경제재건추진단(SEDC)' 출범, 정부·민간기업·국제기구·지역사회 협력, PPP 구조와 국제기금(EU·UN·세계은행) 활용, 지역사회 중심 모델 채택

주요 전략	인프라 복구와 산업 재건(교통·전력·통신, 금속·자동차 부품 제조, IT·관광·금융 신산업), 외국인 투자유치 및 금융시스템 안정화, 관광·서비스 산업 활성화(올림픽 유산·평화관광), 교육·인재 양성(직업훈련·청년 창업지원)
성과	2000년대 중반 이후 경제성장률 연 5% 이상, 제조업·금융·관광의 GDP 기여도 확대, 외국기업 투자 유입, 관광객 연 100만 명 이상 방문, 고용 창출·주민 생활 안정
시사점	인프라 재건은 경제회복의 전제 조건, 외국인 투자유치는 자본 부족 극복의 해법, 관광·서비스 산업은 역사·문화를 경제 자산으로 전환 가능, 교육·인재 양성은 장기적 성장의 핵심 기반

(1) 사라예보, 폐허에서 경제재건을 시작하다

보스니아 헤르체고비나의 수도 사라예보는 1992년부터 1996년까지 발칸 전쟁 중 최악의 포위 공격을 겪으며 도시 전체가 폐허로 변했다. 전쟁으로 인해 경제 인프라는 완전히 파괴되어 산업, 교통, 금융시스템이 모두 마비되었고, 대규모 인구 유출로 고용이 급격히 줄어들면서 지역경제는 악순환에 빠졌다. 여기에 더해 국제사회의 신뢰를 잃으며 외국인 투자도 저조했고, 이는 경제회복속도를 더욱 늦추는 요인이 되었다. 그러나 이러한 절망적인 상황 속에서도 사라예보는 전쟁 이후 경제재건에 성공했다. 폐허가 된 도시에서 어떻게 다시 경제를 활성화할 수 있었을까? 그 해답은 바로 '사라예보 추진단'의 전략에서 찾을 수 있다.

(2) 경제재건을 위한 추진조직 구성

전쟁으로 폐허가 된 사라예보는 경제재건을 위해 '사라예보 경제재건 추진단(SEDC, Sarajevo Economic Development Council)'을 출범시켰다. 이 추진단은 정부, 민간기업, 국제기구, 그리고 지역사회 대표로 구성된 협의체로, 경제회복과 투자유치, 산업 복구를 위한 단계별 전략을 수립하며 본격적인 재건 작업에 착수했다.

추진단의 운영은 세 가지 주요 원칙에 기반을 두었다. 첫째, 정부와 기업이 공동으로 참여하는 민관 협력(PPP: Public-Private Partnership) 체계를 통해 재건을 주도했고, 둘째, 유럽연합(EU), 유엔(UN), 세계은행(World Bank) 등의 국제기구에서 제공하는 기금을 활용해 국내 자본 부족 문제를 극복했다. 셋째, 지역 주민들이 직접 참여하는 '지역사회 중심 모델'을 통해 경제회복의 기반을 지역 내부에서부터 다지는 방식이 적용되었다.

이러한 전략은 세 가지 중요한 질문에 대한 해답을 모색하는 과정이었다. 과연 전쟁으로 파괴된 도시에서 경제를 어떻게 회복할 수 있을까? 국내 자본이 턱없이 부족한 상황에서 외국인 투자를 어떻게 끌어낼 수 있을까? 그리고, 무엇보다 주민들이 경제 재건과정에 어떻게 주체적으로 참여하게 만들 수 있을까? 사라예보는 이에 대한 해답으로 '모든 이해관계자가 협력하는 추진조직이 있어야 경제재건이 가능하다.'라는 교훈을 남겼다.

(3) 사라예보 경제재건 성공전략

사라예보는 전쟁의 폐허 속에서 경제를 다시 일으키기 위해 네 가지 전략을 중심으로 재건을 추진했다.

첫 번째는, 인프라 복구와 산업 재건이었다. 경제회복을 위해 먼저 해결해야 할 과제는 도시의 기본적 기능을 되살리는 일이었다. 파괴된 도로, 교량, 철도 등 교통망을 복원하고, 전력망과 통신망을 재건함으로써 물류 흐름과 산업 활동의 기반을 마련했다. 이어서 전쟁 전 사라예보의 주력 산업이었던 금속 가공 및 자동차 부품 제조업을 복구했고, 동시에 IT, 관광, 금융서비스 등 신산업을 도입해 산업 다각화를 추진했다. 이러한 기반시설 정비와 주요 산업 복원을 통해 외국기업들의 투자가 늘어났고, 제조업 중심의 일자리 창출도 이어졌다. 이는 "기반시설이 없으면 기업과 경제도 성장할 수 없다."라는 원칙을 실천한 사례였다.

두 번째는, 투자유치와 금융시스템의 복원이다. 국내 자본이 부족한 상황에서 외국인 투자를 유치하는 것이 절실했기에, 사라예보는 국제사회의 신뢰를 회복하는 데 집중했다. 기업 친화적인 법과 제도를 마련하고, 금융시스템 안정화를 위해 보스니아 헤르체고비나 중앙은행의 개혁도 단행했다. EU 및 미국 기업들을 대상으로 세금 감면, 공장 설립 지원 등의 유인책을 제시했고, 세계은행과 IMF와의 협력을 통해 개발기금을 확보했다. 그 결과 2000년대 초반부터 외국기업들이 본격적으로 유입되었고, 이는 고용 창출과 기술이전으로 이어졌다. 동시에 금융시스템도 점차 안정되며 세계 시장에서의 신뢰를 회복하는 데 성공했다.

세 번째 전략은, 관광과 서비스 산업의 활성화였다. 사라예보는 전쟁의 상흔을 경제적 기회로 전환할 수 있을지를 고민했고, 역사와 문화라는 자산을 활용한 관광산업 육성에 주목했다. 1984년 동계올림픽 개최 도시라는 유산을 바탕으로 스포츠 관광을 다시 활성화했고, 전쟁 피해지역을 평화 관광지로 개발해 역사적 의미를 되살리는 전략도 함께 추진했다. 이와 더불어, 금융 및 정보기술 서비스 산업도 육성하여 외국기업을 대상으로 한 서비스 허브의 역할을 확대했으며, 원격근무 기반의 글로벌 스타트업 유치에도 힘썼다. 그 결과, 관광객 유입이 증가하면서 지역 소상공인과 자영업자들의 경제가 회복되었고, IT와 금융서비스의 확산으로 사라예보는 점차 글로벌 비즈니스 중심지로 성장하게 되었다.

마지막으로, 사라예보는 장기적인 경제성장을 위해 교육과 인재 양성에 집중했다. 전쟁으로 무너진 교육 시스템을 재건하면서 기술 인력양성을 위한 직업 훈련센터를 설립했고, 실직자들을 대상으로 한 기술교육도 병행했다. 외국기업과의 연계를 통해 인턴십 및 취업 지원을 강화했으며, 청년층의 해외 유출을 막기 위한 창업지원도 병행했다. 스타트업 육성 프로그램과 지역대학과의 협업을 통한 연구·개발 및 신기술 개발도 동시에 추진되었다. 이로써 숙련된 노동력이 많아지고 산업의 경쟁력이 강화되었으며, 청년층의 경제 참여가 확대되면서 장기적인 성장 기반이 마련되었다.

(4) 사라예보 경제재건 추진단 운영성과

사라예보는 전쟁 이후 불과 10년 만에 눈에 띄는 경제회복을 이뤄 냈다. 2000년대 중반부터 보스니아 헤르체고비나의 경제성장률은 연평균 5% 이상을 기록하며 빠르게 반등했고, 제조업, 금융, 관광 등 주요 산업의 GDP 기여도 역시 꾸준히 증가했다. 그리고, 외국 투자유치에 성공하면서 2010년 이후 EU와 중동지역 기업들의 투자가 활발해졌고, 글로벌 금융 및 IT 기업들의 서비스 센터도 사라예보에 자리를 펴기 시작했다.

관광산업의 성장은 지역경제에 큰 활력을 불어넣었다. 매년 100만 명 이상의 관광객이 사라예보를 방문하면서 현지 소상공인과 서비스 산업의 매출이 많이 증가했고, 이는 주민의 생활 안정과 고용 창출로 이어졌다.

(5) 사라예보의 경제재건 모델이 주는 교훈

사라예보의 경제재건 모델은 전쟁으로 폐허가 된 도시조차도 전략적 접근을 통해 다시 살아날 수 있다는 강력한 교훈을 남긴다.

첫째, 인프라 재건은 가장 먼저 해결해야 할 과제였다. 도로, 전력, 통신 등의 물리적 기반이 갖춰져야 기업 활동과 물류, 소비가 다시 움직인다. 이는 경제회복에 있어 주요 조건이었다.

둘째, 외국인 투자유치는 회복을 가속하는 중요한 요소였다. 자본이 부족한 전후 상황에서는 외부 자원을 끌어들이는 것이 유일한 해법이었으며, 이를 위해 국제 신뢰를 회복하고 기업 친화적인 환경을 조성한 점이 결정적이었다.

셋째, 관광과 서비스 산업은 지역 고유의 역사와 문화를 경제적 자산으로 전환하는 좋은 예였다. 사라예보는 올림픽 유산과 전쟁의 상흔을 활용해 관광객을 유치했고, 이는 곧 지역경제 활성화와 일자리 창출로 이어졌다.

넷째, 교육과 인재 양성은 장기적인 경제회복의 근간이 되었다. 기술 훈련과 청년 창업지원을 통해 미래산업의 기반을 다졌고, 이는 단기적인 복구를 넘어서 지속 가능한 성장으로 연결되었다.

2장
실패하는 추진조직은 뭐가 다른가?

1. 티라나(Tirana, 알바니아):
비합리적 경제 개발정책으로 실패
– 잘못된 정책과 행정이 어떻게 지역경제를 침체시키는가? –

구분	주요 내용
도시 개요	알바니아 수도, 1990년대 시장경제 전환 이후 경제개발 기회, 대규모 인프라·외국인 투자 중심 성장 전략 추진
추진조직	'티라나 경제개발 추진단' 설립, 지방정부·민간기업·국제기금·부동산업체 참여, 목표: 부동산 개발·관광 활성화·제조업 육성
실패 원인	부동산 개발 위주 정책 → 주택가격 급등·거품 후 폭락, 외국인 투자 의존 → 단기 철수·재정부담, 관광산업 편중 → 계절적 수익 불안정·산업 다각화 부족, 행정 비효율·부패 → PPP 신뢰 상실·투자자 이탈
결과	도시 균형 발전 저해, 지역 자생력 약화, 생활비 상승·주거 환경 악화, 실업 증가, 지역경제 불안정 심화
시사점	부동산 중심 개발은 수요 분석·계획 없이는 불안정 초래, 외국인 투자유치는 지역산업과 연계되어야 지속성 확보, 관광산업은 보조적 성장동력으로 활용 필요, 행정 투명성과 실행력이 모든 경제개발 전략의 전제조건

(1) 티라나, 경제개발의 기회에서 혼란으로

알바니아의 수도 티라나(Tirana)는 1990년대 이후 공산주의 체제에서 시장경제 체제로 전환하면서 새로운 경제개발의 기회를 맞이했다. 도시 정부는 빠른 성장을 목표로 대규모 인프라 개발과 외국인 투자유치에 나섰고, 이를 위해 공공-민간 협력(PPP) 모델을 도입해 관광, 부동산, 제조업 중심의 경제구조 개편을 시도했다.

표면적으로는 도시 현대화와 경제 활성화를 위한 계획이었지만, 이 과정에서 오히려 경제적 혼란과 사회적 갈등이 심화하였다.

무리한 개발과 허술한 정책 집행은 다음과 같은 문제를 불러왔다. 먼저 인프라 프로젝트가 계획성 없이 난립하며 도시의 균형 발전을 저해했고, 다음으로 외국자본 유치에만 의존한 개발은 지역경제의 자생력을 약화했으며, 개발이익이 일부 기업과 정치세력에 집중되면서 경제적 불평등과 부패문제가 심화하였다.

"무리한 개발이 오히려 도시 경제를 악화시킨 이유는 무엇일까?"

이제 '티라나 추진단'의 실패사례를 통해 무엇을 반면교사로 삼아야 하는지 살펴볼 필요가 있다.

(2) 경제개발을 위한 추진조직 구성 및 초기 목표

티라나는 시장경제 전환 이후 빠른 경제성장을 목표로 '티라나 경제개발 추진단(Tirana Economic Development Board)'을 설립하고 대규모 개발계획을 본격화했다. 이 추진단은 지방정부, 민간 투자기업, 국제 기금, 부동산 개발업체 등 다양한 이해관계자가 참여한 형태로 구성되었으며, 주요 목표는 부동산 개발, 관광 활성화, 제조업 육성 등을 통해 도시의 경제기반을 강화하는 것이었다.

운영 전략은 크게 세 가지 방향에 초점을 맞췄다.

첫째 공공-민간 협력(PPP) 모델을 도입해 대규모 도시개발 프로젝트에 민간 자본을 유치하고, 둘째 외국인 투자(FDI) 확대를 통해 세계적 기업 유입과 일자리 창출을 꾀했으며, 셋째 부동산 및 관광산업을 성장동력으로 삼아 신규 주거지 조성, 상업지 개발, 주요 관광지 확충 등을 추진했다.

(3) 비합리적 경제 개발정책과 실패 원인

티라나는 경제성장을 목표로 부동산 개발, 외국인 투자유치, 관광산업 확대 등 다양한 전략을 추진했지만, 실제 실행과정에서 심각한 구조적 문제들이 드러났다. 결과적으로 이러한 전략은 도시 경제를 회복시키기 보다 오히려 불균형과 불안을 심화시키는 결과를 초래했다.

티라나 모델의 실패 원인은 다음과 같이 정리할 수 있겠다.

첫째, 부동산 개발 중심의 경제정책 실패가 대표적이었다. '부동산시장이 경제성장을 견인할 수 있을까?'라는 질문에 대해, 티라나는 고급 아파트, 호텔, 쇼핑몰 등 대형 건설프로젝트에 집중하며 외국자본을 끌어들였다. 하지만 무분별한 개발은 주택가격의 급등, 도시 인프라 부족, 부동산 거품이라는 문제로 이어졌고, 시장 과열 후 가격 폭락과 투자자 이탈을 겪으며 지역경제 전반의 불안정성을 키웠다. 개발의 이익은 특정 계층에 집중되었고, 현지 주민들은 주거비 상승과 생활환경 악화라는 이중의 피해를 보았다.

둘째, 외국인 투자유치 전략의 실패 역시 티라나 경제의 큰 약점으로 나타났다. 외국기업 유치를 위한 세금 감면과 인센티브 제공은 단기적으로 투자 유입을 유도했지만, 지나친 혜택으로 국가 재정부담이 커졌고, 제조업 기반이 부족해 유입된 기업들이 장기적인 투자 없이 철수하거나 제한적인 사업운영에 그쳤다. 행정 비효율성과 부패, 법적 불확실성은 외국기업들의 신뢰를 떨어뜨려 투자 철회를 유발했고, 결과적으로 지역산업 발전으로 이어지지 않는 단기적 투자만 남았다.

셋째, 관광산업 의존도의 문제도 지속 가능한 경제모델에 한계를 드러냈다. 호텔과 리조트 건설, 관광지 개발, 문화유산 홍보 등 외형적인 관광 인프라 확충은 진행되었지만, 비수기 수익 급감, 산업 다각화 부족, 시설 유지비용 과중 등 구조적 한계가 명확했다. 관광객 수는 증가했지만, 지역 주민에게 돌아가는 혜택은 제한적이었고, 관광업만으로 도시 경제를 뒷받침하기에는 역부족이었다.

넷째, 공공 행정의 비효율성과 부패문제는 도시개발 전반의 신뢰를 무너뜨렸다. PPP(공공-민간 협력) 프로젝트들은 종종 정치적 이해관계에 휘둘리며 공정성 논란을 낳았고, 복잡한 행정 절차와 비효율적인 사업관리는 프로젝트 진행 속도를 떨어뜨렸다. 투명성 부족과 자금 운용 불명확성, 그리고 지연된 행정대응은 투자자들이 사업을 철회하거나 축소하게 만드는 요인이 되었으며, 인프라 개선 실패는 시민의 삶의 질을 더욱 악화시켰다.

(4) 티라나의 경제개발 실패가 주는 교훈

티라나의 경제개발 실패는 도시 성장전략이 얼마나 쉽게 역효과를 낳을 수 있는지를 잘 보여 준다.

첫째, 부동산 중심 개발은 철저한 계획과 수요 분석 없이 추진될 경우 오히려 경제적 불안정을 초래할 수 있다. 티라나의 경우, 과도한 건설 투자와 투기성 외자 유입으로 주택가격이 급등했다가 급락하며 경기침체를 불러왔고, 미분양과 건설업 위축으로 실업률까지 상승하는 악순환에 빠졌다.

둘째, 외국인 투자유치는 자본 유입 차원 외에 지역산업과의 연계성과 지속 가능성을 고려해야 한다. 티라나는 세금 감면과 각종 유인책으로 기업을 유치했지만, 산업기반이 준비되지 않은 상황에서 기업들의 철수와 재정부담만을 남겼고, 이는 오히려 지역경제에 부정적인 영향을 끼쳤다.

셋째, 관광산업은 도시 경제의 주력 산업이 아닌 보조적인 성장동력으로 활용되어야 한다. 비수기 편차가 큰 관광산업에 과도하게 의존하면 지역경제는 계절적 불안정에 취약해지고, 관광객 수 증가에도 불구하고 시민들에게 돌아가는 경제적 이익은 제한될 수 있다.

넷째, 행정의 투명성과 정책의 실행력은 모든 경제개발 전략에서 중요한 요소다. 티라나는 공공-민간 협력구조에서 행정 비효율과 부패문제를 겪었고, 이는 개발사업의 지연, 프로젝트 중단, 투자자 이탈로 이어져 경제회복의 발목을 잡았다.

티라나 사례는 "빠른 성장을 목표로 하는 경제정책이 아니라, 지속 가능한 성장을 위한 전략이 필요하다."라는 점을 보여 준다.

2. 미슈콜츠(Miskolc, 헝가리):
산업 쇠퇴 후 경제 다변화 실패
- 경제 다변화에 실패하면 어떤 결과를 초래할까? -

구분	주요 내용
도시 개요	헝가리 북동부 산업도시, 과거 제철·기계공업 중심 중공업 도시 → 1990년대 이후 체제 전환·세계화·EU 통합 속 산업 붕괴·대규모 실업 발생
추진조직	'미슈콜츠 경제재건 추진단' 설립, 지방정부·산업계·대학·연구소·외국 투자자 참여, 목표: 산업구조 전환, 외국인 투자유치, 스타트업·창업생태계 조성
실패 원인	신산업 육성 부재(IT·서비스·관광 실행력 부족, R&D·인재 양성 미흡), 외국인 투자 의존 → 단기 성과 후 철수, 관광산업 미비(인프라 부족·산업 연계 실패), 청년층 유출 심화 → 소비·고용·지역 활력 약화
결과	높은 실업률 지속, 인구 감소·고령화, 수도권과의 소득·성장 격차 확대, 도시 브랜드 가치 하락·외부 투자자 유치 실패
시사점	다변화는 업종 확대가 아닌 질적 전환 필요, 노동자 재교육·사회안전망 병행 필수, 도시 정체성과 브랜드 재정립 중요, 지방정부 주도의 한계를 국가 정책·재정 지원과 연계해야 지속 가능

(1) 미슈콜츠, 산업 중심 도시에서 경제 쇠퇴의 길로

헝가리 북동부에 있는 미슈콜츠(Miskolc)는 과거 제철업과 기계공업을 중심으로 한 중공업 도시로서, 헝가리 산업화를 이끈 주요 지역 중 하나였다. 그러나 1990년대 이후 동유럽의 체제 전환과 세계화, EU 시장 통합 등이 빠르게 진행되면서 미슈콜츠의 산업기반은 경쟁력을 상실했고, 공장 폐쇄와 대규모 실업이 이어졌다. 이는 도시 전체의 경제기반을 무너뜨리는 계기가 되었고, 미슈콜츠는 한동안 '쇠퇴한 산업도시'의 전형적인 이미지를 안고 살아가게 된다.

이에 대응해 헝가리 정부와 지방 당국은 경제 다변화 전략을 추진했다. 관광, 문화산업, 서비스업, 대학 중심의 연구·개발 산업 등을 키우는 한편, 외국인 투자유치와 지역 창업생태계 조성을 병행하려 했다. 그러나 이 전략은 구체적인 실행과 효과적인 운영 없이 표면적인 정책 선언에 그쳤고, 지역 내 실제 산업기반과 노동력 구조, 교육수준, 투자환경 등을 고려한 맞춤형 산업 전환전략이 부재했다는 점에서 실패로 돌아갔다.

미슈콜츠는 여전히 헝가리 내 실업률이 높은 지역 중 하나로 남아 있으며, 젊은 층의 인구 유출이 심화하고 있고, 소득수준과 경제활동도 수도권이나 다른 선진 산업도시들과 큰 격차를 보인다.

"왜 경제 다변화를 시도했음에도 미슈콜츠는 침체에서 벗어나지 못했을까?"

(2) 경제 다변화를 위한 추진조직 구성 및 초기 목표

미슈콜츠는 중공업과 기계산업으로 번영했던 헝가리의 대표 산업도시였지만, 체제 전환과 세계 경제 변화 속에서 기존 산업기반을 유지하지 못한 채 급격한 쇠퇴를 경험하게 되었다. 이에 대응하기 위해 '미슈콜츠

경제재건 추진단(Miskolc Economic Renewal Board)'이 설립되었고, 지방정부, 산업계, 지역대학, 연구소, 외국 투자자들이 참여하여 새로운 경제모델을 구축하려는 시도가 이뤄졌다.

추진단은 세 가지 전략을 중심으로 경제회복을 꾀했다. 첫째는 산업구조 전환이다. 쇠퇴한 철강과 중공업 중심의 경제구조에서 벗어나 IT산업, 관광, 의료·교육서비스 등 저탄소·지식기반 산업으로의 전환을 목표로 했다. 둘째는 외국인 투자 유치(FDI)였다. 세계적 기업을 유치하여 일자리를 창출하고, 낙후된 지역 인프라를 국제적 수준으로 끌어올리려 했다. 셋째는 지역 기반 스타트업 육성과 창업지원이었다. 지역 청년과 소상공인을 중심으로 중소기업 생태계를 조성해 자립기반을 마련하겠다는 전략이었다.

그러나 이러한 시도는 실현 과정에서 여러 현실적인 장벽에 부딪히며 실패로 귀결되었다.

(3) 경제 다변화 실패의 주요 원인

미슈콜츠(Miskolc)의 경제 다변화 전략은 산업 쇠퇴 이후 도시의 회복을 위해 필요한 과정이었지만, 그 시도는 체계적인 실행력 부족과 구조적 문제로 인해 실패로 귀결되었다. 추진단이 설정한 방향 자체는 바람직했지만, 정책 설계와 실행과정에서 명확한 전략, 준비된 인프라, 지속가능한 산업기반이 뒷받침되지 않았다.

첫 번째 문제는, 기존 제조업을 대체할 신산업을 효과적으로 육성하지 못했다는 점이다. 정부는 제철·중공업에서 IT, 관광, 서비스 산업으로 전환을 시도했지만, 이는 선언에 그쳤을 뿐 실질적인 실행 전략과 투자 계획이 매우 부족했다. 연구개발(R&D) 투자와 관련 인재 양성, 산업 생태계 조성에 대한 구체적인 지원이 부재했고, 결과적으로 IT와 첨단기술산업이 지역에 뿌리를 내리지 못했다. 기존 노동자들은 새로운 산업에 적응할 기회를 받지 못한 채 실업 상태로 남았고, 창업지원과 스타트업 육성도 형식적인 수준에 그쳐 지역기업의 성장은 크게 제한되었다. 이는 곧 산업 쇠퇴 이후에도 신산업 없이 실업과 인구 감소가 지속하는 원인이 되었다.

두 번째는, 외국인 투자(FDI)에 지나치게 의존한 정책의 한계다. 미슈콜츠는 세제 혜택과 성과보수를 통해 해외 기업 유치에 집중했지만, 이는 단기적 성과에 그쳤다. 많은 외국기업이 정부 혜택이 유지되는 동안만 머무르다가 계약 종료 후 철수했고, 지역산업과의 연결성이 약해 지역경제에 실질적인 파급효과를 주지 못했다. 특정 대기업에 의존한 결과, 한두 개 기업의 철수가 곧 도시 전체의 경제위기로 이어졌고, 이는 불안정한 지역 산업구조를 그대로 드러낸 사례다.

세 번째는, 관광 및 서비스 산업 육성전략의 미비였다. 미슈콜츠는 역사 유산, 자연경관, 온천 등 관광자원을 보유하고 있었지만, 이를 체계적인 도시 브랜딩 및 산업과의 연계 없이 단편적으로 활용했다. 고급 숙박시설, 교통 접근성, 외국어 안내 등 기본적인 관광 인프라가 부족했고, 지역축제나 이벤트도 국제적 수준으로 확장되지 못했다. 관광산업이 주변 소상공인이나 지역상권과 효과적으로 연결되지 못하면서 관광업이 지역경제 성장의 견인차가 되지 못하는 결과를 낳았다.

마지막으로, 청년층의 유출과 인구 감소는 도시의 장기적인 성장 기반을 무너뜨리는 결정적 요인이 되었다. 미슈콜츠는 고급 일자리가 부족했고, 신산업이 정착되지 않으면서 젊은 인구가 부다페스트나 해외로 빠르게 이주했다. 이는 지역 내 소비 위축, 서비스업 침체, 고령화 심화로 이어졌고, 도시는 점점 더 활력을 잃게 되었다. 청년층 이탈은 인구 문제로서뿐 아니라 도시의 미래와 잠재력 자체가 고갈되는 현상으로, 지역경제 회복의 큰 걸림돌로 작용하게 되었다.

(4) 미슈콜츠 경제 다변화 실패가 주는 시사점

미슈콜츠의 실패사례는 도시 및 지역 차원의 경제 다변화 정책이 성공하기 위해 무엇이 필요한지를 되묻는 중요한 시사점을 제공한다.

첫째, 경제 다변화는 산업 수의 확대가 아니라 질적 전환을 포함해야 한다. 미슈콜츠는 기존의 중공업을 대체하기 위해 새로운 업종을 유치했지만, 이는 단지 업종의 나열에 그쳤고, 지역의 기술력이나 인프라와 긴밀히 연결되지 못했다. 이로 인해 외형적인 산업 다양성은 확보되었을지 모르나, 실질적으로는 지속 가능하고 자생적인 산업 생태계가 형성되지 않았다. 이는 업종 분산만으로는 구조적 위기를 해결할 수 없다는 점을 시사한다.

둘째, 다변화 전략은 산업의 전환만이 아니라 인적 자원의 전환과 연계되어야 한다. 기존 산업에 종사하던 노동자들이 새로운 산업에 적응할 수 있도록 직업훈련, 재교육, 사회안전망이 병행되지 않으면 다변화는 실업률 해소에도 이바지하지 못한다. 미슈콜츠는 노동력 재편에 실패함으로써 새로운 산업과 지역 주민 사이의 고용 부조화를 내버려 뒀고, 이는 시민의 삶의 질 개선으로도 이어지지 못했다. 사람 중심의 전환전략이 병행되어야 진정한 다변화가 가능하다.

셋째, 도시의 경제구조 전환은 도시 정체성 및 사회적 인식의 전환과 함께 이루어져야 한다. 미슈콜츠는 산업구조 전환을 시도했지만, 쇠퇴한 산업도시라는 이미지에서 벗어나지 못했고, 새로운 비전이나 도시 브랜드 이미지를 제시하는 데도 실패했다. 이는 외부 투자유치뿐 아니라 시민의 참여와 지지를 끌어내는 데 한계를 초래했다. 따라서 경제 다변화는 물리적 산업구조의 문제뿐 아니라, 도시의 상징 자산과 문화적 이미지까지 포함하는 포괄적 전략이어야 함을 시사한다.

넷째, 지역 주도의 다변화 전략은 국가 차원의 지원 및 정책과 연계하여 추진되는 것이 좋다. 미슈콜츠는 지방정부의 주도로 다변화를 노렸지만, 재정적 한계와 정책 집행역량의 부족으로 지속 가능성을 확보하지 못했다. 이는 지역 단위의 전략이 성공하려면 중앙정부와의 협력체계, 장기적 재정 지원, 제도적 정비가 중요하다는 점을 보여 준다. 경제 다변화는 구조적으로 복잡한 관계이므로, 단일 행정단위의 노력만으로는 성공이 쉽지 않다.

미슈콜츠의 실패는 경제 다변화는 단순한 산업 확장이나 선언적 목표만으로는 달성될 수 없으며, 산업, 사람, 도시 정체성, 정책 연계 등 여러 축이 통합적으로 작동할 때에만 실질적인 변화를 가져올 수 있다는 점을 보여 준다.

3. 포트오브스페인(Port of Spain, 트리니다드토바고): 공공투자 실패
― 정부 주도의 공공투자가 경제를 살릴 수 있을까? ―

구분	주요 내용
도시 개요	트리니다드토바고 수도, 석유·가스 중심 경제. 정부가 2000년대 초반 공공투자 확대·인프라 개발·산업 다각화를 통해 경제 활성화 시도
추진조직	'포트 오브 스페인 경제개발추진단' 설립. 정부·공공 금융기관·해외 투자자·국제기구 참여. 목표: 대형 인프라 건설, 석유 의존 탈피(관광·금융·물류 개발), 공공 고용 확대
실패 원인	인프라와 민간경제의 단절(항만·도로 확충에도 민간기업 성장 부재), 무리한 예산 집행 → 국가 부채 급증·미완성 시설 증가, 행정 부패·비효율(입찰 비리·특혜·부실공사), 산업 다각화 실패(관광·금융·물류 기반 미약, 석유 의존 지속)
결과	대규모 공공 프로젝트 다수 중단·미완성, 유지관리 비용 증가, 외국인 투자자 이탈, 국가 재정 악화, 석유 의존 경제구조 지속, 유가 변동 시 경제 불안 심화
시사점	공공투자는 민간경제와 연결되어야 효과, 정부 자금 운용은 투명성과 신뢰성 확보 필수, 산업 다각화 없는 인프라 확충은 장기적 위험 초래, 단기 부양보다 지속 가능한 성장전략이 중요

(1) 포트오브스페인, 공공투자로 경제를 활성화하려 했지만

 카리브해 트리니다드토바고의 수도인 포트 오브 스페인(Port of Spain)은 국가 경제의 중심이자 주요 항구도시로, 석유·가스 산업을 중심으로 금융, 관광산업이 발달한 지역이다. 2000년대 초반, 정부는 이러한 자원을 바탕으로 공공투자 중심의 경제 성장전략을 추진하며 인프라 확대, 일자리 창출, 산업 다각화를 목표로 삼았다. 대형 인프라 건설과 도시 재개발, 공공 고용 확대 등을 통해 도시와 국가 전체의 경제활력을 높이겠다는 야심 찬 계획도 발표했다.

그러나 기대와는 달리, 포트 오브 스페인은 잘못된 공공투자 계획과 행정적 비효율성으로 인해 성장보다는 부채와 실패한 프로젝트만을 남긴 도시가 되고 말았다. 대규모 공공 프로젝트들은 부실한 계획과 예산 낭비로 연결되었고, 사업들은 반복적으로 지연되거나 중단되었으며, 수익 창출 없이 국가 재정만 악화시켰다. 이 과정에서 공공 고용은 일시적인 생계지원 수준을 넘어서는 경제 효과를 내지 못했고, 경제 다각화는 표면적 선언에 그쳤으며 실질적인 구조 전환으로 이어지지 못했다.

"정부 주도의 공공투자 정책이 왜 실패로 돌아갔을까?"

그 해답은 장기적 수익모델 없이 추진된 대규모 지출, 계획 대비 실행력 부족, 그리고 행정 비효율과 투명성 결여에서 찾을 수 있다.

(2) 공공투자 활성화를 위한 추진조직 구성 및 초기 목표

포트 오브 스페인은 정부 주도의 대규모 공공투자를 통해 도시 성장과 경제 다각화를 동시에 이루겠다는 목표를 세웠다. 이를 위해 '포트 오브 스페인 경제개발추진단(Port of Spain Public Investment & Economic Development Board)'이 설립되었고, 이 조직은 정부 기관, 공공 금융기관, 해외 투자자, 그리고 국제 개발기구가 함께 참여하며 운영되었다.

추진단은 세 가지 전략에 집중했다. 첫째 공공투자 확대를 통해 도시의 경제성장을 유도하고, 둘째 기존 석유·가스 산업 중심 구조에서 벗어나 관광, 금융, 물류 등 비석유 산업의 개발, 즉 산업 다각화를 실현하며, 셋째 항만, 공항, 도로, 주택 등 대형 인프라 프로젝트를 통해 도시 인프라를 현대화하겠다는 계획이었다.

그러나 이 계획은 실행단계에서 중대한 질문들에 제대로 답하지 못하면서 흔들리게 되었다.

(3) 공공투자 실패의 주요 원인

정부의 개발정책은 여러 측면에서 구조적 문제를 안고 있었다.

가장 큰 문제는, 공공인프라 개발이 민간경제와 유기적으로 연결되지 못했다는 점이다. 대규모 인프라 투자가 진행되었지만, 그 인프라가 지역 내 기업 성장이나 창업, 생산 활동으로 이어지는 구조는 제대로 설계되지 않았다. 항만이 확장되고 도로가 정비되었지만, 이를 통해 새로운 물류 기업이나 관광업체가 생겨나지는 않았다. 즉, 인프라는 지어졌으나 그 인프라를 활용할 민간 주체가 부재했다. 이로 인해 건설이 완료된 뒤에도 경제적 파급효과는 제한적이었고, 인프라는 오히려 관리·유지비용만 증가시키는 부담이 되었다.

또한, 공공 프로젝트의 많은 부분이 무리하게 추진된 결과, 재정적 지속 가능성이 크게 훼손되었다. 정부는 예상보다 훨씬 높은 건설 비용과 운영비를 감당해야 했고, 이로 인해 국가 부채가 빠르게 증가했다. 프로젝트의 상당수가 계획보다 지연되거나 완공되지 못한 채 중단되면서, 대규모 미완성 시설들이 도시 곳곳에 남게 되었다. 이는 재정 낭비뿐 아니라 시민들에게 정부 정책에 대한 신뢰 저하로 이어졌다.

셋째로, 이 과정에서 나타난 부패와 행정 비효율성도 매우 치명적이었다. 대형 사업의 입찰과정에서 비리가 발생했고, 특정 민간기업에 과도한 혜택이 제공되었다는 의혹이 반복적으로 제기되었다. 공사품질이 낮고 사업이 지연되는 등 부실공사가 늘어났으며, 이로 인해 추가예산 투입이 불가피해졌다. 공공자금이 제대로 집행되지 않았고, 정부의 정책 집행력에 대한 국제적 신뢰도까지 흔들리게 되었다. 외국인 투자자들은 불투명한 행정구조와 계약의 불확실성, 재정 불안정을 이유로 투자를 보류하거나 철회하게 되면서 외자 유치 효과 역시 미미해졌다.

마지막으로, 산업 다각화가 구조적으로 실패했다는 점도 포트 오브 스페인의 문제점이었다. 정부는 관광업과 금융업, 물류 산업 등을 새로운 성장동력으로 삼고자 했지만, 실제로는 뚜렷한 산업기반 형성에 실패했다. 해외 기업 유치 전략은 인프라 외에는 실질적인 지원이 부족했고, 세제 혜택만으로는 기업들의 입주를 설득하지 못했다. 관광업 역시 국제적인 인프라나 콘텐츠 부족, 지역 치안과 접근성 문제로 인해 기대했던 수준의 관광객 유입을 달성하지 못했다. 이로 인해 국가 경제는 여전히 석유와 가스 산업에 의존할 수밖에 없는 구조로 남게 되었고, 유가가 하락하는 시기마다 국가 경제는 심각한 불안정성에 직면하게 되었다.

(4) 포트 오브 스페인의 공공투자 실패가 주는 교훈

포트 오브 스페인의 공공투자 실패는 정책적 오류라고 치부하기에는 국가 경제 전체에 구조적인 부담을 남긴 사례이다. 이 도시는 막대한 예산을 투입해 인프라를 확충하고 일자리를 창출하려 했지만, 실행과정에서 드러난 전략 부재, 민간경제와의 단절, 행정적 비효율성은 결과적으로 도시의 성장을 가로막고 국가 재정을 위태롭게 만들었다.

중요한 교훈은, 공공투자는 민간경제와 연결되어야 한다는 점이다. 아무리 큰 도로를 놓고 항만을 확장해도, 이를 활용할 민간기업이나 창업 생태계가 함께 성장하지 않으면, 그 인프라는 '비용'으로만 남는다. 포트 오브 스페인에서는 이처럼 공공 자산이 경제적 파급효과로 이어지지 못하고, 건설 이후 오히려 유지관리 비용만 늘어나 재정부담을 키운 사례가 반복되었다.

둘째, 정부 자금의 운용은 철저히 투명하고 신뢰 가능해야 한다. 대형 사업이 정치적 이해관계에 휘둘리거나, 입찰과정에서 특혜와 비리가 발생하면 결과는 예산 낭비와 정책 실패로 직결된다. 포트 오브 스페인에서는 부실한 프로젝트 운영과 행정 불신이 외국인 투자자들의 이탈을 불러왔고, 국내 시민들 역시 정부의 개발정책을 신뢰하지 않게 되었다.

셋째, 산업 다각화 없는 공공투자 의존은 장기적으로 매우 위험한 선택이다. 석유산업 외의 새로운 경제기반을 마련하지 못한 포트 오브 스페인은 국제 유가 변동에 따라 경제가 요동치는 구조에서 벗어나지 못했고, 비석유 산업육성에 실패하면서 경제회복력도 약화하였다. 공공투자는 이를 뒷받침할 산업기반 없이 단독으로는 경제 체질을 바꾸는 데 한계를 가진다는 사실이 드러났다.

넷째, 단기적인 경제 부양책보다 지속 가능한 성장전략이 더 중요하다. 포트 오브 스페인은 단기 일자리 창출과 수치상의 성장률을 목표로 했지만, 장기적으로 볼 때 그 투자들은 재정 적자, 민간 경기 위축, 신뢰도 하락이라는 악순환을 초래했다.

이 사례는, "잘못 설계된 공공투자 정책은 경제성장이 아니라, 장기적인 재정 위기를 초래할 수 있다."라는 사실을 말해 준다.

4. 하라레(Harare, 짐바브웨):
부패로 인한 지역개발 프로젝트 실패
- 부패가 만연한 행정시스템에서
개발 프로젝트는 어떻게 실패하는가? -

구분	주요 내용
도시 개요	짐바브웨 수도, 2000년대 초 대규모 지역개발 추진
추진조직	'하라레 지역개발 추진단', 정부·민간·국제기구 참여, PPP 모델로 인프라·주택·전력 개선 목표
실패 원인	예산 착복·불법계약·부실공사·미완성 인프라, 국제 원조·투자 중단, 정치적 개입·행정 마비
결과	프로젝트 중단·노후화, 해외자본 철수, 시민 불신 심화, 국가 신뢰도 하락
시사점	개발은 투명성과 신뢰 확보가 필수, 부패는 경제 붕괴 초래, 민관 협력은 공정·책임 기반이어야 지속 가능

(1) 하라레, 지역개발 프로젝트의 희망에서 절망으로

짐바브웨의 수도 하라레(Harare)는 한때 남아프리카에서 가장 발전된 도시 중 하나로, 2000년대 초반에는 이를 더욱 확장하고자 대규모 지역개발 프로젝트를 추진했다. 당시 정부는 도로망 확충, 공공주택 건설, 상하수도 정비, 전력공급 확대 등 도시 기반을 전면적으로 개선하는 계획을 세웠고, 이 과정에서 민간투자를 유치해 경제성장을 견인하는 전략을 동시에 추진했다.

겉으로 보기에는 공공인프라 확충과 민간 참여를 결합한 도시 발전모델이었다. 그러나 현실은 전혀 달랐다. 행정 부패와 비효율성, 계획의 불투명성이 결합하면서 프로젝트 대부분은 계획대로 완수되지 못했고, 수많은 자금이 사라진 채 혼적도 없이 중단되거나 폐기되었다.

(2) 지역개발 프로젝트 추진조직 구성 및 초기 목표

2000년대 초반에 하라레는 도시의 인프라를 대대적으로 개선하고 경제를 활성화하기 위해 '하라레 지역개발 추진단(Harare Urban Development Board)'을 출범시켰다. 이 추진단은 지방정부, 건설업체, 국제 원조기관, 그리고 해외 투자자들이 함께 협력하는 형태로 조직되었으며, 주거환경 개선, 도시 기반시설 확충, 민간투자 활성화라는 세 가지 목표 아래 대규모 지역개발 프로젝트를 본격적으로 추진했다.

주요 전략은 공공 예산만으로는 부족한 재원을 민간 자본과 해외 원조로 보완하는 공공-민간 협력(PPP) 모델이었다. 추진단은 도로망 개선, 전력 및 상하수도 공급 확장, 공공주택 건설 등 인프라 개발을 중심으로 한 프로젝트를 다수 출범시켰으며, UN, 세계은행, IMF 등의 국제기구 지원까지 확보하면서 본격적인 실행단계로 나아갔다. 당시만 해도 이 계획은 도시재생의 모범사례로 기대를 모았다.

(3) 지역개발 프로젝트 실패의 주요 원인

하라레의 지역개발 프로젝트는 처음에는 도시 인프라 확충과 민간경제 활성화를 위한 국가적 전략으로 출발했지만, 실행단계에서 심각한 부패, 행정 마비, 정치 개입 등 구조적인 문제들이 얽히면서 실패로 귀결되었다. 그 중심에는 개발예산의 착복과 공공기관의 신뢰 상실이라는 뿌리 깊은 병폐가 자리하고 있었다.

무엇보다도, 공공 예산의 착복과 불법계약 체결이 개발실패의 결정적 원인이었다. 하라레의 지역개발추진단은 외형상으로는 국제기구와 민간 투자자들이 참여한 협력구조(PPP)를 갖추었지만, 실제로는 부패한 고위관료들과 정치인들이 사업 예산을 사적으로 유용하는 창구로 전락했다. 개발예산 중 상당 부분은 실제 인프라 개선에 쓰이지 않고, 정부 인사들의 개인 계좌나 정치자금으로 흘러 들어갔으며, 많은 프로젝트에서 시공업체와의 불투명한 계약, 과도한 사업비 책정, 실제 공사도 없이 비용만 청구되는 사례 등이 반복적으로 발생했다. 그 결과, 프로젝트 대부분은 예산 초과, 공사 지연, 미완성 상태로 남게 되었고, 초기에 기대를 안고 참여했던 해외 투자자들도 철수하면서 외국자본 유입이 급격히 줄어들었다.

두 번째 문제는, 부실한 인프라 건설과 미완성된 공공서비스다. 하라레 시민들이 기대했던 전력공급 안정화, 도로 정비, 상하수도 개선 등의 생활기반 프로젝트는 부패로 인해 저품질 자재 사용, 비전문적 시공, 관리 부재 등으로 심각한 부실공사로 이어졌다. 예컨대, 새로 확장된 도로는 개통 몇 달 만에 파손되었고, 공공주택은 구조적 결함으로 주민 입주가 불가능했다. 수도·전력 프로젝트는 아예 완공되지 않거나 시험단계에서 멈췄고, 하수 처리시스템은 위생 문제를 심화시켜 오히려 주민건강을 위협했다. 일부 시설은 완공되었지만, 유지보수 예산마저 사라져 빠르게 노후화되었다.

세 번째로, 민간 투자자들과 국제사회에 대한 신뢰 상실은 하라레 경제에 결정적 타격을 입혔다. UN, 세계은행, IMF 등 주요 국제기구들이 초기에는 자금과 기술지원을 약속했지만, 프로젝트 자금이 제대로 쓰이지 않고 횡령 사실이 드러나면서 지원이 중단되거나 축소되었다. 정부가 투자유치 시 약속했던 인센티브와 행정적 지원을 지키지 않자 외국기업들은 차례로 철수했고, 정치적 불안정성까지 겹치며 하라레는 외자 유입이 거의 끊긴 도시가 되었다. 이는 개발실패뿐 아니라 국가 전반의 신뢰도 하락으로도 이어졌고, 경제회복을 위한 여력마저 상실하게 했다.

마지막으로, 정치적 개입과 행정 마비는 하라레 지역개발의 지속 가능성을 결정적으로 해쳤다. 일부 프로젝트는 선거를 앞두고 정권 홍보수단으로 활용되며 실제 진척도보다 과장된 수치를 발표했고, 실패한 사업에 대해선 명확한 책임 주체가 존재하지 않았다. 예산이 정치 로비자금으로 유출되며 본래의 목적에서 멀어진 프로젝트들이 반복되었고, 이는 정부 정책에 대한 시민들의 불신을 극대화했다. 프로젝트는 중단되거나 축소되었고, 행정시스템은 마비 상태에 가까운 수준으로 퇴행했다.

(4) 하라레의 지역개발 실패가 주는 교훈

하라레의 지역개발 실패는 개발자금, 협력체계, 국제 지원이라는 외형적인 조건이 갖춰졌음에도 불구하고 투명성과 책임, 행정윤리가 모자라면 모든 것이 무너질 수 있다는 점을 여실히 보여 준다.

하라레 사례에서는 다음과 같은 교훈을 얻을 수 있다.

첫째, 공공 프로젝트의 투명성은 성공의 기본 전제다. 하라레는 도시 기반시설을 개선하고 민간경제를 활성화하려는 의도로 수십 개의 인프라 사업을 계획했지만, 자금흐름이 공개되지 않고 감시체계마저 부실하여 프로젝트가 오히려 부패의 온상이 되었다.

둘째, 부패는 단지 비도덕적인 행위가 아니라 지역경제를 구조적으로 무너뜨리는 치명적인 요인이 될 수 있다. 하라레의 경우, 개발자금이 고위 공직자들의 사적 이익을 위해 유용되고, 특정 기업이 부당하게 이익을 챙기면서 실제로 인프라는 지어지지 않았고, 공공서비스는 오히려 후퇴했다. 이로 인해 국제사회는 하라레를 더는 신뢰하지 않게 되었고, 해외 원조와 외국인 투자마저 중단되면서 도시는 외부 자본의 단절이라는 이중의 타격을 입게 되었다.

셋째, 공공-민간 협력이 효과적으로 작동하지 않으면 개발의 지속 가능성은 없다. 하라레는 민간기업이 개발사업에 참여했지만, 그 과정에서 공정한 경쟁, 품질 관리, 사회적 책임 등 기본 원칙이 지켜지지 않으면서 민관 협력은 '이권 나눠 먹기'로 전락했다. 일시적인 일자리 창출은커녕 지역사회에 아무런 실질적 이득도 남기지 못한 채 수많은 공공 자산만 낭비하는 결과로 이어졌다.

넷째, 경제 개발정책은 정치적으로부터 독립적으로 운영되어야 한다. 하라레에서는 지역개발 프로젝트가 정권 홍보수단으로 이용되며, 실적 과장, 사업 왜곡, 책임 회피가 반복되었다. 개발사업은 표를 얻기 위한 선심성 사업으로 전락했고, 시민들은 실제 삶의 질 개선 없이 정치적 홍보만 가득한 도시 공간에서 살아가야 했다.

결론적으로 하라레는 다음과 같은 교훈을 우리에게 남긴다. "투명성과 신뢰가 없는 경제 개발정책은 장기적으로 지역사회에 피해만 남긴다."

5. 마푸투(Maputo, 모잠비크):
불균형한 인프라 개발로 실패
- 도시 인프라 개발이 경제성장을 보장하지는 않는다 -

구분	주요 내용
도시 개요	모잠비크 수도. 항만·도로·부동산·스마트시티 등 대규모 인프라 개발 추진
추진조직	'마푸투 인프라 개발 추진단' 설립. 정부·해외 투자자·국제기구 협력. 목표: 물류·무역 허브, 관광·금융 중심지, PPP 모델 활용
실패 원인	① 외국자본 중심 개발로 지역경제와 단절, 주거비 상승·저소득층 밀려남 ② 건설단계 단기 고용만 발생, 장기 산업·일자리 창출 실패 ③ 예산 낭비·부패·부실공사, 해외 투자자 신뢰 상실 ④ 공공주택·서민 생활인프라 방치, 빈곤층 주거 악화
결과	도시는 외형적 현대화 → 실업률 재상승, 슬럼가 확대, 사회 양극화·갈등 심화, 국가 부채 증가
시사점	개발은 외형보다 '사람 중심'. 인프라 건설 자체보다 지속 가능한 성장 전략 필요. 외국자본 의존 대신 내생적 역량 강화 필요

(1) 마푸투, 인프라 개발을 통한 경제성장 시도

모잠비크의 수도 마푸투(Maputo)는 지리적으로 동아프리카에서 전략적인 위치에 있는 항구도시로, 정부는 이를 활용해 경제성장과 외국인 투자유치를 목표로 한 대규모 인프라 개발 프로젝트를 추진했다. 항만 현대화, 도로 확충, 고급 부동산 건설, 스마트시티 조성 등 다양한 분야에서 도시 인프라가 빠르게 확대되었고, 광산업 및 에너지 산업과 연계된 물류 및 무역 허브로 성장시키겠다는 계획이 수립되었다.

그러나 이러한 대규모 투자는 경제 전반의 성장으로 이어지기보다는 특정 계층과 외국인 투자자에게만 혜택이 집중되었고, 일반 시민들과 지역 중소기업에는 실질적인 변화가 거의 없었다. 도시는 빠르게 현대화되었지만, 그 이면에서는 도시 내부의 경제 불균형, 사회적 양극화, 지역 공동체의 소외만 심화하였다.

"왜 이렇게 거대한 인프라 투자에도 불구하고 경제 전체가 성장하지 못했을까?"

(2) 인프라 개발을 위한 추진조직 구성 및 초기 목표

마푸투는 국가 경제의 성장거점으로 기대를 모았다. 이를 실현하기 위해 '마푸투 인프라 개발 추진단(Maputo Urban Development Committee)'이 출범했고, 정부 기관, 해외 투자자, 건설업체, 그리고 세계은행, 아프리카개발은행 등 국제 개발기구가 협력체계를 구축했다.

이 추진단의 주요 목표는 세 가지였다.

첫째 도시 인프라를 현대화하고 국제 경쟁력을 갖춘 무역·물류 중심지로 발전시키는 것, 둘째 공공재정을 보완하기 위해 국외자본을 유치하는 공공-민간 협력모델(PPP)을 활용하는 것, 셋째 마푸투를 관광과 금융의 허브로 탈바꿈시키는 것이었다.

이 과정에서 추진단은 항만 현대화, 고속도로 및 철도망 확충, 고급 부동산 단지 및 쇼핑몰 건설, 스마트시티 기반시설 구축 등 대형 인프라 프로젝트를 본격적으로 실행했다. 외형적으로도 눈에 띄는 변화가 많았고, 도시의 스카이라인은 높아졌으며, 일부 지역은 국제표준에 부합하는 비즈니스 중심지로 성장하는 듯 보였다.

(3) 인프라 개발실패의 주요 원인

마푸투의 인프라 개발 프로젝트는 아프리카 동남부에서 모잠비크가 경제적 도약을 이루려는 야심 찬 시도였지만, 실제 결과는 균형 없는 성장과 구조적 불평등의 고착화로 귀결되었다. 도시의 외형은 현대화되었지만, 그 이면에는 외국자본 중심의 개발, 고용효과 미비, 행정 부패, 저소득층 소외라는 심각한 문제들이 누적되었다.

첫 번째 원인은, 외국인 투자 중심의 개발이 지역경제와 단절된 점은 구조적 문제를 낳게 되었다. 마푸투는 항만, 도로, 고급 부동산을 중심으로 개발되었고, 이 과정에서 중국, UAE, EU 등으로부터 대규모 자본이 유입되었다. 그러나 이 자본은 도시의 상류층 및 외국 투자자들에게 집중되었으며, 정작 지역 주민들은 개발의 실질적 혜택에서 철저히 배제되었다. 고급 주거단지와 상업시설이 늘어날수록 부동산 가격은 상승했고, 저소득층은 도심에서 밀려나 도시 외곽으로 강제로 이주당하거나 슬럼가로 몰려들 수밖에 없었다. 이처럼 지역경제와 생활기반이 개발과 연계되지 못하면, 인프라는 도시의 외피만 바꿀 뿐 실질적인 사회 개선은 이루어지지 않는다.

둘째, 대형 인프라 프로젝트가 지속적인 일자리 창출로 이어지지 못한 점도 실패의 중요한 원인이다. 도로망, 철도, 항만 확장 등은 건설 단계에서 일시적인 고용을 증가시켰지만, 대부분 프로젝트가 외국기업 주도로 이뤄지면서 현지 노동자의 참여율은 낮았고, 기술직 대부분은 외국에서 파견된 인력들이 차지했다. 공사가 완료된 뒤에는 지속 가능한 산업이나 고용기반으로 이어지지 않아, 단기적 경기부양 효과만 남긴 채 실업률이 다시 상승하는 결과를 낳았다. 인프라가 마련되었지만, 그 인프라를 활용할 수 있는 내생적 산업과 인적 기반이 부재했다.

셋째, 행정 비효율성과 부패는 마푸투 개발실패의 결정타였다. 정부는 대규모 개발자금을 해외 원조와 대출로 충당했는데, 이 과정에서 예산 낭비, 부정 계약, 공사 지연, 부실공사가 반복되었다. 일부 사업은 완공조차 되지 못한 채 예산만 소진되었고, 공공자금 집행의 투명성이 떨어지면서 국제사회의 신뢰도 함께 추락했다. 해외 투자자들은 행정 신뢰 부족과 계약 불이행 문제를 이유로 철수했고, 국가 재정에는 부채만 남는 구조가 되었다.

넷째, 저소득층의 주거환경은 오히려 악화하였다. 정부는 고급 주택, 해안가 개발, 비즈니스센터 조성에 집중했지만, 공공주택이나 서민 주거환경 개발은 거의 이루어지지 않았다. 기존 거주민들은 고급 부동산 개발로 인해 재개발 지역에서 쫓겨나거나 도시 외곽의 낙후 지역으로 밀려나게 되었고, 도심 외곽에는 무허가 판자촌과 슬럼가가 급속히 확대되었다. 개발의 수혜자는 극소수였으며, 다수의 시민은 주거, 교육, 의료 등 기본적인 생활 인프라조차 개선·제공되지 못한 채 방치되었다.

이러한 문제들의 근원은 개발 모델의 방향 자체가 '성장'만 집중하고 '포용'을 외면했기 때문이었다. 도시는 눈에 보이는 건축물로 바뀌었지만, 삶의 질, 기회, 형평성 등 '사람 중심의 발전'은 이뤄지지 않았고, 그 결과 마푸투는 경제 격차와 사회적 갈등이 더욱 심화한 도시로 남게 되었다.

(4) 마푸투의 인프라 개발실패가 주는 교훈

마푸투의 인프라 개발실패는 일련의 정책 미비가 아니라, 개발의 방향과 대상에 대한 근본적인 오판에서 비롯된 오류였다. 이 도시의 경험은 우리에게 다음과 같은 중요한 교훈을 남긴다.

첫 번째 교훈은, '대규모 개발'보다 중요한 것은 지역 주민 중심의 경제 모델이라는 점이다. 마푸투는 외국자본을 중심으로 항만, 도로, 스마트 시티, 고급 부동산 등 대규모 건설프로젝트를 추진했지만, 그 모든 인프라의 혜택은 극소수에게만 집중되었다. 개발에서 가장 중요하게 고려해야 할 것은 도시를 살아가는 다수의 시민이었다. 개발이 지역경제를 기반으로 하지 않고, 외부 자본과 수요에 의존할 때 지역 주민은 주변부로 밀려나게 된다. 진정한 도시 성장모델은 겉모습이 아닌 사람을 중심에 두는 구조에서 출발해야 한다.

두 번째는, 인프라 건설 자체보다 '지속 가능한 성장전략'이 더 중요하다는 점이다. 마푸투의 많은 프로젝트는 일시적인 경기부양 효과를 가져왔지만, 장기적인 고용이나 산업 성장으로 이어지지 못했다. 공사는 완료되었지만, 그 이후가 준비되어 있지 않았고, 건설업 중심의 경제구조는 시간이 지나며 실업률 재상승과 산업 정체로 귀결되었다. 개발이 일회성 투자에 그친다면, 그것은 경제성장의 '시작'이 아니라 일시적 '거품'에 불과하게 된다.

세 번째는, 외국 투자 중심 개발에서 벗어나 지역경제의 내생적 역량을 강화해야 한다는 점이다. 외국자본은 자칫 잘못 운용되면 지역 내 기술·노동력·산업과 단절된 채 외부 수익만을 추구할 위험이 크다. 마푸투에서는 외국기업들이 고급 기술 인력은 본국에서 파견하고, 지역 인력은 단순 노무직에 한정시켰으며, 수익도 대부분 외부로 유출되었다. 이러한 방식은 일시적인 투자 유치로 보일 수 있지만, 장기적으로는 지역경제를 성장시키는 기반을 갉아먹는 결과를 초래할 수 있다.

마지막으로, 빈곤 문제를 해결하지 못하는 개발은 실패로 돌아간다. 마푸투는 도시 외곽의 빈곤층, 무허가 정착지 거주민, 슬럼가 주민 등을 위한 실질적인 주거 및 복지 개선 없이 개발을 강행했다. 이는 곧 도시 내부의 양극화를 심화시켰고, 갈등과 저항, 사회적 불신으로 이어졌다. 도시의 외형이 아무리 현대화되어도 그 안에 사는 다수의 시민이 기본적인 삶의 조건을 보장받지 못한다면 그 개발은 지속 가능하지 않다.

"지속 가능한 개발을 위해서는 경제적 균형과 공정한 분배가 중요하다."

6부

갈등을 다루는 방식이
곧 지역의 성적표다

1장
갈등 해결로 성장한 도시들

1. 바르셀로네타(Barceloneta, 스페인): 관광과 지역경제 간 균형

- 관광객과 지역경제 두 마리 토끼를 잡는 바르셀로네타 -

구분	주요 내용
도시 개요	스페인 바르셀로나 해안 지역. 올림픽 이후 관광명소로 성장, 연간 수천만 명 방문. 경제 활성화와 함께 임대료 급등·공동체 해체 등 갈등 발생
갈등 요인	단기임대 확산으로 주거비 폭등, 생활상권 붕괴, 쓰레기·소음, 주민 시위 격화
정책 대응	단기임대 규제·주거권 보호, 전통상점 보호정책·세제지원, 관광세 도입·관광객 수 제한, 환경·소음 관리 강화
시사점	관광은 주민 삶과 공존해야 지속 가능. 주거권·지역경제 다양성·환경보호가 핵심

(1) 바르셀로네타, 관광 천국에서 갈등의 도시로

스페인 바르셀로나의 해안가에 있는 바르셀로네타(Barceloneta)는 원래 어부들의 마을로 시작했지만, 지금은 세계적으로 유명한 관광 명소로 탈바꿈한 곳이다. 1992년 바르셀로나 올림픽 이후, 이 지역은 도시 재개발과 함께 큰 변화를 겪었다. 해변을 따라 고급 호텔, 세련된 레스토랑, 바(Bar)들이 들어섰고, 전 세계에서 몰려든 관광객들 덕분에 지역경제는 활기를 띠었다. 매년 3,200만 명이 넘는 관광객이 바르셀로나를 찾으며, 그중 상당수가 바르셀로네타 해변을 방문할 정도로 인기가 높다.

그러나 관광객 증가가 항상 긍정적인 결과만을 가져온 것은 아니었다. 바르셀로네타의 원주민들은 삶의 질이 오히려 낮아졌다고 느끼게 되었다. 소음, 쓰레기, 임대료 상승, 단기 임대주택의 확산, 그리고 도시 공간의 상업화는 지역 주민들의 일상에 적지 않은 부담을 주었다. 바르셀로네타는 관광산업으로 번영을 이루는 동시에, 그 이면에서 지역 주민들과의 갈등이 점차 심화하는 이중적인 현실을 마주하게 된 것이다.

이 사례는 한 가지 중요한 질문을 던진다. 관광으로 성장하는 지역경제와 그로 인해 피해를 보는 지역 주민 간의 갈등은 어떻게 조화롭게 해결할 수 있을까?

(2) 대규모 관광과 지역경제의 갈등

관광은 도시 경제에 활력을 불어넣는 중요한 동력이 될 수 있지만, 그로 인한 부작용은 지역 주민들의 삶에 직접적인 영향을 미친다. 바르셀로나의 해안 지역 바르셀로네타는 이러한 딜레마를 극명하게 보여 주는 사례 중 하나다.

먼저, 관광객 증가로 인한 주거비용의 폭등은 바르셀로네타 주민들에게 심각한 문제였다. 에어비앤비 등 단기 숙박업이 급격히 늘어나면서 장기 거주용 임대물량은 크게 줄었고, 부동산 투자자와 호텔 자본이 몰리며 집값과 임대료가 가파르게 상승했다. 10년 사이 평균 임대료가 60%나 올랐고, 이는 원주민들이 더는 그 지역에서 거주할 수 없는 상황으로 이어졌다. 실제로 바르셀로네타의 골목과 주택들은 점점 지역 주민의 삶의 공간에서 관광객 전용 숙소로 바뀌어 갔고, 공동체의 일상은 급속히 해체되었다. 이러한 현상은 베니스나 리스본에서도 비슷하게 나타났다.

이와 함께 도시의 상업적 구조 역시 크게 변화했다. 관광객을 대상으로 하는 기념품 가게, 대형 프랜차이즈 레스토랑, 바 등이 빠르게 확산하면서, 과거 주민들이 애용하던 전통시장, 식료품점, 서점 등은 자리를 잃었다. 바르셀로네타는 관광객이 원하는 물건은 넘쳐나지만, 정작 지역 주민이 일상생활을 영위할 수 있는 기본적인 상권은 점점 사라지는 방향으로 재편되었다. 도시 경제의 다양성이 줄고 관광 성수기에는 북적이지만, 비수기에는 경제가 침체되는 불균형 구조가 자리 잡게 되었다.

이처럼 공간과 경제가 관광 중심으로 재편되면서 환경오염과 소음문제도 커졌다. 해변과 공공장소에는 쓰레기가 쌓이고, 밤늦게까지 이어지는 파티와 거리 소음은 지역 주민의 불만을 키웠다. 많은 주민이 "이 도시는 이제 관광객을 위한 곳이지, 우리가 살 수 있는 곳이 아니다."라고 토로하며 직접 거리로 나와 시위에 나섰다. 관광 제한을 요구하는 시민 집회가 정기적으로 열렸고, 사회 전반에 걸쳐 '지속 가능한 관광'에 대한 논의가 확산하였다.

(3) 바르셀로네타의 갈등 해결 전략

바르셀로나는 관광으로 인한 경제적 이익과 지역 주민의 삶의 질 사이에서 균형을 찾기 위한 여러 정책을 시행해 왔다. 특히, 바르셀로네타처럼 관광객 밀집 지역에서는 주민들의 주거권, 상권 보호, 환경문제 등이 심각한 갈등요인으로 떠오름에 따라, 시 정부는 지속 가능한 관광정책을 해법으로 설정했다.

우선, 시급했던 문제인 주거비 상승과 주택 부족 문제에 대응하기 위해 바르셀로나시는 단기임대 규제에 나섰다. 에어비앤비 등과 같은 플랫폼을 통한 단기숙박 등록을 제한하고, 관광숙박시설에 대해 허가제를 도입했으며, 신축건물의 일정 비율을 지역 주민 거주용으로 할당하는 정책도 병행되었다. 이 조치들 덕분에 지역 주민들의 주거 안정성이 일부 회복되었고, 지나친 임대료 상승이 완화되었다. 관광객 수요에만 맞춰 설계된 임대시장을 재조정함으로써, 원주민의 주거권을 지키는 데 일조한 것이다.

이와 더불어 바르셀로나는 지역경제의 다양성과 전통을 보존하기 위한 정책도 강화했다. '전통 상점 보호법'을 도입해, 관광객 대상 상점과 대형 가맹점의 무분별한 확산을 제한하고, 지역 주민이 실제로 사용하는 전통시장과 상점에 대해 세금 감면과 재정 지원을 제공했다. 이를 통해 관광산업이 도시 경제를 완전히 장악하는 것을 방지하고, 다양한 경제 생태계가 유지되도록 유도했다. 바르셀로네타에 남아 있던 생필품점과 동네 빵집, 재래시장이 다시 살아날 수 있었던 것도 이 정책의 결과였다.

또한, 관광의 규모 자체를 관리하려는 시도도 이루어졌다. 관광객 수용 한계 정책이 대표적인 사례다. 성수기 때 몰려드는 무분별한 관광객 유입을 제한하고, 관광세를 도입해 그 수익을 환경보호와 공공시설 개선에 활용했다. 해변과 도시 중심가에서는 정기적인 청소 프로그램이 운영되었고, 야간 소음 규제도 강화되었다. 이러한 노력 덕분에 바르셀로나는 환경적으로도 지속 가능한 도시로 거듭나기 위한 토대를 다질 수 있었고, 주민과 관광객 간의 갈등 역시 일정 부분 완화되었다.

바르셀로나의 대응은 단순히 관광객을 줄이는 방식이 아니라, 관광을 도시의 삶과 공존하게 만들기 위한 조정 전략이었다. 단기 수익에 집중하는 대신, 장기적인 도시의 정체성과 공동체의 지속성을 고민하는 접근이었다. 이 사례는 오늘날 전 세계 관광 도시들이 직면한 과제, 즉 "누구를 위한 도시인가?"라는 질문에 대한 하나의 실용적 해답을 제공하고 있다.

(4) 바르셀로네타의 성공이 주는 시사점

바르셀로네타의 사례는 전 세계 관광 도시들이 직면한 갈등과 그 해법에 대해 중요한 교훈을 제공한다. 이 도시는 급속한 관광산업 성장 속에서도, 그 이익이 지역 주민들의 삶을 침해해서는 안 된다는 점을 보여 줬다. 관광을 통한 경제적 효과는 분명하지만, 그것이 주거 불안정, 공동체 해체, 환경오염 등으로 이어진다면 오히려 도시의 지속 가능성을 해칠 수 있다. 바르셀로네타는 이 균형을 다시 맞추기 위해 과감한 정책을 시행했고, 그 결과는 다음과 같은 시사점을 남긴다.

첫째, 관광산업이 지역 주민의 삶을 희생해서는 안 된다. 관광객의 수와 소비가 늘어나는 것만으로는 지역경제의 진정한 성공을 의미하지 않는다. 주민들의 삶의 질이 보장되고, 지역 공동체가 유지되어야 관광 또한 지속 가능해진다. 관광과 일상의 공존이 중요하다.

둘째, 주거권 보호는 관광 활성화보다 우선되어야 한다. 주택은 부동산이라는 투자대상 또는 자산으로서의 의미만 있는 것이 아니라, 지역 주민의 삶의 기반이다. 바르셀로네타가 단기임대 규제를 통해 주민의 주거권을 보호하고, 에어비앤비 등과 같은 플랫폼 확산을 제한한 것은 '도시는 주민을 위한 공간이어야 한다.'는 원칙에 기반을 둔 것이다.

셋째, 지역경제의 다양성이 보장되어야 한다. 모든 상점과 서비스가 관광객만을 대상으로 운영된다면, 지역 주민은 도시에서 소비자의 역할마저 잃게 된다. 바르셀로네타는 관광 중심 경제구조에서 벗어나, 전통 상점과 다양한 업종이 함께 공존하는 구조를 지향함으로써 경제적 안정성을 강화했다.

넷째, 환경보호와 지속 가능한 관광정책이 중요하다. 무제한 관광은 단기적인 수익을 가져올 수 있으나, 장기적으로는 도시의 자연환경과 공공질서를 훼손한다. 바르셀로나시는 관광세, 수용인원 제한, 소음 규제 등을 통해 관광이 도시를 파괴하지 않도록 관리했다.

바르셀로네타의 경험은, 도시의 정체성과 공동체의 지속 가능성을 해치지 않는 방향에서 관광을 설계해야 한다는 점을 보여 준다. 관광은 지역경제를 살릴 수 있는 강력한 수단이지만, 그것이 지역 주민과의 신뢰, 공동체의 유지, 환경의 보존 위에 세워져야만 진정한 '성공'으로 이어질 수 있다.

2. 카이코우라(Kaikoura, 뉴질랜드): 환경보호와 경제성장의 조화

– 경제성장을 위해 환경을 희생해야 할까?: 카이코우라가 찾아낸 해법 –

구분	주요 내용
도시 개요	뉴질랜드 남섬 동해안 소도시. 어업 중심 마을 → 남획으로 수산자원 고갈·경제 위기
갈등 요인	남획으로 인한 수산자원 고갈·어업 붕괴, 관광 급성장으로 인한 환경오염·소음·오버투어리즘, 주민 삶의 질 저하
정책 대응	해양보호구역 지정·지속 가능한 어업제 도입, 관광객 수·접근 거리 제한, 고부가가치 생태관광(Eco-tour) 개발, 지역주민 주도 커뮤니티 관광모델 구축
시사점	자연 회복력이 경제 지속가능성의 핵심, 무제한 관광 대신 균형 잡힌 정책 필요, 지역주민 중심의 경제 구조 중요, 정부·기업·주민 협력이 지속가능성의 전제조건

(1) 카이코우라, 자연이 전부였던 마을에서 친환경 관광도시로

뉴질랜드 남섬 동해안에 자리 잡은 카이코우라는 한때 평범한 어업 마을이었지만 지금은 전 세계적으로 주목받는 지속 가능한 관광도시로 거듭났다. 이 지역은 고래 관찰, 돌고래 체험, 바다표범 군락 등 독특한 해양생태계를 바탕으로 관광산업을 성장시켰다. 하지만 이 화려한 성공 뒤에는 수십 년에 걸친 환경 파괴와 지역경제의 위기, 그리고 그에 대한 깊은 반성과 혁신이 있었다.

1980년대 이전까지 카이코우라는 주로 어업에 의존한 지역이었다. 이는 초기에는 지역경제에 큰 도움이 되었다. 그러나 자원이 유한하다는 사실을 간과한 채 지속 불가능한 남획이 이어졌고, 1980년대 중반에는 해양생태계가 급격히 파괴되었다. 어획량이 급감하면서 마을 경제도 위기를 맞았고, 젊은 인구가 도시로 떠나는 지속적인 인구 유출 문제가 대두되었다.

이에 대한 대안으로 등장한 것이 관광산업 개발이었다. 초기에는 관광 수요가 폭발적으로 늘었고, 지역 내 숙박업, 음식점, 교통 인프라가 빠르게 성장했다. 하지만 관광의 급성장으로 인한 환경 측면의 부담이 또다시 문제로 떠올랐다.

이후 카이코우라는 중요한 선택의 갈림길에 섰다. 계속해서 관광에만 집중한다면, 바닷속 고래와 돌고래조차 사라질 수 있다는 우려가 커졌다. 이에 따라 2000년대 들어서는 '지속 가능한 관광'이라는 새로운 전략을 채택했다.

이러한 노력의 결과로, 카이코우라는 관광객 수는 점차 늘어나면서도 해양생태계는 안정적으로 유지되는 모범적인 사례로 떠오르게 되었다.

(2) 환경보호와 경제성장의 갈등

1970~1980년대에 뉴질랜드의 카이코우라는 전형적인 어업 중심의 마을이었다. 남섬 동해안의 풍부한 해양자원 덕분에 이곳 주민들은 오랜 세월 생계를 이어 왔고, 카이코우라의 지역경제도 어업을 주요 산업으로 삼고 있었다. 그러나 해마다 더 많은 어획량을 기록해야 했던 어업구조는 점차 '남획'이라는 그늘을 드리우게 되었다. 어업 생산성은 눈앞에서 이익

을 안겨주었지만, 무분별한 어획은 해양생태계를 위협했고, 특정 어종의 개체 수가 급감하면서 수산자원 고갈이라는 위기를 불러왔다. 연근해에서 이루어지는 집중적 조업은 고래, 돌고래, 물개 등의 서식지까지 위협하게 되었고, 이는 지역 생태계의 균형을 무너뜨리는 결과로 이어졌다.

비슷한 문제는 일본 도야마에서도 발생했다. 이곳 역시 한때 어업이 번성했으나 남획으로 인해 어획량이 급감했고, 지역경제가 침체를 겪으며 어민들의 생계가 위협받았다. 반대로 노르웨이의 바렌츠해는 지속 가능한 어업정책을 도입해 자원을 회복시키고, 어업과 환경을 동시에 보호한 사례로 기록된다. 카이코우라가 직면했던 상황은 '더 많은 물고기를 잡는 것이 경제성장일까?'라는 질문을 던지게 했고, 생태계를 보호하지 않으면 경제도 살아남을 수 없다는 사실을 절감하게 되었다.

이러한 해양자원 고갈의 흐름 속에서, 카이코우라는 1980년대 중반부터 관광업을 새로운 대체산업으로 삼았다. 고래 관찰 관광산업의 성장은 이 지역의 경제구조를 빠르게 변화시켰다. 고래와 해양생물의 존재는 이제 그 자체로 '자산'이 되었고, 이를 보기 위해 몰려든 국내외 관광객들로 인해 숙박업, 음식점, 도로 인프라 등이 빠르게 확장되었다. 그러나 관광의 성장은 새로운 문제를 불러왔다. 관광객의 증가로 인한 쓰레기 문제, 해양오염, 소음 공해, 교통 혼잡 등은 다시금 자연환경에 부담을 주었고, 오버투어리즘에 따른 지역 주민의 피로도도 높아졌다.

태국 마야베이의 경우 관광객 증가로 인한 산호초 파괴가 심각해지자 해변 출입을 통제하는 조치를 해야 했고, 하와이 마우이에서는 관광 보트로 인해 돌고래 서식지가 줄어드는 문제가 발생했다. 이러한 사례와 마찬가지로, 카이코우라 역시 한때 관광 개발과 환경보존 사이에서 사회적 갈등을 겪었고, 자연을 지키느냐 경제를 키우느냐는 이분법적인 고민에 빠지기도 했다.

결론적으로는, 자연을 기반으로 하는 산업은 그 자연을 보전할 때 지속 가능하다는 교훈이 이 지역에 자리 잡게 되었다.

(3) 카이코우라의 해결 전략 - 친환경 관광모델 도입

카이코우라는 해양생태계를 보호하면서도 지역경제를 성장시킬 방법을 모색했고, 그 해답으로 '지속할 수 있는 관광'을 선택했다. 고래, 돌고래, 바다표범 등 풍부한 해양생물과 청정한 자연환경을 관광자원으로 활용하면서도 그것이 파괴되지 않도록 철저히 관리하는 새로운 모델을 도입한 것이다.

첫 번째 전략은, 해양보호구역 설정과 지속 가능한 어업 제도였다. 1992년, 카이코우라는 해안 인근에 해양보호구역(Marine Reserve)을 지정했다. 이 지역에서는 상업적 어업이 금지되거나 엄격히 제한되었고, 이는 빠르게 해양생태계의 회복으로 이어졌다. 물고기 개체 수가 늘어나자 인근 지역의 어획량도 장기적으로 안정되는 효과가 나타났다. 지역 어민들과 협의해 만든 '지속 가능한 어업 라이선스' 제도는 무분별한 남획을 막고 생태계를 보호하면서도 지역민의 생계를 지킬 수 있도록 한 좋은 사례였다. 자연을 살리면 경제도 산다는 단순하지만 강력한 진리를 실천한 것이다.

두 번째 전략은, 친환경 관광정책의 도입이었다. 고래 관광은 여전히 이 도시의 대표산업이지만, 단지 많은 관광객을 유치하려는 데 그치지 않았다. 카이코우라는 고래 관찰 선박이 고래에게 너무 가까이 접근하지 않도록 거리 제한 규정을 마련했고, 하루에 수용 가능한 관광객 수를 정해 과다한 관광을 방지했다. 대신에 고부가가치 생태 관광(Eco-tour)을 개발하여 적은 수의 관광객으로도 높은 수익을 창출할 수 있는 구조를 마련했다. 이는 관광객의 만족도를 높이고 지역 자연환경에 미치는 영향을 최소화하는 방식으로, 단기 수익이 아닌 장기 지속 가능성에 초점을 맞춘 정책이었다.

마지막으로, 중요한 변화는 지역 주민이 주도하는 경제구조였다. 카이코우라는 대형 외부 자본에만 의존하지 않고, 지역 주민이 중심이 되는 커뮤니티 관광모델을 구축했다. 고래 관찰 투어, 숙박, 식음료, 기념품 판매 등 관광업의 여러 분야에 지역 주민이 직접 참여하고 이익을 얻을 수 있는 구조를 설계한 것이다. 관광수익 일부는 지역사회 펀드로 환원되어 공공서비스 개선과 환경보호 활동에도 쓰였고, 주민들은 해양 보호 프로그램에 직접 참여하며 일자리도 창출되었다. 이처럼 경제적 이익과 환경보호, 그리고 지역 주민의 권익이 동시에 실현되는 구조는 카이코우라를 지속 가능한 관광도시로 탈바꿈시켰다.

(4) 카이코우라 모델이 주는 시사점

카이코우라의 사례는 자연과 경제가 충돌하는 시대에 양자가 어떻게 조화를 이룰 수 있는지를 잘 보여 준다. 이 도시의 경험은 네 가지 중요한 시사점을 남긴다.

첫째, 자연을 보호하지 않으면 장기적으로 경제도 성장할 수 없다는 교훈이다. 해양생태계를 마구잡이로 이용하던 시절, 카이코우라는 단기적인 이익은 얻었으나 곧바로 자원 고갈이라는 부메랑을 맞았다. 그러나 해양보호구역을 설정하고 남획을 멈추자 시간이 지나면서 어종이 다시 늘어났고 어민들의 삶도 안정되었다. 이는 자연의 회복력이 경제의 지속 가능성과 직결된다는 사실을 상기시킨다.

둘째, 무제한 관광이 아닌 균형 잡힌 관광정책이 필요하다는 점이다. 카이코우라는 관광객을 무조건 많이 유치하는 방식이 아니라, 일정 수를 유지하면서 고부가가치를 창출하는 방향으로 전환했다. 선박 접근 거리 제한, 하루 최대 관광객 수 제한 등은 자연을 보호하면서도 양질의 관광 경험을 제공하기 위한 선택이었다. 이는 오늘날 오버투어리즘에 시달리는 도시들에 시사하는 바가 크다.

셋째, 지역경제는 대기업 중심이 아니라, 지역 주민 중심으로 설계되어야 한다는 원칙이다. 관광수익의 상당 부분이 외부 기업으로 빠져나가는 다른 도시들과 달리, 카이코우라는 주민들이 관광사업에 직접 참여하고 이익을 공유하는 모델을 구축했다. 이로 인해 지역사회는 경제적 활력을 얻는 동시에 생태계 보전에도 적극적으로 나설 수 있었다.

넷째, 정부, 기업, 지역사회가 함께 협력해야 지속 가능한 경제가 가능하다는 사실이다. 환경보호는 일부 집단만의 책임이 아니며, 정부의 정책적 뒷받침, 기업의 윤리적 경영, 주민의 자발적 참여가 어우러져야 비로소 실현될 수 있다.

카이코우라의 성공은 경제와 환경이 공존할 수 있다는 실증적 증거이며, 이러한 조화를 만드는 것이 오늘날 지역경제가 나아가야 할 방향임을 보여 준다.

3. 알프스 지방(Alpes, 프랑스-이탈리아):
농업과 관광산업의 공존
- 스키 리조트와 목초지가 함께할 수 있을까? 알프스의 해법 -

구분	주요 내용
도시 개요	프랑스-이탈리아 국경 산악지역. 전통적으로 농업·목축 중심이었으나 20세기 중반 스키 관광산업 성장으로 농업과 관광 간 갈등 발생
갈등 요인	농지·목초지 축소, 전통산업 약화, 관광업-농업 소득 격차, 환경 훼손·기후변화, 계절적 실업 문제
정책 대응	아그리투어리즘 확대, 관광개발 제한·환경세 도입, 친환경 교통·에너지 전환, 농업 보조금·직거래·브랜드화
시사점	관광과 전통산업의 공존 가능성, 환경보호는 관광 지속성의 전제조건, 정부 정책 의지의 필요성, 농업＋관광 결합은 새로운 경제모델

(1) 알프스 지방, 관광과 농업이 충돌하다

프랑스와 이탈리아 국경을 가로지르는 알프스 지방은 오랫동안 전통적인 농업과 목축업을 중심으로 유지되어 온 산악 지역이었다. 그러나 20세기 중반 이후, 스키를 중심으로 한겨울 관광산업이 급속히 성장하면서 알프스의 경제구조는 큰 전환점을 맞이하게 되었다.

관광업은 확실히 지역경제에 새로운 활력을 불어넣었지만, 목축을 위한 방목지와 스키장의 개발부지가 겹치면서 토지 이용 갈등이 심해졌고, 관광객과 지역 주민 간의 생활방식 차이로 인한 사회적 긴장도 커졌다. 환경 측면에서도 문제는 심각했다. 그뿐만 아니라 겨울철이 아닌 시즌에는 관광객이 급감하면서 계절적 실업 문제도 심화하였고, 관광에만 의존하는 경제구조의 불안정성이 서서히 드러났다.

　이런 배경 속에서, 알프스 지방은 관광과 전통산업의 공존을 위한 다양한 해법을 모색해 왔다. 프랑스의 사부아(Savoie) 지방에서는 '농촌 관광'이라는 개념을 도입해, 농가들이 숙박과 체험 행사를 운영하며 전통산업의 가치를 되살리고 있다. 이탈리아 트렌티노(Trentino) 지방에서는 '슬로푸드'와 '지속 가능한 목축'을 결합한 농업 관광이 인기를 끌며 지역 주민의 자립을 돕고 있다. 이러한 시도들은 관광이 외부 소비자에게 서비스를 제공하는 것만이 아니라, 지역의 전통산업과 문화를 되살리고 함께 성장할 수 있는 방식으로 발전해야 한다는 인식을 반영한다.

(2) 관광산업과 농업의 갈등

　알프스 지방은 유럽의 대표적인 겨울 관광지로, 20세기 중반부터 스키 산업을 중심으로 급격한 경제성장을 이뤘다. 1950~1970년대에는 유럽 전역에서 스키 관광 붐이 일며 프랑스, 이탈리아, 오스트리아, 스위스 등 알프스를 낀 여러 국가가 경쟁적으로 스키 리조트를 개발했다. 이러한 관광 개발은 지역경제를 새롭게 성장시킬 기회였지만, 동시에 오랜 전통을 지닌 농업과 목축업을 위협하는 요인으로 작용했다.

　스키 리조트와 호텔, 관광 인프라가 들어서면서 농지와 목초지가 줄어들었고 전통산업은 설 자리를 잃어갔다. 오스트리아 티롤에서는 전통적인 낙농업과 치즈 산업이 위축되었고, 스위스 인터라켄처럼 관광업 중심으로 재편된 도시에서는 농업 종사자 수가 눈에 띄게 줄었다. 관광객들이 몰려드는 동안 지역 농업 공동체는 상대적으로 소외되었고, 이는 문화적 정체성의 약화로도 이어졌다. 관광의 성장이 곧 모든 이에게 혜택을 주는 것은 아니라는 현실이 뚜렷하게 드러났다.

관광 개발은 환경에 큰 영향을 미쳤다. 스키장을 조성하기 위해 산림을 벌채하고, 인공 설비를 구축하면서 자연 생태계는 급격히 훼손되었다. 겨울철 관광객 수가 늘어나면서 에너지 소비와 쓰레기 배출도 증가했고, 기후변화로 알프스의 빙하가 녹으면서 스키 관광의 지속 가능성 자체에 의문이 제기되었다. 프랑스 몽블랑에서는 대규모 관광객 유입으로 인한 오염 문제가 심각해졌고, 이탈리아 돌로미티에서는 환경단체와 지역사회가 리조트 개발을 둘러싸고 끊임없이 갈등을 빚었다.

관광업과 농업 사이의 경제적 격차도 커졌다. 관광업 종사자들은 빠르게 성장하는 산업 속에서 비교적 높은 소득을 올릴 수 있었던 반면, 농업 종사자들은 토지가격 상승과 수익성 악화로 점차 경제적 어려움에 부닥치게 되었다. 일부 지역에서는 관광지가 된 농촌에서 부동산 개발이 이뤄지면서 젊은 세대가 농업을 포기하고 도시로 떠나는 현상까지 나타났다. 프랑스 샤모니에서는 농업 기반이 급격히 줄어들었고, 스위스 체르마트처럼 부동산 가격이 폭등한 곳에서는 소규모 농가가 지속 가능성을 잃었다.

알프스 지방은 관광 개발에만 집중하는 것이 아니라, 전통산업과 조화로운 공존을 고민해야 했다.

(3) 알프스의 해결 전략 - 농업과 관광의 공존 모델 구축

알프스 지방은 스키 관광산업의 급격한 성장 속에서 전통 농업과의 갈등을 경험했지만, '공존'이라는 키워드로 새로운 해결책을 찾아냈다. 지역사회와 지방정부는 관광업과 농업 사이의 충돌을 관리하는 데 그치지 않고, 두 산업이 상호보완적으로 성장할 수 있는 모델을 고민했고, 그 결과 '농업-관광 공존 모델'이라는 새로운 접근이 탄생했다.

주목할 만한 변화는 '아그리투어리즘(Agritourism)'의 확대였다. 알프스의 전통적인 낙농업, 목축업, 자연 친화적 생활방식은 외부 관광객들에게 새로운 '체험'이 되었고, 지역 주민들은 이를 수익화할 기회로 활용하게 되었다. 치즈 만들기, 양치기 체험, 지역 음식 시식 등은 농촌문화를 접하는 통로가 되었고, 이를 기반으로 한 소규모 친환경 숙박시설도 주목을 받았다. 이러한 모델은 농업을 관광 일부로 끌어들이면서, 전통 산업이 '보호의 대상'이 아니라 '관광 자산'으로 기능할 수 있다는 것을 보여 주었다.

또한, 알프스 지방은 친환경 관광정책을 도입하며 자연 훼손에 대한 반성을 실천적인 전략으로 전환했다. 스키장 개발을 무분별하게 확대하는 대신, 개발 범위에 제한을 두고, 관광객으로부터 일정 금액을 환경보호 기금으로 징수하는 정책을 운용했다. 이 기금은 생태 복원, 쓰레기 관리, 자연보호구역 유지 등에 활용되며, 관광이 환경을 해치지 않고 지속할 수 있도록 설계되었다. 전기차 도입, 친환경 대중 교통시스템 구축 등도 병행되었으며, '깨끗한 자연'이야말로 알프스 관광의 진정한 경쟁력이라는 인식이 지역사회 전반으로 퍼져나갔다.

세 번째로, 지역 농업을 보호하고 지원하는 정책도 병행되었다. 지방정부는 전통 농업 유지에 필요한 직·간접 보조금을 제공하고, 소규모 농가들의 유통 부담을 줄이기 위해 농산물 직거래시스템을 구축했다. 농산물을 관광지에서 직접 판매할 수 있게 하면서, '알프스 치즈', '알프스 꿀' 등 지역 특산물을 브랜드화해 관광 상품으로 재탄생시켰다. 이를 통해 농업 종사자들의 수익이 안정적으로 확보되었고, 젊은 세대의 농업 참여율도 서서히 회복되었다.

(4) 알프스 모델이 주는 시사점

알프스 모델이 주는 시사점은 관광지 개발의 성공사례라는 의미와 함께 지역경제의 지속 가능성과 정체성을 어떻게 함께 지켜 낼 수 있는지를 보여 준다.

첫째, 관광과 전통산업은 필연적인 충돌 관계가 아니라, 상호보완적인 협력관계로 전환될 수 있다. 전통적인 낙농업과 목축업은 관광객들에게는 이국적이고 고유한 문화체험이 될 수 있으며, 지역 농업은 생산의 기능 외에도 체험과 교육, 소비가 결합한 '콘텐츠'로 재해석될 수 있다. 관광객이 숙박과 스키를 즐기는 수준에서 벗어나, 지역의 삶과 문화를 경험할 수 있게 만드는 것은 관광산업의 지속 가능성을 높이는 데 있어 중요하다.

둘째, 환경보호는 더 선택의 문제가 아니라, 관광산업 자체의 생존과 직결되는 과제이다. 알프스 지역은 기후변화와 자연 훼손의 영향을 직접 받는 곳이며, 자연 자원이 손상되면 관광수요 역시 감소하게 된다. 따라서 자연보호 정책은 단지 윤리적 차원을 넘어 관광산업의 기반을 지키기 위한 실용적인 전략으로 작동해야 한다. 환경세, 개발 제한, 친환경 교통시스템 등의 정책은 관광객과 지역 모두의 이익을 위한 투자로 볼 수 있다.

셋째, 지역산업 보호는 국가와 지방정부의 명확한 정책 의지 없이는 불가능하다. 시장경쟁에 맡기면 전통산업은 관광업에 밀려 도태되기 쉽고, 이는 지역 고유의 산업과 문화가 사라지는 결과를 초래한다. 전통 농업에 대한 지원금, 직거래시스템, 브랜드 육성 등의 정책은 단기적으로는 비용이 될 수 있지만, 장기적으로는 지역경제의 뿌리를 지키는 중요한 전략이다.

끝으로, 농업과 관광을 결합하면 산업 혼합을 넘어선 새로운 경제모델을 만들어 낼 수 있다. '아그리투어리즘'은 농업이 관광의 주변 요소가 아니라 중심 콘텐츠가 될 수 있음을 보여 준다. 이는 농업 종사자에게는 새로운 수익원을 제공하고, 관광객에게는 일반적 소비 개념이 아닌 체험과 학습의 기회를 제공한다. 이런 모델은 세계 어느 지역에서든 적용 가능하며, 관광지 개발로 인해 전통산업이 위협받는 지역이라면 더욱 주목해야 할 사례다.

4. 산미겔 데 아옌데(San Miguel de Allende, 멕시코): 개발 vs. 보존
- 현대적 발전 vs. 전통문화, 산미겔 데 아옌데가 찾아낸 해법 -

구분	주요 내용
도시 개요	멕시코 중부 도시. 식민지 시대 건축과 예술적 전통을 간직, 2008년 유네스코 세계문화유산 등재 후 관광·부동산 개발 급성장 → 전통 경관 보존과 현대적 개발 사이 갈등 발생
갈등 요인	부동산 가격 급등과 원주민 이주, 역사적 건축물 훼손·경관 왜곡, 지역 공동체 약화, 문화의 상업화, 시민단체와 개발업자 간 갈등

정책 대응	세계문화유산 구역 개발 규제(외관 유지·고층 제한), 단기임대 규제 및 주거보조 정책, 관광수익의 주거복지 환원, 지역 주민의 문화·관광 산업 참여 지원, 소규모 문화체험형 관광모델 육성
시사점	개발은 역사·정체성과의 조화가 전제, 지역 주민 보호가 도시 지속 가능성의 핵심, 지역 문화와 연결된 관광모델이 장기 경쟁력, 정부-지역 사회 협력이 균형의 필수 조건

(1) 산미겔 데 아옌데, 멕시코의 숨겨진 보석에서 개발 논란의 중심으로

멕시코 중부의 도시 산미겔 데 아옌데(San Miguel de Allende)는 과거 식민지 시대의 건축미와 예술적 분위기를 고스란히 간직한 도시로, 역사와 문화의 향기가 짙게 배어 있는 곳이다. 이 도시는 2008년 유네스코 세계문화유산으로 등재된 이후 전 세계 관광객과 예술 애호가들의 이목을 끌며, 빠른 속도로 관광지로 성장했다. 이에 따라 해외 투자자와 부동산 개발업자들도 대거 유입되었고, 도시 곳곳에서 부동산 개발 열풍이 일었다.

그러나 도시가 발전하면서 곧장 문제도 발생했다. 전통적인 주거지와 식민지 시대의 건물들이 현대식 호텔, 고급 레지던스, 관광 산업시설로 바뀌면서, 원주민들의 삶의 터전은 점점 밀려나게 되었다. 이러한 현상은 도시의 정체성과 문화유산을 보존해야 한다는 요구와 현대적인 개발을 통한 경제적 이익을 추구하려는 흐름 사이에서 갈등을 일으켰다.

이러한 상황에서 산미겔 데 아옌데는 과연 어떻게 역사 보존과 개발 사이의 균형을 찾을 수 있을까?

(2) 부동산 개발과 역사 보존의 갈등

산미겔 데 아옌데는 유네스코 세계문화유산 등재 이후 급격한 관광 성장과 함께 부동산 개발 열풍이 불면서, 도시의 모습이 빠르게 변해 갔다. 외국인 투자자와 개발업자들이 이 지역의 역사적 매력과 예술적 분위기에 주목하면서 대거 유입되었고, 이는 곧 부동산 가격의 급등으로 이어졌다. 10년 만에 부동산 가격이 세 배 가까이 치솟자, 도심의 많은 주택과 상가가 외국인 소유의 고급 숙박시설이나 레스토랑, 부티크 등으로 바뀌었고, 그 과정에서 지역 주민들의 거주공간은 점점 줄어들었다. 저소득층과 원주민들은 더는 치솟는 생활비를 감당할 수 없게 되었고, 도시 외곽이나 다른 지역으로 이주를 선택할 수밖에 없었다. 이로 인해 도시의 고유한 문화와 정체성을 지탱하던 공동체는 점차 약화하였다.

더불어 현대적인 부동산 개발이 역사적인 도시 경관을 위협했다. 관광객과 투자자들의 수요에 맞춘 신축건물과 고층 호텔이 들어서면서, 식민지 시대의 건축물들이 철거되거나, 주변 경관이 왜곡되는 사례가 늘었다. 유네스코 세계문화유산으로서의 보존 규정은 분명 존재했지만, 도시 발전을 추구하는 개발 논리와 충돌하면서 법적·사회적 갈등을 일으켰다. 보존을 중시하는 시민단체와 역사학자들은 도시의 풍경이 점차 사라지고 있다며 목소리를 높였고, 개발을 추진하는 쪽은 경제 활성화와 관광수요 대응을 강조했다.

관광과 부동산 개발이 지역경제에 긍정적인 효과를 주기도 했다. 일자리가 증가하고 외부 자본이 유입되면서 단기적으로는 활력을 불어넣은 것이 사실이다. 하지만 동시에 도시의 문화는 상업화되었고, 예술과 전통이 살아 있던 공간은 관광 상품으로 변모했다. 지역 주민들이 오랫동안 유지해 온 일상과 문화적 장소는 관광객 중심의 소비공간으로 대체되었고, 지역 예술가와 상인들은 급등한 임대료를 감당하지 못하고 떠나야 하는 상황에 부닥쳤다. 도시는 경제적으로는 살아났을지 몰라도 문화적으로는 낯선 장소로 바뀌고 있었다.

이러한 변화는 산미겔 데 아옌데에만 국한된 현상이 아니다. 스페인의 바르셀로나, 포르투갈의 리스본, 일본의 교토 등 많은 세계문화유산 도시가 비슷한 갈등을 겪고 있다. 도시의 발전과 경제적 이익은 필요하지만, 그것이 공동체의 기반을 해체하거나 지역 고유의 문화와 역사적 풍경을 위협한다면 장기적인 지속 가능성은 오히려 낮아질 수 있다. 산미겔 데 아옌데의 사례는 개발과 보존, 관광과 공동체, 외부 자본과 내부 주체 간의 균형이 얼마나 중요한지를 잘 보여 준다.

(3) 산미겔 데 아옌데의 해결 전략
  - 부동산 개발과 역사 보존의 균형 찾기

산미겔 데 아옌데는 부동산 개발로 인한 정체성 상실과 공동체 붕괴 위기를 맞이했지만, 도시와 지역사회는 '지속 가능한 개발'이라는 명확한 방향을 설정하며 균형 회복에 나섰다.

무엇보다 먼저 추진된 전략은 역사 보존을 전제로 한 부동산 개발 규제였다. 유네스코 세계문화유산으로 지정된 구역 안에서는 무분별한 신축을 금지하고, 도시의 전통적 경관을 지키려는 조치가 철저히 시행되었다. 건물은 식민지 시대 양식의 외관을 유지해야 하며, 고층 건물은 허가 되지 않는다. 외관 변경도 엄격한 심사를 거쳐야 하므로 도시 전체가 가진 역사성과 미적 일관성이 유지될 수 있었다. 그 결과, 산미겔 데 아옌데는 그저 '예쁜 관광지'가 아니라, 살아 있는 역사 공간으로서의 정체성을 지켜 내는 데 성공했다.

그러나 도시를 진정으로 보존한다는 것은 건물만이 아니라 사람을 지키는 일이기도 하다. 시는 지역 주민들의 생활기반을 보호하기 위해 단기숙박 플랫폼(Airbnb 등)에 대한 규제를 강화하고, 장기 거주를 유도하는 주택정책을 마련했다. 저소득층을 위한 임대주택 지원, 주거보조금 프로그램, 관광수익 일부를 주거복지에 환원하는 모델 등이 도입되었다. 이와 함께 지역 주민들이 관광산업과 문화산업에 자연스럽게 참여할 수 있도록 예술·문화 관련 일자리와 창업 기회를 지원하며 공동체를 도시 발전의 주체로 끌어들였다. 그 결과, 산미겔 데 아옌데는 외부 투자자가 아닌, 원주민이 머무는 도시로서의 지속 가능성을 회복하고 있다.

시는 관광 자체의 방향을 바꾸는 데도 집중했다. 대형 리조트 중심의 상업적 관광모델이 아닌, 지역 문화와 전통을 살리는 소규모 관광 전략을 중요하게 여겼다. 고풍스러운 건축물을 활용한 부티크 호텔이 장려되고, 도시 전역에는 전통 공예품 시장과 지역 예술가들을 위한 창작공간이 활성화되었다. 관광객들에게 단순한 볼거리가 아니라, 지역 주민과 함께하는 문화체험형 관광프로그램이 제공되면서, 도시의 경제구조 역시 대형 자본보다 지역 자산 기반으로 전환되었다. 그 결과, 방문객이 증가하였음에도 상업화와 지역 문화의 훼손은 최소화되었고, 도시의 가치는 오히려 더 높아졌다.

(4) 산미겔 데 아옌데 모델이 주는 시사점

산미겔 데 아옌데 모델이 주는 시사점은, 도시 개발과 문화 보존, 그리고 지역 공동체의 삶이 서로 충돌하지 않고 공존할 가능성을 보여 준다.

첫째, 부동산 개발은 역사와의 조화를 전제로 이루어져야 한다. 아무리 경제적 가치가 크더라도 도시의 전통적인 경관과 건축 유산을 훼손하는 개발은 장기적으로 도시의 매력을 떨어뜨릴 수 있다. 산미겔 데 아옌데처럼 건축 양식, 외관 규제, 높이 제한 등을 통해 도시의 정체성을 지키는 정책이 개발의 기준점이 되어야 한다.

둘째, 지역 주민 보호는 중요한 문제다. 도시가 관광객과 외부 투자자 중심으로 재편되는 경우 원주민과 저소득층은 살던 곳에서 쫓겨나고 공동체는 해체된다. 이를 막기 위해서는 단기임대 규제, 주거 보조, 장기 거주 우선 정책 등이 함께 마련되어야 한다. 도시의 지속 가능성은 외부인의 관심보다, 내부 거주자의 지속적인 삶에 달려 있다.

셋째, 경제성장을 위해서는 무제한의 상업화가 아니라, 지역 문화와 연결된 관광모델이 필요하다. 대형 리조트나 글로벌 체인보다는 지역 예술가와 전통시장, 소규모 숙박시설이 중심이 되는 모델이 오히려 도시의 고유한 매력을 높이고 장기적인 관광수익을 만들어 낸다. 단기적인 유입보다 도시와 함께 호흡하는 관광이 진짜 경제 해법이라는 점을 산미겔 데 아옌데는 잘 보여 주고 있다.

넷째, 이 모든 과정은 정부와 지역사회 간의 협력이 있을 때만 가능하다. 보존 정책, 개발 규제, 문화산업 육성 등은 단발적인 조치로는 효과를 보기 어렵다. 주민들과의 신뢰를 바탕으로 한 장기적 계획과 정책의 일관성이 유지되어야만, 개발과 보존, 성장과 정체성 간의 균형이 가능하다. 도시가 살아 있는 유산으로 남기 위해서는 행정과 공동체가 같은 방향을 바라보아야 한다.

5. 타르투(Tartu, 에스토니아):
대학도시 모델을 활용한 경제성장
- 타르투가 대학을 중심으로 도시를 성장시킨 방법 -

구분	주요 내용
도시 개요	에스토니아 제2의 도시. 전통적 대학도시이자 학문 중심지 → 소련 붕괴 후 산업기반 쇠퇴·청년 인재 유출로 경제 위기 → 대학을 지역경제 성장 플랫폼으로 삼으며 '혁신 허브'로 전환
갈등 요인	졸업생의 수도·해외 유출, 일자리 부족, 대학 연구성과와 산업 간 단절, 스타트업 생태계 미비, 대학 중심 정체성 vs. 혁신산업 전환 논쟁
정책 대응	대학-스타트업 인큐베이터 설립, 기술이전·산학협력 강화, ICT·바이오 등 산업클러스터 조성, 청년 창업펀드·벤처캐피털 유치, 국제 스타트업 대회 개최, 스마트시티·디지털 경제 전환
시사점	대학은 지역경제 성장 플랫폼이 될 수 있음, 연구성과의 산업 연결이 핵심, 청년층 유입·정착이 도시 지속성의 열쇠, 디지털 혁신은 중소도시에 국제 경쟁력 부여

(1) 디르투, 작은 대학도시에서 혁신 허브로

에스토니아 제2의 도시인 타르투(Tartu)는 중세 이후 학문과 지식의 도시로 명성을 알린 전통을 바탕으로, 21세기에는 대학 중심 경제모델을 통해 지역경제를 되살리는 데 성공한 대표적 사례다. 1632년 설립된 타르투대학교(University of Tartu)는 수 세기 동안 에스토니아의 학문과 문화의 중심 역할을 해 왔다. 그러나 1991년 소련 붕괴 이후, 타르투 역시 다른 동유럽 도시들과 마찬가지로 경제 불안, 청년 인구의 유출, 산업 기반 쇠퇴라는 위기를 맞게 된다.

이러한 위기 속에서 타르투는 '대학을 지역경제 성장의 플랫폼으로 삼는 전략'을 선택했다. 대학이 지역 내 지식 생산, 기술 혁신, 스타트업 육성의 중심이 되도록 체계를 재편한 것이다. 2000년대 중반 이후 타르투에는 ICT, 헬스케어, 바이오테크, 교육 기술 등 첨단산업 기반의 스타트업들이 빠르게 성장하였고, 이는 지역 고용 창출과 외국인 투자 유치로도 이어졌다.

(2) 지역경제의 위기와 갈등

타르투는 에스토니아에서 가장 오래된 대학도시이자 중세부터 유럽 학문과 지식의 중심지로 알려진 도시였다. 그러나 소련 붕괴 이후 경제 전환기를 겪으며, 이 도시는 중대한 도전에 직면했다. 가장 먼저 문제가 된 것은 젊은 인재의 유출이었다. 타르투대학교를 비롯한 우수한 교육기관이 있었음에도 졸업생들은 양질의 일자리를 찾기 위해 수도 탈린이나 해외로 떠나갔다. 대기업이나 혁신산업이 부족했던 타르투에서는 청년층이 지역에 머물 이유가 없었다. 시간이 지나며 이러한 인재 유출은 지역 내 고급인력의 공백을 만들었고, 이는 곧 경제활력의 저하로 이어졌다.

비슷한 상황은 유럽의 다른 대학도시에서도 찾아볼 수 있다. 헝가리의 데브레첸은 수도 부다페스트로 인재가 집중되며 지역 성장에 한계를 드러냈고, 핀란드의 투르쿠도 산업기반이 약해 청년층이 수도 헬싱키로 떠나는 현상을 겪었다. 타르투 역시 연구 중심 도시로서 높은 교육수준과 학문적 자산을 갖췄지만, 그것이 곧바로 지역산업 성장이나 일자리 창출로 이어지지 못하는 구조적 문제를 안고 있었다.

타르투는 학문과 연구의 중심지로 남았지만, 연구성과가 실제 제품이나 서비스로 이어지지 못했으며, 대학과 기업 간 협력도 미흡했다. 이는 지역경제 전반의 성장동력을 제한했고, 스타트업이나 기술기업이 자생적으로 성장할 수 있는 생태계 구축에도 어려움을 주었다.

타르투의 사례는 대학이라는 고등 교육기관이 있다고 해서 지역경제가 자동으로 살아나는 것이 아니라는 점을 보여 준다. 연구는 산업과 연결되어야 하며, 교육은 일자리로 이어져야 지역경제도 지속 가능성을 가질 수 있다. 지식은 지역의 자산이지만, 그것을 활용할 수 있는 경제구조 없이는 장기적인 성장을 이끌기 어렵다.

이에, 여전히 대학 중심의 정체성을 중요시하는 측과 스타트업 및 기술 중심의 혁신도시로 전환해야 한다는 측 간에 갈등이 생겨났다.

(3) 타르투의 해결 전략 – 대학을 활용한 경제 성장모델 구축

타르투는 에스토니아의 학문 중심지라는 상징성을 지키면서 지역대학을 지역경제의 성장동력으로 전환하는 데 성공한 도시다. 이 도시의 혁신적인 전략은 '대학에서 시작된 지식이 지역산업으로 이어질 수 있는 구조'를 구축하는 데 초점을 맞췄다. 단지 교육이나 연구에 그치지 않고,

그것이 청년창업과 기술산업의 생태계로 이어지도록 도시 전반의 시스템이 설계된 것이다.

중요한 변화는 타르투대학교와 스타트업 생태계의 직접적인 연결이다. 타르투대학교는 지역 정부와 협력해 스타트업 인큐베이터를 설립하고, 교수와 연구진의 성과를 실제 기업에 이전할 수 있는 기술이전 프로그램을 운영했다. 이는 연구실에서 나온 아이디어가 바로 시장으로 연결되는 구조를 만들어 냈고, 졸업생들이 자신이 배운 지식을 바탕으로 창업하는 분위기를 조성했다. 그 결과, 타르투 내 기술 스타트업의 수는 불과 10년 사이에 세 배 이상 증가했으며, 졸업생들의 지역 내 취업률도 함께 상승했다. 인재가 떠나는 도시가 아니라, 인재가 머무르고 돌아오는 도시가 된 것이다.

이와 함께, 타르투는 기술 혁신 중심의 산업클러스터를 구축했다. ICT, 바이오테크, 핀테크 등 고부가가치산업을 중심으로 한 연구·개발 허브와 기업-대학 연계 플랫폼이 조성되었고, 이 구조는 국내 스타트업을 넘어 세계적 기업의 주목을 받는 생태계로 발전하도록 만들었다. 세계적으로 잘 알려진 핀테크 기업 'Wise'(구 TransferWise)와 여러 정보통신기업이 타르투를 기반으로 성장하거나 협력하는 사례들이 생겨났다. 지식기반 경제의 중심 도시로서의 타르투의 입지가 점차 강화된 것이다.

이러한 성장은 청년창업과 글로벌 투자유치 전략과도 밀접하게 연결돼 있다. 타르투는 청년들을 위한 창업펀드를 조성하고, 창업 초기 단계에서 필요한 자금을 지원했다. 여기에 벤처캐피털 유치를 통해 외부 자본이 지역 스타트업에 유입되도록 구조를 만들었으며, 국제 스타트업 대회를 개최해 세계 각국의 젊은 창업가들이 타르투를 주목하게 했다. 결과적으로 청년창업이 활성화되면서 지역경제는 생동감을 얻었고, 도시의 평균 연령과 인구 유출 문제에도 긍정적인 변화를 가져왔다.

무엇보다 인상적인 점은, 타르투가 스마트시티로서의 전환을 통해 도시 전반의 구조를 '디지털 경제'에 맞게 재편했다는 것이다. 에스토니아는 전자정부 시스템으로 유명한 나라로, 타르투는 이 시스템을 지역경제의 혁신에도 활용했다. 창업절차와 행정업무의 디지털화는 기업 운영의 효율성을 높였고, AI 기반 행정, 교통, 환경 관리 등 다양한 스마트 기술이 도시 전체에 확산하면서 기업과 시민 모두가 그 혜택을 누릴 수 있는 환경이 마련됐다. 이 덕분에 타르투는 유럽 내에서 가장 스마트한 중소도시 중 하나로 평가받고 있으며, '작은 도시이지만 미래를 먼저 실현하는 곳'이라는 이미지도 함께 굳어졌다.

(4) 타르투 모델이 주는 시사점

타르투 모델이 주는 시사점은 하나의 도시가 성장한 이야기 그 이상이다. 이 모델은 지역경제의 재도약을 위한 전략적 선택지가 무엇인지 보여 준다.

첫째, 대학이 지역경제의 중심이 될 수 있다. 타르투대학교는 지역산업과 스타트업 생태계의 플랫폼 역할을 수행했다. 강의실에서 나온 지식이 곧장 창업 아이디어로 이어지고, 이 아이디어가 지역경제에 활기를 불어넣는 구조는 지역 내 다른 어떤 자원보다 강력한 성장동력이 된다.

둘째, 연구와 산업이 연결되어야 실질적인 경제성장이 가능하다. 아무리 우수한 연구성과가 있어도 그것이 시장으로 옮겨지지 않는다면 경제적 파급효과는 발생하지 않는다. 타르투는 기술이전, 산학 협력, 연구·개발 클러스터 등을 통해 지식을 실물경제로 연결하는 통로를 만들어 냈고, 이를 통해 연구 기반 경제모델을 실현할 수 있었다.

셋째, 청년층이 머물 수 있는 도시가 되어야 한다. 지역에 머무는 인재가 없다면 어떤 발전전략도 지속하기 어렵다. 타르투는 창업지원, 일자리 창출, 주거정책, 문화적 환경 등 청년이 '살고 싶은 도시'를 만드는 데 집중했다. 이는 도시의 활력을 유지하는 데 있어 중요한 요소였다.

마지막으로, 스마트시티와 디지털 경제는 소도시에도 국제 경쟁력을 부여할 수 있다. 타르투는 IT, AI, 핀테크 등 미래산업을 중심으로 도시를 재설계했고, 디지털기술을 행정과 기업 생태계에 자연스럽게 통합했다. 이를 통해 '작은 도시지만 똑똑한 도시'라는 새로운 이미지와 실질적인 경쟁력을 갖추게 되었다.

타르투는 "작아서 약한 것이 아니라, 작아서 빠르게 바뀔 수 있다."라는 사실을 증명한 사례다. 이는 많은 중소도시에도 유효한, 또 실현 가능한 미래 전략이 된다.

2장
갈등 방치로 침체에 빠진 지역들

1. 라스팔마스(Las Palmas, 스페인):
대규모 개발과 원주민 경제 몰락
- 개발이 지역을 살릴 줄 알았지만, 원주민들의 삶을 망쳐 버렸다 -

구분	주요 내용
도시 개요	스페인 카나리아 제도의 중심 도시. 어업·농업 기반 전통경제 → 1960년대 이후 국가 주도 관광개발 → 단기 성장 뒤 원주민 경제 몰락과 공동체 붕괴
갈등 요인	어업·농업 기반 약화, 원주민 일자리 상실, 저임금·비정규직 종사 집중, 부동산 가격·생활비 폭등, 주민 이주와 공동체 약화, 환경 훼손·해안 생태계 파괴
정책 대응	(뚜렷한 대응 부재, 규제·보호정책 미흡) → 관광업 일변도 구조 고착
시사점	주민을 배제한 개발은 장기적 경제 붕괴, 관광업 단일 의존의 위험, 원주민 산업·문화 보호 필요, 환경 보존 없이는 관광도 지속 불가

(1) 라스팔마스, 천혜의 관광지에서 경제 붕괴의 상징으로

라스팔마스는 스페인령 카나리아 제도에서 가장 큰 도시이자 유럽과 아프리카 대륙 사이의 지리적 이점을 살려 대서양의 관문으로 불릴 만큼 전략적 위치에 있는 도시였다. 한때는 전통적인 어업, 농업, 수공예 중심의 경제를 기반으로 원주민 공동체가 자급적 삶을 이어 왔지만, 1960년대 이후 스페인 정부가 국가 관광산업 육성전략으로 라스팔마스를 집중하여 개발하면서 지역경제의 구조는 급격히 변화했다.

정부는 이곳을 대서양 관광의 허브로 만들기 위해 대규모 자본을 투입했다. 해안선을 따라 대형 리조트와 호텔이 속속 들어섰고, 유럽 각지에서 몰려든 관광객들은 라스팔마스를 지중해를 대체할 새로운 휴양지로 주목하게 되었다. 단기적으로는 경제성장이 나타났다.

하지만 그 이면에서 원주민 사회는 점점 밀려나고 있었다. 전통적인 경제기반이었던 소규모 어업과 농업은 관광 개발을 위한 토지 수용과 해안 생태계 훼손으로 위축되었고, 많은 주민은 기존의 일자리를 잃은 채 관광산업 내 저임금·비정규직 노동자로 편입됐다.

게다가 생활비와 주거비 상승도 문제였다. 관광객 대상의 고급 상권과 단기임대 수요가 증가하면서 집값과 물가가 폭등했고, 저소득층 원주민들은 도심을 떠나 변두리로 밀려났다. 도시는 외형적으로는 '세계인이 찾는 휴양지'로 번영하는 듯했지만, 지역 주민의 삶의 질은 오히려 하락하는 역설적 상황이 벌어진 것이다.

이처럼 라스팔마스의 사례는 관광산업이 지역경제의 기회가 될 수도, 위협이 될 수도 있다는 사실을 잘 보여 준다.

(2) 개발과 원주민 경제의 갈등

　라스팔마스는 한때 어업과 농업을 중심으로 자립적이고 안정된 전통 경제를 유지하던 도시였다. 그러나 1960년대 이후 대규모 관광 개발이 본격화되면서 도시의 경제구조는 완전히 바뀌었다. 스페인 정부의 관광산업 전략에 따라 해안 일대를 중심으로 고급 호텔과 리조트가 대거 건설되었고, 도시 전체가 '대서양의 관광 허브'로 탈바꿈하게 되었다. 하지만 이 과정에서 먼저 무너진 것은 바로 지역 원주민들의 전통 경제기반이었다.

　이전까지 생계를 어업과 농업에 의존하던 지역 주민들은 리조트 개발과 함께 해안 접근이 제한되고 농지마저 관광 인프라로 대체되면서 점차 일자리를 잃거나 업종을 전환할 수밖에 없는 상황에 놓였다. 이는 그들에게 그냥 일자리가 바뀔 수 있다는 의미가 아니라 여러 세대에 걸쳐 이어 온 삶의 방식이 끊기는 구조적 전환이었다. 인도네시아 발리나 하와이처럼, 관광 개발로 원주민 산업이 몰락한 사례들과 마찬가지로 라스팔마스에서도 성장은 일부 외부 자본과 투자자에게만 기회였고, 원주민들에게는 위기이자 퇴출의 시작이었다.

　관광객과 외국인 투자자가 몰리자 부동산시장은 들썩였고, 도시의 주택가격은 폭등했다. 외국인을 대상으로 한 단기임대와 고급 주거단지가 들어서면서 전통적인 원주민 거주지는 점차 사라졌다. 생활비 부담은 커졌고, 젊은 세대는 더 고향에 머무를 수 없었다. 바르셀로나 산토리니처럼, 라스팔마스에서도 도시는 더욱 국제적이고 화려해졌지만, 정작 원주민은 그 화려함 속에서 이방인이 되어 갔다.

그나마 남은 일자리도 대부분 저임금 서비스업 중심이었다. 관광업이 도시의 유일한 경제기반으로 자리 잡으면서, 많은 원주민이 호텔 종사자, 청소부, 운전기사, 안내인 등 비정규직 일자리에 몰렸고, 관광 비수기에는 대규모 실직과 수입 단절을 겪었다. 관광업은 돈을 벌게 했지만, 안정된 삶은 보장하지 못했다. 자영업이나 창업의 기회는 대형 관광기업에 밀려 막히는 경우가 많았고, 지역 주민들이 경제를 주도할 수 있는 구조는 사라졌다.

이와 함께 환경 파괴도 심각한 문제로 대두되었다. 자연경관과 해양생태계를 파괴하면서 건설된 관광시설들은 장기적으로 관광 자체의 매력을 위협했고, 쓰레기, 해양오염, 에너지 과소비 문제는 지속 가능한 관광 모델을 어렵게 만들었다. 태국 피피섬처럼 한계치를 넘긴 관광지에서는 '관광객 없는 회복'을 위해 폐쇄조치가 필요했는데, 라스팔마스도 같은 위기를 겪을 가능성이 커졌다.

(3) 라스팔마스의 실패가 주는 시사점

라스팔마스의 실패사례는 관광 개발이 지역경제를 성장시킬 수 있다는 믿음이 언제, 어떻게 지역 공동체를 파괴할 수 있는지를 보여 준다. 이 사례가 주는 시사점은 "관광은 나쁘다."라는 것이 아니라, 관광을 추진하는 방식이 잘못되면 도시의 지속 가능성 자체를 위협할 수 있다는 경고에 있다.

첫째, 개발이 지역 주민을 배제하면, 장기적으로 경제는 무너진다. 외부 자본과 투자자 중심의 개발은 단기적으로 도시를 화려하게 만들 수 있지만, 정작 그 땅에 살아온 주민들이 소외된다면 도시는 정체성과 지속 가능성을 잃는다. 경제성장은 숫자 이상의 의미가 있어야 하며, 지역주민의 삶의 질과 권리보장이 우선되어야 한다.

둘째, 관광업만으로는 지역경제를 유지할 수 없다. 관광은 계절적이고 외부 변수에 민감한 산업이다. 팬데믹, 경기침체, 기후변화 등 다양한 요인에 따라 급격한 변동이 일어나므로, 이를 유일한 경제기반으로 삼는 것은 위험하다. 다양한 산업기반을 함께 육성하고, 지역경제의 복합성과 자립성을 확보하는 전략이 필요하다.

셋째, 원주민 경제를 보호하는 정책이 필요하다. 관광 개발이 진행될수록 기존의 전통산업은 설 자리를 잃는다. 그러나 이 전통산업은 경제활동일 뿐 아니라 지역 문화와 공동체를 유지하는 기반으로서의 의미도 지닌다. 따라서 원주민들이 자신의 산업을 유지할 수 있도록 보조금, 직거래 유통망, 소득보전 정책 등을 통해 보호할 필요가 있다.

넷째, 환경이 파괴되면 관광업도 지속할 수 없다. 관광이 지속할 수 있으려면 그 지역의 자연환경이 보존되어야 한다. 무분별한 리조트 건설, 쓰레기 문제, 생태계 파괴는 관광객조차 외면하게 만든다. 관광과 환경은 대립 관계가 아니라 공존해야 할 요소이며, 이 둘 간의 균형이 이루어지지 않으면 어느 쪽도 지속할 수 없다.

2. 아그리젠토(Agrigento, 이탈리아):
문화유산 보존 vs. 경제개발
 - 유적지를 보호하면 개발이 늦고, 개발하면 문화유산이 사라진다? -

구분	주요 내용
도시 개요	이탈리아 시칠리아 남부 도시. 고대 그리스 유적지를 보유한 세계문화유산 도시 → 경제침체와 인구유출 지속 → 문화유산 보존 규제와 현대적 개발 요구가 충돌하며 갈등 발생
갈등 요인	도시 곳곳 유적 분포로 개발 제한, 보호구역 내 불법 건축 증가, 관광업 단일 의존과 계절적 경기 변동, 청년층 유출·실업, 인프라·서비스 부족, 주민 생활 안정 vs. 유산 보존 간 괴리
정책 대응	정부는 보존 규제 강화 위주 → 주민 불만·불법 개발 확산, 관광업 편중 완화·산업 다변화 정책 부재
시사점	보존과 개발은 배타적이 아니라 조화 필요, 유산을 지역경제 자산으로 전환해야 지속성 확보, 산업 다변화 통한 안정적 일자리 창출 필요, 주민 참여형 보존·개발 모델이 유산 보호와 삶의 질 개선을 동시에 달성

(1) 아그리젠토, 고대와 현대가 충돌하는 도시

이탈리아 시칠리아섬 남부에 있는 아그리젠토(Agrigento)는 고대 그리스 시대부터 번영해 온 도시로, 세계적으로 손꼽히는 문화유산을 간직하고 있다. 그 가운데 '신들의 계곡(Valley of the Temples)'은 1997년 유네스코 세계문화유산으로 지정되었는데, 이 지역은 매년 수십만 명의 관광객이 찾는 유럽의 대표적인 고대도시 유적지 중 하나이다. 그러나 이러한 유산의 명성에도 불구하고, 아그리젠토는 오랜 기간 경제침체와 인구 감소라는 이중의 도전에 직면해 왔다. 관광업 중심의 단일 경제구조는 일자리 창출에 한계를 보였고, 젊은 세대는 더 나은 기회를 찾아 도시를 떠나고 있다.

이에 따라 지역 당국과 기업들은 도시 활성화를 위해 현대적 개발 프로젝트를 시도했지만, 개발계획이 문화유산 보호 규제와 충돌하면서 심각한 갈등이 발생하고 있다. 고층 건물 건설, 교통인프라 확장, 대형 숙박시설 유치 등의 계획은 고대 유적지의 경관을 훼손할 수 있다는 이유로 국제 문화단체와 지역 시민단체들의 반발을 불러일으켰다.

이처럼 아그리젠토는 개발과 보존이라는 두 축 사이에서 방향을 모색하고 있다. 도시재생이 절실한 상황이지만, 유적지 훼손은 도시의 가장 큰 자산을 파괴하는 결과를 낳을 수 있기 때문이다. 문제는 '개발할 것인가, 보존할 것인가?' 중에서 선택할 수 있는 것이 아니라, 두 가지 가치를 동시에 살릴 수 있는 전략을 고려해야 한다는 데 있다. 아그리젠토는 지금도 '유산의 무게'와 '미래의 필요' 사이에서 균형을 찾기 위한 실험을 이어 가고 있다.

(2) 문화유산 보호와 경제개발의 갈등

아그리젠토는 고대 그리스 문명의 흔적을 품고 있는 유서 깊은 도시이자 세계적으로 중요한 문화유산을 보유한 지역이다. 그러나 이 위대한 역사적 자산이 역설적으로 오늘날의 도시 발전에 걸림돌이 되는 아이러니한 현실에 직면해 있다. 도시 개발과 문화유산 보존의 갈등은 이 지역 경제 발전의 큰 장애물 중 하나로 지목된다.

도시 확장은 많은 시민의 삶의 질 향상과 지역경제 활성화를 위한 조건이지만, 아그리젠토는 도시 곳곳에 고대 유적이 분포해 있어 건설과 개발이 극도로 제한되어 있다. '신들의 계곡'이라 불리는 주요 유적지뿐 아니라 주거지 주변에서도 유물 발굴 가능성이 컸기 때문에 새로운 건물을 짓는 것 자체가 문화유산 훼손의 우려를 낳는다. 이로 인해 공식적인 개발은 정체되고, 대신 보호구역 내에서 불법 건축이 늘어나는 악순환이 반복되어 왔다. 결과적으로 유적은 훼손되고 도시환경은 계획 없이 확장되었으며, 문화유산을 보호하려는 노력조차 효과를 잃는 모순된 상황이 연출되었다.

아그리젠토의 경제구조는 사실상 관광업에 지나치게 의존하고 있다. 유네스코 세계문화유산이라는 명성이 도시의 큰 자산이지만, 관광산업은 계절적 편차가 크고 외부 충격에 매우 취약하다. 겨울철이나 세계 경기침체 시에는 관광객 수가 급감하면서 지역경제가 크게 흔들린다. 이처럼 특정 산업에 집중된 경제는 지역 주민들의 생계 안정성과 일자리 다양성 확보에 큰 제약을 주고 있으며, 이는 개발을 통해 산업을 다변화하려는 요구로 이어지고 있다. 그러나 문화유산 보호를 우선시하는 정부의 태도와 지역 주민들의 실질적 생활 개선 요구는 좀처럼 접점을 찾지 못하고 있다.

지역 주민들은 정부가 문화유산 보존만을 강조하면서 현실적인 경제 발전 전략을 제시하지 않는다고 비판한다. 주민들이 느끼는 불만은 일자리 부족에 그치지 않는다. 열악한 도시 인프라, 교육 및 의료 서비스 부족, 높은 실업률 등 일상적인 문제들이 해결되지 않자 일부 주민들은 문화유산 보호 정책이 자신들의 삶을 희생시키는 족쇄처럼 느껴진다고 말

한다. 이로 인해 정부와 시민들 사이의 신뢰는 점점 약화하고 보호구역 내 불법 개발이나 무분별한 건축이 증가하는 결과로 이어지고 있다.

(3) 아그리젠토의 실패가 주는 시사점

아그리젠토의 사례는 문화유산을 가진 도시가 어떤 방식으로 경제발전을 추구해야 하는지에 대한 중요한 교훈을 제공한다.

첫째, 문화유산 보호와 경제개발은 상호 배타적인 개념이 아니라, 균형과 조화를 이뤄야 할 요소들이다. 유산을 지나치게 보호하려다 보면 도시의 발전이 가로막히고, 반대로 개발만을 우선시하면 도시의 정체성과 역사적 가치는 훼손된다. 따라서 규제 중심의 보존이 아닌, 문화유산을 지역경제의 자산으로 전환하는 방식이 필요하다. 예컨대 유적을 활용한 스마트 관광, 문화 기반 창업, 지역 주민과 연계된 전통산업의 부활 등과 같은 모델이 가능하다.

둘째, 관광업 외에도 다양한 산업을 육성해야 한다. 관광은 경제에 활력을 불어넣을 수 있지만, 비수기와 외부 변수에 취약한 산업이다. 지속 가능한 지역경제를 위해서는 기술, 교육, 창업, 농식품 가공 등 다양한 산업군을 함께 키워야 하며, 문화자원을 활용한 콘텐츠 산업이나 교육·연구기관 유치 등도 좋은 대안이 될 수 있다.

셋째, 지역 주민들의 경제적 요구를 고려한 개발정책이 필요하다. 도시의 개발은 주민을 위한 것이어야 하며, 주민의 삶과 경제적 안정이 무시된 보존 정책은 오히려 유산 보호에 대한 저항을 낳을 수 있다. 정부는 문화유산 보호를 주민의 희생 위에 두는 것이 아니라, 보호와 생활의 양립이 가능한 방식을 제시해야 한다. 주민 참여형 계획 수립, 지역 일자리 창출형 프로젝트 확대, 문화 기반 사회적기업 육성 등이 그 예다.

넷째, 불법 건축 문제는 단속보다는 대안 제공을 통해 해결해야 한다. 보호구역 내 불법 건축은 규제의 결과이자 주민들의 절박한 주거·경제 수요의 표현이다. 따라서 불법 건축을 줄이기 위해서는 유연한 개발 가이드라인, 보호구역 내 합법적인 개발 유도, 주민 대상 리모델링 지원 등 제도적 유연성이 필요하다. 도시의 미래는 정체성이 아니라 주민과 유산이 함께 살아가는 생태계로 결정된다.

아그리젠토는 '과거를 지키는 도시'로만 남을 것인지, '과거를 바탕으로 미래를 여는 도시'로 거듭날 것인지의 갈림길에 서 있다. 이 도시의 교훈은 유사한 고민을 겪는 세계의 많은 역사 도시에 깊은 통찰을 제공한다.

3. 쿠리치바(Curitiba, 브라질): 급속한 도시 팽창과 기반시설 부족

– 세계에서 주목받는 친환경 도시 개혁 성공사례에서 실패사례로 –

구분	주요 내용
도시 개요	브라질 남부 도시. 1970~90년대 BRT·녹지·재활용 정책 등으로 '지속 가능한 도시계획'의 모델로 주목 → 2000년대 이후 급속한 도시 팽창과 인프라 부족으로 갈등 방치
갈등 요인	인구 급증(20년간 100만 명↑) vs. 도로·주거·상하수도 확충 지연, 무허가 정착지 증가, 공공주택 공급 중단, 외곽 빈민가 확대, BRT 과부하·자가용 의존 증가, 녹지 감소·환경 악화, 사회적 불평등 확대
정책 대응	과거 성공 경험에 안주 → 인프라 확장·사회정책 조정 지연 ※ 최근 들어 BRT 현대화(저상·전동화, Linha Verde), 스마트시티 정책, 태양광 발전단지, 외곽 정착지 재생(노바 카시임바) 등 재도전 시작

> **시사점** 도시성장은 속도보다 지속성이 핵심, 교통시스템은 미래 수요 반영 필요, 포용적 주거정책 없이는 도시 지속성 위협, 개발과 환경은 분리 불가능, 실패 후에도 가치를 갱신할 수 있는 회복력·포용력이 진정한 혁신

(1) 쿠리치바, '스마트도시'의 상징에서 갈등 방치의 경고로

브라질 남부의 쿠리치바(Curitiba)는 한때 세계에서 가장 혁신적인 도시 중 하나로 꼽혔다. 1970~1990년대에 걸쳐 '사람 중심 도시'라는 철학 아래, 세계 최초의 간선급행버스(BRT) 시스템, 광범위한 녹지, 재활용 정책, 저소득층을 위한 주거 계획 등이 도입되며, '지속 가능한 도시계획의 롤모델'로 세계적인 명성을 얻었다. 이러한 계획은 국제기구와 도시 전문가들에게 깊은 인상을 남겼고, 쿠리치바는 '도시개혁의 교과서'로 인용되었다.

그러나 도시 외부의 찬사와는 달리, 내부에서는 조용히 균열이 쌓이고 있었다. 도시계획의 철학이 '사람 중심'이었지만, 실제 운영은 오히려 갈등 회피적 구조에 가까웠다. 2000년대 이후 쿠리치바는 매년 3~4%씩 인구가 증가하며 외곽으로 급속히 팽창했는데, 이에 대한 인프라 확충이나 사회정책의 조정은 지연되었고, 갈등은 방치되다시피 했다. 초기의 계획은 이후 변화하는 도시 현실에 맞춰 조정되지 않았고, 이는 교통 혼잡, 주거 불균형, 환경 악화, 사회적 양극화라는 복합적 문제로 이어졌다.

쿠리치바는 분명 위대한 도시였다. 그러나 그 위대함은 과거에 머무를 수 없었다. 도시계획이 과거의 성공 위에 멈춰 서 있을 때, 현실은 빠르게 움직이며 틈을 벌려 놓는다. 쿠리치바는 이를 미처 따라잡지 못한 채,

계획과 현실 사이의 틈에서 갈등을 방치했고, 그 결과 한때의 '혁신 모델'은 오늘날 '경고의 상징'으로 바뀌어 버렸다. 이 도시는 우리에게 질문을 던진다. 도시는 얼마나 오래 과거의 명성에 기대어 버틸 수 있는가? 그리고 방치된 갈등은 어디로 향하는가?

(2) 급속한 도시화와 기반시설 부족의 구조적 충돌

쿠리치바는 도시계획의 교과서로 불리던 시절을 지나, '무계획 성장'의 부작용을 고스란히 겪어 왔다. 이 도시에선 도시화가 더 '계획'이 아닌 '성장하는 추세'가 되었고, 추세는 예외 없이 '기반시설 붕괴'로 이어졌다. 문제는 숫자로도 명확하다.

2000년대 이후 쿠리치바의 인구는 20년간 약 100만 명 이상 증가했다. 그러나 도로 확장 속도는 이의 절반에도 못 미쳤고, 하수도·상수도·공공주택 건설은 인구 증가 속도를 따라가지 못했다. 도시 외곽에 무허가 정착지가 300개 이상 조성되었고, 이들 대부분은 공공서비스의 사각지대에 놓였다.

특히 주거 문제는 심각해졌다. 과거 쿠리치바는 저소득층을 위한 공공주택 모델도 개발했던 도시지만, 최근 20년간 공공임대 공급은 사실상 중단되었다. 그 결과 외곽 빈민가는 급속히 늘었고, 도심과 외곽의 생활 격차는 브라질 평균보다도 악화하였다. 의료 접근성, 학교 통학 거리, 대중교통 이용 시간 등의 지표 모두 저소득층일수록 불리한 방향으로 변화했다.

교통시스템도 마찬가지다. 세계 최초로 간선급행버스(BRT)를 도입했던 쿠리치바는 당시만 해도 도심 접근성과 환경을 동시에 개선한 대표사례였다. 그러나 BRT는 더는 시민 이동 수요를 감당하지 못했다. 차량 노후화, 노선 고착화, 혼잡도 증가, 환승의 비효율성 등이 복합적으로 작용해 자가용 이용률이 급증했고, 이로 인해 대기오염과 차량 정체가 도시 전역으로 확산하였다.

환경문제 또한 옛 명성을 지켜 주지 못했다. 무분별한 개발과 산림 훼손으로 인해 도시의 '숨 쉴 공간'은 점차 사라지고 있다. 도시의 녹지 비율은 1980~1990년대에 50%를 웃돌았지만, 최근 조사에서는 30% 이하로 하락했다. 더 큰 문제는 홍수나 가뭄과 같은 기후변화에 대한 도시의 복원력이다. 하천변 정비가 늦어지고, 빗물 흡수지대가 아스팔트로 대체되면서 강우량이 조금만 높아져도 침수 피해가 발생해 왔다.

근본적인 위기는 도시 불균형의 고착화다. 쿠리치바는 성장했지만, 그 성장의 과실은 특정 계층에만 집중되었고, 도시계획이 더는 '모두를 위한 설계'가 아닌 '선택적 배려'로 변질되었다. 이는 도시 내부의 긴장을 확대하고 있으며, 정책적 신뢰를 무너뜨리는 주요 요인으로 작용하고 있다. 결과적으로 쿠리치바는 이제 "지속 가능한 도시"라기보다는 "지속 불가능성의 경고장"을 받는 상황이 되었다.

(3) 쿠리치바의 실패가 주는 시사점

쿠리치바의 사례는 전 세계 수많은 도시가 겪고 있는 급속한 도시 성장과 팽창의 한계와 문제점을 상징적으로 보여 준다. 도시 성장은 분명 경제적 활력과 인구 유입을 동반하지만, 그 속도가 지나치게 빠를 경우 기존 인프라와 제도가 이를 감당하지 못하면서 여러 갈등과 위기를 일으킨다.

첫째, 도시 성장은 '크게'가 아니라 '지속할 수 있게' 이루어져야 하며, 속도 조절이 필요하다. 쿠리치바는 초기의 정교한 계획에도 불구하고 예측을 뛰어넘는 인구 증가로 인해 교통, 주거, 환경 모든 측면에서 균형을 잃게 되었다.

둘째, 도시 교통시스템은 현재를 벗어나 미래까지 고려한 장기적 설계가 필요하다. 쿠리치바는 세계 최초로 BRT 시스템을 도입하며 선구적인 모델을 제시했지만, 시스템은 확장되지 않고 이용자만 늘어난 결과 교통 혼잡과 불편을 초래했다. 대중교통은 도시의 숨결을 움직이는 구조이기에 끊임없는 업그레이드와 확장이 병행되어야 한다.

셋째, 도시는 물리적 구조뿐 아니라 사회적 구조도 함께 성장시켜야 한다. 도시화 속에서 저소득층이 점점 도시 외곽으로 밀려나고, 주거 안정성을 잃는 현상은 단지 '빈곤의 문제'가 아니라 도시 전체의 지속 가능성을 위협하는 문제다. 포용적인 주거정책은 모든 시민이 도시의 성장과 번영을 함께 누릴 수 있는 길을 열어 준다.

마지막으로, 도시 개발과 환경은 결코 따로 갈 수 없는 주제다. 쿠리치바는 녹지와 친환경 계획의 상징처럼 출발했지만, 무분별한 확장과 인프라 부족으로 인해 그 이상이 무너지는 상황을 맞았다. 환경은 도시의 미래를 보장하는 자산이며, 도시개발은 이 자산을 보존하는 방향에서만 진정한 지속 가능성을 확보할 수 있다.

쿠리치바는 분명 도시계획의 성공사례로 기억되지만, 동시에 그 성공이 연속되지 않았을 때 발생하는 문제의 교과서이기도 하다.

(4) 쿠리치바의 재도전: 도시의 명성을 다시 세우기 위한 실험

한때 도시계획의 아이콘으로 불렸던 쿠리치바는, 최근 몇 년간 그 명성을 되찾기 위한 다양한 재도전을 본격화하고 있다. 도시 정부는 과거의 성공 경험에 안주하는 대신, 교통·환경·사회·기후 모든 영역에서 다시 한번 도시를 '재설계'하려는 시도를 시작한 것이다.

가장 상징적인 사업은 쿠리치바의 대동맥이라 불렸던 간선급행버스(BRT) 시스템의 현대화 작업이다. 2000년대 이후 교통 혼잡과 차량 노후화로 한계를 보였던 BRT는 최근 노선 체계와 환승 시스템을 보완하고, 차량의 저상화·전동화·무정차 통과 시스템을 순차 도입하면서 회복세를 보인다. 2024년에는 북쪽 외곽을 관통하는 'Linha Verde(녹색 축)'의 연장 공사가 마무리되며, 도심과 외곽을 통합하는 새로운 대중교통 모델로 주목받고 있다. 이 축은 단순한 교통 인프라가 아니라, 보행자·자전거·녹지 공간이 함께 설계된 입체적 도시 회랑으로 설계되어, 쿠리치바의 "사람 중심 도시" 철학을 다시 구현하려는 상징적 시도로 평가된다.

교통뿐 아니라 도시의 미래 전략에서도 디지털 전환과 기후 대응은 중요한 과제가 되었다. 쿠리치바는 매년 'Smart City Expo'를 개최하며, 도시 운영의 디지털화·데이터 기반 행정·탄소 중립 교통수단에 대한 실험을 확대하고 있다. 최근에는 태양광 발전 기반 스마트 버스정류장, 드론 기반의 물류 실증, LED 바닥 조명형 횡단보도 등을 시험 도입하고 있으며, '도시 전환'의 키워드로 기술과 환경의 통합을 내세우고 있다. 폐기물 매립지를 재활용한 대규모 태양광 발전단지 조성과 환경 데이터 기반 건강 상담 앱 도입은 기후위기와 공공의료를 동시에 고려한 복합형 정책

사례로 높은 평가를 받고 있다.

하지만 쿠리치바의 재도전이 진정한 의미가 있으려면, 도시 사회 내부의 불균형을 해소하는 방향으로 나아가야 한다는 비판도 여전하다. 이에 시 정부는 과거 가장 취약한 지역으로 꼽혔던 카시임바(Caximba) 외곽 정착지를 재생하는 '노바 카시임바(Nova Caximba)' 프로젝트를 추진했다. 이 프로젝트는 빈민가 정비가 아니라, 기후변화에 강한 도시 설계, 생태적 주거단지 조성, 사회통합 기반 확보라는 목표를 담고 있으며, 쿠리치바를 다시 '포용 도시'로 되돌리기 위한 시범사업으로 주목받는다. 스마트 기반의 저비용 주택과 공공시설이 함께 계획되어 있으며, 과거처럼 소외된 지역을 도시 시스템 안으로 다시 통합하려는 노력이 반영되어 있다.

이와 함께 쿠리치바는 도시 회복력(Resilience)을 강화하기 위한 정책도 병행하고 있다. 기후 재해에 대응하는 도시계획 수립은 이제 선택이 아닌 필수가 되었고, 쿠리치바는 'PlanClima'라는 이름의 기후 대응 종합계획을 도입해 도시 전역의 침수 취약지, 열섬 지역, 빗물 유출지대를 체계적으로 분류하고 있다. 시민 참여형 재난 경보 시스템, 침수 예측 시뮬레이션, 산림 복원과 하천변 복구 프로그램도 함께 추진 중이다. 쿠리치바가 도시계획의 상징이었던 과거를 되찾기 위해선, 인프라 보강을 넘어서, 회복력과 포용력이라는 두 목표를 동시에 강화하는 것이 중요하다는 이전의 교훈이 여기에 담겨 있다.

쿠리치바의 재도전은 아직 완료되지 않았다. 그러나 중요한 사실은, 이 도시가 과거의 실패를 직시하고, 그로부터 다시 길을 찾으려는 집단적 학습의 실험장으로 자신을 바꾸고 있다는 점이다. 혁신도시의 진짜 의미는 '한 번의 성공'이 아니라, 실패 후에도 다시 그 가치를 갱신할 수 있는 능력에 달려 있다는 것을 쿠리치바는 보여 주고 있다.

4. 이레세(Irecê, 브라질): 농업 확장과 환경 파괴 갈등
- 농업이 경제를 성장시킬 수 있지만, 환경을 희생시켜야 한다면? -

구분	주요 내용
도시 개요	브라질 바이아주의 농업 중심 도시. 1970~80년대 정부 주도 농업개발로 곡물·콩 생산 거점으로 급성장 → 산림 파괴·수자원 고갈·토양 황폐화로 생태 기반 붕괴 → 농민 생계와 환경보호 간 갈등 격화
갈등 요인	단기 농업 확장 vs. 장기 생태 파괴. 무분별한 삼림 벌채, 단일작물 재배, 농약·화학비료 남용, 지하수 과잉 남용으로 토양·수자원 고갈 → 농민은 생계 위해 확장 요구, 환경단체는 보존 요구
정책 대응	농업 기술투자·대규모 개간으로 생산량 급증 → 피해 누적에 따라 뒤늦게 규제 도입했으나 농민·기업 반발로 효과 제한 → 젊은 층 유출, 인구감소·고령화 심화
시사점	① 무분별한 농업 확장은 장기 위기 초래 ② 수자원 관리 없는 농업 지속 불가 ③ 환경보호는 제약이 아닌 지속성 확보 전략 ④ 토양은 소비재가 아닌 기반 자산, 보존·관리 필요

(1) 이레세, 농업 혁신의 꿈에서 환경 파괴의 현실로

브라질 바이아주에 있는 이레세는 한때 국가적으로 '농업의 미래'를 상징하는 지역으로 주목받았다. 1970~1980년대 브라질 정부는 이 지역을 곡물과 콩 생산의 거점으로 만들기 위해 대규모 농업 개발정책을 추진했다. 비교적 강우량이 낮은 다소 건조한 지역임에도 기술과 정책의 지원을 바탕으로 놀라운 성과를 내며 농업 중심지로 성장했다. 하지만 이러한 급격한 개발은 장기적인 환경 부담을 수반했다. 1990년대 이후, 무리한 농경지 확장과 농약 사용, 수자원 과잉 이용으로 인해 지역 생태계는 급속히 파괴되었고, 토양 황폐화와 산림 파괴, 수원 고갈 등 문제들이 표면화되었다.

또한, 지역사회 내에서는 농업 개발의 방향을 두고 깊은 갈등이 싹텄다. 생태계 보전을 주장하는 환경단체와 지속적인 농업 확장을 요구하는 농민들 사이의 충돌은 더욱 격화되었고, 정부의 정책은 이 두 입장을 조율하지 못한 채 갈팡질팡하는 모습을 보였다. 한편, 지역의 젊은 세대는 일자리 부족과 삶의 질 저하로 인해 도시로 떠나면서 이레세는 인구 감소와 고령화라는 또 다른 사회문제까지 겪고 있다.

이레세의 사례는 '개발'이라는 단어에 내포된 이중성을 명확하게 보여준다. 개발은 번영을 약속하지만, 잘못된 방향으로 진행되면 그 번영의 기반을 스스로 무너뜨릴 수 있다. 농업과 환경은 대립하는 것이 아니라, 균형을 이루어야 하는 요소다.

(2) 농업 확장과 환경 파괴의 갈등

이레세(Irecê)의 경제성장은 처음에는 눈부셨다. 브라질 정부의 주도 아래 1970~1980년대 이 지역은 농업 개발의 최전선으로 떠오르며 대규모 삼림을 개간하고, 곡물과 콩 생산을 위한 광대한 농지를 확보했다. 정부는 이레세를 '브라질 농업 성공 모델'로 만들기 위해 기반시설과 기술

투자를 집중적으로 했고, 결과적으로 지역의 농업 생산량은 단기간에 급증했다. 하지만 이러한 성장은 자연을 지나치게 소모하는 방식으로 이뤄졌고, 그 대가는 시간이 지날수록 분명하게 드러났다.

무분별한 삼림 벌채는 곧바로 생태계 파괴로 이어졌다. 산림이 사라지면서 토양은 점점 침식되고, 뿌리 깊은 식물들이 사라지자 토양 고정력은 약화했다. 또한, 땅은 점점 척박해졌고, 수확량은 서서히 줄어들었다. 생산성이 낮아지자 농민들은 더 많은 땅을 개간해 손실을 보전하려 했고, 이는 다시 산림 파괴를 가속하는 악순환으로 이어졌다. "더 많이 심기 위해 더 많이 파괴하는" 구조는 이레세의 생태적 기반을 서서히 해체했다.

여기에 더해진 것이 수자원 고갈 문제다. 넓어진 농지는 관개에 의존할 수밖에 없었고, 이에 따라 지하수의 대량 사용이 불가피해졌다. 충분해 보였던 수자원은 장기적 지속 가능성을 위한 어떤 관리도 없이 남용되었고, 그로 인해 지하수위는 점점 깊어졌다. 하천 수위도 낮아지며 농업용수뿐 아니라 주민들의 식수 확보에도 문제가 생겼다. 기후변화까지 겹치면서 가뭄이 빈번해졌고, 수자원이 부족해진 농업은 더욱 불안정해졌다. 물이 사라지자 땅도 기능을 잃게 되었고, 사람들의 생계까지 위협받게 되었다.

이러한 구조 속에서 이레세의 토양은 더욱 황폐해졌다. 단일 작물 재배, 화학 비료 및 농약 남용은 토양 생물 다양성을 파괴했고, 결과적으로 땅은 더 자생적으로 회복할 수 없는 상태에 이르렀다. 수확량은 줄고, 농민들의 수익이 감소하며 생계가 흔들리게 되었다. 이레세는 '더 성장하는 농업 도시'가 아니라, '한계에 다다른 농업 도시'가 되어 가고 있었다.

이 상황에서 환경단체들은 강하게 반발했다. 삼림 파괴와 수자원 고갈, 토양 오염에 대한 경고가 계속되었고, 정부는 늦게나마 개발 규제를 도입했지만, 이미 상당한 피해가 누적된 상태였다. 그러함에도 농업 기업들과 지역 농민들은 생존과 소득의 문제를 내세우며 규제에 반발했고, 양측의 갈등은 점점 깊어졌다. 갈등의 본질은 '지금의 생계'와 '미래의 지속 가능성' 사이의 충돌이었다. 불행히도 이레세는 그 균형을 제때에 찾아내지 못했다.

이레세는 이제 '성장모델'이 아니라 '경고 사례'로 불린다. 단기적인 경제성장을 위해 자연을 소모하는 개발은 언젠가 한계에 도달한다.

(3) 이레세의 실패가 주는 시사점

이레세의 실패는 현대 농업이 안고 있는 구조적 한계를 바로 보여 준다.
무엇보다 첫 번째 교훈은, 무분별한 농업 확장이 오히려 장기적인 경제위기를 초래할 수 있다는 점이다. 초기에 생산량을 높이기 위해 삼림을 벌채하고 새로운 농지를 개간하는 방식은 단기적 이익만을 보장할 뿐, 시간이 지날수록 토양과 수자원, 생태계의 기반이 무너지면서 지속 가능성이 사라진다. 남는 것은 척박한 땅과 줄어드는 생산성, 그리고 회복이 어려운 환경 손실뿐이다.

두 번째로, 수자원을 효율적으로 관리하지 않으면 농업 자체가 지속할 수 없다는 사실도 명확해졌다. 이레세 사례에서처럼 지하수의 무분별한 남용은 단기적인 관개는 가능하게 했지만, 장기적으로는 물 부족과 가뭄이라는 심각한 재앙을 불러왔다. 수자원은 농업의 생명줄이며, 이를 체계적으로 관리하지 않으면 농업뿐 아니라 지역 전체의 생존기반이 무너질 수밖에 없다.

세 번째 시사점은, 환경보호와 경제개발 간의 균형 필요성이다. 정부와 기업이 손을 맞잡고 추진하는 농업 개발은 생태계를 고려한 지속 가능한 모델이어야 한다. 환경보호를 규제로만 인식할 것이 아니라, 장기적으로 경제를 유지하기 위한 전략으로 받아들여야 한다. 그렇지 않으면 환경이 무너지면서 경제도 함께 무너지는 결과를 초래하게 된다.

마지막으로, 토양 보존 전략이 없는 농업은 스스로 무너지게 만든다는 점도 분명해졌다. 농지는 '소비되는 자원'이 아니라, '보존하고 관리해야 할 기반 자산'이다. 토양을 지키지 않으면 아무리 넓은 땅을 개간해도 생산은 이뤄질 수 없다. 이레세가 보여 준 것은 농업의 본질이 '많이 심는 것'이 아니라 '지속할 수 있게 키우는 것'이라는 사실이다.

5. 모리타니(Mauritania): 천연자원 개발과 지역사회 갈등
  – 자원 개발이 누구를 위한 것인가? –

구분	주요 내용
도시 개요	아프리카 서부 지역. 철광석·금·천연가스 등 자원 풍부, 1980년대 이후 본격 개발 → 외국 자본과 고위·정치세력 결탁 → 지역사회 붕괴, 불평등·부패·환경파괴 심화
갈등 요인	다국적 기업·정부 수익 독점 vs. 지역 주민 소외. 토지 상실·어업·농업·목축 붕괴, 환경오염(지하수·토양·해양 생태계 파괴) → 주민 생계 위협. 소수 엘리트·외국기업 수익 집중, 부정부패 확대 → 사회 불안·시위 발생

정책 대응	정부는 국제기업과 협력해 자원 개발 추진, 수익은 엘리트·외국기업에 집중 → 주민에게는 저임금·불안정 노동만 제공 → 의료·교육·인프라 개선 지연, 주민 불만과 갈등 확대
시사점	① 지역 주민을 배제한 자원개발은 장기적 갈등과 불안 초래 ② 환경보호는 생존 기반 유지의 필수조건 ③ 자원 수익은 공정하게 분배돼야 지속 가능성 ④ 노동권·인권을 무시한 개발은 국제 비난과 경제적 불이익 초래

(1) 모리타니, 천연자원 풍요 속 경제 불평등의 나라

모리타니는 아프리카 서부에서 지리적으로는 사하라 사막의 남단, 경제적으로는 대서양의 풍부한 자원을 바탕으로 성장 가능성이 큰 국가였다. 철광석, 금, 천연가스 등 세계적으로 주목받는 자원들이 매장되어 있어 국제 투자자들의 이목을 끌었고, 1980년대부터 본격적인 자원 개발이 시작되었다. 하지만 이 자원들이 지역경제를 살리고 사회를 안정시킨 것만은 아니었다. 오히려 자원의 부가 갈등의 씨앗이 되면서 지역사회를 더욱 취약하게 만들었다. 부족 단위로 형성된 공동체 사회는 외부 자본과 정치 권력의 개입으로 급격히 해체되었고, 일부 지역에서는 시위와 저항이 반복되며 사회 불안정성이 높아졌다.

2000년대 이후에는 해양 천연가스가 발견되면서 모리타니는 다시 한번 글로벌 에너지 시장의 주목을 받았다. 미국, 유럽, 아시아의 대형 에너지 기업들이 대규모 투자에 나섰고, 정부도 이를 환영했다. 그러나 개발 과정에서 환경 파괴 문제가 심각하게 대두되었다. 해양생태계의 교란, 어업 기반의 붕괴, 해안 오염 등은 전통적으로 어업에 의존해 오던 지역 주민들의 삶을 직접 위협했다. 자원의 발견이 경제적 기회가 아닌 생계 위협으로 다가온 셈이다. 일부 개발 프로젝트는 군부와 결탁한 정치 세력이 독점적으로 운영하게 되면서, 부정부패와 비리도 지속해서 보고되었다.

모리타니의 사례는 자원이 많은 나라가 오히려 더 많은 위험에 노출될 수 있다는, 이른바 '자원의 저주(Resource Curse)'를 상징적으로 보여 준다.

(2) 천연자원 개발과 지역사회 갈등

모리타니에서 진행된 자원 개발은 국가의 부를 키우는 데 일조했지만, 그 이면에는 지역 공동체의 고통과 갈등이 깊이 박혀 있었다. 정부는 철광석, 금광, 천연가스 등 자원을 활용해 경제성장을 도모하고자 했고, 이를 위해 다국적 기업과 손을 잡았다. 하지만 그 과정에서 자원이 실제로 생산되는 지역에 사는 주민들은 오히려 소외되었다. 땅은 빼앗기고 환경은 파괴됐으며, 삶의 기반이었던 농업·어업·목축업은 심각한 타격을 입었다. 이들의 삶에서 '자원의 축복'은 없었다.

문제의 핵심은 다국적 기업과 지역 공동체 사이의 구조적 불균형이었다. 채굴과 개발의 물리적 공간은 지역 주민의 터전이었지만, 이익은 외부 자본과 중앙정부로 흘러 들어갔다. 지역 주민들에게 돌아오는 것은 극히 제한적인 일자리와 오염된 생활환경뿐이었다. 이와 같은 불균형 구조는 다른 자원국에서도 유사하게 반복되어 왔다. 나이지리아의 니제르 델타, 콩고의 다이아몬드 광산도 자원 개발에 나섰으나 정작 그 주민들은 여전히 가난하고 분노했다.

환경문제 또한 치명적이었다. 광산 채굴로 인한 지하수 오염, 토양 침식, 해양생태계 파괴는 전통적인 생계 수단을 무너뜨렸다. 어업 기반을 잃은 주민들은 소득을 잃었고, 또 사막화로 인해 목축과 농업이 쇠락하면서 경제적 탈출구마저 사라졌다.

한편, 자원 개발로 발생한 부의 흐름은 전 국민에게 골고루 분배되지 않았다. 수익의 상당 부분은 소수 정치 엘리트와 외국기업에 집중되었고, 이는 부정부패로 이어졌다. 의료, 교육, 도로 등 공공서비스 개선은 뒷전이었으며, 지역 주민들은 개발의 결과를 체감하지 못한 채 불만을 키워 갔다. 이러한 불평등 구조는 시위와 정치적 불안을 불러오고, 오히려 경제의 지속 가능성을 위협했다.

노동 현장 역시 착취가 만연했다. 저임금, 음성적 고용, 열악한 안전 조건 속에서 일하는 노동자들은 자원을 캐내면서도 인간다운 삶과는 거리가 멀었다. 일부 지역에서는 아동 노동과 강제 노동문제가 보고되었고, 이는 국제 인권단체들로부터 비판을 받게 하였으며, 그로 인해 모리타니의 국제 이미지에도 부정적인 영향을 끼쳤다.

(3) 모리타니의 실패가 주는 시사점

모리타니의 사례는 천연자원을 보유한 국가가 반드시 경제적 번영을 이루는 것은 아니라는 점을 보여 준다.

첫째, 자원 개발이 지역 주민을 배제하거나 희생시키는 방식으로 이뤄질 경우, 이는 장기적으로 사회적 갈등과 불안을 초래할 수밖에 없다. 자원이 생산되는 지역의 주민들이 개발의 실질적인 주체가 되어야 하며,

그들의 삶의 질이 향상되지 않는다면 개발은 실패한 것이다.

둘째, 환경보호는 필수다. 수자원 고갈, 토양 침식, 해양생태계 파괴 등은 환경문제만이 아니라 곧바로 주민들의 생계 기반과 연결되는 생존의 문제다. 아무리 많은 자원을 캐내더라도, 그것이 지속 가능한 방식으로 이뤄지지 않는다면 미래세대는 더 큰 경제적 부담을 떠안게 될 뿐이다.

셋째, 자원 수익이 소수에게만 집중되거나 부정부패로 인해 사라진다면, 그 국가는 내부적으로 붕괴하게 된다. 공공서비스 부족, 인프라 미비, 교육과 보건의 낙후는 자원 개발로 벌어들인 돈이 국민 전체의 삶으로 연결되지 못하고 있음을 의미한다. 공정한 분배가 이루어져야 자원개발은 사회 전체의 신뢰를 얻을 수 있다.

마지막으로, 자원을 개발하는 과정에서 노동자의 권리와 인권이 무시된다면, 이는 국내 문제를 넘어 국제적 비난과 경제적 불이익으로 이어질 수 있다. 윤리적이고 공정한 노동환경을 조성하고, 다국적 기업 역시 이에 대한 책임을 져야 한다.

7부

현장에서 마주한 갈등, 어떻게 풀 것인가?

1장
추진 과정에서의 갈등관리 성공사례

1. 라이프치히(Leipzig, 독일) : 산업전환 갈등 해결

구분	주요 내용
추진 과정의 갈등	탈석탄·탈산업화로 실업 급증, 주민 불만, 환경 훼손
갈등 관리 방식	주민 참여형 계획, 공정한 전환(재교육·보상), 문화·창조산업 유치, 폐광 생태복원, 갈등조정·소통 강화
시사점	전환은 구조 개편보다 사람 중심 접근 필요

독일 라이프치히는 독일 통일 이후 동독의 대표적인 산업도시에서 탈석탄과 탈산업화를 거치며 심각한 경제적 충격과 사회적 갈등을 겪었다. 과거에는 갈탄 채굴과 중공업에 의존했던 지역이지만, 1990년대 이후 산업기반이 급격히 붕괴하면서 실업률이 급상승하고 주민들의 불만이 고조되었다. 이러한 전환 과정에서 라이프치히는 산업구조 개편을 넘어서 갈등 해결과 사회적 수용성 확보를 위한 다층적 전략을 실행에 옮겼다.

주요 전략은 참여형 계획의 제도화였다. 대표적인 사례로 'Zukunftswerkstatt Leipzig-West(라이프치히 서부 미래 사업장)' 프로그램이었다. 이 프로그램은 재개발 대상 지역 주민들과 도시 계획가, 정치인, 지역 기업가들이 함께 모여 도시의 미래 방향을 논의한 프로젝트였다. 주민들은 폐공장의 용도 변경, 공공공간 조성, 지역경제 정비 등의 의사결정 과정에 직접 참여했으며, 이를 통해 정책에 대한 신뢰를 형성하고 갈등을 최소화할 수 있었다.

또한, '공정한 전환(Just Transition)' 원칙에 따라 산업 종사자들의 고용 불안 해소에도 힘썼다. 갈탄산업 종사자들을 위한 직업 전환 교육, 재취업 연계 프로그램이 마련되었으며, 퇴직자에게는 충분한 보상과 복지혜택이 제공되었다. 이 과정에서 노동조합과 지방정부, 연방정부가 긴밀히 협력하여 사회적 갈등을 제도적 차원에서 조율한 것이 특징이다.

경제 재편 과정에서는 문화·창조산업 유치를 통한 도시재생이 중요한 돌파구가 되었다. 라이프치히는 구 산업지대를 재활용하여 문화예술단지로 탈바꿈시켰다. 대표적으로 'Spinnerei'는 과거 방직공장이었으나 현재는 세계적으로 주목받는 예술가들이 활동하는 창조공간으로 변모했다. 이는 기존의 산업기반 상실로 인한 정체성과 자존감의 위기를 극복하고, 새로운 도시 이미지를 형성하는 데 이바지했다.

환경갈등 해소를 위해서는 폐광지역을 복원해 공원과 호수로 조성하는 방식이 채택되었다. 예를 들어, 과거 갈탄 채굴장이었던 지역은 생태복원 프로젝트를 통해 시민의 휴식공간으로 변모했고, 이 과정에서 환경단체와 주민들이 공동으로 참여하는 감시 및 관리 체계가 마련되었다. 이를 통해 환경단체의 반대와 주민들의 개발 요구 간의 균형을 맞추며 지속 가능한 해결책을 도출했다.

마지막으로, 라이프치히는 이러한 모든 과정에서 투명한 소통과 갈등 조정기구의 역할을 중시했다. 지방정부는 정기적인 주민 설명회, 지역 신문 및 라디오를 통한 정보 제공, 갈등조정위원회의 상설화 등을 통해 시민들과의 신뢰를 쌓았다. 이해관계자가 얽힌 사안에서는 중립적인 3자를 통한 중재절차를 가동하여 갈등이 격화되는 것을 방지하였다.

이처럼 라이프치히는 경제적, 사회적, 환경적 전환을 동시에 이끌어가는 과정에서 다양한 갈등이 발생했지만, 이들을 단기적 봉합이 아닌 지속 가능한 참여와 조정 메커니즘을 통해 해결해 나갔다.

"산업 전환기에는 구조 개편보다, 사람을 위한 전환전략이 필요하다. 라이프치히는 바로 그 점에서 성공한 도시다."

2. 시애틀(Seattle, 미국): 기술산업과 지역사회 간 갈등 해결

구분	주요 내용
추진 과정의 갈등	기술기업 성장으로 부동산 가격 급등, 생활비 부담, 젠트리피케이션, 반기업 정서 확산
갈등 관리 방식	대기업 과세 논의(헤드 택스), 공공주택·주거보조 확대, 지역 중소기업 보호·창업지원 강화
시사점	기술산업 성장은 분배 정의와 지역사회 공존 구조와 병행 필요

미국 시애틀은 세계적인 기술산업 중심지로 급부상한 동시에, 그로 인한 지역사회 내 불균형 문제로 큰 갈등을 겪은 대표적인 도시다. 아마존, 마이크로소프트, 스타벅스 등 글로벌 본사를 둔 대기업들이 빠르게 성장하면서 고소득 고용이 증가하고, 외부 인구 유입이 가속화되었다. 하지

만 그 결과 부동산 가격이 급등하고 임대료가 상승하면서, 기존 지역 주민과 저소득층의 생활비 부담이 심각해졌다. 도심의 젠트리피케이션이 진행되며 중소상공인들이 밀려났고, 이에 따른 불만과 반기업 정서가 지역사회 전반에 퍼졌다.

이러한 갈등에 대응하기 위해 시애틀은 여러 정책적 조정을 시도했다.

첫 번째는, '헤드 택스(Head Tax)' 도입이었다. 이는 일정 규모 이상의 대기업이 고용 인원당 일정 금액을 시 정부에 내도록 하여, 그 재원을 지역 복지 및 무주택자 지원에 사용하는 제도였다. 비록 큰 반발로 인해 최종적으로 철회되긴 했지만, 이 논의는 대기업의 지역 기여 필요성에 대한 사회적 공감대를 형성하는 계기가 되었다.

두 번째는, 주거 안정정책 강화였다. 시애틀은 공공주택 공급을 늘리고, 저소득층에 대한 주거보조금 프로그램을 확대하며, 지역 주민의 주거권 보장을 위한 예산을 크게 증액했다. 이러한 접근은 경제성장의 과실이 고소득층에만 집중되는 것을 방지하려는 시도였다.

세 번째는, 지역 내 중소기업 보호와 상생 모델 강화였다. 시 정부는 대기업과의 협업을 통해 지역 상점·서비스업을 보호하고, 기술 및 금융지원 프로그램을 통해 지역 창업생태계를 강화하는 방안을 추진했다. 이를 통해 기술산업 전환의 긍정적 이미지가 지역사회 전반으로 확산할 수 있는 기반을 마련했다.

그 결과, 시애틀은 대기업과 지역 주민 간의 균형을 맞추는 데 일정 부분 성과를 거두었고, 기술산업의 성장을 유지하면서도 지역사회와의 공존 가능성을 높였다. 지역 내 분배 정의에 대한 논의는 여전히 계속되고 있지만, 대기업이 일방적으로 이익을 가져가는 구조에 대해 사회적 견제가 가능하다는 인식을 확산시켰다는 점에서 시애틀의 시도는 중요한 의미가 있다.

"기술산업의 성장만큼 중요한 것은, 그 성장의 결과가 지역 주민 모두에게 공정하게 돌아갈 수 있는 구조를 만드는 일이다."

3. 도야마(Toyama, 일본): '콤팩트 시티' 추진 갈등 해결

구분	주요 내용
추진 과정의 갈등	콤팩트 시티 추진 과정에서 외곽 거주자 불이익 우려, 자동차산업 종사자·부동산업계 반발
갈등 관리 방식	주민 설명회·피드백 루프, 외곽 고령층 교통·의료 지원, 공동체 유지 프로그램, 민관협의체 통한 이해 조정, 인센티브로 중심지 재투자 유도
시사점	갈등 회피보다 공감·포용 기반 조정이 지속 가능한 전환을 가능케 함

일본 도야마시는 급속한 고령화와 인구 감소 문제에 직면하여 도시 외곽으로 무분별하게 확장된 도시 구조를 다시 중심지로 모으는 '콤팩트 시티' 전략을 추진했다. 대중교통 중심축을 따라 주거와 의료, 상업시설을 배치하고, 외곽지역의 개발을 억제하는 방식으로 도시를 재구성했다. 하지만 이 과정에서 기존 외곽 거주자, 자동차산업 종사자, 부동산 개발업자 등과의 이해충돌이 발생했다.

도야마시는 이를 해결하기 위해 투명한 커뮤니케이션과 다층적 참여를 기반으로 한 갈등관리 전략을 펼쳤다. 우선, 지역별 주민 설명회를 통해 정책 목표와 효과를 설명하고, 시민들의 우려 사항을 직접 청취하였다. 이 과정에서 정보 전달을 넘어 시민 의견을 정책에 반영하는 피드백 루프 구조를 운영함으로써 시민의 수용성과 정책 신뢰도를 높였다.

또한, 외곽지역 주민들의 불이익을 최소화하기 위한 보완책도 병행했다. 대표적으로는 외곽지역에 거주하는 고령층을 위해 셔틀버스 확대, 의료기관의 이동서비스 연계 등의 지원책이 마련되었으며, 기존의 지역 커뮤니티가 해체되지 않도록 지역 공동체 유지 프로그램도 도입되었다. 이를 통해 도시 내 중심-외곽지역 간의 갈등을 완화하고 전환에 대한 저항을 줄였다.

경제적 이해관계자와의 갈등 조정도 중요했다. 도시 중심으로 상업 활동을 집중시키는 전략에 대해 외곽 대형할인점과 부동산 개발업체는 강한 반발을 보였다. 도야마시는 이에 대해 민관협의체를 구성하여 상호 이익을 조율하고, 일부 민간기업에는 중심지 재투자를 유도하는 인센티브 정책(세제 혜택, 우선 개발권 부여 등)을 제공했다. 이런 방식으로 기존 사업자들의 피해를 줄이면서도 도시 재편 목표를 유지할 수 있었다.

도야마시의 갈등관리 전략에서 주목할 점은, 갈등 회피가 아니라 공감에 기반을 둔 조정에 초점을 맞췄다는 점이다. 고령자, 저소득층, 외곽지역 주민 등 전환에서 불리한 위치에 있는 집단을 우선 고려하는 '포용적 계획' 방식을 채택함으로써 도시 재편의 정당성과 사회적 연대감을 확보할 수 있었다.

이러한 조정과 관리방식은 도야마시가 2014년 OECD로부터 '포용적 성장도시 모델'로 선정되는 데 이바지하였다.

고령화라는 구조적 위기에 대응하면서도 갈등을 회피하지 않고 적극적으로 설계하고 관리한 도야마의 사례는 동아시아형 지속 가능 도시 전략의 대표적 모델로 평가받는다.

4. 코펜하겐(Copenhagen, 덴마크) :
개발 vs. 환경보호 갈등 해결

구분	주요 내용
추진 과정의 갈등	경제개발 확대 요구 vs. 환경보호 필요성. 탄소 배출·대기질·생태계 문제로 기업·시민·환경단체 간 충돌
갈등 관리 방식	다자 협의체 운영(Climate Partnership), 시민 참여·투명한 정보공개, 보조금·세제 혜택 등 보완책, 소규모 시범사업 후 확대, 공동 기술실험으로 신뢰 형성
시사점	탄소중립 추진은 참여·보완·점진적 전환을 통해 갈등을 최소화해야 지속 가능

　덴마크 코펜하겐은 환경보호와 경제개발이라는 두 목표 사이의 갈등을 해결하며, 세계적으로 가장 지속 가능한 도시 모델 중 하나로 자리 잡았다. 1990년대에 접어들면서 코펜하겐은 도시의 팽창과 산업 활동 증가로 인해 온실가스 배출과 환경오염 문제가 심각하게 대두되었다. 기업들은 경제성장을 이유로 도시개발 확대를 주장했지만, 환경단체와 시민사회는 대기 질 악화, 생태계 파괴, 탄소 배출 증가 우려 등을 제기하며 반대 목소리를 높였다. 이러한 갈등 속에서 코펜하겐시 정부는 2025년까지 '탄소 중립 도시(CO_2 Neutral City)'가 되겠다는 목표를 세우고, 교통·에너지·건축 등 도시 전반에 걸친 탈 탄소 전략을 실행해 왔다. 그러나 이러한 대대적인 전환 과정은 당연히 다양한 이해관계자 간 갈등을 유발했다.

코펜하겐은 이를 효과적으로 해결하기 위해 민주적 참여, 상향식 협의, 기술적 타협, 경제적 유인 등을 종합적으로 활용하며 갈등관리 전략을 세심하게 운영했다.

첫째, 코펜하겐은 시민, 기업, 전문가, 시민단체 등 다양한 집단이 참여하는 'Copenhagen Climate Partnership'이라는 다자 협의체를 운영했다. 이 협의체는 정책 초안 단계부터 다양한 주체들이 의견을 제출하고 토론하는 플랫폼으로, 에너지 생산자와 소비자, 교통회사, 건물 소유자 간의 갈등을 조정하는 중립적 중개 공간으로 기능했다. 예를 들어, 신재생에너지 확대과정에서 기존 열병합발전소와 민간 발전회사 간 충돌이 있었는데, 시 당국은 중장기적인 전환 로드맵을 협의체 내에서 조율하여 점진적 감축, 대체 수익 보장, 기술 투자 지원 등의 조정안을 마련하였다.

둘째, 시민들 사이에서는 자전거 도록 확대, 자동차 제한, 건물 에너지 리모델링 의무화 등에 대한 반발도 있었는데, 이에 코펜하겐시는 정책 시행 전후의 데이터를 시민들에게 투명하게 공개하고, 정책효과를 직관적으로 전달하기 위해 도심 곳곳에 실시간 탄소배출량 안내판을 설치했다. 또한, 지역 주민을 대상으로 '기후 학교', '기후 카페' 등 다양한 교육 및 토론 프로그램을 운영하여 시민이 정책수용자가 아니라 정책 공동설계자로 인식되도록 유도했다. 이로 인해 시민의 환경정책에 대한 신뢰와 참여도가 높아졌다.

셋째, 에너지 효율 기준 강화나 교통규제와 관련한 갈등은 보조금과 세제 혜택을 통해 해결되었다. 예를 들어, 건물 리노베이션 의무화에 반발하는 소규모 건물주를 위해 저리 융자, 기술 자문, 리모델링 비용의 최대 30% 보조와 같은 지원책이 마련되었다. 또한, 자동차 이용 제한에 따라 피해를 보는 상점이나 택시산업에 대해서는, 전기차 전환보조금과 전용차로 제공, 주차비 감면 등의 보완책이 동시에 시행되어 갈등을 최소화하였다.

넷째, 코펜하겐은 급진적인 일괄 적용 대신 소규모 시범사업을 통해 효과를 입증한 후 확대하는 전략을 썼다. 예를 들어, 특정 지역을 자전거 중심 구역으로 먼저 지정하고, 이 지역의 교통량 변화, 상권 영향, 시민 만족도 등을 정량화한 뒤 다른 지역 확대 여부를 결정했다. 이 방식은 정책 반대를 최소화하고, 변화에 대한 사회적 적응력을 높였다.

다섯째, CO_2 저감 기술을 도입하는 과정에서 기술적 신뢰도와 비용 문제로 인해 전문가 집단과 기업 간 갈등이 발생하였는데, 코펜하겐시는 다양한 이해관계자가 공동으로 파일럿 기술을 실험하고 개선안을 설계하는 과정에 참여하도록 했다. 이 과정은 신뢰를 형성하고 '누구의 기술을 도입할 것인가?'가 아닌 '어떻게 공동으로 설계할 것인가?'로 갈등의 방향을 전환했다.

코펜하겐의 'CO_2 Neutral City' 추진은 사회적 수용성과 공동 설계, 경제적 보완책, 점진적 실험 등을 통해 갈등을 예방하고 조정한 사례이다.

5. 밴쿠버(Vancouver, 캐나다):
원주민 vs. 도시개발 갈등 해결

구분	내용
추진 과정의 갈등	도시개발·부동산 확장 과정에서 원주민 토지권 침해, 문화 훼손, 경제적 소외 문제 발생

갈등 관리 방식	공동 개발 파트너십 도입(원주민 의사결정·수익 참여), 문화유산 보존·도시 디자인에 원주민 요소 반영, 원주민 고용·창업 지원으로 경제 포용 강화
시사점	개발은 공동체 정체성 존중·포용적 경제 참여와 함께할 때 지속 가능

 캐나다 밴쿠버의 사례는 도시 개발과 지역 공동체, 특히 원주민(First Nations) 권리 간 갈등을 어떻게 성공적으로 해결할 수 있는지를 보여 주는 대표적인 예이다. 밴쿠버는 역사적으로 원주민 공동체의 뿌리가 깊은 지역이며, 이들의 문화와 정체성은 지역 정체성과도 밀접하게 연결되어 있다. 그러나 최근 수십 년간 도시 확장과 부동산 개발, 인프라 구축 등 대규모 프로젝트가 진행되면서, 원주민 공동체는 토지권 침해, 문화 훼손, 경제적 소외 문제를 겪게 되었다. 정부와 민간 개발업체는 개발을 통한 경제적 이익을 강조했지만, 원주민들은 자신들의 땅과 정체성이 존중받지 못하고 있다는 점에서 강하게 반발하였다.

 이러한 갈등을 해결하기 위해 밴쿠버시와 개발 주체들은 '공동 개발 파트너십' 모델을 도입하였다. 이는 원주민 공동체를 수동적인 피해자나 협상의 대상이 아니라 프로젝트의 공동주체로 인정하고 참여시키는 방식이다. 개발 과정에서 원주민 대표가 직접 의사결정 테이블에 참여하고, 수익구조에도 공동 참여하도록 설계했다. 이를 통해 개발이 지역 공동체의 자산 확장 과정으로 바뀌게 되었다.

 밴쿠버시는 원주민 전통과 문화를 보존하기 위한 문화 보호 정책도 병행하였다. 예를 들어, 개발지 내 원주민 문화유산을 보존하고, 원주민 언어와 예술을 반영한 도시 디자인을 채택하는 등의 노력을 기울였다. 공공시설이나 관광지 조성 시에도 원주민 역사와 이야기를 중심으로 한 콘텐츠를 반영해 경제적 기회와 문화적 보존을 동시에 실현하는 구조를 만들었다.

중요한 변화는 경제적 포용이었다. 개발 프로젝트에서 일정 비율 이상을 원주민 고용으로 채우고, 원주민 창업과 소상공인 육성을 위한 금융 및 교육 프로그램을 제공함으로써 공동체가 실질적인 경제적 혜택을 누릴 수 있도록 했다. 이는 단기적 보상에 그치지 않고, 장기적 경제역량 강화를 목표로 한 전략이었다.

이러한 다층적인 협력구조 덕분에 밴쿠버는 원주민 공동체와의 갈등을 점차 완화하며, 지금은 캐나다 내에서도 원주민-도시 간 협력모델의 모범사례로 꼽힌다. 공동체의 정체성을 존중하면서도 경제개발을 성공적으로 추진하는 이 접근법은 물리적 개발이 아니라 사람 중심의 지속가능성을 고민해야 한다는 점을 강하게 시사한다.

6. 5가지 사례에서 공통으로 발견되는 갈등 해결 원칙

갈등 해결 원칙	주요 내용
① 이해관계자 협의	초기 단계부터 주민, 기업, 행정, 시민단체 등 다양한 주체가 동등하게 참여하는 협의 구조 마련
② 경제적 혜택 배분	특정 집단 독점 방지, 사회적 책임 제도화·경제적 참여 보장으로 수혜 균형 조정
③ 지속 가능 성장	단기 성과보다 사회·환경·경제적 지속 가능성을 고려한 장기 전략 채택
④ 지역 맞춤형 해법	지역의 문화·인구·산업 구조에 맞춘 특화 정책으로 갈등 대응
⑤ 소통과 신뢰 구축	공청회·피드백·협의체 운영 등 투명한 소통으로 공동체 결속력 강화

5가지 사례에서 나타난 갈등 해결방식은 지역마다 맥락은 달랐지만, 몇 가지 공통된 원칙을 중심으로 전개되었다는 점에서 주목할 필요가 있다. 이는 향후 우리 지역에서도 유사한 갈등 상황이 발생했을 때, 효과적인 대응 전략을 수립하는 데 실질적인 지침이 될 수 있다.

첫째, 이해관계자 간 협의 과정의 중요성이다. 독일 라이프치히의 산업전환, 일본 도야마의 고령화 대응, 캐나다 밴쿠버의 원주민 권리문제 등 모두 복수의 이해관계자가 갈등의 중심에 있었다. 이들은 공통으로 초기에 모든 당사자의 입장을 충분히 반영할 수 있는 협의구조를 마련함으로써, 갈등을 완화하거나 예방할 수 있었다. 초기 기획단계에서부터 주민, 기업, 행정기관, 시민단체, 학계 등이 동등하게 참여하는 구조가 갈등 예방에서 중요한 역할을 했다.

둘째, 경제적 혜택의 균형 있는 배분이다. 갈등이 발생한 본질적 원인 중 하나는 특정 집단에게만 이익이 집중되고, 다른 집단은 소외되는 구조에 있다. 시애틀의 경우, 기술기업의 성장으로 주거비가 급등하면서 시민들의 반기업 정서가 강해졌고, 이를 해결하기 위해 대기업의 사회적 책임을 제도화했다. 밴쿠버 역시 원주민을 피해자가 아닌 개발의 동등한 파트너로 인정하며 경제적 참여를 보장했다. 즉, 경제성장의 수혜자가 누구인가를 설정하고 조정하는 과정이 필요하다.

셋째, 지속 가능한 성장전략의 채택이다. 대부분 사례에서는 단기적인 성과보다, 사회·환경·경제적 지속 가능성을 고려한 전략을 추구했다. 도야마는 고령화라는 위기를 새로운 산업 기회로 전환했고, 코펜하겐은 도시 성장을 멈추지 않으면서도 탄소 중립이라는 전 지구적 과제를 동시에 해결하고자 했다. 이것은 양립할 수 없어 보이는 가치들을 조화시키는 장기 전략이 얼마나 중요한지를 보여 준다.

넷째, 지역 맞춤형 해결책의 중요성이다. 각 사례는 같은 갈등구조로 되어 있었지만, 모두 지역 특성에 맞춘 정책대응을 통해 문제를 풀어 갔다. 도야마의 스마트타운은 고령자 친화 도시라는 특성을 살렸고, 라이프치히는 교육과 재훈련을 통해 전통 노동자층을 신산업으로 이끌었다. 즉, 획일적인 해법보다는 각 지역의 문화, 인구, 산업구조를 고려한 맞춤형 접근이 갈등 해결의 요인이 되었다.

마지막으로, 열린 소통과 신뢰 구축의 중요성이다. 시애틀과 밴쿠버의 사례에서처럼, 경제적으로 강한 주체와 상대적으로 약자인 지역사회가 신뢰를 쌓아 가기 위해서는 지속적인 소통이 필요하다. 공청회, 피드백 시스템, 주민협의체 운영 등을 통해 정책과정 전반에 투명성과 참여를 확보·유도할 수 있다. 이는 일시적 갈등 해소를 뛰어넘어 장기적인 지역 공동체의 결속력으로 이어질 수 있다.

결론적으로, 지속 가능한 지역경제와 사회통합을 동시에 추구하기 위해서는 갈등을 예방하고 해결하는 구조 자체가 정책 설계의 중심이 되어야 한다.

2장
추진 과정에서의 갈등관리 실패사례

1. 마르세유(Marseille, 프랑스): 이민자 vs. 지역사회 갈등

구분	주요 내용
추진 과정의 갈등	이민자 증가로 인한 일자리·주거 경쟁 심화, 기존 주민과 이민자 간 긴장 고조
갈등 관리 실패 요인	도시재생을 물리적 개발 중심으로 추진, 주민·이민자와의 사전 협의 부족, 경제적 이해관계 충돌 방치
결과	범죄율 상승, 빈곤 집중, 사회 분열 심화
교훈	도시개발은 사회통합과 병행되어야 하며, 모든 집단을 포함하는 협의 구조가 필요

프랑스 마르세유의 사례는 도시 내 이민자와 기존 지역 주민 간의 갈등이 해소되지 않았을 때 어떤 결과를 초래할 수 있는지를 보여 주는 대표적인 실패사례다. 마르세유는 프랑스 내에서도 이민자 비율이 매우 높은 도시로, 북아프리카와 중동 등 다양한 출신의 이민자들이 오랜 기간에 걸쳐 정착해 왔다. 그러나 이민자의 유입이 지속하면서 경제적 자원, 일자리, 주거공간 등에서의 경쟁이 심화하였고, 이는 지역사회 내부의

긴장으로 번지게 되었다.

정부는 이 같은 문제를 해결하고자 도시재생 프로젝트를 시행하며 이민자 밀집 지역의 주거환경을 개선하고 공공인프라를 확충하려 했지만, 정작 기존 주민들과의 충분한 사전 협의가 이루어지지 않은 채 일방적인 개발이 추진되었다. 이에 따라 기존 주민들은 자신들의 삶의 터전과 일자리를 잃을 수 있다는 불안감 속에서 반발했고, 이민자와의 갈등은 오히려 더 깊어졌다.

기업들은 이민자를 고용하여 노동력을 확보하려 했지만, 이 역시 기존 노동자의 일자리 잠식 우려와 충돌하면서 경제적 긴장이 고조되었다. 공공 정책과 민간 부문이 모두 이 갈등의 해결에 실패하면서, 마르세유는 일부 지역에서 범죄율 증가, 빈곤 집중, 사회 분열이라는 부정적인 결과에 마주하게 되었다.

무엇보다도 문제의 근간은 도시개발의 물리적 접근이 사회적 통합과 병행되지 않았다는 점이다. 지역사회 구성원 간의 상호 이해와 신뢰를 쌓기 위한 충분한 대화와 조정 없이, 건물과 도로를 새로 짓는 것에 더 의미를 두는 방식으로 갈등을 해소하려 한 것은 지역 공동체를 배제한 정책의 한계를 보여 준다.

마르세유 사례는 다음과 같은 교훈을 준다.

- 사회통합이 도시개발의 목표 중 하나로 설정되어야 한다.
- 이민자 및 지역 주민 모두를 포함하는 정책 설계와 충분한 협의 과정이 필요하다.
- 경제적 개발과 사회적 통합은 분리된 과제가 아니라 동시에 풀어야

할 과제이다.

"도시의 겉모습이 아무리 바뀌어도, 사람들 사이의 틈이 좁혀지지 않으면 진정한 변화는 이루어질 수 없다."

2. 리우데자네이루(Rio de Janeiro, 브라질): 빈민가 재개발 갈등

구분	주요 내용
추진 과정의 갈등	국제 스포츠 이벤트 대비 재개발 과정에서 빈민층 주거권 침해, 강제 철거 및 외곽 이주 발생
갈등 관리 실패 요인	협의 없는 개발 추진, 대체 주거·기본 서비스 부족, 개발이익의 불균형 분배, 공급 중심 공공주택 정책
결과	주민 생활수준 악화, 범죄율 증가, 사회적 불신 심화, 도시 이미지 훼손
교훈	도시개발은 '철거'가 아닌 '공존'을 설계해야 하며, 분배 정의와 주민 권리 보장이 필수

브라질 리우데자네이루의 빈민가 재개발 실패사례는 경제성장 중심의 도시개발이 어떻게 사회적 갈등을 증폭시키고, 장기적으로 도시 전체의 안정성까지 위협할 수 있는지를 잘 보여 주는 사례다. 리우데자네이루는 올림픽, 월드컵 등 국제 스포츠이벤트를 유치하면서 도시 이미지 제고와 관광산업 육성을 위한 대대적인 개발 프로젝트를 추진했다. 이 과정에서 빈민가(파벨라) 지역의 정비와 재개발이 우선 과제로 설정되었고, 정부는 민간기업과 손잡고 주거환경 개선을 추진했다.

하지만, 이 재개발정책은 기존 빈민층의 주거권 보호보다는 도시 미관과 경제 논리에 초점을 맞춘 방식으로 진행되었고, 그 결과 상당수 주민이 충분한 협의 없이 강제 철거당하거나 외곽지역으로 이주당하는 상황에 놓였다. 대체 주거지 마련이 미흡했고, 이주한 주민들은 일자리와 교육·의료 등 기본적 서비스를 잃게 되면서 생활 수준이 오히려 후퇴하는 상황에 빠졌다.

공공주택 프로젝트가 추진되긴 했지만, 이는 빈민층의 현실을 반영하지 못한 일방적 공급 중심 정책이었고, 민간기업들이 주도한 재개발사업 역시 개발이익이 부유층에게 집중되면서 사회적 분노와 불신을 키웠다. 즉, 도시 전체의 부는 늘었지만, 그 분배가 공정하지 못했다.

이 과정에서 지역 내 범죄율이 오히려 증가하고, 이는 다시 관광산업에 악영향을 미쳐 도시 전체의 이미지에 타격을 주는 악순환으로 이어졌다. 범죄와 빈곤이 집중된 지역은 방치됐지만, 중산층 이상 거주 지역은 점점 더 보호받는 방식으로 도시 내부의 불균형과 계층 간 갈등이 심화하였다.

"누구를 위한 개발인가?"

이 질문에 대한 준비와 답변 없이 진행된 도시재생은, 오히려 더 큰 문제를 만들 수 있다는 점을 리우 사례는 보여 준다. 지속 가능한 도시개발은 '철거'가 아니라 '공존'을 설계하는 것에서 시작되어야 한다.

3. 뭄바이(Mumbai, 인도): 인프라 개발 vs. 지역 주민 갈등

구분	주요 내용
추진 과정의 갈등	도로·철도 등 인프라 개발 과정에서 빈민가·중산층 주거지역 강제 철거, 주민 생활 터전 상실

갈등 관리 실패 요인	속도 중심 개발, 불충분·불일관한 보상, 주민 요구 미반영 공공주택, 개발이익의 대기업·고소득층 집중
결과	주민 생계·주거 불안, 소득 격차 확대, 빈곤층-부유층 갈등 심화, 개발 반대 시위 확산
교훈	빠른 개발이 아닌 포용적·균형적 개발이 필요, 주민 권리와 안정성 보장이 지속 가능성의 핵심

　인도 뭄바이의 대규모 인프라 개발사례는 도시 성장과 개발이 지역 주민의 삶을 고려하지 않을 때, 어떻게 심각한 사회적 갈등과 불평등을 초래할 수 있는지를 보여 주는 대표적인 사례다. 뭄바이는 인도 경제의 중심지이자 인구 2천만 명이 넘는 초대형 도시로, 차량 정체와 주거 과밀 문제를 해결하기 위하여 도로, 지하철, 고속철도 등 인프라 개발을 활발하게 추진하였다.

　그러나 이러한 개발은 계획적이고 포용적인 방식을 취하기보다는 '속도 중심'의 접근으로 진행되었고, 빈민가와 중산층 주거지역이 집중된 곳에서 강제 철거가 빈번하게 발생했다. 정부는 일부 지역 주민에게 보상을 제공했지만, 그 기준은 일관되지 않았고 보상금도 생활 재정착에 충분하지 않았다. 공공주택 건설도 추진되었으나, 실제 거주민들의 요구를 반영하지 못해 실질적인 대안이 되지 못했다.

　특히 문제가 되었던 것은, 공공인프라 확대보다는 고급 상업시설 및 고층 아파트 개발이 우선시되었다는 점이다. 이는 곧 개발이익이 일부 대기업과 고소득층에게만 돌아가고, 기존 주민들은 도시 외곽으로 내몰리는 결과를 낳았다. 개발 과정에서 기업들은 일자리 창출을 약속했지만, 대부분은 지켜지지 않았고 지역 주민들이 체감할 수 있는 변화는 거의 없었다.

그 결과, 강제 철거 후 보상 없이 생활 터전을 빼앗긴 주민들은 생계와 주거를 동시에 잃었고, 도시 내에서 소득 격차는 더욱 커졌다. 부유층이 사는 고급 주거단지와 개발에서 소외된 지역의 빈곤층 간 갈등은 심화하였으며, 이에 따라 개발 반대 시위와 저항운동도 확산하였다.

뭄바이 사례는 '빠른 개발'이 '좋은 개발'을 의미하지 않는다는 점을 보여 준다. 경제성장과 도시 확장도 사람을 위한 것이라면, 지역 주민들의 안정성과 권리를 최우선으로 고려해야 한다. 개발과 공존은 함께 설계되어야 하며, 그렇지 않으면 발전은 곧 분열로 이어질 수 있다.

4. 요하네스버그(Johannesburg, 남아공): 광산개발 vs. 노동자 갈등

구분	주요 내용
추진 과정의 갈등	광산개발 과정에서 다국적 기업 vs. 현지 노동자 간 임금·근로조건 갈등
갈등 관리 실패 요인	저임금·열악한 노동환경 방치, 정부의 규제·협상력 부족, 기업의 해외 인력·자동화 대체
결과	장기 파업·광산 가동 중단, 생산량 감소·실업 증가, 지역경제 침체, 해외 투자 위축
교훈	자원개발은 노동자 권리와 공동체 이익을 함께 고려해야 지속 가능, 개발 방식의 공정성이 핵심

남아프리카공화국 요하네스버그는 아프리카에서 대표적인 자원 중심 도시로, 금광 개발을 통해 수십 년 동안 국가 경제를 견인해 온 지역

이다. 광산업의 번영은 막대한 외국인 투자유치와 고용 창출로 이어지며 국가 수출과 재정에 이바지했지만, 그 이면에는 지역 노동자들의 저임금과 열악한 근로 환경, 그리고 기업과 노동조합 간의 지속적인 갈등이 있었다.

요하네스버그의 광산업은 다국적 기업들이 주도하면서 그에 고용된 다수의 현지 노동자들은 낙후된 작업 환경, 안전장비 미비, 장시간 노동, 낮은 임금에 시달려야 했다. 이러한 현실은 광산업에 대한 불만을 키웠고, 노동조합은 임금 인상과 노동환경 개선을 요구하며 대규모 파업을 단행하기에 이른다. 하지만 정부는 기업의 경제적 기여에 의존하는 구조였기에 실질적인 제재나 강제 조치를 하지 못했고, 기업 또한 파업 대응으로 해외 인력 도입과 자동화 설비 확충을 추진함에 따라 갈등은 더욱 악화하였다.

정부는 표면적으로 기업에 노동조건 개선을 권고했지만, 법적 강제력이나 실질적 협상력 부족으로 인해 효과는 제한적이었다. 이에 따라 대규모 파업이 장기화하였고, 일부 광산은 폐쇄되거나 가동이 중단되면서 생산량 감소와 실업률 증가, 지역경제 침체라는 악순환으로 이어졌다. 더불어 기업과 정부 간의 신뢰도 무너지고, 해외 투자자들 역시 위험성을 우려해 신규 투자를 꺼리는 현상이 발생했다.

요하네스버그의 사례는 '개발 자체보다 그 방식이 중요하다.'라는 사실을 다시금 상기시킨다. 단지 자원을 뽑아내는 것이 아니라, 그 과정에 참여하는 모든 사람과 공동체가 성장의 일부가 될 수 있도록 하는 것이 진정한 지속 가능한 발전의 시작점이라 할 수 있다.

5. 디트로이트(Detroit, 미국): 자동차산업 쇠퇴 과정 갈등

구분	주요 내용
추진 과정의 갈등	자동차산업 쇠퇴로 대규모 정리해고·구조조정 발생, 노사 갈등 심화, 인종·지역 간 분열 격화
갈등 관리 실패 요인	노사·정부 간 중재 부재, 인종갈등 완화 정책 미비, 정치권의 부패·무능, 단기적 재정 대응에 머무름
결과	2013년 미국 지방자치 최대 규모 파산, 실업률 급등, 인구 유출, 범죄·슬럼화·공공서비스 붕괴
교훈	산업 쇠퇴 대응은 노사·지역·정치 리더십의 협력 기반이 필수, 사회적 통합과 구조 전환 전략 부재는 도시 붕괴로 직결

디트로이트는 20세기 중반까지 '모터 시티(Motor City)'로 불리며 세계 자동차산업의 중심지 역할을 해 왔다. 포드, 제너럴모터스(GM), 크라이슬러 등 대형 제조업체들이 이끄는 자동차산업은 수백만 개의 일자리를 창출하며 미국 제조업의 자존심으로 여겨졌다. 그러나 2000년대 이후, 글로벌 경쟁 격화와 생산기지의 해외 이전, 기술 변화에 대한 대응 실패 등으로 인해 디트로이트의 주요 산업이 빠르게 쇠퇴했다.

이 과정에서 발생한 도시 차원의 갈등을 제대로 조정하지 못한 것은 도시 전체의 붕괴를 가속한 주요 원인 중 하나였다.

먼저, 자동차산업의 쇠퇴는 대규모 구조조정과 정리해고로 이어졌고, 노동자들은 생존권을 지키기 위해 강력한 전황에 나섰다. 그런, 노사 간 협상은 대립적이고 적대적인 방식으로 전개되었고, 노동조합과 기업 간의 불신은 악화하였다. 이에 시 정부는 양측 간의 조정자 역할을 제대로 수행하지 못했고, 노사와 정부 간 삼자 협의나 갈등 중재 메커니즘의 부재는 문제를 더욱 고착화했다. 산업전환의 과정이 정책 협력 기반이 아니라 충돌의 연속이었고, 이는 도시의 회복 탄력성을 더욱 심각하게 저해했다.

둘째, 디트로이트는 1960년대 이후 백인 중산층의 교외 이탈(화이트 플라이트)과 흑인 인구의 도시 집중이라는 인구구조 변화를 겪었다. 이는 도심과 교외, 백인과 흑인 간의 경제적·사회적 격차를 심화시켰고, 1967년 대규모 폭동은 도시 공동체 내 인종갈등이 폭력적으로 표출된 계기였다. 그러나 시 정부는 이러한 분열을 완화하기 위한 공공정책, 교육·복지 통합, 인종 간 협력 촉진 전략 등을 제대로 수립하지 못했다. 이로 인해 정책 실행은 특정 집단에 대한 배제나 편향으로 인식되었고, 정책 수용성과 시민 신뢰가 전반적으로 와해하였다.

셋째, 갈등관리의 마지막 보루는 정치의 리더십이다. 하지만 디트로이트의 정치권은 산업위기 상황에서 오리혀 부패, 정파적 대립, 무능력한 대응으로 일관했다. 지속적 재정 적자와 세수 감소에도 시 정부는 개혁보다는 단기적인 재정 보전 정책에 머물렀다.

결과적으로, 디트로이트는 2013년 미국 지방자치 역사상 최대 규모의 재정 파산을 선언하게 된다. 이는 도시가 더는 공공서비스(치안, 교육, 복지 등)를 정상적으로 운영할 수 없을 만큼 재정이 악화하였음을 의미한다. 실업률은 치솟았고 중산층은 도시를 떠났으며, 남은 지역은 빈집과 슬럼화, 범죄율 증가, 교육서비스 붕괴 등 극심한 도시 쇠퇴를 겪었다.

8부

전략이 없으면 변화도 없다, 실천 방안 가이드

1장

실행조직은 이렇게 움직인다
- 실무 중심 운영 가이드

1. 조직 운영의 5가지 실무 과제와 구조 설계의 원칙

지역경제 추진조직을 구성할 때 실무진이 가장 먼저 마주하는 다섯 가지 문제는 다음과 같다.

실무상 문제	관련 리스크	사례
① 리더십 구조 혼란	총괄·집행 분리, 조율 약함 → 시작부터 병목	티라나: 계획-운영-예산 주체 분리로 지연 반복
② 실행조직 부재/ 권한 결핍	회의체·자문단만 있고 집행 인력/권한 없음	이스트런던: 보고서만 있고 집행주체 부재/탐페레: 기획자·실무책임자 한 조직 배치
③ 예산권 부재	예산 설계·집행 권한이 밖에 있어 실행 멈춤	사라예보: 도시재생기금 내부 두고 집행권 위임
④ 주민 참여 배제	형식적 위촉·대표성 부족 → 갈등·충돌	알프스(프·이탈리아): 갈등 큰 분야일수록 양측 대표 초기 참여 필요
⑤ 성과 기준 부재	성과 판단 기준 없이 출발 → 방향 상실	볼차노: 전략 단계에서 성과지표 설정·피드백 가능

첫째, 리더십 구조의 혼란이다. 총괄과 집행 주체가 분리되거나 조율 기능이 약할 경우, 사업 실행은 시작부터 병목을 겪는다. 알바니아 티라나시는 도시개발 과정에서 계획-운영-예산 등의 주체가 모두 달라 조율 실패와 지연이 반복되었다. 리더십은 '의사결정과 책임'이 함께 있는 구조로 설계되어야 하며, 협의체만으로는 실행할 수 없다.

둘째, 실행조직의 부재 또는 권한 결핍이다. 회의체와 자문단만 있고 실행 인력이 없거나 권한이 없는 경우, 사업은 멈춘다. 남아공 이스트런던은 수많은 보고서를 만들었지만 실행할 주체가 없어 계획이 무산되었다. 반면, 탐페레는 기획자와 실무 책임자를 한 조직에 배치해 실무 연계를 확보했다.

셋째, 예산 편성권과 집행권이 조직 외부에 있는 문제다. 추진조직이 예산을 직접 설계하고 집행할 수 없다면 전략 실행은 멈출 수밖에 없다. 사라예보는 도시재생기금을 조직 내부에 두고 집행권까지 위임함으로써 실행력을 확보했다.

넷째, 주민을 배제한 참여 구조다. 형식적인 위촉만으로는 갈등을 예방할 수 없고, 실질적인 대표성 있는 참여 구조가 없다면 사업은 쉽게 충돌한다. 프랑스 알프스 사례처럼 갈등 가능성이 큰 분야일수록 양측 대표가 초기부터 참여해야 실행 가능성이 커진다.

다섯째, 성과 기준의 부재다. 성과를 어떻게 판단할지 기준 없이 시작하면 조직은 방향을 잃는다. 볼차노는 전략 단계에서 성과지표를 설정해 피드백과 조정이 가능했으며, 주민 신뢰도 높일 수 있었다.

이러한 문제를 극복하려면 실행조직의 구조설계를 다음과 같이 구체화해야 한다.

구조 설계 원칙	핵심 포인트	사례
① 프로젝트 흐름별 라인 구분	기획 → 운영 → 성과관리로 시간순 분리, 단계별 책임자 지정	오울루
② 기능을 '이름'이 아니라 '역할'로	총괄·운영·행정(예산·인사)· 기술(데이터·콘텐츠·시설)· 대외협력(언론·파트너) 구분	스완지
③ 외부 자원 연계 네트워크	금융·기업·대학·스타트업 협력관계 설계·제도화	쿠이아바 (지역화폐 도입 연계)
④ 예산 편성·집행 통합	예산 설계부터 집행까지 내부에서 일원 관리, 초기부터 행정·회계 배치	-
⑤ 현장 파트너 전략 배치	지역 활동가·마을 리더·중간지원조직을 전략 파트너로	오사카 (상권-시청-경찰 삼각 라인)

첫째, 프로젝트 흐름을 기준으로 실무 라인을 구분해야 한다. 기획-운영-성과관리의 시간순 흐름에 따라 내부 기능을 분리하고, 단계별로 담당 주체와 책임자를 지정한다. 오울루시는 초기 전략 설계, 중간 운영, 성과확산을 시간 순서에 따라 각기 다른 주체로 연결하며 안정적으로 추진했다.

둘째, 조직의 기능은 이름이 아니라 역할로 나눠야 한다. 총괄(의사결정과 외부 메시지), 운영(사업계획과 실행), 행정(예산·인사), 기술(데이터·콘텐츠·시설), 대외협력(언론·파트너 연결) 등 기능 중심으로 정리해야 한다. 스완지시는 각 기능이 분리되어 외부 기업과 정부가 신뢰할 수 있는 구조를 구축했다.

셋째, 외부 자원 연계 네트워크를 설계해야 한다. 추진조직이 지역 금융, 기업, 대학, 스타트업과 협력관계를 맺고, 이를 제도화해야 한다. 브라질 쿠이아바는 지역 화폐 도입 과정에서 이를 성공적으로 운영했다.

넷째, 예산 편성권과 집행권을 조직 내에서 통합적으로 관리해야 한다. 단순한 배정이 아니라, 예산 설계부터 사업 집행까지 전 과정을 직접 통제할 수 있는 구조가 필요하다. 이를 위해 초기 단계부터 행정과 회계 담당자를 함께 배치해야 한다.

다섯째, 현장 감각을 가진 지역 활동가, 마을 리더, 중간지원조직 인력을 전략 파트너로 배치해야 한다. 일본 오사카는 상권과 시청, 경찰이 삼각 실무라인을 구성해 주민 신뢰와 실행력을 동시에 확보했다.

2. 실무진이 빠지기 쉬운 4가지 함정과 실행 저해 요인

실행조직을 구성하고 운영할 때 실무진이 빠지기 쉬운 네 가지 함정은 다음과 같다.

함정	문제점	사례
① 과잉계획·실행 부족	계획은 많으나 인력·예산 부재	티라나(실패)/탐페레 (소규모 실행팀 병행)
② 위원회 중심주의	협의체가 실행주체로 오용 → 책임 공백	이스트런던: 위원회만 운영, 집행 없음
③ 민간 위탁의 착각	전면 외주 → 내부 실행력·책임 상실	포트오브스페인 (갈등으로 중단)/ 오울루(내부 현장조직 유지)
④ 중복·유사 사업 범람	부서별 중복 추진 → 자원 낭비·피로도 증가	미슈콜츠(분산 추진)/스완지 (컨트롤타워 일원 조정)

첫째, 과잉계획과 실행 부족이다. 계획은 많지만, 실행은 없는 구조가 가장 흔한 함정이다. 전략 보고서, 로드맵, 정책제안서는 풍부하지만, 이를 실현할 인력과 예산은 빠져 있다. 알바니아 티라나시는 3년간 4개의 재생 마스터플랜을 수립했지만, 실행조직이 없어 대부분 유예되거나 폐기되었다. 반면 핀란드 탐페레는 전략 수립과 동시에 소규모 실행팀을 구성해 초기 실험을 병행하고, 이를 통해 전략의 현실성을 높였다.

둘째, 위원회 중심주의다. 다양한 민관 조정의 필요성으로 위원회나 협의체부터 구성하지만, 이들이 실행 주체로 오용되면 책임과 권한이 사라진다. 회의는 반복되나, '누가 언제 무엇을 할지'가 결정되지 않으면 사업은 정체된다. 이스트런던은 해양관광 재생을 위해 12인 위원회를 구성했지만, 실제 예산 집행은 전혀 이루어지지 않았다. 위원회는 '조정' 기능에 머물고, 실행은 별도 조직이 책임져야 한다.

셋째, 민간 위탁의 착각이다. 내부 역량 부족을 이유로 모든 기능을 외주화하면, 조직 내부는 보고기능만 남고, 문제 발생 시 책임 공방이 벌어진다. 포트오브스페인은 지역개발사업을 민간재단에 일괄 위탁했다가 중간 단계에서 갈등이 발생해 프로젝트가 중단되었다. 반면 오울루시는 위탁을 활용하되, 추진단 내부에 현장 대응 조직을 유지해 실행력을 확보했다.

넷째, 중복·유사 사업의 범람이다. 추진조직이 통합 조정 기능을 가지지 못하면, 지자체 내 부서들이 유사한 사업을 각자 추진하며 전략이 분산된다. 헝가리 미슈콜츠는 산업 쇠퇴 이후 다양한 회복 사업을 개별 부서가 따로 추진해 중복과 낭비가 발생했고, 지역민의 피로도만 높였다. 반면 스완지시는 '창업 클러스터 추진단'을 컨트롤타워로 세우고 관련 사업을 일괄 조정해 집중도와 실행력을 높였다.

이러한 실행 저해 요인들은 대부분 '조직 내부 구조'와 '역할 구분'의 부재에서 비롯된다. 실무진은 사업을 설계할 때 '무엇을 할지'보다 '어떻게 실행할지'를 먼저 구상해야 한다. 실행의 틀을 갖추지 못한 전략은 계획으로만 남을 수밖에 없다.

3. 주민·기업 참여를 현실화하는 운영 방식

구분	핵심 문제/포인트	사례
① 대표 선출 절차 신뢰 확보	특정 단체·정당 중심 위촉은 불신 유발 → 내부 선거·공인 절차 필요	프랑스 알프스(농업단체·관광연합 등 내부 선출)
② 참여 의무 → 성과 전환	단순 출석 강제보다 실제 성과 반영 경험이 지속성 확보	뉴질랜드 카이코우라(주민 아이디어 정책·수익구조 반영)
③ 기업·소상공인 연계	행정 단독 한계 → 민간경제 주체와 공동사업 설계	브라질 플로리아노폴리스 (핀테크-소상공인 연계, 지역통화 앱)
④ 협의체 → 프로젝트팀	단순 의견 청취보다 주민·소상공인 직접 집행 참여 필요	스페인 바르셀로네타 (소규모 프로젝트팀 운영)
⑤ 회의-실행-피드백 연계	참여는 일회성이 아닌 순환적 권한 구조여야 함	에스토니아 타르투 (회의-실행-평가 연계)

(1) 주민 대표 선출/추천 절차의 신뢰도 확보

주민이 참여하는 위원회나 협의체는 지역 내 갈등 예방과 실행 동력을 확보하는 데 중요한 역할을 한다. 하지만 구성 단계에서 대표성에 대한 신뢰가 무너지면, 그 참여 자체가 오히려 갈등의 기폭제가 되기 쉽다. 특정 단체 중심, 지자체 추천 중심, 정당 연계 인사의 위촉 등은 모두 회의체의 정당성을 약화하는 요인이다.

우리가 분석한 프랑스 알프스 지방 사례에서는 농업단체, 관광 연합, 청년협동조합 등에서 각각 내부 선거를 통해 대표를 선출하고, 추천 방식이 아니라 '지역 안에서의 공인'으로서 위원 자격을 구성했다. 이와 같은 절차적 정당성은 정책 수용도를 끌어올리는 기반이 되었다.

신뢰받는 대표 선출 시스템 없이는 참여가 곧 불신의 구조가 될 수 있다.

(2) "참여 의무"가 아니라 "참여성과" 중심으로 전환

주민이나 기업에 회의 참석을 강제하거나, 무작정 참여를 요청하는 구조는 오래가지 못한다. 중요한 것은 '얼마나 참여했는가?'가 아니라 '무엇을 함께 만들었는가?'이다. 설명회나 간담회에 몇 번 참석했는지를 기록하는 것보다, 실제로 주민 아이디어가 반영되어 정책으로 실현된 경험을 남기는 것이 훨씬 중요하다.

뉴질랜드 카이코우라의 친환경 개발사례는 마을 주민들이 직접 디자인한 관광 상품이 시청의 정책에 반영되고, 수익 배분 구조까지 연결되면서 자발적 참여가 확산하였다. 회의 출석보다 '공동 생산 경험'을 늘리는 것이 참여 유도 전략이다. 참여는 의무가 아니라, 성과로 이어질 때 지속한다.

(3) 기업·소상공인과의 연계사업 만들기

지역경제 활성화는 행정 중심으로만 진행될 수 없다. 지역 내 민간경제 주체와의 연계 구조 없이는 조직의 실행력이 지지 기반을 확보하기 어렵다. 특히 중소기업, 협동조합, 상인연합회 등과 연결되는 공동사업 구조가 필요하다.

우리가 다룬 브라질 플로리아노폴리스의 핀테크-소상공인 연계 모델은 지역 통화 앱을 통해 할인 쿠폰과 포인트를 공동 발행하고, 수익 일부를 지역 기금으로 환원함으로써 기업과 행정이 동시에 혜택을 받는 구조를 만들어 냈다.

이처럼 공동 브랜드, 로컬 크레딧, 지역 마켓 연계 등 실질적인 민관 파트너십을 체결해야 한다.

(4) 협의체보다 '프로젝트팀' 중심으로 돌리는 방식

많은 지자체는 주민 의견을 듣기 위해 협의체를 구성하지만, 이 협의체가 회의체에 그치는 경우가 많다. 참여자들이 실행에 손을 대지 않으면 현장은 행정에 의해 추진이 되고, 의견은 그냥 흘러 지나간다.

스페인 바르셀로네타의 관광 재조정 프로젝트는 협의체 대신 '소규모 프로젝트팀'을 꾸려 주민과 소상공인이 직접 소규모 개선안을 기획하고 집행에 참여하도록 설계했다. 한 사람의 참여에 대해 단순한 의견 표출로서가 아니라, '역할을 가진 행위자'로 설계할 때 참여는 살아난다.

(5) 회의 → 실행 → 피드백까지 연속된 참여 구조설계

지속 가능한 참여 구조는 '회의-실행-피드백'이라는 세 가지 단계를 연결하는 구조다. 회의에만 초청하고, 실행에선 배제하며, 성과평가도 공유하지 않으면 주민이나 기업은 냉소적으로 변한다.

에스토니아 타르투시의 대학도시형 재생 프로젝트는 모든 회의가 '다음 실행계획의 착수점'으로 연결되고, 실행 후에는 보고회와 질의응답, 시민평가까지 연동되면서 순환 구조가 작동했다. 이런 구조는 단순한 참여가 아니라, '순환적 권한'의 분산 모델이라고도 할 수 있다.

참여는 일회성이 아니라, 설계부터 실행까지의 연속성이 보장될 때 진정한 정책 자산으로 전환된다.

4. 성과를 추적하고 조직을 학습시키는 전략

구분	핵심 포인트	사례
① 성과지표 설정	단기 지표(행사 수 등)보다 구조 변화 지표(지속 창업률, 고용창출률 등) 활용	오울루(ICT 전환 후 고용·이직률 추적)
② 과정기록 자산화	회의록·실패 메모·주민제안서 등을 체계적 아카이브	크라이스트처치 (재난복구 기록·리포트 체계화)
③ 피드백 → 학습	실행 후 평가·워크숍을 통해 다음 기획에 자동 반영	사라예보(공식 피드백 루프 운영)
④ 외부 vs. 내부 균형	컨설팅은 리뷰·자극용, 전략은 내부 주도 설계	스완지(외부평가 + 내부보고 병행)
⑤ 성과 공유	설명회·포럼으로 성과 공개, 신뢰·내적 동기 강화	타르투(시민 설명회, 모든 성과 공개)

(1) "성과지표가 전략이다" – 단기지표 vs. 구조변화지표

성과를 어떻게 정의하느냐에 따라 조직이 달라진다. 대부분 추진조직은 단기 성과지표, 예컨대 행사 개최 횟수, 참여 인원, 사용 예산 등을 기준으로 운영되지만, 이는 조직을 단기 대응 구조에 가두는 결과를 낳는다.

진정한 전략 조직이라면 지역경제의 구조 자체가 변화하고 있는지를 성과로 삼아야 한다. 예를 들어, 창업지원 사업이라면 단순 창업 수가 아니라 '1년 이상 지속한 창업 비율'이나 '청년창업의 지역정착률' 같은 구조지표를 도입해야 한다.

핀란드 오울루시는 ICT 산업전환 후 "기업 수"보다 "고용창출률"과 "이직률 감소"를 주요 성과로 추적하며 조직 전략을 구성했고, 이는 단순한 숫자보다 실제 경제 생태계의 회복력을 더 잘 보여 주는 기준이 되었다.

(2) 과정기록을 자산화: 회의록, 시행착오, 내부 리포트의 체계화

성과는 숫자만이 아니라 '흔적'에도 담긴다. 회의록, 추진보고서, 실패메모, 주민제안서, 내부 평가 노트 등은 조직이 축적할 수 있는 귀중한 자산이다.

그러나 많은 조직이 이런 문서를 '기록'이 아닌 '일회성 행정'으로 처리하면서, 시간과 노력이 그대로 사라진다.

뉴질랜드 크라이스트처치의 재난복구 추진조직은 회의부터 실행 후 주민 피드백까지 모두 체계적으로 기록하고, 이를 주 단위로 편집한 내부 리포트를 아카이브화했다. 이 과정에서 실패와 시행착오 역시 후속 기획에 반영되면서, 조직은 분기마다 진화할 수 있는 기반을 갖추게 되었다.

기록은 보존일 뿐 아니라, 미래 전략의 연료다.

(3) 실행 피드백을 조직 학습으로 연결하는 구조

실행과정에서 나온 오류나 주민 반응, 예상치 못한 변수들은 피드백 수단이 아니라 학습 도구로 작동해야 한다. 실행팀이 스스로 평가하고, 다음 프로젝트에 이 피드백이 자동 반영될 수 있도록 설계하는 것이 중요하다.

사라예보 추진단은 프로젝트마다 '실행 후 워크숍'을 개최해 실행자·시청·주민이 함께 평가하고 이를 다음 사업기획의 전제조건으로 반영했다. 이 구조는 '조직 차원의 피드백 루프'를 공식화했다는 점에서 주목할 만하다.

단순 피드백이 아닌, 전략을 계속 개정해나가는 '조직 내 반응 시스템'이 필요하다.

(4) 외부 컨설팅 활용 vs. 내부 역량화의 균형

외부 전문가를 통한 컨설팅이나 성과 진단은 일정 수준 이상 조직의 품질을 보장할 수 있다. 하지만 컨설팅에 의존하는 순간, 조직 내부는 전략을 '받아들이는 조직'으로만 머무르게 된다.

균형이 중요하다. 외부 컨설팅은 '리뷰와 자극'의 도구로 활용하되, 전략 수립과 실행은 내부 추진단이 주도적으로 설계하는 것이 바람직하다.

예를 들어, 웨일스 스완지시는 외부 대학과 평가위원단을 매년 고정하여 성과를 점검하되, 실행 보고서는 추진단 내부에서 먼저 1차 정리하고 제안까지 포함하는 방식으로 운영했다.

내부의 전략적 사고와 외부의 전문적 눈이 서로 긴장하며 작동할 때 조직은 성장할 수 있다.

(5) 성과공유회, 실적포럼 등을 통한 성과 공개와 내적 동기 부여

추진조직의 성과는 내부 문서로 끝나서는 안 된다. 그것이 실제 성과로 작동하기 위해서는 공유와 인정의 장이 필요하다. 주민 대상 보고회, 이해관계자 실적포럼, 성과 발표회 등을 통해 지역사회와 연결될 때, 실무진도 그 과정에서 동기를 얻고 평가 기준도 내면화된다.

타르투의 도시재생 추진단은 반기별로 시민 설명회를 열고, 추진 중단된 사업도 포함한 '모든 성과'를 공개했다. 이 과정에서 시민의 신뢰는 오히려 강화됐고, 실무진도 자신의 역할을 인식하며 다음 과제를 설계할 수 있었다.

성과는 숫자가 아니라, 경험의 공유로 조직을 진화시키는 통로가 되어야 한다.

2장
지역경제 활성화 추진 절차와 단계별 전략

1. 1단계: 지역 진단 및 현황 분석

(1) 지역 진단의 전략적 목적

지역경제 활성화 전략의 출발점은 언제나 '정확한 진단'이다. 지역의 현실을 객관적으로 이해하지 못한 채 수립된 계획은 방향을 잃기 쉬우며, 이로 인해 예산과 자원이 낭비되고 정책은 실행단계에서 동력을 잃게 된다. 따라서 진단은 현황 파악이나 통계 수집을 넘어, "이 지역은 왜 침체하였으며, 무엇이 변화의 동력이 될 수 있는가?"를 분석하는 전략적 행위로 접근해야 한다.

진단의 첫 번째 목적은 지역이 직면한 문제를 구조적으로 설명하는 데 있다. 예를 들어, 인구 감소라는 현상이 나타날 때, 그 원인이 단순한 출생률 저하인지, 청년층의 유출인지, 주거 여건의 문제인지에 따라 대응 전략은 전혀 다르게 설정되어야 한다. 직관적으로 보이는 현상에 머무르지 않고 그 이면의 인과 구조를 밝히는 것이 중요하다.

두 번째 목적은 미래 전략을 설계하기 위한 근거 데이터를 확보하는 것이다. 예를 들어 고용률이 낮다고 해서 곧바로 일자리 창출 정책을 추진하는 것은 섣부른 대응이 될 수 있다. 고용률 저하의 원인이 산업기반의 부재인지, 노동시장과 인력의 미스매치인지, 고령화 때문인지에 따라 전략 방향은 달라져야 한다. 이처럼 진단은 '무엇이 문제인가?'보다 '왜 그런가?'를 중심에 두어야 한다.

세 번째 목적은 지역 구성원 간 문제 인식의 정렬이다. 정치적 리더, 행정조직, 민간 전문가, 시민이 문제를 서로 다르게 인식하고 있다면, 어떤 전략도 실질적으로 작동하기 어렵다. 이때 진단은 이해관계자 간의 공통된 문제의식을 형성하고 전략적 논의를 위한 '공통 언어'를 제공함으로써, 실행 가능성을 높이는 기반이 된다.

요컨대, 진단은 현황 정리가 아니라, 전략 수립의 기준선(Baseline)을 설정하고, 자원과 정책의 우선순위를 결정하는 전략적 도구다. 인력과 예산이 제한된 지방정부의 현실에서는, 진단의 깊이와 정확성 자체가 전략의 성패를 좌우한다고 해도 과언이 아니다.

(2) 진단 항목별 분석 방법(인구, 산업, 재정, 인프라 등)

지역 진단은 통계 항목을 나열하는 수준을 넘어, 각 항목이 지역 전략에 어떤 시사점을 주는지 해석하는 분석 과정이다. 여기서는 실무자가 점검해야 할 4대 영역, 즉 인구, 산업, 재정, 인프라 등에 대해 구체적인 분석 방법과 해석 기준을 제시한다.

분석 항목	분석 포인트	전략적 질문	분석 관점
㉮ 인구구조	청년·고령층 비중 변화, 전출입 추이, 부양비(유소년·노년)	어떤 계층을 중심으로 전략 설계할 것인가?	청년층 감소 → 정주력 약화, 부양비 상승 → 복지·재정 수요 증가
㉯ 산업구조	GRDP, 종사자 수, 부가가치율, 최근 3~5년 성장률	어떤 산업이 쇠퇴/부상하는가?	고용창출 높은 산업 → 소득 분산 효과, 특정 산업 집중도 주의
㉰ 재정 구조	지방세 비중, 세외수입, 재정 자립도, 부채 규모·상환 계획	자체 재원으로 가능한가, 외부 자본이 필요한가?	세외수입 의존↑ → 자체 추진력↓, 부채 구조 → 중장기 투자 제한
㉱ 인프라 현황	교통·통신·에너지· 교육·의료 인프라, 문화·복지 인프라, 접근성·질	인구 유입· 정주 의사와 연결되는가?	의료 접근성· 교육 협력 가능성· 문화 인프라 → 장기 성장 좌우

가. 인구구조 분석

 인구 항목은 수치보다 인구구조와 변화 흐름에 주목해야 한다. 먼저 확인할 것은 청년층(15~39세)과 고령층(65세 이상)의 비중 변화, 그리고 전출입 추이다. 청년층의 감소는 생산가능인구의 약화뿐 아니라 미래 정주력 저하를 의미하며, 전입보다 전출이 많다면 일자리, 주거, 교육 등의 총체적 여건이 경쟁력을 잃고 있다는 신호다.

 또한, 유소년 부양비(0~14세/15~64세), 노년 부양비(65세 이상/15~64세) 등의 지표는 향후 재정 및 복지 수요를 예측하는 데 유용하다. 인구구조 분석은 "어떤 계층을 중심으로 전략을 설계해야 하는가?"라는 전략적 질문으로 연결된다.

나. 산업구조 분석

산업구조는 GRDP(지역내총생산), 종사자 수, 부가가치율 등을 통해 분석한다. 이때 중요한 것은 크기보다 '집중도'와 '역동성'을 함께 보는 것이다.

예를 들어 특정 산업의 GRDP 비중이 높더라도 종사자 수가 적고 부가가치율이 낮다면, 이는 기계화된 생산 또는 외부 본사 중심의 구조일 수 있다. 반면 고용 창출력이 높은 산업은 상대적으로 지역 내 소득 분산 효과가 크다.

또한, 최근 3~5년간의 산업 성장률을 함께 분석하면 "어떤 산업이 쇠퇴하고, 무엇이 새 동력으로 부상하는가?"를 파악할 수 있다. 이는 이후 신성장 산업 발굴 전략과 직결된다.

다. 재정 구조 분석

재정 분석은 지방세 비중, 세외수입 비율, 재정 자립도, 부채 규모 등을 통해 지역의 '재정적 체력'을 진단하는 과정이다. 예를 들어 지방세 비중이 작고 세외수입 의존도가 높다면 자체 정책 추진력이 떨어지는 구조임을 의미하므로, 국비나 민간 재원에 대한 전략적 접근이 필요할 수 있다.

또한, 부채 규모와 상환 계획은 중장기 투자 전략을 수립하는 데 있어 고려해야 할 변수다.

재정 분석은 곧 "이 전략은 어느 수준까지 자체적으로 감당 가능한가?" 그리고 "어떤 외부 자본이 필요하며, 그것이 지속 가능한가?"라는 전략적 질문과 연결된다.

라. 인프라 현황 분석

인프라 진단은 물리적 인프라(교통, 통신, 에너지, 교육, 의료)와 문화·복지 인프라로 구분해 점검한다. 이때 시설 수나 용량을 나열하는 것이 아니라, 접근성과 질의 불균형에 주목해야 한다.

예를 들어, 의료시설 수가 충분하더라도 고령자 밀집 지역과의 거리, 교통 접근성이 낮다면 실질적 의료 접근권이 제한되는 구조다. 교육 인프라 역시 지역 내 고등교육기관의 존재 여부, 산학 협력 가능성 유무가 장기적 지역 성장에 큰 영향을 미친다.

문화·복지 인프라는 정주 의사와 직접 연결되므로, 이 항목은 인구 유입 전략과 결합해 분석해야 한다.

각 항목의 수치는 단지 '기록'이 아니라, 전략의 우선순위 결정, 정책 대상 설정, 자원 배분 근거로 이어져야 한다. 따라서 분석의 목적은 '수치를 수집하는 것'이 아니라, "이 지역의 성장과 침체는 어떤 구조에서 비롯되었으며, 어디서부터 전략을 시작해야 하는가?"라는 질문에 대한 답을 도출하는 데 있다.

(3) 진단 도구 및 데이터 수집 방법(통계, 민간 데이터, GIS, 인터뷰 등)

지역 진단을 실효성 있게 수행하기 위해서는 다양한 출처의 데이터를 유기적으로 결합하고, 정량적 지표뿐만 아니라 주민 체감과 지역 맥락까지 반영하는 분석 도구를 병행해야 한다.

수집 정보	주요 내용	활용 의의
공공 통계	통계청·부처·지자체 데이터 (GRDP, 고용률, 인구구조, 재정 등)	지역 구조 파악의 기초, 시차·생활상 반영 한계
민간 데이터	카드사 소비, 통신사 유동인구, 온라인 상권·부동산 데이터	미시적 변화·실시간 수요 포착 가능
GIS 공간분석	인구·소득·복지 수요 vs. 교육·의료·문화 인프라 중첩	서비스 불균형·정책 사각지대 식별
정성 조사	설문·인터뷰·워크숍 (정주 의사, 애착도, 창업 여건 등)	주민 수용성·실행 가능성 강화, 갈등 예방
전문가·지원 조직 협력	대학·연구기관·상공회의소· 재생지원센터 등	맥락 해석·전략 조율· 네트워크 기반 확보

우선, 통계청(KOSIS), 각 부처, 지방자치단체의 공공 데이터를 활용하면 GRDP, 고용률, 산업 비중, 인구구조, 재정 상황 등 기본적인 구조지표를 확보할 수 있다. 이러한 정형 수치는 지역의 거시적 특성을 이해하는 데 기초가 되지만, 시차가 존재하거나 지역 특유의 생활상과 변화를 반영하지 못하는 한계가 있다.

이를 보완하기 위해 민간 데이터, 특히 카드사 소비 데이터, 이동통신사 유동인구 데이터, 온라인 플랫폼의 상권 분석 정보, 부동산 중개 플랫폼 데이터 등을 활용할 수 있다. 예를 들어, 카드사 결제 정보는 업종별 소비 변화와 유입 인구의 소비력 변화를 민감하게 반영하며, 이는 전통적인 산업 통계보다 훨씬 빠르게 상권의 활력을 포착하는 데 유리하다. 통신사 데이터를 통해 특정 시간대·요일별 유동인구 흐름을 분석하면 지역의 생활권 구조나 상업·문화 중심지의 이동도 가시화할 수 있다. 이처럼 민간 데이터는 지역의 미시적 변화와 생활기반 수요를 실시간에 가깝게 반영할 수 있는 도구다.

또한, GIS(지리정보시스템)를 활용한 공간 분석 역시 매우 중요하다. 특정 연령대, 소득 계층, 복지 수요층의 거주 밀도와 교육·의료·문화 인프라의 입지를 중첩 분석하면, 서비스 접근성의 불균형이나 정책적 사각지대를 식별할 수 있다. 이는 정책 자원의 공간적 배분과 대상 집중도를 정밀하게 설계하는 데 기여한다.

정량 데이터로는 포착하기 어려운 주민의 체감이나 인식은 설문조사, 심층 인터뷰, 주민참여 워크숍 등을 통해 수집해야 한다. 예를 들어 청년층의 정주 의사, 지역에 대한 애착도, 창업 여건에 대한 주관적 평가 등은 수치화하기 어렵지만, 전략 수립에 있어 중요한 요소가 된다. 정성 조사 결과는 주민 수용성과 실행 가능성을 높일 뿐 아니라, 갈등을 예방하고 공동체 기반 전략을 설계하는 데도 필요하다.

마지막으로, 지역 내 전문가 집단 및 중간지원조직과의 협력체계를 구성하는 것이 필요하다. 지역대학, 연구기관, 상공회의소, 산업진흥원, 도시재생지원센터, 사회적경제지원센터 등은 정보 제공자에 그치지 않고, 지역 맥락을 해석하고 실행 전략을 조율할 수 있는 중요한 파트너다. 이들과의 협력은 분석의 신뢰성을 높이는 동시에, 이후 실행단계에서 필요한 네트워크 기반을 미리 형성하는 데 도움이 된다.

공공·민간 데이터를 통합하고, 정량·정성 분석을 병행하며, 지역 주체와 협업하는 이 삼중 구조가 유기적으로 결합할 때 비로소 지역의 현실을 입체적으로 진단할 수 있으며, 그 위에 세워지는 전략 역시 정밀도와 실행력을 갖추게 된다.

(4) SWOT 분석 작성과 해석법 → 전략 방향 도출로 연결

지역 진단의 종합 단계에서는 앞서 수집한 인구·산업·재정·인프라 등 주요 항목의 분석 결과를 통합하여, 전략 수립을 위한 통찰을 도출해야 한다. 이때 일반적으로 활용되는 프레임이 SWOT 분석이다. SWOT는 지역의 강점(Strength), 약점(Weakness), 기회(Opportunity), 위협(Threat)을 4분면으로 구분해 구조화하는 분석법으로, 각 요소는 다음과 같은 기준으로 분류된다.

- 강점(S)은 지역이 현재 보유한 경쟁력, 즉 활용 가능한 자산이다. 예를 들어 우수한 대학교, 접근성이 좋은 교통망, 높은 산업 집적도 등이 이에 해당한다.
- 약점(W)은 현재의 제약 요인으로, 낙후된 기반시설, 산업 다양성 부족, 저조한 재정 자립도 등이 여기에 포함된다.
- 기회(O)는 외부 환경에서 지역에 긍정적인 영향을 미칠 수 있는 변화나 트렌드로, 예컨대 정부 정책지원 확대, 신산업 확산, 인구 유입 요인 등이다.
- 위협(T)은 지역 외부에서 발생하는 위험 요소로, 인구 고령화 심화,

인근 도시와의 경쟁 격화, 국책사업 축소 등이 있다.

SWOT 분석이 유용한 이유는, 진단을 넘어 전략 방향 설정에 직접 활용할 수 있는 구조를 제공하기 때문이다. 실무자는 아래와 같은 4가지 매칭 전략을 통해 각 지역에 적합한 전략 유형을 도출할 수 있다.

유형	의미	예시
① SO 전략	강점 활용 + 기회 확장 (공세형)	대학·기업 집적 + 정부 지원 → 디지털 특구
② WO 전략	약점 보완 + 기회 활용 (전환형)	산업 약점 + U턴 기업 정책 → 기업 유치·인프라 확충
③ ST 전략	강점 기반 + 위협 대응 (방어형)	관광자원 활용 → 인구 유출 대응, 체류형 관광
④ WT 전략	약점·위협 동시 축소 (생존형)	구조조정·비용 효율화·행정 협력

① SO 전략: 강점과 기회를 모두 활용하는 공세적 전략이다. 예컨대, 지역에 유능한 대학과 기술기업이 모여 있고 정부가 디지털 산업을 육성한다면, 지역 클러스터를 기반으로 한 디지털 특구 조성이 가능한 유형이다.

② WO 전략: 약점을 극복하면서 기회를 활용하는 전환형 전략이다. 예컨대 산업기반은 약하지만, 정부의 U턴 기업 유치 정책이 있다면, 외부 기업 유치와 기반시설 확충을 연계한 전략이 필요하다.

③ ST 전략: 강점을 기반으로 위협에 대응하는 방어적 전략이다. 예를 들어, 우수한 관광자원을 가진 지역이 인구 유출 위기를 겪는다면,

이를 활용해 체류형 관광산업을 확대하고 정주 유인을 높이는 방식이 여기에 속한다.
④ WT 전략: 약점과 위협을 동시에 줄이기 위한 생존형 전략이다. 이 경우는 대부분 사업 구조조정, 비용 효율화, 행정협력 확대 등 '내실 다지기' 전략이 중심이 된다.

이러한 매칭 전략을 선택할 때 주의할 점은, 모든 전략을 한꺼번에 추진하려 하지 말고, 가장 현실적인 하나 또는 두 가지 방향에 우선 집중해야 한다는 것이다. 예산과 인력이 제한된 중소도시는 SO 또는 WO 전략 중 하나에 전략 자원을 집중하는 방식이 성과를 높이는 데 유리하다.

또한, SWOT 분석은 한 번으로 끝나는 도구가 아니다. 전략 실행과정에서도 외부 환경이 바뀌면 분석을 다시 수행하고 전략을 조정할 수 있어야 한다. 따라서 진단-전략-실행 간의 피드백 회로를 염두에 두고 분석 결과를 관리하는 것이 중요하다.

(5) 해외 사례: 핀란드 탐페레의 산업전환 진단 사례

우리가 다른 측면에서 살펴봤던 핀란드 탐페레(Tampere)는 1990년대 중반까지 중공업 중심의 전통 산업구조에 의존하던 도시였다. 노키아를 포함한 대형 제조업 기업들의 구조조정과 해외 이전이 겹치면서, 탐페레는 단기간에 고용 붕괴와 세수 감소라는 이중 충격을 경험하게 된다. 이 위기를 타개하기 위해 탐페레시는 지역 진단에 기반을 둔 과감한 산업전환 전략을 구상했다.

탐페레는 먼저 정밀한 지역 구조 진단을 했다. 실업률 상승, 고령화 가속, 재정 자립도 하락 등의 약점(Weakness)과 산업 다변화 부족이라는 위협(Threat)이 명확하게 드러났으며, 반면에 우수한 대학(탐페레공대, 탐페레대), IT 기반 교육 인프라, 비교적 풍부한 도시 공간이라는 강점(Strength)이 확인되었다. 여기에 핀란드 정부의 디지털 산업 육성정책이라는 기회(Opportunity)가 맞물려, 전략 방향은 '강점과 기회를 활용하는 SO 전략'으로 수립되었다.

이에 따라 탐페레는 '산업클러스터 재설계 전략'을 중심으로 한 디지털 전환 정책을 본격화했다. 기존의 중공업 기반 산업단지를 해체하고, ICT, 게임, 영상 콘텐츠, 스마트제조 분야로의 산업구조 전환을 추진했다. 이 과정에서 탐페레시는 대학과 기업, 지자체가 공동으로 투자하고 운영하는 혁신 허브인 'Hervanta 혁신지구'를 조성해, 스타트업 중심의 산업 생태계를 형성하였다. 이 구역은 나중에 슬러시(Slush) 등 핀란드 스타트업 생태계의 중심지 중 하나로 자리매김하게 된다.

이러한 사례는 지역 진단의 힘을 보여 주는 대표적인 예다. 탐페레는 SWOT 분석을 통해 '무엇을 포기하고, 어디에 자원을 집중해야 하는가?'라는 전략적 판단 기준을 설정했다. 이 분석이 정책자금의 배분, 조직 개편, 산업단지 재편, 규제 완화 등 실행 설계까지 연계되었다는 점은 국내 지자체들이 참고할 만한 실질적 사례다.

2. 2단계: 발전 목표 및 전략 수립

(1) 비전 및 발전 목표 설정 - SMART 원칙 및 차별화 전략

지역경제 활성화를 위한 두 번째 단계는 진단결과를 바탕으로 장기 비전과 구체적 발전 목표를 설정하는 것이다. 이 단계는 전략 실행의 중심축이 되는 기준을 만드는 과정으로, 이후 모든 사업의 방향성과 정합성을 가늠하는 기준점이 된다. 슬로건이 아니라, 실행할 수 있고 평가 가능한 목표 체계를 세우는 것이 중요하다.

이를 위해 활용되는 대표적 기준이 바로 SMART 원칙인데, 이는 목표가 Specific(구체적), Measurable(측정 가능), Achievable(달성 가능), Relevant(관련성 있는), Time-bound(기한이 명확한)여야 한다는 전략 수립의 실무 원칙으로, 막연한 구호 수준의 목표를 배제하고 실행력 있는 계획을 도출하기 위해 적용되어야 할 항목들이다.

예를 들어 "지역의 경제를 활성화하겠다."라는 비전은 모호하지만, SMART 원칙을 적용하면 다음과 같이 정제된다.

- Specific: "청년창업 생태계를 조성하여 고용 기회를 확대한다"
- Measurable: "3년 내 창업기업 100개 유치, 일자리 500개 창출"
- Achievable: "기존 산업단지와 유휴공간을 리모델링해 입주 공간 확보"
- Relevant: "청년 유출이 심각한 인구구조 위기를 해결하고자 함"
- Time-bound: "2027년까지 단계별 추진계획 수립 및 점검"

이와 더불어 각 지역은 '차별화 전략'을 병행해야 한다. 이는 모든 지자체가 유사한 목표를 설정함으로써 발생하는 '전략의 평준화'를 피하기 위함이다. 지역마다 역사적, 지리적, 산업적, 인구적 특성이 다르므로, 지역 고유의 정체성을 반영한 비전 서술은 전략의 경쟁력이 된다. 예컨대 해양관광 산업의 가능성이 있는 지역은 "동북아 해양 헬스투어 중심 도시"와 같은 독창적 비전을 설정할 수 있고, 기술기반 대학이 밀집한 지역은 "AI 융합산업 중심의 청년 혁신도시"라는 방향을 설정할 수 있다.

이 단계는 진단결과로부터 지역이 가진 가치와 우선순위를 추출하고, 이를 기반으로 정책과 예산, 조직과 파트너십을 정렬시키는 중심 좌표를 만드는 작업이다. 이후 단계에서 갈등 조정이나 전략 세분화, 실행 일정 수립이 쉬우려면, 이 시점에서 비전과 목표가 정리되어 있어야 한다.

(2) 전략군별 핵심사업 방향 설계(신산업, 관광, 정주 등)

WOT 분석은 지역 진단의 최종 산물이지만, 그것이 전략이 되기 위해서는 분석 결과를 어떻게 해석해 실행 방향으로 전환하느냐가 중요하다. 많은 기초지자체가 SWOT 분석까지만 정리한 뒤, 실제 전략 수립 단계에서는 구체성이 모자라 실천력 있는 전략으로 이어지지 못하는 경우가 많다. 실무자는 이 전략군을 바탕으로 해당 지역에 맞는 주요 사업 방향을 설계해야 하며, 그 안에서 재정·조직·협력 구조를 구체화해야 한다. 여기서는 각 전략군의 특성을 바탕으로 어떤 유형의 사업군이 효과적인지, 그리고 해외에서는 어떤 사례가 그 전략을 구현했는지 살펴본다.

전략군	주요 사업 방향	해외 사례
㉮ SO 전략	신산업 클러스터, 창업 생태계, 주력산업 고도화, 국제관광 허브	핀란드 오울루: ICT 기반 5G·AI 허브
㉯ WO 전략	청년 정착, 교육·훈련 강화, 공공서비스 확충, 정주환경 개선	포르투갈 브라가: 청년창업·디지털 교육
㉰ ST 전략	기후적응형 도시계획, 산업 디지털 전환, 자립형 에너지 모델	네덜란드 흐로닝언: 재생에너지·스마트시티
㉱ WT 전략	소규모 고효율 사업, 사회적경제 강화, 복지 안전망 보강	그리스 라리사: 도시농업·공공일자리

가. SO 전략(Strength-Opportunity): 성장형 전략

SO 전략군은 지역의 강점(예: 기술력, 지리적 위치, 집적된 산업 등)을 외부 기회와 결합해 선도적 위치를 확보하려는 전략이다. 이 전략군은 성장동력이 이미 갖춰진 지역에 적합하며, 과감한 정책적 선택과 투자 집중이 필요하다. 주요 사업 방향으로는 신산업 육성 클러스터 설계, 첨단기술 기반 창업생태계 조성, 기존 주력 산업의 고도화 및 수출 확대, 국제 관광 허브화 등이 있다.

예를 들어, 핀란드 오울루(Oulu)는 ICT 기반 인프라와 고등교육기관이라는 강점을 살려, 노키아 퇴출 이후에도 5G·AI 연구단지와 기술 창업 허브를 조성함으로써 새로운 성장동력으로 전환에 성공했다. 지역 주도형 혁신 클러스터 설계를 통해 강점을 새로운 기회로 연결한 대표적 사례다.

나. WO 전략(Weakness-Opportunity): 개선형 전략

WO 전략군은 기회의 요소는 있지만, 지역 내부 여건이 부족할 때 필요한 전략이다. 이 경우 사업 방향은 성장보다 '기초 체력'에 집중되어야 한다. 주요 과제로는 청년 인구 정착 유도, 교육 및 직업훈련 시스템 보강, 공공서비스 확충, 도시 정비 및 정주 환경 개선 등이 설정될 수 있다. 인프라가 부족하거나 인적 역량이 약한 지역일수록, 기반 강화가 선행되어야 한다.

포르투갈 브라가(Braga)는 전통적 산업이 쇠퇴한 도시였으나, 청년창업 인프라 및 디지털 교육 프로그램을 통해 도시 정체성을 재정립하고, 기술 중심 도시로 탈바꿈했다. 유럽연합 청년창업지원금과 연계된 청년정착 전략은 내부 약점을 보완해 외부 기회를 끌어오는 데 기여했다.

다. ST 전략(Strength-Threat): 방어형 전략

ST 전략군은 위협 요인을 강점을 활용해 차단하거나 전환하는 방식이다. 대외 환경 변화(예: 글로벌 공급망 위기, 기후변화, 인구 급감 등)에 직면했을 때, 이를 지역의 특수한 강점으로 극복하는 방향으로 사업을 설계해야 한다. 예를 들어 기후 적응형 도시계획, 내부 산업의 디지털 전환, 지역 자원 기반 자립형 에너지 모델 구축 등이 포함될 수 있다.

다른 측면에서 소개했던 네덜란드 흐로닝언(Groningen)은 천연가스 의존에서 탈피하기 위해 에너지 자립형 스마트시티로 전환하고 있다. 기존의 기술력과 도시계획 능력을 바탕으로, 재생에너지 인프라 및 스마트

그리드 실험도시로 선제 전환하여 기후위기 및 에너지 시장 불확실성이라는 위협에 대응하고 있다.

라. WT 전략(Weakness-Threat): 회피·극복형 전략

WT 전략군은 전략적으로 가장 어렵고 위험한 상황에서 선택되는 유형으로, 내부 역량도 약하고 외부 환경도 나쁜 상황에 해당한다. 이때는 '회복 탄력성 확보'와 '리스크 최소화'가 주요 전략이 된다. 주요 방향은 소규모 고효율 전략(파일럿 사업), 외부 자원 연계, 사회적 경제기반 강화, 공공 주도 복지 안전망 재설계 등이다.

그리스 라리사(Larissa)는 재정 위기 이후 지방재정이 고갈된 상황에서도, 시민참여 기반의 도시농업과 공공 일자리 프로젝트를 통해 점진적 회복 기반을 마련했다. 외부의 지원 없이 가능한 '저비용-고효율 전략(Low-Cost, High-Impact Strategy)'을 통해 민생 안정과 지역경제 회복의 출발점을 확보한 점이 주목할 만하다.

각 전략군은 현실적으로 분리된 영역이 아니라, 지역의 다양한 조건에 따라 복합적으로 구성될 수 있다. 실무자는 진단결과를 바탕으로 우세 전략군을 선별하되, 이를 실행 가능한 사업군으로 전환하는 작업에서 지역 주민, 이해관계자, 투자자들과의 공감대 형성도 병행해야 한다. 전략은 '방향'이고, 사업은 '도구'이기에, 전략군별 주요 사업 설계는 실행의 실마리를 제공하는 중요한 지점이다.

(3) 전략별 실행 구조 설계(Logical Framework, 실행 트리 등)

전략을 수립한 뒤에는 이를 어떻게 현실의 사업과 행정 흐름으로 구현할 것인지에 대한 실행 구조를 설계해야 한다. 전략이 아무리 정교하더라도 실행 단계로 연결되지 않으면 계획은 '추상적 비전'에 그치게 된다. 지역경제 활성화 전략은 다부처, 다기관, 다수 사업 간의 조정이 필요하므로, 일관된 '로지컬 프레임워크(Logical Framework)'와 '실행 트리(Execution Tree)'를 활용한 체계적 정리가 중요하다.

'로지컬 프레임워크'는 목표, 결과, 활동, 투입 간의 인과관계를 정리한 도구로, 각 전략이 어떤 결과를 유도하며 이를 위해 무엇이 필요한지를 구조화할 수 있게 한다. 이를 통해 실무자는 "왜 이 사업을 하나?", "무엇이 변해야 하는가?", "무엇이 투입되어야 하는가?"라는 질문에 구조적으로 답할 수 있게 된다.

예를 들어 "청년 정착 유도"라는 전략 아래, ① 목표는 청년 인구 순유입 전환, ② 성과지표는 20~34세 순이동률 +2%, ③ 주요 결과는 주거 안정성과 양질의 일자리 제공, ④ 주요 활동은 청년 임대주택 공급, 청년 기업 인큐베이팅, 디지털 직무교육 프로그램, ⑤ 자원 투입은 지방비, 국비 공모사업, 청년정책팀 전담 인력 확보로 구성된다.

이와 함께 '실행 트리'는 전략을 단계별·시간순으로 나열하고, 각 단계를 실행 주체별로 배분하며 병렬 또는 선후 관계를 도식화하는 것이다. 이 도식은 계획표와 달리 전략 간 상호작용, 병목 구간, 자원 재배치 시나리오 등을 예측할 수 있게 해 준다. 여러 전략이 병렬 추진될 때 발생하는 행정혼선과 자원 중복 투입을 방지할 수 있다.

해외에서는 오스트리아 린츠(Linz)가 산업 재편과 디지털 도시화를 병행 추진하면서 실행 트리 기반 통합 전략 지도를 활용했다. 전략별 타이밍, 인력, 예산, 협력기관, 기대 성과를 시각화하여 전 부서에 공유함으로써 실행력과 책임성을 확보한 사례다. 해당 도시는 디지털 기반의 시뮬레이션 기법을 도입해 전략-성과 간 연결 강도를 수치화하기도 했다.

또한, Logical Framework는 국제개발협력(ODA) 분야에서도 보편적으로 사용되는 방식으로, 덴마크 오르후스(Aarhus)는 도시재생 전략 수립 시 ODA형 Logical Framework를 활용하여 민간 투자자에게도 전략과 수익구조를 제시하였다. 이는 전략의 투명성과 설득력을 동시에 강화한 방식이다.

실행 구조 설계는 전략을 현실화하기 위한 기술적 도구의 활용 단계이며, 전략 수립 이후 실무자의 집중력이 요구되는 구간이다. 이때 중요한 것은 전략 간 계층 구조, 주체별 역할 분담, 시간 및 자원의 흐름을 하나의 시야에 담아낼 수 있는 도구를 활용하여 정합성 있는 실행력을 확보하는 것이다.

(4) 해외 사례: 네덜란드 흐로닝언의 전략-사업 연계 구조

네덜란드 흐로닝언(Groningen)은 전통적으로 천연가스 채굴 산업에 크게 의존해 왔으나, 채굴 중단과 함께 경제기반이 약화하면서 새로운 발전전략이 절실해졌다. 흐로닝언시는 이 위기 상황에서 전략-사업 연계 구조 정립을 주요 과제로 삼아 도시의 장기 로드맵을 수립하였다.

흐로닝언의 전략 수립은 정책 방향을 나열하는 데서 그치지 않고, 전략별로 어떤 사업들이 어떻게 실행되어야 하는지를 구체화하는 데 초점을 맞췄다. 이를 위해 시 당국은 전략 구상단계에서부터 Logical Framework Matrix(LFM)를 표준 도구로 사용하였고, 이를 바탕으로 각 전략의 성과지표(KPI), 실행 주체, 예산 추정, 시간표를 사업 수준까지 도출했다.

예를 들어, 흐로닝언은 "청년 유입 도시로의 전환"이라는 전략을 중심으로 다음과 같은 연계 구조를 구성했다.

① 전략 목표: 청년층 인구 정착률 향상 및 외부 유입 확대
② 주요 사업군: 스타트업 허브 조성, 공공-민간 협업 기반 기술교육 프로그램, 주거지원형 사회주택 공급
③ 실행 주체: 흐로닝언 시청 경제부, 지역 대학교, 민간 투자자, 주택 협동조합
④ 성과지표: 청년 기업 창업 건수, 기술교육 수료자 수, 청년 전입률 변화
⑤ 시계열: 3개년 내 초기 효과 확인, 5개년 내 정착화

이 사업 구조는 모두 전략에서 시작해 KPI까지 이어지는 로직으로 연결되어 있으며, 각 주체가 자신이 담당할 목표와 책임을 인지하도록 했다. 사업 간 연계성을 강화하기 위해 '실행 트리' 함께 활용되어, 전략 간 병렬 추진이 아닌 단계적 확산이 가능하도록 조정하였다.

이러한 구조화된 실행 방식은 중앙정부의 지원을 받는 데도 결정적인 역할을 했다. 흐로닝언은 이 전략-사업 연계 모델을 기반으로 국가 차원

의 '지역 전환 펀드'에서 최대 보조금을 유치하였고, 민간 자본 유입 역시 가시적으로 확대되었다. 무엇보다 중요한 점은, 전략이 현장에서 '살아 움직이는 흐름'으로 전환되었다는 데 있다.

  흐로닝언 사례는 다음과 같은 시사점을 제공한다.

  첫째, 전략은 곧 사업의 설계도여야 한다.

  둘째, 실행을 고려하지 않은 전략은 투자도, 협력도 이끌 수 없다.

  셋째, 지방정부의 실행 구조 역량이 전략의 실현 가능성을 좌우한다.

  이처럼 전략과 사업의 유기적 연계를 통해 실행력 있는 지역경제 활성화 모델을 만든 흐로닝언의 접근은, 단지 유럽 선진국의 사례를 넘어 실무자 중심의 전략 실행 설계가 왜 필요한가를 잘 보여 주는 실증적 모델이다.

3. 3단계: 이해관계자 협력 및 추진조직 구성

(1) 이해관계자 맵 작성 및 조정 전략

  지역경제 활성화 전략이 실행되기 위해서는 정책 기획을 넘어, 실제로 움직일 '사람'과 '조직'을 중심에 둔 이해관계자 분석과 협력 설계가 중요하다. 여러 주체가 관여하는 지역개발 사업에서는 이해관계자 간의 목표 충돌, 역할 중첩, 책임 회피 등 복잡한 문제가 발생할 수 있으므로, 이를 사전에 구조화하고 조율해야 한다.

  이 단계에서 실무자가 먼저 해야 할 일은 이해관계자 맵(Stakeholder Map)을 작성하는 것이다. 이는 단순한 명단 작성이 아니라, 각 이해관계자의 영향력과 관심도에 따라 상호 관계를 시각화하고, 대응 전략을 차등화하는 분석 도구다.

실무자는 먼저 지역 내 주요 이해관계자를 범주화해야 한다. 일반적으로 지역경제 활성화에 직간접적으로 관여하는 주요 이해관계자는 다섯 가지 범주로 나눌 수 있다. 첫째, 지방정부 및 광역 지자체는 사업의 기획과 실행 주체로서 행정적 책임과 예산 집행 권한을 가진 주요 행위자다. 둘째, 지방의회 및 지역 정치세력은 정책 추진의 정당성과 제도적 기반 마련에 관여하며, 의회 동의와 정치적 조율이 필요한 사안에서 영향력이 크다. 셋째, 주민 및 지역 커뮤니티는 전략 실행의 수혜자이자 협력 파트너로서, 사업의 사회적 수용성과 참여 기반을 결정짓는 요소다. 넷째, 기업 및 민간 투자자는 직접적인 투자유치와 사업 실행에서의 실무적 협력 주체로, 지역 산업 생태계의 중심축을 이룬다. 마지막으로, 시민단체, 전문가 집단, 언론은 전략의 투명성과 공공성과 관련한 감시자 및 조력자의 역할을 수행하며, 전문적 조언이나 여론 형성에 중요한 역할을 한다.

각 이해관계자에 대해 ① 영향력(Influence)과 ② 관심도(Interest)를 기준으로 2축 도표를 작성하면, 아래와 같은 4가지 기본 유형으로 구분할 수 있다.

유형	설명	대응 전략
핵심 파트너 (높은 영향력, 높은 관심도)	함께 전략을 공동 기획하고 실행할 주체	초기 단계부터 참여 유도, 의사결정에 포함
잠재적 지지자 (낮은 영향력, 높은 관심도)	정책에 우호적이나 직접적 영향은 미약	신뢰 구축 및 커뮤니케이션 강화

전략적 협상 대상 (높은 영향력, 낮은 관심도)	관건이 되는 결정권자 이지만 관심이 낮음	사전 이해관계 조정 및 설득 전략 필요
일반 이해 당사자 (낮은 영향력, 낮은 관심도)	간접 영향받는 수동적 주체	주기적 정보 제공과 의견 수렴 채널 확보

이 맵은 도식에 그쳐선 안 되며, 실제 갈등 발생 가능 지점, 협력 형성 조건, 설득 논거까지 구체화해야 효과를 발휘한다. 실무자는 이 분석을 바탕으로 민관 거버넌스의 주요 멤버를 선정하고, 누구와 무엇을 협상해야 하는지, 또는 어떤 사안을 누구에게 설명해야 할지를 구분할 수 있어야 한다.

이해관계자 맵은 전략 수립 이후에도 계속 업데이트되어야 하며, 추진 과정 중 신규 주체의 등장이나 관심도의 변화에 따라 협력 우선순위와 방식을 조정하는 동적 관리가 필요하다.

이 도구는 "정책을 누가 밀어줄 것인가?"를 예측하고 설계할 수 있는, 전략의 실질적 기반이 된다.

(2) 협력 거버넌스 모델 설계(협의체, 실행위원회 등)

협력 거버넌스는 지역경제 활성화 전략을 실제로 실행에 옮기기 위한 기반이다. 다양한 이해관계자가 존재하는 지역사업에서는 단일 주체 주도 방식보다, 민관이 공동으로 책임과 권한을 나누는 구조가 실효성이 높다. 실무자는 지역의 특성과 과제에 따라 적절한 거버넌스 형태를 선택해야 하며, 일반적으로는 '민관협의체', '실행위원회', '전문분과위원회' 등의 방식이 활용된다.

① 민관협의체는 주요 전략과 사업 방향을 공동으로 설정하는 포괄적 거버넌스 기구로, 지방정부·지방의회·주민 대표·산업계·시민단체가 모두 참여한다. 이 협의체는 정기회의를 통해 의견을 조정하고, 실행에 대한 정치적·사회적 정당성을 확보하는 역할을 한다.

② 실행위원회는 협의체에서 합의된 전략을 실제로 추진하기 위한 실무 중심 조직이다. 이 위원회는 각 부서, 공공기관, 지역기업 등의 실무 책임자가 참여하여 구체적 사업계획 수립과 일상적 추진을 담당한다. 사업별로 복수의 실행위원회를 운영할 수도 있다.

③ 전문분과위원회는 전략의 특성에 따라 정책, 재정, 산업, 문화 등 분야별로 운영되며, 외부 전문가나 학계 인사, 실무 담당자가 협업하여 전략의 질을 높이는 역할을 한다.

협력 거버넌스 모델을 설계할 때 실무자는 구성 명단만 짜는 것이 아니라, 역할 구분, 의사결정 방식, 회의 주기, 의견 수렴 구조 등 세부 운영 매뉴얼을 함께 마련해야 한다. 거버넌스는 형식이 아니라 지속적 소통과 신뢰 축적을 통한 실행력 확보 수단이라는 점을 인식해야 하며, 과도한 위계 구조나 명목상의 참여 기구는 오히려 사업 추진을 저해하는 결과를 낳을 수 있다.

(3) 실행조직 구성: 전담부서, 민관 협력조직, 위탁 모델

실행조직의 설계는 인력 배치나 부서 설치의 문제가 아니라, 전략 실행의 동력과 지속 가능성을 결정짓는 핵심 구조다. 조직 모델은 다음 세

가지 방식으로 구분할 수 있다.

첫째, 전담부서 설치 방식이다. 지자체 내 기존 부서의 기능을 확대하거나, 지역경제 활성화 전담조직을 신설하는 방식으로, 정책 기획-예산-성과관리를 일원화해 행정 내에서 직접 통제한다. 이 방식은 책임 명확성, 예산 집행력, 제도화 연계 측면에서 유리하지만, 민간 협력 유도나 민첩한 대응력에는 한계가 있다.

둘째, 민관 협력조직 모델은 지역 공공기관이나 출자기관을 중심으로, 민간과 협력하여 집행 기능을 수행하는 방식이다. 예컨대 '지역경제활성화추진단'을 설립하고, 지자체는 감독·예산을, 민간은 운영 및 기획을 담당한다. 이 구조는 실행력과 민간 전문성, 유연성 확보에 강점이 있으며, 광역-기초 간 협력에도 유리하다. 다만 민·관 간 의사결정 지연, 성과 책임의 모호성 등은 사전 구조 설계로 보완되어야 한다.

셋째, 외부위탁 모델은 전문 기관 또는 민간기업에 실행 업무를 맡기는 구조다. 특정 사업단이나 단기 집중 과업에 적합하다. 예를 들어 산업 고도화 로드맵 수립이나 투자유치 전략 수립 등은 위탁 방식이 실행 효율성을 높일 수 있다. 단, 위탁은 역할 명확화, 성과 기준, 협업 체계 설정이 없으면 행정력 낭비나 전략 왜곡을 초래할 수 있다.

이 세 가지는 배타적 선택지가 아니라 혼합적 운영이 가능하다. 중요한 것은 조직의 운영 방식에 맞춰, 업무 프로세스, 권한 분장, 예산 흐름, 성과평가 체계까지 연계된 실행 설계도를 함께 마련하는 일이다. 실무자는 이 단계에서 각 모델의 장단점을 고려해, 지역 특성과 전략 성격에 맞는 최적의 집행 구조를 구성해야 한다.

(4) 갈등 예상 지점과 사전 조정 전략

지역경제 활성화 과정은 다양한 이해관계자들이 얽힌 협력구조 위에서 작동하기 때문에, 갈등은 불가피하게 발생한다. 정책 우선순위, 예산 배분, 사업 대상지 선정, 권한 구조 등과 관련한 갈등은 발생할 가능성이 크다. 실무자는 갈등을 사후에 수습하려는 접근이 아니라, 사전에 갈등이 발생할 수 있는 지점을 미리 인식하고 구조적으로 예방하는 전략을 세워야 한다.

먼저 해야 할 것은 갈등 유형의 사전 분류다. 일반적으로는 ① 예산 및 자원 배분에 관한 갈등, ② 권한과 책임의 불균형에서 발생하는 갈등, ③ 지역 간 이해 차이 또는 중복 투자에 따른 갈등, ④ 정책 수혜 계층 간의 기대 차이에서 비롯되는 갈등 등이 주요 유형이 될 수 있다. 이러한 유형별 갈등 지점을 미리 파악하고 쟁점별로 조정 가능한 설계안을 마련해야 한다.

둘째, 실무자는 공론화 절차와 중재 프로세스를 정책 설계 초기부터 포함해야 한다. 예를 들어, 주민 대상 설명회, 지역위원회 내 사전 의사 조율, 갈등 시 중재 역할을 수행할 수 있는 제3의 중립기구 확보 등이 필요하다. 이때 중요한 것은 '모두를 만족시키는 결론'이 아니라, '절차의 공정성과 예측 가능성'을 보장하는 것이다.

셋째, 의사결정의 투명성 확보가 갈등 예방의 중요한 장치가 된다. 사업 대상지 선정, 민간 위탁 선정, 재원 배분 등에서 정보 비대칭이 심화하면, 작은 불신이 구조적 불만으로 확대될 수 있다. 이를 방지하기 위해, 결정 과정과 그 기준, 평가 자료, 관련 회의 결과 등을 시민에게 공개하는 것이 바람직하다.

마지막으로, 갈등이 표면화되기 전 '경고 신호'를 감지할 수 있는 체계를 구축할 필요가 있다. 민원 증가, 언론 보도, 내부 보고서의 문제 제기, 커뮤니티 내 여론 변화 등은 초기 경고 신호일 수 있다. 이를 기반으로 상시 갈등 감지-조정 체계를 운영하면, 정책 추진 과정에서의 리스크를 줄이고, 장기적으로는 협력 기반을 더 공고히 할 수 있다.

(5) 해외 사례: 일본 가나자와의 협치 거버넌스 모델

일본 가나자와시는 '시민이 주도하고, 행정은 조력한다.'라는 원칙을 바탕으로, 민관협치 구조를 제도화한 대표적인 도시다. 인구 약 45만의 중규모 도시인 가나자와는 고령화, 인구 정체, 전통산업의 쇠퇴 등 여러 구조적 문제에 대응하기 위해 시민, 기업, 전문가, 지역 의회가 모두 참여하는 협치 기반의 계획 체계를 구축하였다.

이 도시의 전략은 지역 전략회의와 시민참여형 실행 플랫폼을 이중으로 운영하는 구조에 있다. 먼저, '지역 전략회의'는 지역경제, 문화, 복지, 도시계획 등 다양한 분야의 대표자 30~40명이 정기적으로 참여하는 민관협의체로, 주요 정책 방향과 예산 배분의 우선순위를 사전 논의하는 구조로 되어 있다. 이 회의체는 시장이 주재하지만, 시민단체와 지역기업 대표가 공동 의장을 맡는 방식으로 권한의 수직 집중을 분산시켰다.

두 번째 플랫폼은 시민참여형 실행조직이다. 전략별 세부사업을 실행할 민간 추진단(예: 지역 상인회, 청년 스타트업 네트워크, 복지 NGO 등)이 자율적으로 구성되고, 시는 행정적·재정적 지원을 하되 직접 개입하지 않는 '후견형 행정' 구조를 취한다. 예산 집행도 일부 위임 형태로 전환되었으며, 이는 사업에 대한 시민의 소유감과 지속성을 동시에 높이는 결과를 가져왔다.

이러한 협치 모델은 단지 참여를 형식화한 것이 아니라, 정책 수립과 집행 전 과정에서 민간의 실질적 역할을 제도적으로 보장했다는 점에서 주목할 만하다. 2010년대 이후 '전통산업 + 디자인산업 융합 전략'과 '고령 친화 도시 개편 프로젝트'는 민간 기획단이 주도해 실행되었으며, 행정은 인프라 정비와 공공재원 연계에 집중함으로써 책임 분산이 아닌 역할 분담을 실현했다.

가나자와의 사례는 실무자에게 다음과 같은 시사점을 제공한다.

첫째, 협치는 단일한 거버넌스 조직을 설계하는 것이 아니라, 다양한 이해관계자가 역할과 권한을 나누는 다층적 구조로 운영될 때 효과적이라는 점.

둘째, 참여의 '형식'이 아니라 '권한 구조와 실행 책임'이 명확하게 설정될 때, 지속 가능한 협력모델로 발전할 수 있다는 점.

셋째, 행정이 중심이 아니라 민간이 중심인 전략 설계 구조를 제도화할 경우, 예산 및 사업 추진의 동력이 분산되어도 장기적 성과의 수준이 높아질 수 있다는 것이다.

4. 4단계: 세부 실행계획 수립 및 예산 확보

(1) 연차별 실행계획 수립법(Roadmap, Milestone, 책임구조)

전략과 목표가 수립되었다면, 이를 연차별 실행계획으로 전환하는 작업이 필요하다. 일정 나열이 아니라, 시간, 자원, 조직, 목표 달성 구조가 통합된 실천 지도를 설계하는 과정이다. 실무자는 실행계획을 통해 정책의 지속성과 추진력을 확보하고, 이해관계자 간 역할과 책임을 조율해야 한다.

먼저 로드맵(Roadmap)을 수립해야 한다. 로드맵은 전체 사업의 방향성과 주요 전환 지점을 시계열로 구성한 전략적 설계도로, 일반적으로 3~5년 단위의 중기 전략을 기준으로 작성된다. 로드맵에는 각 전략군(예: 산업전환, 정주 여건 개선, 청년 정책 등)에 따른 연차별 주요 사업과 추진 시점이 포함되어야 하며, 성과 시점(Milestone)을 함께 명시하여 각 단계의 성과를 확인할 수 있는 구조로 짜야 한다.

다음으로는 세부 사업별 추진 일정과 책임 주체를 정의한 실행 플랜이 필요하다. 예를 들어, 연도별로 '착수-시행-평가-조정'의 사이클을 구조화하고, 각 단계에서 주관 부서(또는 실행조직), 협력 주체, 필요한 행정절차, 예산 소요 및 확보 방안까지를 명시해야 한다. 지방정부의 조직 내부뿐 아니라, 민간·시민 협력조직과의 역할 분담도 병행 표기하는 것이 중요하다.

또한, 사업 유형에 따라 단계별 착수 조건을 사전 정의해야 한다. 예컨대, 민간투자 유치를 전제로 한 프로젝트는 행정 계획상 시작 연도를 명시하는 것이 아니라, 조례 정비 완료, 공모사업 선발, 부지 확보 등의 조건이 충족되었을 때 사업이 개시된다는 조건부 추진방식으로 설계하는 것이 안정적이다. 이는 향후 성과평가와 집행 오류 방지에도 도움이 된다.

아래는 연차별 실행계획 수립 시 실무자가 참고할 수 있는 요약 예시다.

구분	1차년	2차년	3차년	비고
산업전환 전략	전략 수립, 거버넌스 구축	시범사업 실행	본사업 확장	민간 파트너 연계
청년 정주 전략	주거 인프라 설계	창업지원 확대	교육기관 협력 체계 완성	지방대와 연계
지역 브랜드 전략	브랜드 로고 및 슬로건 개발	연계 콘텐츠 제작	국내외 홍보 캠페인 확대	시민 주도

 마지막으로, 전체 실행계획은 행정 문서로 끝나지 않아야 한다. 문서로 설계하고, 현장에서 수정하고, 평가를 통해 조정하는 '살아 있는 실행계획'으로 유지되어야 한다. 이를 위해 전략군별 책임 조직이 매년 계획 조정 회의를 열고, 외부 자문단 또는 지역사회 피드백을 반영하는 구조를 병행 설계하는 것이 바람직하다.

(2) 예산 확보 전략(지방재정, 국비, 민자, 지역 금융 등)

 지역경제 활성화 전략을 실행으로 옮기기 위해서는 초기 사업 자금의 현실적 확보 방안이 필요하다. 이 단계는 '사업기획'에서 '실행'으로 넘어가는 관문이므로, 실현 가능한 단기·중기 재원 조달 전략을 설계하는 것이 중요하다. 신규 사업의 경우 기존 재정 구조의 변화를 동반하므로, 예산 우선순위 조정과 정치·행정적 설득 논리 마련도 병행되어야 한다.
 우선, 지방재정 차원에서는 자체 세입 기반 확대가 필요하다. 이는 지방세 증가 유도, 세외수입 확충, 유휴 공공 자산의 수익화 등으로 구성되며, 예산 지출 구조 재편을 통해 전략사업 중심으로 재정 우선순위를 재조정할 수 있다. 민간위탁사업의 효율화나 일반회계 일부 항목 조정을 통해 내부 재원을 전용하는 방식은 실무적으로 자주 활용되는 방식이다.

둘째, 중앙정부 재정 확보 전략이다. 보조금 요청 방식보다는, 중앙정부의 주요 국정 기조 및 부처 중점 과제와 정합성을 맞춘 기획 대응이 중요하다. 국토부, 산업부, 행안부, 문체부 등 부처별 공모사업과 연계하고, 기초자치단체는 광역계획과의 정합성까지 고려해 공동 대응체계를 갖추는 것이 채택 가능성을 높인다.

셋째, 민간 자본 유치 전략은 수익 가능성이나 파급력을 기준으로 설계되어야 한다. 신산업 분야나 도시재생, 관광자원 활용 사업 등은 민간 디벨로퍼, 벤처캐피탈, CSR(Corporate Social Responsibility, 기업의 사회적 책임) 기반 투자, ESG 펀드와 연계하여 PF(Project Financing) 구조 설계가 가능하다. 특히 IR(Investor Relations, 투자자 커뮤니케이션) 전략을 통해 수익모델의 명확성, 정책 일관성, 규제 유연성 등을 부각하는 것이 중요하다.

아래는 실무자가 예산 확보 전략 수립 시 고려해야 할 항목을 요약한 표이다.

재원 유형	주요 수단	실무적 접근방식
지방재정	지방세, 세외수입, 유휴재산 활용	세입 다각화, 지출 구조 재조정, 전략적 전용
중앙정부 재정	공모사업, 보조금, 위탁 협약	상위 계획 정합성 확보, 사전기획 강화, 협력체계 구축
민간 자본	기업 투자, PF, ESG 기반 투자 등	수익모델 설계, 규제 유연화, 전략적 IR 병행

실무자는 이와 같은 복합재원 조달 전략을 수립하면서, 단일 재원 의존을 피하고, 사업 추진 시점별 적절한 예산 배분과 관리 체계를 동시에 고려해야 한다.

(3) 제도 기반 구축(조례, 규제 완화, 인센티브 도입 등)

아무리 정교한 전략과 사업계획이 있어도, 제도적 기반이 뒷받침되지 않으면 실행은 좌초될 수밖에 없다. 지역경제 활성화는 다수의 이해관계자, 다양한 사업 유형, 시차를 두고 나타나는 효과 등을 포괄하므로, 이를 담아낼 수 있는 법적·행정적 틀이 필요하다.

먼저, 지방 조례의 제정 또는 개정이 기본적인 수단이 된다. 기존 조례가 포괄적이거나 단편적이라면, 실행 전략을 반영한 맞춤형 조례를 새로 제정해야 한다. 예컨대, 지역특화산업 육성을 위한 지원 조례, 청년 창업 지원 조례, 민간참여형 개발사업 인센티브 조례 등이 전략의 실질적 추진력을 확보하는 기반이 된다. 조례는 예산 연계, 권한 위임, 책임 규정 등의 실효적 조항을 포함해야 한다.

둘째, 규제 완화 전략이 병행되어야 한다. 많은 지자체가 전략 수립 이후 실제 추진 단계에서 '기존 규제에 막혔다.'라는 이유로 사업이 중단되곤 한다. 따라서 사업계획 수립 시점부터 해당 사업에 적용될 법적 제약을 사전에 검토하고, 필요한 경우 규제 특례나 유연 적용이 가능한 방식으로 구조를 설계해야 한다. 산업입지, 건축 제한, 환경기준, 영업 관련 법령은 미리 해당 부서 또는 중앙부처와 협의구조를 마련하는 것이 중요하다.

셋째, 민간 참여 유도를 위한 인센티브 제도 설계가 필요하다. 세금 감면, 임대료 감면, 기반시설 무상 제공, 우선협상권 부여 등은 대표적인 경제적 인센티브이다. 하지만 최근에는 비경제적 인센티브도 주목받고 있다. 예를 들어, 지역 브랜드와 연계한 공동 마케팅 기회 제공, ESG 연계 평가지표 반영, 지방정부 인증마크 부여 등은 민간기업의 ESG 전략이나 마케팅 전략과 맞물릴 때 더욱 효과를 발휘할 수 있다. 이와 같은 제도는 상호책임성과 파트너십 구조를 전제로 설계되어야 한다.

넷째, 지방정부 내부의 실행 역량 강화를 위한 절차 정비도 중요하다. 제도 기반 구축은 외부 규범뿐 아니라 내부 운영체계의 정비도 포함한다. 예산 집행 절차의 유연화, 사전 협의 프로세스 간소화, 유사 사업과의 통합 구조 정비 등은 조직 내부의 비효율을 줄이고 전략 추진 속도를 높일 수 있는 요소다. 민간과 공동사업을 진행할 경우, 계약 절차의 표준화와 법률 검토 매뉴얼화는 사전 분쟁을 예방하는 수단으로 작용한다.

제도 기반 구축은 '계획이 실행되기 위한 조건'을 미리 설계하는 작업이다. 제도는 전략을 실현할 수 있게 만들고, 전략은 제도 안에서 지속 가능성을 확보한다. 실무자는 법령·조례·내부 규정의 총체적 구조 안에서 자신의 전략이 안착할 수 있도록 '제도적 자리'를 확보해야 한다.

(4) 사업홍보 및 정책 마케팅 전략

아무리 훌륭한 전략과 제도가 마련되었더라도, 이를 시민과 시장에 효과적으로 전달하지 못하면 실행의 탄력을 받기 어렵다. 지역경제 활성화 사업은 행정 내부의 계획으로만 끝나는 것이 아니라, 주민의 지지, 기업의 참여, 외부 투자자의 관심을 끌어야 비로소 실제적인 움직임으로 이어진다. 이때 중요한 것은 전략적 홍보 및 정책 마케팅이다.

첫째, 지역 내 주민과 이해관계자를 대상으로 한 커뮤니케이션 전략이 필요하다. 주민이 체감하지 못하는 정책은 정책 수명도 짧고 저항도 크기 마련이다. 따라서 정책 내용을 전달하는 수준을 넘어, 정책의 필요성과 효과를 '스토리텔링' 방식으로 설득할 수 있어야 한다. 예를 들어, 지역 청년의 귀향 성공사례, 전통시장의 매출 회복 사례 등을 영상 콘텐츠나 지역 언론 기고 형태로 구성하면, 주민의 관심과 공감을 얻기 쉬워진다.

둘째, 외부 대상(투자자, 기업, 관광객 등)을 향한 전략적 브랜딩이 요구된다. 많은 지역이 단일 이벤트나 일회성 캠페인에 치중한 나머지, 지속적인 인지도 확보에 실패하는 경우가 많다. 따라서 사업과 연계된 통합 브랜딩 전략이 필요하다. '혁신도시', '문화창조도시', '지속 가능 생태도시' 등 지역 특화 브랜드를 정립하고, 이에 맞춘 콘텐츠 개발, 외부 행사 참가, 국가 공모 연계 등을 통해 정책의 존재감을 키워야 한다.

셋째, 정책 홍보의 주체와 방식 또한 다층화되어야 한다. 과거처럼 공보실이나 홍보팀에만 의존할 것이 아니라, 실제 사업을 담당하는 부서가 주체가 되어 직접 시민과 접촉하고 메시지를 관리하는 방식으로 전환할 필요가 있다. 지역경제 사업은 변화하는 조건에 따라 메시지를 유연하게 조정해야 하므로, 민간 PR 전문인력을 활용한 협업 구조도 고려해 볼 만하다. 예를 들어, 청년창업 지원사업을 홍보할 때는 청년 유튜버와 협업하거나, SNS 플랫폼을 통한 인터랙티브 홍보 캠페인을 기획하는 방식이 효과적이다.

넷째, 성과기반의 역홍보 전략이 필요하다. "우리는 이런 사업을 하고 있습니다."라는 내용보다, "이런 변화를 만들었습니다."라는 구체적 성과를 중심으로 홍보할 때 설득력이 커진다. 이때 중요한 것은 데이터 기반 홍보다. 예컨대 '지역 스타트업 기업 1년간 25% 증가', '귀촌 인구 3년 연속 순유입' 등 수치로 드러나는 변화는 외부의 신뢰를 얻는 데 결정적인 역할을 한다.

마지막으로, 정책 마케팅은 전략 수립과 동시에 시작돼야 한다. 대개는 전략이 완성되고 나서야 홍보를 기획하지만, 효과적인 마케팅은 전략 단계부터 메시지를 설계하고 주요 수용자 그룹을 설정해 실행에 연결하는 것이다. 정책 그 자체도 '팔려야 한다.'는 인식이 정책 전반에 녹아들어야 지역경제 활성화의 지속적 동력을 확보할 수 있다.

(5) 해외 사례: 프랑스 리옹의 복합재원 연계 사례

프랑스 리옹은 유럽에서도 손꼽히는 도시재생과 지역경제 활성화 성공 도시 중 하나다. 주목할 만한 점은 도시 발전전략을 추진하면서 다양한 재원 조달 방식을 체계적으로 연계하여 재정 구조의 안정성과 사업의 연속성을 동시에 확보했다는 점이다.

리옹시는 1990년대 후반부터 구도심 지역 재생과 도시 확장 정책을 병행하기 위해 복합재원 모델을 도입했다. 이 모델은 공공재정, 민간 자본, EU 보조금, 자체수익을 통합적으로 조율하여 하나의 프로젝트에 융합하여 적용하는 구조다. 이 과정에서 리옹시는 "도시 프로젝트 금융 계획서 (Plan de Financement)"를 작성하여 사업별로 필요한 재원 규모, 조달 방식, 시기별 투입 계획을 명시하고, 이를 민·관 협력 프레임워크와 연결했다.

예를 들어, '콘플루앙스 재생사업(La Confluence)'은 도심 남부에 위치한 낙후 산업 지역을 상업·주거·문화 복합지구로 탈바꿈시키는 대규모 프로젝트로, 리옹시는 다음과 같은 방식으로 복합재원을 구성했다.

① 공공재정: 국가와 지방정부에서 초기 인프라 구축에 투입(도로, 교통, 하천 정비 등)
② EU 지원금: 지속 가능 도시 개발과 관련한 환경·에너지 전환 프로젝트에 투입
③ 민간 자본: 복합단지 내 상업시설 및 주거개발 부문에 민간개발사 유치
④ 자체수익 모델: 일부 구역의 토지 매각 수익을 활용하여 다른 구간의 개발 재투자

이러한 구조는 한정된 지방정부 예산의 한계를 넘어서면서도, 장기적인 재정 안정성과 정책 독립성을 동시에 보장할 수 있게 했다. 민간이 투자자가 아닌 공동 기획자로 참여하면서, 도시계획 초기 단계에서부터 민간의 수요와 기대를 반영하는 선순환 구조가 마련되었다.

또한, 리옹시는 사업이 진행될수록 축적되는 재정 데이터를 기반으로 지속적인 리밸런싱을 실행했다. 예산 투입 우선순위를 조정하거나, 민간개발사의 리스크 분담 비율을 재협상하는 등의 유연한 재정 관리도 복합재원 전략의 중요한 일환이었다.

이러한 리옹의 복합재원 연계 전략은 다음과 같은 시사점을 준다.

① 지역경제 활성화를 위한 사업은 단일 재원에 의존해서는 지속성을 담보할 수 없다.
② 사업 초기부터 다양한 자본의 성격과 조달 구조를 설계하고, 이를 정책 기획과 실행 프레임 안에 통합해야 한다.
③ 국제기구 등 외부 공공지원 자금을 활용할 수 있는 국제적 파트너십과 민간의 공동 참여 구조를 결합하면, 지자체의 재정 자율성과 전략적 실행력이 모두 강화된다.

5. 5단계: 실행과 성과평가

(1) 실행 점검체계 및 조기경보 시스템 설계

지역경제 활성화 전략은 계획 수립으로 끝나는 것이 아니라, 실제로 실행되면서 효과를 내는 과정 전체를 정밀하게 관리해야 한다. 복수의 부서, 외부 협력 주체, 다양한 재원이 연계된 프로젝트에서는 시의적절한 점검체계와 조기경보 시스템이 필요하다.

첫째, 실행 점검체계의 기본은 단계별 체크포인트를 설정하는 것이다. 단기·중기·장기 사업별로 구체적인 이행 목표와 시점별 점검 항목을 사전에 정의해야 하며, 이를 바탕으로 정기적인 진척 점검을 한다. 예를 들어, 연차 사업은 분기별·반기별 실행현황 보고서를 통해 성과를 검토하고, 예산 집행률, 사업 진도율, 현장 진행 상황을 종합적으로 확인해야 한다.

둘째, 사업 실행의 병목이나 이탈 가능성을 조기에 감지하기 위해 '조기경보 시스템'을 구축해야 한다. 이는 특정 지표의 변화나 현장 데이터 분석을 통해 문제 발생 징후를 탐지하고 선제적으로 대응하도록 설계하는 시스템이다.

예를 들어, 다음과 같은 항목은 조기경보 항목으로 활용할 수 있다.

구분	경보 지표	이상 신호의 예시	대응 방식
일정 지연	사업 진도율	계획 대비 20% 이상 지연	원인 조사 및 일정 조정
예산 집행	예산 집행률	3개월 내 집행률 50% 미달	예산 재조정 또는 사업 구조 검토
민원 및 갈등	주민 불만 건수	민원 급증 또는 언론 보도 집중	주민 설명회 개최 및 설계 재조정
행정협의	부처 승인 지연	2회 이상 반려 또는 협의 지연	협의 전략 변경 및 담당자 전환
투자유치	민간 협약 지연	MOU 체결 후 6개월 경과 무진행	유치 전략 조정 또는 대체 투자자 탐색

셋째, 실무자는 이 점검체계와 조기경보 시스템을 단일 툴이나 플랫폼에서 관리할 수 있어야 한다. 이를 위해 Excel 등으로 작성한 단순 문서가 아니라, 지역 전략사업 전용 '관리 시스템'을 구축하는 것이 바람직하다. 일부 지자체는 클라우드 기반의 실행관리 시스템을 통해 사업별 자료를 통합 관리하고, 조기경보 알림 기능을 탑재하여 자동화된 대응체계를 시도하고 있다.

마지막으로 중요한 점은, 문제 발생 시 빠르고 유연한 조정 체계를 동시에 갖추는 것이다. 실행단계에서 오류나 변수는 불가피하며, 이를 감추거나 축소하지 않고 투명하게 공개하고 신속하게 조정하는 구조야말로 지역경제 활성화 전략의 내구성을 결정짓는 요소다.

(2) 성과지표 설계(KPI) – 정량·정성, 단기·장기 지표 구분

지역경제 활성화 전략의 성패는 단지 실행 여부에 있지 않다. 정확한 성과지표(KPI, Key Performance Indicators)를 설정하고, 이를 기반으로 전략이 실제 어떤 변화를 이끌었는지를 확인할 수 있어야 한다. 성과지표는 전략의 목적과 일치하며 조정 가능한 구조로 설계되어야 한다.

첫째, 성과지표는 정량적 지표와 정성적 지표를 함께 구성해야 한다. 정량 지표는 측정이 명확하고 외부 평가에 활용하기 쉬운 장점이 있으며, 정성 지표는 주민 만족도, 체감 효과, 제도 개선 정도 등 숫자로는 환산되기 어려운 질적 성과를 반영하는 데 필요하다.

구분	예시
정량 지표	고용률 증가, 청년창업 건수, 기업 유치 수, GRDP 증가율, 세수 증가, 관광객 수
정성 지표	주민 만족도, 삶의 질 개선, 행정 서비스 신뢰도, 브랜드 이미지 개선, 지역 내 협력 수준

둘째, 단기성과와 중장기성과를 구분해서 설계해야 한다. 단기지표는 실행 1~2년 내 확인 가능한 '즉시성과', 중장기 지표는 구조적 변화나 정책의 지속성이 반영되는 '지속성과'를 측정한다.

구분	주요 항목	평가 시점
단기성과	공모사업 선정 수, 예산 집행률, 이해관계자 협의체 구성, 주민참여 횟수	1년 이내
중장기성과	고용 창출, 산업구조 다변화, 인구 순유입, 기업 생태계 변화	3~5년 후

셋째, 전략과 사업, 그리고 KPI(핵심성과지표) 사이의 논리적 정합성이 무엇보다 중요하다. 전략이 어떤 목표를 지향한다면, 그에 따라 설계된 사업과 이를 평가하는 KPI가 자연스럽게 연결되어야 한다. 예를 들어 '청년 유입'을 목표로 하는 전략이라면, 단기적으로는 '청년창업 공간 조성 건수'나 '청년 대상 정책 참여율'과 같은 활동 기반의 지표가 적절하다. 반면, 중장기적으로는 '청년 순유입 인구 증가율'이나 '청년 고용률 변화'처럼 실질적인 효과를 측정할 수 있는 결과 지표가 설정되어야 한다. 전략, 사업, 성과 사이의 이 흐름이 어긋난다면, 정책은 실행되더라도 목적에 도달하기 어렵다.

넷째, KPI는 외부 평가용 수단이 아니라, 실무자의 관리 도구로 설계되어야 한다. 따라서 지표 산출 방법이 명확하고, 관련 데이터가 확보 가능하며, 일정 주기로 반복 측정이 가능해야 한다. 실무자는 각 지표에 대해 "누가", "언제", "무엇을 기준으로" 측정할지까지 사전에 정의하고, 이를 실행계획서에 포함해야 한다.

마지막으로, KPI는 고정된 것이 아니라 현장의 상황 변화에 따라 유연하게 조정할 수 있도록 설계되어야 한다. 지역 정책은 늘 예측 불가능한 변수에 노출되어 있으므로, 지표 체계도 일정 수준의 유연성과 대체 가능성을 내포해야 실효성이 유지된다.

(3) 성과 피드백 회로 구축(환류, 조정, 의사결정 연계)

실행된 전략이 실제로 어떤 효과를 거두었는지를 점검하고, 이를 바탕으로 전략을 조정하고 개선하는 환류(Feedback) 구조는 지역경제 활성화의 지속 가능성을 좌우하는 중요한 요소다. 사후 평가의 의미를 넘어서, 실시간 점검과 구조적 조정을 통해 전략의 생명력을 유지해야 한다.

첫째, 피드백 구조는 단선적인 '보고 체계'가 아니라 순환적인 '조정 회로'여야 한다. 예를 들어, 주민 의견이나 실행 현장에서의 문제 제기가 수렴된 후, 그 결과가 전략 수정이나 예산 배분 조정, 담당 부서의 책임 재조정으로 이어질 수 있어야 한다. "문제가 있다."라는 정보를 보고서에 남기는 데 그치지 않고, 그 정보가 다음 단계 의사결정에 영향을 주는 구조를 갖춰야 한다.

둘째, 정기적인 평가 회의체와 의사결정 연계 프로세스를 제도화할 필요가 있다. 많은 지역에서 연말에 '성과평가 보고서'를 작성하지만, 이는 실제 정책 조정에 잘 반영되지 않는 경우가 많다. 따라서 다음과 같은 흐름을 고정 프로세스로 정착시키는 것이 중요하다.

① 실행 점검 회의 또는 평가회의 정례화(분기/반기/연간)
② 실행 부서, 회계 부서, 외부 이해관계자 동시 참여
③ KPI 달성도 및 예산 집행 결과 공유
④ 조정 사항 도출: 전략 재구성, 예산 재조정, 담당자 교체, 제도 개선 등
⑤ 개선방안 결정 후 다음 사업기획서 및 예산안에 반영

셋째, 환류 구조는 주민참여와 정보 공개를 수반할 때 강력해진다. 프라이부르크(독일)나 오슬로(노르웨이) 등의 도시에서는, 정책 실행 결과와 문제점, 조치계획 등을 시민과 공유하고, 참여 플랫폼을 통해 시민 의견을 다시 수렴하는 이중 구조를 운영한다. 이처럼 정책의 환류 구조를 주민과 함께 만드는 방식은 행정 신뢰도와 정책 효율성을 동시에 끌어올린다.

넷째, 피드백을 위한 데이터 기반의 실시간 관리 시스템도 구축이 필요하다. 정책의 실행 상황과 지표 변화, 예산 집행률 등을 한눈에 확인할 수 있는 대시보드 형태의 실시간 모니터링 시스템은 효과적인 환류를 가능하게 한다. 여러 부서나 기관이 함께 사업을 수행하는 경우, 이 시스템은 조정과 소통의 매개체가 된다.

마지막으로 실무자는 항상 성과 피드백을 '비판'이 아니라 '학습'의 기회로 해석하는 조직문화를 형성해야 한다. 성공과 실패 모두가 다음 전략의 토양이 되며, 반복적으로 개선해가는 문화와 시스템이 구축될 때, 지역경제 활성화 전략은 비로소 자립적인 성장 구조로 자리 잡을 수 있다.

(4) 데이터 기반 실행 관리(정보 공개, 참여형 의사결정 등)

지역경제 활성화 전략이 계획대로 실행되고 있는지를 실시간으로 관리하기 위해서는, '데이터 기반 관리 시스템'이 필요하다. 정보 공개와 참여형 의사결정의 연계를 통해 행정의 투명성과 신뢰성을 확보할 수 있으며, 이는 실행력 강화로도 이어진다.

첫째, 실행관리의 기본은 '정보의 시각화'에 있다. 사업 현황·예산 집행률·성과지표 달성도를 한눈에 파악할 수 있는 데이터 대시보드 형태로 구성해야 한다. 예를 들어, 부서별로 수행 중인 사업의 진척도와 그에 따른 주민 만족도, 민원 현황 등을 실시간으로 표시하면, 부서 간 협업이 쉬워지고 문제 인식 속도도 높아진다.

둘째, 행정 정보의 투명한 공개는 시민의 신뢰를 형성하는 주요 수단이다. 프랑스 디종(Dijon)시는 스마트시티 플랫폼을 통해 도시 내 각종 행정 정보를 주민에게 실시간 제공하며, 이를 통해 시민참여율과 정책 만족도를 높이는 데 성공했다. 이처럼 정보 비대칭을 줄이면 정책 수용성과 실행 안정성이 함께 제고된다. 따라서 지방정부는 사업별 추진현황, 예산, 민원 대응 결과 등을 온라인 기반의 정책정보 포털이나 오픈 데이터 플랫폼을 통해 주기적으로 공개해야 한다.

셋째, 데이터 기반은 주민 참여형 의사결정 구조와 연결되어야 한다. 설문조사를 넘어서, 시민들이 직접 우선순위를 조정하거나 사업 평가에 참여하는 구조를 도입할 수도 있다. 예를 들어, 캐나다의 해밀턴시(Hamilton)는 '참여 예산제'를 통해 시민들이 일정한 예산 내에서 사업 아이디어를 제안하고, 지역 주민 투표로 최종 집행 사업을 결정한다. 이런 방식은 행정의 민감도를 높이고, 실질적으로 주민의 삶과 연결된 전략을 설계하는 데 효과적이다.

넷째, 내부적으로는 데이터 기반 조정 회의체가 정례화되어야 한다. 정책 집행 과정에서 수집된 데이터는 부서 간의 정보공유와 문제 해결을 위한 '공동 판단 기반'으로 작동해야 한다. 데이터를 중심으로 부서 간 조정과 자원 재배분이 가능한 구조를 만들면, 정책의 유연성과 적응력도 함께 강화된다.

데이터는 '의사결정을 위한 자산'이다. 지역경제 활성화 전략이 수립-

실행-평가-조정의 전 과정을 데이터 기반으로 연결할 때, 행정의 효율성과 시민의 참여, 정책의 정합성이 모두 강화된다.

(5) 해외 사례: 독일 프라이부르크의 시민참여형 평가 시스템

독일 프라이부르크(Freiburg)는 지속 가능한 도시계획과 시민참여 행정으로 세계적인 주목을 받은 도시다. 이 도시는 지역 전략 실행과정에서 '시민참여형 평가 시스템'을 제도화하여, 정책의 투명성과 실행의 정합성을 높이는 데 성공했다.

프라이부르크의 특징은 행정이 시민 의견을 수렴하는 데 그치지 않고, 시민이 정책 평가의 주체로 직접 참여하도록 제도화했다는 점이다. 다음과 같은 구조를 통해 실행관리의 모든 과정에 시민의 시선이 반영된다.

첫째, 시민 모니터링 패널(Citizens Monitoring Panel)의 제도화.

프라이부르크시는 정책 실행과 관련해 정기적으로 시민 패널을 모집하고, 이들이 사업 현장을 직접 방문해 추진 상황을 확인하고 문제점을 보고서로 제출하도록 한다. 이 보고서는 의회와 행정부에 제출되어, 실제 정책 조정에 반영된다. 이 시스템은 행정의 자가점검 기능을 시민이 보완해 주는 구조로서 작동한다.

둘째, '정책 성과평가 회의'의 공개와 시민 발언권 보장.

매 분기로 개최되는 정책 성과 점검 회의는 언론 및 시민에게 공개되며, 사전 등록을 통해 일반 시민도 발표 및 질의가 가능하다. 이를 통해 정책 담당자와 시민 사이의 소통이 활발히 이루어지고, 결정 과정에 대한 불신을 줄이는 효과를 거두었다.

셋째, 평가 결과의 시각화와 주민 환류 시스템 구축.

프라이부르크 시청은 정책 평가 결과를 문서로 공지하는 데 그치지 않고, 시 홈페이지 및 마을 커뮤니티 게시판을 통해 인포그래픽, 질의응답 형식의 FAQ, 짧은 영상 등 다양한 방식으로 공유한다. 이러한 시각화는 고령층이나 정보 접근이 어려운 시민층에도 정보를 전달하는 데 중요한 역할을 한다.

넷째, 시민 주도형 '정책 제안 평가단' 운영.

특정 지역사업에 대해서는 주민이 직접 평가단을 구성하여 '대안 제시형 보고서'를 제출할 수 있게 했으며, 이를 시의회에서 공식적으로 논의하도록 의무화하였다. 이 제도는 주민의 평가가 행정의 참고자료로 끝나지 않고, 실제 정책 수정에 영향을 미치는 구조로 연결된다는 점에서 진보적인 시스템이다.

프라이부르크 사례는 의견 수렴이나 여론 조사 수준의 참여를 넘어, 시민이 정책 실행의 감시자이자 평가자, 그리고 조정자 역할까지 수행하는 '참여형 평가 행정'의 전형을 보여 준다. 이는 지역경제 활성화 전략의 실행력을 높이는 강력한 묘안으로, 시민과 함께 '정책의 생태계'를 만드는 접근법이라 할 수 있다.

6. 6단계: 제도화와 지속 가능성 확보

(1) 사업의 제도화 - 정규사업 전환 절차 및 법제화 전략

지역경제 활성화 사업이 일회성 이벤트나 특정 예산에 종속된 단기 사업으로 끝나는 경우, 그 성과는 축적되지 않고 쉽게 소멸한다. 따라서 실무자는 사업의 종료 시점부터 오히려 '정규사업 전환'을 염두에 두고, 제도화 전략을 준비해야 한다. 이는 '정책의 지속 가능성'을 결정짓는 관문이다.

첫 번째로 중요한 절차는 지방정부 내 정규사업으로의 편입 프로세스다. 대부분의 지역사업은 공모나 특별회계 등 한시적 재원을 바탕으로 기획되는데, 이를 일반회계 또는 연례예산 항목으로 편입시키는 구조 전환이 필요하다. 이를 위해서는 기획단계에서부터 성과지표와 정책 연계성을 명확히 하고, 사업 결과를 계량적으로 정리해 의회나 예산 부서와 협의할 수 있어야 한다.

두 번째는 조례 제정 및 제도 기반 마련이다. 사업이 일관된 정책으로 자리 잡기 위해서는 해당 사업의 목적, 시행 주체, 예산 배정 기준, 주민 참여 방식 등을 규정한 조례나 시행규칙이 필요하다. 조례는 사업의 법적 안정성을 부여하며, 행정의 담당자가 바뀌거나 외부 여건이 변해도 사업 방향이 흔들리지 않도록 행정 일관성을 확보하는 도구로 작용한다.

세 번째는 중앙정부 정책 또는 상위 계획과의 정합성 확보다. 정규사업이 되기 위해서는 상위 계획(예: 국가 균형 발전 종합계획, 도시재생 뉴딜, 중장기 국토계획 등)과의 목표 연계가 필요하다. 중앙 정책과 맞닿아 있어야 국비 매칭이나 후속 지원이 가능하고, 지속적인 외부 연계사업으로의 확장성도 담보할 수 있다.

또한, 실무자는 민관 공동사업 또는 위탁사업으로의 제도 전환 모델도 함께 검토해야 한다. 예컨대, 사업 초기에는 공공 주도로 이루어지더라도, 이후 단계에서는 민간 협력 기반의 자율 운영 모델로 전환하여, 지역

조직이나 비영리 기관에 이관할 수 있는 구조를 설계할 필요가 있다. 이때는 위탁 기준, 사업 평가 방식, 운영 매뉴얼 등을 포함하는 제도적인 문서화를 함께 준비해야 한다.

마지막으로 중요한 것은 내부 행정시스템 내에서의 '운영 매뉴얼화'이다. 정규사업으로 전환된 이후에도 동일한 품질과 프로세스를 유지하려면, 사업운영 절차, 의사결정 단계, 자료 관리방식 등을 포함한 내부 매뉴얼이 필요하다. 이는 사업 담당자 교체 시에도 지속성이 유지되도록 하는 장치이며, 정규조직화의 마지막 단계로 간주된다.

(2) 재정 지속성 확보 – 수익모델, 기금, 투자 기반 설계

지역경제 활성화 사업이 장기적으로 존속하려면, 단기적인 재정 확보에 그치지 않고 '지속 가능한 재정운영 구조'를 병행 구축해야 한다. 중앙정부의 공모사업 의존이나 일회성 민간투자 유치에만 기대는 구조는, 전략의 유지·확산보다 축소·단절의 위험에 더 가까워질 수 있다. 따라서 중장기 자립 재원을 확보하기 위한 구조설계, 즉 지역의 자산과 수익구조를 결합한 지속성 중심의 재정 프레임이 필요하다.

첫째, 자체 수익모델 구축이 가장 중요하다. 단순한 비용 회수 방식이 아니라, 공공사업에 수익 발생 구조를 내재시키는 방식이 중요하다. 예컨대 공공임대 플랫폼, 산업지구 내 창업센터 임대수익, 스마트관광지 내 유료서비스 등은 직접 수익 창출을 통해 재투자가 가능한 구조다. 여기에 수익 일부를 지역 기금으로 환류시키는 제도를 병행하면 재정의 순환성이 생긴다.

둘째, 기금운용체계를 병행 설계하는 것도 중요한 전략이다. 자체 조성 기금이든, 외부 투자자와의 공동 기금이든 간에 기금 구조는 장기 프로젝트의 재정적 버팀목이 된다. 지속적 유지보수·관리비가 발생하는 사업일수록, 초기 기금 적립과 운용 원칙 수립이 중요하다. 일부 지자체는 지역발전기금, 주민참여기금, 사회혁신펀드 등 다양한 목적형 기금을 통해 전략 지속성을 확보하고 있다.

셋째, 투자 기반 유치 및 연계 전략이다. 이는 단순한 민간투자 유치와는 구별된다. 신산업 분야나 복합 인프라 분야에서는 외부 투자자의 장기 참여를 유도하는 구조설계가 중요하며, 이를 위해서는 민간금융기관, 임팩트 투자사, ESG 채권 투자자 등과의 연계 기획이 필요하다. 장기임대형 민관합작사업(Long-Term Lease Public-Private Partnership, PPP), ESG 연계 채권 발행, 도시재생특화 금융상품 등은 이미 여러 도시에서 시도된 바 있다.

마지막으로, 조직 내부의 재정운영 역량 강화도 간과할 수 없다. 수익과 투자 기반을 확보해도, 이를 실질적으로 운용하고 유지·관리할 조직 내 재정 전문가, 회계 시스템, 평가체계 등이 부족하다면 지속 가능성은 확보되지 않는다. 따라서 관련 인력의 전문성 강화, 성과기반 예산운영 시스템 구축, 기금 운용의 투명성 확보 등 제도적 기반도 함께 정비되어야 한다.

재정의 지속 가능성은 예산 확보를 넘어서, 지역의 전략·사업 구조 내에 수익성과 기금 조달, 외부 투자 유입 가능성을 통합시키는 데 있다. 이 구조는 단지 자원을 모으는 기술이 아니라, 전략 자체를 장기화하는 '경제적 생명줄'이 된다.

(3) 인적 역량 및 조직 내재화 전략(전문화 교육, 조직문화 등)

지역경제 활성화 전략의 성패는 단지 외부 계획이나 자본 유입이 아니라, 이를 추진할 수 있는 '사람과 조직'의 역량에 달려 있다. 전략 실행조직은 '단발성 프로젝트팀'이 아니라, 축적된 지식과 노하우를 기반으로 지속 가능한 운영체계를 갖춘 전문화된 조직으로 전환되어야 한다. 이를 위해 필요한 것은 전문화 교육, 실행 중심의 실무 훈련 그리고 전략적 사고를 내재화하는 조직문화의 구축이다.

첫째, 전문인력 양성 체계가 필요하다. 지역경제 전략에는 산업전환, 재정 기획, 민관 협력, 지역 자산 활용 등 다분야 전문성이 요구되며, 단일 부서 인력만으로는 한계가 명확하다. 따라서 실무자 교육은 행정 지식 전달뿐 아니라, 정책 설계, 기획 문서 작성, 협의 조정 역량까지 포함한 고도화된 훈련 과정을 포함해야 한다. 지역 특성에 맞춘 실무 커리큘럼을 개발하거나, 지역대학, 연구기관과의 협력을 통해 현장 중심 교육과 실습 프로그램을 연계하는 방식이 효과적이다.

둘째, 실행 중심의 팀 운영 방식이 정착되어야 한다. 일방적 지시가 아닌 팀 단위 과업 수행, 과제 기반 책임 분담, 수평적 의사결정 구조가 형성되면 실행조직은 훨씬 유연하고 효율적으로 작동한다. 이를 위해선 매뉴얼 중심의 지시 체계보다, 역할 중심의 실행 프레임이 필요하며, 정기 워크숍이나 내부 세미나를 통해 공통의 문제 인식과 해결 프레임을 공유하는 훈련도 병행되어야 한다.

셋째, 전략을 이해하고 공유하는 조직문화가 중요하다. 전략은 문서로 존재하는 것이 아니라, 그것을 해석하고 실행하는 사람들의 행동과 사고

방식 안에 있어야 한다. 이를 위해 내부 구성원이 전략의 배경과 목표를 이해하고, 자기 업무와의 연계를 명확히 인식하도록 돕는 전략 브리핑 세션, 내부 커뮤니케이션 시스템, 성과 공유 문화를 조성해야 한다. 단기 성과 중심의 결과 보고에서 벗어나, 왜 이 전략이 필요한지, 어떤 문제를 해결하고자 하는지에 대한 공감대 형성이 중요하다.

마지막으로, 인사·평가 시스템 역시 전략적 인력 운영을 지원하도록 설계되어야 한다. 업무량이나 시간 투입이 아닌 전략 기여도 중심의 인사평가, 성과연계 보상, 장기적 성장 가능성을 고려한 인재 발굴 등이 필요하다. 유럽의 일부 지방정부는 정책 실행 인력에 기획평가 보고서를 직접 작성하게 하고, 이를 인사평가와 연계함으로써 전략적 사고를 장려하는 시스템을 도입하고 있다.

지역경제 전략은 '사람'의 전략이기도 하다. 전문가를 '수혈'하는 것이 아니라, 조직 내에서 전략을 이해하고 실행할 수 있는 내생적 역량을 갖춘 인력과 문화를 구축할 때, 정책의 지속성과 실현 가능성은 제대로 확보될 수 있다.

(4) 장기 전략화 - 미래 대응형 로드맵 및 유연전략 설계

장기 전략이란 고정된 미래 계획을 의미하지 않는다. 오히려 변화하는 조건에 유연하게 대응할 수 있도록 설계된 "살아 있는 전략 구조"여야 한다. 지역경제는 기술 변화, 인구 이동, 국제정세 등 외생 변수에 민감하게 반응하므로, 초기 계획보다 조정 가능성 자체가 전략 요소가 되어야 한다.

먼저, 장기 전략의 핵심은 미래 시나리오 기반의 로드맵 구성이다. 불확실한 미래에 대비하기 위해, 단일한 목표 대신 복수의 시나리오를 상정하고 각 경우에 따른 대응책을 포함하는 구조가 필요하다. 예를 들어, 청년 인구 유입 전략을 수립할 때는 '산업 활성화로 인구 유입이 증가하는 경우', '정체 상태가 지속하는 경우', '외부 악재로 유출이 가속화되는 경우' 등 각각의 상황에 대비해 전략을 준비해 두는 방식이다. 이러한 시나리오 기반 전략은 정책 결정의 유연성을 높이고, 예측 실패에 따른 조직의 경직성을 줄여 준다.

둘째, 유연 전략(Flexible Strategy)에서 중요한 것은 실행 방식의 다양성이다. 같은 목표를 두고도 ① 공공 주도, ② 민간 협력, ③ 주민 자율 등 복수의 추진방식을 설계해야 한다. 예를 들어, 문화거점 조성 사업은 처음에는 지자체 예산으로 시작하되, 중장기적으로는 민간 문화기획사와의 협업 구조로 전환하거나, 지역주민조합에 위탁하는 모델로 변형될 수 있다. 전략은 실행단계에서 지속적으로 진화하도록 설계되어야 한다.

셋째, 정기적 전략 점검과 수정 주기를 제도화하는 것도 중요하다. 대부분의 지자체는 '종합계획'을 5년 단위로 수립하지만, 실무적으로는 1~2년 단위의 점검과 수정이 필요하다. 이를 위해 내부 추진조직은 '전략 리뷰 위원회' 또는 '분기별 전략 수정 보고서'를 정례화하고, 실행 데이터와 외부 환경 변화에 따라 전략을 공식적으로 수정하는 구조를 만들어야 한다. 이 과정을 통해 전략은 고정된 계획이 아니라 '조정 가능한 방향성'이 된다.

넷째, 장기 전략의 계승 가능성과 인수인계 구조도 중요하다. 지방정부의 정치 주기가 짧고, 조직 내 실무자가 교체되는 현실 속에서 전략의 지속성을 확보하기 위해서는, 전략 이행체계와 기록이 문서로 만들어져야 한다. 특정 인물에 의존하지 않고도 조직이 스스로 전략을 이어 나갈 수 있어야 하며, 이를 위해 추진단 내부에는 전략 매뉴얼, 단계별 체크리스트, 교육 프로그램 등이 상시화되어야 한다.

마지막으로, 장기 전략은 '한 방향의 도전'이 아니라 '여러 갈래로 확장 가능한 구조'로서의 의미가 있어야 한다. 산업 정책이 관광 전략으로 연결되고, 청년 정책이 정주 전략과 맞물리는 등 각 전략 간 연결성과 파생 가능성을 염두에 둬야 장기 전략이 단순한 시간 확장이 아닌 다차원적 설계 구조로 작동하게 된다.

요컨대, 장기 전략은 단지 "오래가는 전략"이 아니다. 변화에 빠르게 반응할 수 있도록 설계된 유연한 전략, 정기적으로 점검·수정되는 체계, 그리고 조직이 이를 계승·확장해나갈 수 있는 내재한 구조가 있을 때 비로소 진정한 장기 전략으로 기능하게 된다.

(5) 해외 사례: 오스트리아 빈(Wien)의 전략 제도 정착 구조

오스트리아 빈은 'Smart City Wien' 전략을 중심으로, 장기 도시계획을 시스템적으로 정착시켜 왔다. 전략 수립과 실행을 연결하는 전담조직, 부서 간 정합성 검토 절차, 시민 피드백 구조, 실행 성과의 학습 체계까지 행정 전반에 걸쳐 제도화했다는 점에서 주목할 만하다.

가. 전략 전담조직: 도시계획국(MA 18)의 전략관리 기능

빈시는 MA 18(Stadtentwicklung und Stadtplanung), 즉 도시개발·계

획국을 통해 도시 전략을 수립하고 실행을 조정한다. 이 조직은 'Smart City Wien Framework Strategy'를 비롯한 모든 도시 전략의 주관 조직으로, 장기 비전 수립뿐 아니라 각 부서의 중기 계획이 전략과 부합하도록 검토하고 조율하는 기능을 수행한다. 예산 편성, 사업계획 수립, 인프라 배분 등은 이 전략에 기반을 둬 진행되며, 부서 간 전략 정합성은 사전 협의를 통해 확보된다.

나. 전략 실행의 제도화 및 지표 기반 모니터링

'Smart City Wien' 전략은 비전 선언을 넘어서, 연차별 지표(KPI)와 함께 실행계획을 구체화하고 있다. 전략의 주요 영역(에너지, 모빌리티, 주거, 디지털화 등)마다 목표 수치가 설정되어 있으며, 이를 기반으로 매년 성과보고서(Smart City Monitoring Report)가 발간된다. 이 보고서는 부서 단위가 아니라 전략 목표 단위로 구성되어 있어, 행정 부서 간 칸막이를 넘어서는 성과관리가 가능하다.

다. 시민참여 기반 전략 운영

빈시는 시민참여를 전략 운영의 주요 요소로 두고 있다. "wien.gv.at" 포털을 통해 전략 이행 현황을 공개하고 있으며, 전략 수립 초기에는 온라인 피드백 설문, 현장 공청회, 청년 포럼 등을 통해 다양한 의견을 수렴하였다. 또한 'Partizipation Wien' 체계를 통해 주민과 전문가가 도시 전략 수립 과정에 실질적으로 개입할 수 있도록 제도화했다. 이는 단발성

의견 수렴이 아닌, 정책 설계와 수정의 순환 과정으로 기능하고 있다.

라. 전략의 유연한 수정과 학습 구조

전략은 5~10년 단위로 재정비되며, 중간점검 보고서를 통해 실행과정에서의 실패, 변수, 주민 반응 등을 체계적으로 분석한다. MA 18은 이를 토대로 전략의 방향을 수정하거나, 개별 사업의 재설계를 추진한다. 실행과정에서 발생한 시행착오와 그에 따른 대응은 '학습 가능한 전략' 구조를 형성하면서 중요 자산이 되고 있다.

빈 사례에서 중요한 점은 전략이 문서에 그치지 않고, 실제 행정과 정책의 뼈대를 구성하고 작동하는 시스템으로 구축되었다는 것이다. 전략은 부서 간 조정 장치, 시민과의 상호작용 체계, 공공성과 효율성 간 균형을 통해 실질적인 실행력을 확보하고 있다. 또한 '지표-성과-예산'이 전략을 중심으로 연계되는 구조는, 전략의 지속성과 진화를 가능하게 하는 기반이 되고 있다.

이는 장기 전략이 지속적 실행에서 단절되기 쉬운 한국 중소도시에서 참고할 만하며, 대규모 인력이나 예산이 없이 소규모 전략 조직과 구조적 피드백 체계만으로도 전략이 생명력을 확보할 수 있다는 중요한 시사점을 제공한다.

지자체장이라면 반드시 알아야 할

세계 60개
도시 이야기

부록 1

지역경제 진단 체크리스트

1장
개요, 왜 진단이 필요한가

　지역경제 활성화 전략은 거창한 청사진보다 현실을 얼마나 정확히 진단하느냐에 따라 성패가 갈린다. 본문에서 다룬 세계 60개 도시의 사례도 마찬가지였다. 산업을 다변화하지 못한 도시는 외부 충격에 쉽게 흔들렸고, 자본이 지역 내에서 순환되지 못한 도시는 쇠퇴를 피하지 못했다. 반대로, 법적 안정성과 제도적 장치를 세운 도시, 추진조직의 리더십을 안정적으로 확보한 도시는 위기를 돌파하고 새로운 성장을 만들어 냈다.

　따라서 체계적 진단 없이 추진되는 정책은 방향을 잃고 소모적 갈등만 키울 가능성이 크다. 이 체크리스트는 지자체장, 공무원, 연구자, 그리고 지역의 미래를 고민하는 모든 이들이 자신의 도시를 객관적으로 점검할 수 있도록 설계되었다. 현황을 기록하는 수준을 넘어, 강점과 약점을 수치화하고 비교할 수 있게 만드는 것이 목표다.

1. 진단 방법

(1) 평가 영역

체크리스트는 다섯 개 주요 영역으로 구성된다.
① 경제구조, ② 자본 흐름, ③ 법·제도 기반, ④ 추진조직 역량, ⑤ 갈등관리 체계.
각 영역은 본문 1부(2~6장)의 내용을 토대로 정리되었으며, 해외 도시 사례와 연결되어 있다.

(2) 평가 척도

- 각 항목은 1점(매우 미흡) ~ 5점(매우 우수)의 다섯 단계로 평가한다.
- 숫자는 단순 점수가 아니라 정책적 수준을 의미한다.
  예: "산업 다변화 수준" → 1=단일 산업 의존, 3=2개 산업 중심, 5=3개 이상 주력 산업 균형

(3) 총점 산출

- 전체 40개 항목 × 5점 = 최대 200점
- 점수에 따라 도시를 3개 수준으로 분류.
  • 0~80점 = 구조적 위기 도시(예: 디트로이트, 러스틴)
  • 81~140점 = 전환 필요 도시(예: 마르세유, 뭄바이)

- 141점 이상 = 안정적 성장도시(예: 싱가포르, 툴루즈, 후쿠오카)

2. 활용 방법

(1) 활용 방식

- 자기진단: 현재 도시가 항목별로 어느 레벨에 속하는지 점검.
- 비교분석: 본문 속 해외 도시 사례와 비교해 전반적 강·약점 파악.
- 정책 우선순위 설정: 점수가 낮은 영역부터 보완 전략 수립.
- 성과 추적: 동일 항목을 정기적으로 재평가해 개선 추세 확인.

(2) 영역별 평균 점수 분석

- 경제구조, 자본 흐름, 법·제도, 추진조직, 갈등관리 5개 영역별 평균을 산출.
- 점수가 낮은 영역이 "우선 개혁 대상"임을 도출.

(3) 해외 도시 비교

- 본문 60개 도시 사례와 점수를 매칭해, 우리 도시가 "성공 패턴형"인지, "실패 패턴형"인지 분류.
- 예: "산업 다변화(저점) + 자본 유출(저점)" → 러스틴 패턴
  "법적 안정성(고점) + 추진조직 역량(고점)" → 싱가포르 패턴

(4) 정책 우선순위 설정

- 단기 과제: 점수가 2 이하인 항목을 최소 3개 이상 선정 → 집중 개선.
- 중기 과제: 점수가 3 수준에서 정체된 항목 → 제도화·시스템 강화 필요.
- 장기 과제: 점수 4 이상 항목 → 유지·확산 전략 설계.

(5) 성과 추적

- 동일 체크리스트를 매년 혹은 사업주기마다 반복 활용.
- 점수 추이 비교를 통해, 정책효과와 개선 정도를 계량적으로 확인.

2장
영역별 진단 체크리스트

1. 경제구조 진단(10항목)

번호	항목	평가 척도 (1~5점)	본문 도시 사례	점수
1	주력 산업이 3개 이상으로 균형 있게 분포되어 있는가?	1=단일 산업/ 5=3개 이상 균형	툴루즈(성공), 러스틴(실패)	☐
2	주력 산업 중 최소 1개 이상은 글로벌 경쟁력을 확보하고 있는가?	1=전무/5=글로벌 경쟁 산업 보유	툴루즈(항공)	☐
3	지역 내 기업의 평균 생존율(5년 이상)이 전국 평균 이상인가?	1=전국 대비 낮음/ 5=높음	플로리아노폴리스	☐
4	청년(15~39세) 고용률이 최근 5년간 상승세를 보이는가?	1=하락/3=정체/ 5=상승	후쿠오카	☐
5	지역 내 대학·연구기관이 신산업 전환에 기여하고 있는가?	1=연계 없음/ 5=지속적 협력	트론헤임	☐
6	지역 토착 기업이 성장·확장하고 있는가?	1=외부 대기업 의존/ 5=토착 기업 성장	고이아스	☐
7	창업지원 제도(교육, 보육, 인큐베이팅)가 실질적으로 작동하는가?	1=형식적/ 5=체계적 운영	후쿠오카	☐
8	스타트업이 시리즈 A(초기 단계의 본격적인 외부 투자유치) 이상 투자유치에 성공한 사례가 있는가?	1=전무/ 5=지속적 사례 발생	플로리아노폴리스	☐
9	주요 업종(예: 제조업·서비스업·농업 등) 간 균형 발전 구조가 있는가?	1=편중 심각/ 5=균형 유지	고이아스	☐
10	청년층·중장년층 직업군 분포가 과도하게 쏠려 있지 않은가?	1=심각한 편중/ 5=균형 분포	볼차노	☐

2. 자본 흐름 진단(8항목)

번호	항목	평가 척도 (1~5점)	본문 도시 사례	점수
11	지역 가계소득 중 60% 이상이 지역 내에서 소비되는가?	1=30% 이하/ 5=60% 이상	크라이스트처치	☐
12	지역 상권의 매출이 최근 3년간 상승세를 보이는가?	1=지속 감소/ 5=지속 상승	오사카 도톤보리	☐
13	중소기업의 재투자율(순이익 중 지역 내 재투자 비중)이 높은가?	1=10% 이하/ 5=50% 이상	쿠이아바	☐
14	지역 금융기관이 지역기업 대출에 적극적인가?	1=비활성/ 5=적극적	바르셀로네타	☐
15	공공재정 투자가 민간투자를 촉발하는 구조가 있는가?	1=연계 없음/ 5=연계 확립	부쿠레슈티	☐
16	지역 특화 펀드·지역화폐 등 자본 순환 장치가 운영되는가?	1=전무/ 5=지속적 운영	쿠이아바	☐
17	외부 자본 의존도가 지나치게 높지 않은가?	1=70% 이상 외부 의존/ 5=내·외부 균형	마나과(실패)	☐
18	외부 투자유치와 지역 내 자본 활용이 균형을 이루는가?	1=외부 편중/ 5=균형적	크라이스트처치	☐

3. 법·제도 기반 진단(7항목)

번호	항목	평가 척도 (1~5점)	본문 도시 사례	점수
19	지역경제 관련 조례·법령이 정합적으로 정비되어 있는가?	1=부재/3=부분 정비/ 5=정합적 정비	싱가포르	☐
20	행정·사법 절차가 예측할 수 있고 일관되게 작동하는가?	1=불투명/3=부분적/ 5=안정적	탐페레	☐
21	기업·시민이 신뢰할 수 있는 분쟁해결 시스템이 존재하는가?	1=전무/3=형식적/ 5=실효성 높음	뮌헨	☐
22	경제 관련 인허가 절차가 투명하고 신속하게 처리되는가?	1=부패·지연 심각/ 5=투명·효율적	발렌시아 (실패)	☐
23	법적 안정성을 뒷받침하는 독립적 기구(중재원·감사원 등)가 있는가?	1=부재/ 5=지속 운영	싱가포르 (국제중재센터)	☐

번호	항목	평가 척도 (1~5점)	본문 도시 사례	점수
24	지역 범죄·치안 수준이 경제활동에 위협이 되지 않는가?	1=높은 범죄율/ 5=안정적 치안	오사카 도톤보리	☐
25	지역 정부가 법·제도를 위반하는 사례(부패, 특혜 등)가 통제되고 있는가?	1=반복 발생/ 5=사전 예방·통제	벨렝(실패)	☐

4. 추진조직 역량 진단(8항목)

번호	항목	평가 척도 (1~5점)	본문 도시 사례	점수
26	추진조직의 리더십이 안정적이고 일관되게 유지되는가?	1=자주 교체/ 5=장기적 일관성	오울루	☐
27	조직의 재정기반이 단년도 보조금에 의존하지 않고 안정적인가?	1=의존적/ 3=부분 안정/ 5=다년도 안정재원 확보	스완지	☐
28	조직 내 전문인력이 충분히 확보·유지되고 있는가?	1=비전문 인력 다수/ 5=전문성 제도화	사라예보	☐
29	조직 운영에서 민관 협력구조가 제도화되어 있는가?	1=형식적 협의/ 5=제도적 네트워크	볼차노	☐
30	추진조직의 목표·성과지표(KPI)가 설정·관리되고 있는가?	1=부재/ 3=형식적/ 5=체계적 관리	탐페레	☐
31	조직이 정책 실패 경험을 학습하고 제도 개선에 반영하는가?	1=피드백 없음/ 5=제도화된 학습	스완지	☐
32	외부 전문가·시민이 조직 의사결정 과정에 참여할 수 있는 구조가 있는가?	1=배제/ 5=지속적 참여	마르델플라타	☐
33	이해관계자 간 충돌 시 조직이 중재·조정 기능을 발휘하는가?	1=갈등 방치/ 5=조정·합의 능동적	칼리	☐

5. 갈등관리 체계 진단(7항목)

번호	항목	평가 척도 (1~5점)	본문 도시 사례	점수
34	갈등 발생 시 이를 공식적으로 조정할 기구(위원회·협의체)가 존재하는가?	1=전무/3=형식적/ 5=지속 작동	코펜하겐	☐
35	이해관계자(시민·기업·행정)가 정기적으로 참여하는 소통 경로가 있는가?	1=비공식/ 3=간헐적/ 5=정례화·제도화	밴쿠버	☐
36	갈등 조정 과정이 투명하게 기록·공유되고 있는가?	1=기록 없음/ 3=부분 기록/ 5=공개·축적	라이프치히	☐
37	과거 갈등사례로부터 학습해 제도 개선이 이뤄졌는가?	1=재발/ 3=부분 반영/ 5=제도화	시애틀	☐
38	개발·보존·환경 등 복합 갈등을 균형 있게 다루고 있는가?	1=일방적/ 3=부분적 고려/ 5=균형적	도야마, 카이코우라	☐
39	갈등 중재자(전문가·중재기관 등)가 독립적으로 활동할 수 있는 환경이 보장되는가?	1=전무/ 3=간헐적/ 5=제도화	코펜하겐	☐
40	갈등 해결 결과에 대한 사후 모니터링·평가가 이루어지는가?	1=전무/ 3=부분적/ 5=정례화	밴쿠버	☐

부록 2

갈등관리 준비 체크리스트

1장
개요

1. 목적

정책·사업 추진 전/중/후 갈등을 예방하고, 발생 시 신속·공정하게 조정하기 위한 준비상태를 다층적으로 점검한다. 본 체크리스트는 본문 1부 6장(갈등관리), 7부(현장 갈등사례)의 원칙을 실무 도구로 변환한 것이다.

2. 사용법

- 각 항목을 1~5점으로 채점: 1 = 매우 미흡, 2 = 미흡, 3 = 보통, 4 = 양호, 5 = 매우 양호
- "증거/근거" 열의 문서를 실제로 확인해 채점(말이 아닌 문서·로그·기록 기준)
- 총점과 영역별 평균으로 취약지대를 식별 → 보완계획(담당/기한)을 꼭 적는다.

3. 점수 기준(공통)

- 1점: 제도·문서·실행 전무, ad-hoc(임시·즉각 대응, for a specific situation only) 대처
- 2점: 일부 문서·시행 있으나 파편적/비정례
- 3점: 최소 기준 충족, 정례화 초기
- 4점: 제도화·정례화, 다수 사업에 적용
- 5점: 고도화·성과관리·외부 평가까지 작동

4. 레드 플래그(즉시 보완 필요)

- 고충 처리 창구·절차 부재(E1=1~2)
- 정보 비공개/요약본 미제공(D1=1~2)
- 보상·완화 기준 부재(C5=1~2)
- 독립적 중재기구 부재(E2=1~2)
- 이해관계자 맵 미작성(B1=1~2)

5. 채점·해석·우선순위

- 총 40항목 × 5점 = 200점
- 0~80: 위기 단계 — 제도·창구·기록부터 구축
- 81~140: 전환 단계 — 취약 영역 집중 개선(레드 플래그 우선)
- 141~200: 안정 단계 — 제도 고도화·외부 평가·사례 확산

6. 우선순위 행렬

- 영향 高 × 준비 低: 1순위(즉시 보완)
- 영향 高 × 준비 中: 2순위(단기 개선)
- 영향 低 × 준비 低: 3순위(중기 보완)

2장
영역별 체크리스트

1. 거버넌스 · 제도 기반 (7항목)

※ GIA(Conflict Impact Assessment): 갈등 영향평가, 정책 · 사업이 야기할 잠재 갈등을 사전 식별 · 완화하는 제도.

※ Social License: 사회적 승인, 주민 · 시민으로부터 사업 추진의 동의를 얻는 비공식적 허가.

※ SLA(Service Level Agreement): 서비스 수준 합의, 민원 · 고충 처리기한 · 품질에 대한 약속.

번호	항목(질문)	증거/근거(예시)	점수(1~5)
A1	갈등관리 기본조례 · 지침이 존재하고 상위법과 정합적인가?	조례/규정 원문, 법무 검토서	☐
A2	갈등 영향평가(GIA) 제도가 있고 의무 적용 범위가 명확한가?	제도 문서, 최근 평가서	☐
A3	사전동의(Social License) · 사전 설명제 의무가 규정되어 있는가?	체크리스트, 운영지침	☐
A4	공익 · 사익 충돌 시 판정 기준과 우선순위 원칙이 있는가?	판정기준표, 사례집	☐
A5	이해충돌(공무원 · 자문위원) 관리 규정이 실효적인가?	서약서, 점검 로그	☐
A6	데이터 공개 · 정보 공개 청구 대응 SLA가 있는가?	공개 프로세스, 처리기한 통계	☐
A7	분쟁 · 민원 대응을 위한 법률자문(MOU/패널)이 상시 가동되는가?	계약서, 자문 기록	☐

2. 이해관계자 식별 · 분석(6항목)

번호	항목(질문)	증거/근거(예시)	점수
B1	1차 · 2차 이해관계자 맵이 최신(≤12개월)인가?	이해관계자 목록/지도	☐
B2	영향/관심도 매트릭스로 우선순위가 정해져 있는가?	영향-관심 매트릭스	☐
B3	취약집단(저소득, 고령, 장애, 이주민 등) 식별 · 접근 계획이 있는가?	접근 전략, 통역/접근성 계획	☐
B4	토지 · 문화유산 · 원주민/지역 공동체 권리 관련 특수이슈가 정리되었는가?	권리조사 보고서	☐
B5	언론 · SNS 핵심 인플루언서/커뮤니티 매핑이 되어 있는가?	미디어/커뮤니티 리스트	☐
B6	갈등 당사자 간 이해득실(손익) 분석이 수치로 제시되는가?	비용 · 편익 분석표	☐

3. 절차 설계 · 사전 예방(7항목)

※ SOP(Standard Operating Procedure): 표준운영절차, 업무 · 사업 단계를 정해진 방식대로 수행하도록 정리한 절차서.

번호	항목(질문)	증거/근거(예시)	점수
C1	단계별 SOP(기획-타당성-인허가-조달-공사-운영)가 문서화되어 있는가?	단계별 SOP 문서	☐
C2	갈등 발생 트리거와 에스컬레이션 경로가 정의되어 있는가?	트리거표, 연락망	☐
C3	협의 · 설명 절차의 최소 횟수/기간/방법(온 · 오프라인)이 규정되어 있는가?	운영지침, 일정표	☐
C4	대안 비교(현상유지/대안안/최적안) 절차가 투명한가?	비교표, 회의록	☐
C5	보상 · 완화(Mitigation) 기준과 자격 심사가 명확한가?	기준표, 심사체크리스트	☐
C6	조달 · 입찰 단계에서의 공정성 · 이해충돌 방지 장치가 있는가?	평가 기준, 이해충돌 기록	☐
C7	안전 · 환경 리스크에 대한 사전대응계획(Emergency Plan)이 있는가?	대응 매뉴얼, 훈련기록	☐

4. 정보 공개·소통 전략(6항목)

번호	항목(질문)	증거/근거(예시)	점수
D1	핵심 문서(타당성, 환경·교통 영향, 재정 추계)를 읽기 쉬운 요약본으로 공개했는가?	한글 요약/쉬운 정보	☐
D2	다중 채널(설명회, 주민 간담, 홈페이지, 문자/카톡, SNS) 소통이 설계됐는가?	채널 플랜, 로그	☐
D3	언어·접근성(다국어, 점자, 수어, 쉬운 글) 지원이 있는가?	접근성 가이드, 샘플	☐
D4	Q&A/FAQ가 주기적으로 업데이트되는가?	변경 이력, 조회 수	☐
D5	루머/허위정보 대응 팩트시트와 신속 대응체계가 있는가?	팩트북, 대응 시나리오	☐
D6	민감정보 공개 범위와 익명화 기준이 명확한가?	개인정보·보안정책	☐

5. 중재·조정(ADR) 역량(6항목)

※ ADR(Alternative Dispute Resolution): 대체적 분쟁 해결, 소송 대신 조정·중재 등으로 합의하는 절차.

번호	항목(질문)	증거/근거(예시)	점수
E1	공식 고충 처리(Grievance) 창구가 있고 SLA(처리기한)가 있는가?	접수시스템, 통계	☐
E2	독립적 중재/조정기구 또는 외부 전문기관 연계가 가능한가?	협약서, 패널명단	☐
E3	중재 절차·비용·접근경로가 평등하게 설계됐는가?	절차서, 비용표	☐
E4	갈등 당사자 교육(조정기술·대화기술)이 제공되는가?	교육커리큘럼, 출석부	☐
E5	합의안 문서 표준(서명, 공개 범위, 이행감시)이 있는가?	표준합의서, 체크리스트	☐
E6	미이행 시 제재·재협상 프로토콜이 있는가?	제재규정, 재협상 절차	☐

6. 환경 · 사회 보호장치(ESG)(4항목)

※ EIA/SIA(Environmental/Social Impact Assessment): 환경 · 사회 영향평가, 사업이 환경 · 사회에 미칠 영향을 분석 · 예측하는 절차.
※ RAP(Resettlement Action Plan): 이주대책 계획, 사업으로 인한 주민 이주 · 생계 보상을 위한 실행계획.
※ CHP(Cultural Heritage Plan): 문화유산 보호 계획, 문화재 · 전통 마을 등 보존을 위한 실행계획.
※ KPI(Key Performance Indicator): 핵심성과지표, 사업 · 조직 성과를 측정하는 주요 수치.

번호	항목(질문)	증거/근거(예시)	점수
F1	환경 · 사회 영향평가(E/SIA)가 조기(기획~타당성) 단계부터 반영됐는가?	평가서, 조건부 승인서	☐
F2	누적영향 · 대체안 검토가 이루어졌는가?	누적영향 보고서	☐
F3	이주 · 생계대책, 문화유산 보호 계획이 있는가?	RAP/CHP 계획서	☐
F4	모니터링 지표(소음, 대기, 교통, 생태, 고용 등)와 임계치가 설정됐는가?	KPI 목록, 임계치표	☐

7. 커뮤니케이션 · 위기 대응(5항목)

번호	항목(질문)	증거/근거(예시)	점수
G1	사전 브리핑 키트(핵심 메시지/수치/도표)가 준비되어 있는가?	브리핑북	☐
G2	위기단계별(관심-주의-경계-심각) 커뮤니케이션 시나리오가 있는가?	단계표, 멘트북	☐
G3	현장 시위 · 집회 시 안전 · 동선 · 교섭 매뉴얼이 있는가?	현장 매뉴얼, 훈련기록	☐
G4	대변인 · 현장소통관 지정 및 미디어 트레이닝이 되었는가?	지정문, 교육기록	☐
G5	반대집단과의 비공식 백채널 운영 기준이 있는가?	접촉기록, 가이드	☐

8. 성과관리 · 기록 · 학습(5항목)

※ AAR(After Action Review): 사후검토, 사업 종료 후 교훈을 정리하고 제도 개선에 반영하는 절차.

번호	항목(질문)	증거/근거(예시)	점수
H1	갈등 관련 KPI(예: 고충 처리 평균일수, 재발률, 합의이행률)가 설정되어 있는가?	KPI표, 대시보드	☐
H2	모든 협의 · 민원 · 중재 과정이 표준 서식으로 기록되는가?	회의록, 합의서 원본	☐
H3	사업 종료 후 애프터액션리뷰(AAR)가 의무화되어 있는가?	AAR 보고서	☐
H4	교훈을 조례 · 지침 · SOP에 제도화하는 절차가 있는가?	개정 이력, 공포문	☐
H5	외부 평가 · 감사가 정기적으로 이루어지는가?	감사보고서	☐

부록 3

추진조직 설계 점검표

1장
개요

1. 목적

지역경제 활성화를 위한 추진조직은 아이디어보다 "집행력과 지속성"이 성패를 가른다. 본 점검표는 조직을 신설하거나 재편할 때 확인해야 할 항목을 정리하여, 실무자·정책결정자·외부 파트너 모두가 같은 기준으로 조직의 준비도를 진단할 수 있도록 설계되었다.

2. 점수 기준(공통)

- 1점: 전무, 미비
- 2점: 일부 존재하나 파편적
- 3점: 최소 기준 충족, 형식적 운영
- 4점: 체계적 설계 및 정례화
- 5점: 고도화, 성과관리 및 외부 평가까지 작동

3. 활용 가이드

- 총점: 29항목 × 5점 = 145점
- 0~60점: 위기 조직 — 법적 근거·재원·인력부터 재설계 필요
- 61~100점: 전환 조직 — 구조는 있으나 실행·지속성이 부족
- 101점 이상: 안정 조직 — 장기적 발전 가능성 확보

4. 진단 활용

- 신설 단계 → A·B(법적 기반·재원) 항목 우선
- 운영 단계 → C·D(인력·거버넌스) 항목 집중
- 지속 단계 → E(성과관리) 항목 강화

2장
영역별 체크리스트

1. 조직 구조 · 법적 기반(6항목)

번호	항목(질문)	증거/근거(예시)	점수
A1	추진조직의 법적 근거(조례·법령·MOU 등)가 명확히 규정되어 있는가?	설립조례, 정관	☐
A2	조직의 목적·역할·범위가 공식 문서로 정의되어 있는가?	설립목적서, 미션 선언	☐
A3	조직 형태(공공기관, 공사, 재단, 협회 등)가 정책 목표에 적합한가?	설립안, 법적 형태 보고서	☐
A4	조직이 다른 부처·기관과의 권한 충돌 없이 역할을 수행할 수 있는가?	기능분장표, 협약서	☐
A5	운영 기간·예산 규모는 단년도가 아닌 중장기 계획에 의해 보장되는가?	중기 재정계획	☐
A6	해산·전환 등 종료 절차도 명확히 규정되어 있는가?	정관, 규정	☐

2. 재원·재정 기반(5항목)

번호	항목(질문)	증거/근거(예시)	점수
B1	조직 운영 재원이 단년도 보조금에 의존하지 않고 다변화되어 있는가?	재원 구조표	☐
B2	민간·공공 매칭펀드 구조가 설계되어 있는가?	협약서, 펀드 설계안	☐
B3	자체수익 창출(수수료, 임대료, 컨설팅 등) 구조가 있는가?	수익사업 계획	☐
B4	외부 기금·국제 협력 자금을 안정적으로 조달할 수 있는가?	국제 기금 제안서	☐
B5	예산 집행·감사 체계가 투명하게 작동하는가?	감사보고서	☐

3. 인력·전문성(6항목)

번호	항목(질문)	증거/근거(예시)	점수
C1	전담 인력이 상근으로 확보되어 있는가?	인력현황표	☐
C2	조직 내 핵심 전문분야(경제·산업·법률·재정·홍보 등) 전문가가 균형 있게 배치되어 있는가?	이력서, 배치표	☐
C3	리더십이 안정적으로 유지(임기·승계)되고 있는가?	인사규정	☐
C4	직원 역량 강화를 위한 교육·훈련 프로그램이 운영되는가?	연간 교육계획	☐
C5	외부 전문가·자문단과 협력 채널이 제도화되어 있는가?	자문위원회 운영내규	☐
C6	인력 이탈 시 업무 연속성을 보장하는 대체인력·승계계획이 있는가?	매뉴얼, 대체인력 배치표	☐

4. 거버넌스 · 협력 구조(6항목)

번호	항목(질문)	증거/근거(예시)	점수
D1	추진조직의 의사결정 구조(이사회 · 운영위원회)가 명확하고 정례화되어 있는가?	정관, 회의록	☐
D2	주민 · 기업 · 대학 · 시민단체 등 이해관계자가 정기적으로 참여할 수 있는 제도가 있는가?	위원회 명단	☐
D3	중앙정부 · 지자체 간 협력 채널이 제도화되어 있는가?	협약서	☐
D4	민간 파트너십(기업 · 투자자) 유치 구조가 있는가?	투자협약	☐
D5	지역 내 다른 기관 · 센터와의 역할 분담 및 조정이 원활한가?	협력체계도	☐
D6	위기 · 갈등 상황에서 중재 · 조정 메커니즘이 작동하는가?	회의록, 조정 절차서	☐

5. 성과관리 · 지속성(6항목)

번호	항목(질문)	증거/근거(예시)	점수
E1	조직의 성과지표(KPI)가 명확히 설정되어 있는가?	KPI 목록	☐
E2	성과 측정 · 평가가 정기적으로 이루어지는가?	연차보고서	☐
E3	외부 평가 · 감사 결과를 제도 개선에 반영하는 절차가 있는가?	개선계획	☐
E4	정책 실패 · 성과 부진에 대한 학습 · 피드백 체계가 있는가?	AAR 보고서	☐
E5	장기적으로 자체 운영 가능성(재정 · 인력 · 제도)이 설계되어 있는가?	지속 가능성 보고서	☐
E6	성과가 다른 지역 · 조직에 확산할 수 있는 공유 체계가 있는가?	지식공유 보고서	☐

지자체장이라면 반드시 알아야 할

세계 60개
도시 이야기

부록 4

지역경제 활성화 6단계 프로세스 (요약)

이 프로세스는 지역경제 활성화 전략을 진단 → 전략 수립 → 조직 구축 → 실행계획 → 평가 → 제도화의 여섯 단계로 설계한 통합모델이다. 각 단계는 체크리스트·점검표와 연계되며, 해외 성공사례를 통해 실무적 활용성을 강화한다.

[1단계] 지역 진단 및 현황 분석

- 목적: 문제 원인 규명, 근거 데이터 확보, 문제 인식 정렬
- 방법: 인구·산업·재정·인프라 분석 + SWOT
- 도구: 공공통계, 민간 데이터, GIS, 인터뷰, 전문가 자문
- 해외 사례: 핀란드 탐페레 산업전환

[2단계] 발전 목표 및 전략 수립

- 비전: SMART 원칙 기반의 차별화 전략 설정
- 전략군: SO(성장형), WO(개선형), ST(방어형), WT(극복형)
- 실행 구조: Logical Framework, Execution Tree 설계
- 해외 사례: 네덜란드 흐로닝언 전략-사업 연계

[3단계] 이해관계자 협력 및 추진조직 구성

- Stakeholder Map: 영향력·관심도별 유형화
- 거버넌스 모델: 민관협의체, 실행위원회, 전문분과위원회
- 실행조직: 전담부서/민관협력단/외부위탁
- 갈등관리: 갈등 유형 예측, 사전 중재 프로세스
- 해외 사례: 일본 가나자와 민관 협치

[4단계] 세부 실행계획 수립 및 예산 확보

- 로드맵(Roadmap): 3~5년 단위, 연차별 Milestone 설계
- 실행 플랜: '착수-시행-평가-조정' 사이클 + 책임 주체 명시
- 예산 전략: 지방재정(세입 확대·전용) + 중앙정부(공모 연계) + 민간 자본(PF, ESG, CSR)
- 제도 기반: 조례 제정, 규제 완화, 인센티브(세제·비재정)
- 홍보·마케팅: 주민 스토리텔링, 외부 브랜딩, 성과기반 홍보
- 해외 사례: 프랑스 리옹 복합재원 연계 모델

[5단계] 실행과 성과평가

- 실행 점검: 단계별 체크포인트 + 조기경보 시스템
- KPI 설계: 정량/정성 + 단기/중장기 지표 병행
- 환류 구조: 평가-조정-의사결정 연결, 주민참여형 환류
- 데이터 기반 관리: 대시보드, 오픈 데이터, 참여 예산제
- 해외 사례: 독일 프라이부르크 시민참여형 평가 시스템

[6단계] 제도화와 지속 가능성 확보

- 정규사업 전환: 공모 → 일반회계 편입, 조례·시행규칙 제정
- 재정 지속성: 자체 수익모델 + 기금 조성 + 장기투자 기반
- 인적 역량: 전문인력 양성, 실행 중심 조직문화, 성과연계 인사
- 장기 전략화: 시나리오 기반 로드맵, 유연전략, 주기적 수정·계승 구조
- 해외 사례: 오스트리아 빈 Smart City 전략 제도 정착

부록 5

전략 종합
설계 도구

1. Logical Framework - 지역경제 활성화 통합모델 예시

계층 (Hierarchy)	기술 내용 (Narrative Summary)	성과지표 (Indicators)	검증 수단 (Verification)	전제조건 (Assumptions)
목표 (Goal)	지역경제 활력 회복 및 지속 가능한 성장 기반 확보	5년 내 고용률 10%↑, 청년 정주율 5%↑	통계청·고용노동부·주민등록 통계	국가 경제 안정, 지방재정 지원 지속
목적 (Purpose)	혁신산업·창업·일자리 기반 강화, 지역 내 자본 선순환 구조 확립	창업기업 연 100개 이상, 신산업 매출 연평균 20% 성장	상공회의소·창업센터·산업단지 보고서	청년층 정주 의지 유지, 민간투자 협력
성과 (Outputs)	(1) 지역경제 진단 및 데이터베이스 구축 (2) 갈등관리 협의체 제도화 (3) 추진조직 신설·재편 (4) 지역 금융·펀드 조성 (5) 6단계 프로세스 실행 로드맵 수립	Outputs별 KPI 달성률 70% 이상	연차보고서·조례 제정 기록·센터 운영일지	전문가 확보, 제도 지속성 보장
활동 (Activities)	- 부록 1: 진단 체크리스트 실행 - 부록 2: 갈등관리 준비도 점검 및 대응 매뉴얼화 - 부록 3: 추진조직 설계 점검표 적용 - 6단계 프로세스에 따른 실행계획 수립	단계별 실행 과제 이행률 80% 이상	사업보고서, 회계자료, 의회 심의 기록	중앙정부 매칭예산 지속, 주민 지지 확보

2. Execution Tree – 종합 실행 로직 예시

```
[목적] 지역경제 활성화 및 청년 정주 기반 강화
    ├─ [성과 1] 지역경제 진단 체계화
    │     └─ (활동) 부록 1 진단 체크리스트 적용
    │
    ├─ [성과 2] 갈등관리 구조 제도화
    │     └─ (활동) 부록 2 준비 체크리스트 운영
    │
    ├─ [성과 3] 추진조직 역량 강화
    │     └─ (활동) 부록 3 점검표 활용·조직 재설계
    │
    ├─ [성과 4] 실행 프로세스 정착
    │     └─ (활동) 부록 4의 6단계 프로세스 운영
    │
    └─ [성과 5] 성과확산·제도화
          └─ (활동) Outputs 달성 결과를 조례·제도화, 주민 설명회,
             다른 지역 공유
```

에필로그

도시를 살리는 것은 결국 '사람의 전략'이다.

우리는 이 책에서 세계 60개 도시의 사례를 함께 살펴보았다. 성장과 쇠퇴, 회복과 실패. 모든 도시의 경험은 서로 달랐지만, 공통으로 한 가지 사실을 보여 주었다. 도시의 미래는 우연이 아니라 선택의 결과라는 것이다.

어떤 도시는 제도와 리더십으로 갈등을 조정했고, 어떤 도시는 금융과 법적 기반으로 신뢰를 회복했다. 또 어떤 도시는 추진조직 하나가 도시 전체의 활력을 바꿔놓았다. 그 반대로, 구조적 갈등을 방치하거나 전략 없이 외부 자본에 의존한 도시는 언제든 흔들릴 수 있다는 현실도 확인할 수 있었다.

이 책에서 제시한 전략은 대단히 거창하거나 이상적인 것이 아니다. 각 도시의 사례에서 확인했듯, 지역의 현실을 정확히 진단하고, 협력 가능한 구조를 만들며, 실행과 피드백을 반복하는 것. 그것이 도시를 움직이게 한 가장 확실한 전략이었다.

이제 묻고 싶은 것은 단 하나다. 우리 도시는, 어떤 선택을 할 것인가?

지방정부, 시민사회, 기업, 의회, 그리고 전문가들.

누구 하나만의 노력으로는 도시를 바꿀 수 없다. 그러나, 각자의 자리에서 조금씩 더 나은 선택을 하기로 '합의'한다면, 지금 우리가 정체라 부르는 도시도 다시 시작할 수 있다. 지역경제는 결국 사람의 전략으로 살아난다.

이 책이 그 전략을 설계하려는 누군가에게 작은 안내서이자, 나침반이 되기를 바란다.